德江高速公路志

德江县高速公路建设协调指挥部　编

方志出版社
Publishing House of Local Records

图书在版编目（CIP）数据

德江高速公路志 / 德江县高速公路建设协调指挥部编.— 北京 : 方志出版社, 2021.12
ISBN 978-7-5144-5121-4

Ⅰ. ①德… Ⅱ. ①德… Ⅲ. ①高速公路－公路运输－交通运输史－德江县 Ⅳ. ①F542.9

中国版本图书馆CIP数据核字(2022)第148903号

责任编辑：高孟君
责任校对：刘玉霞
责任印制：赵　楚
出 版 者：方志出版社
地　　址：北京市朝阳区潘家园东里9号（国家方志馆4层）
邮　　编：100021
网　　址：http://www.zgfzcb.cn
发　　行：方志出版社图书营销中心（010-67110500）
印　　刷：四川科德彩色数码科技有限公司
开　　本：889毫米×1194毫米　1/16
印　　张：20.25
字　　数：710千字
版　　次：2021年12月第1版
印　　次：2021年12月第1次印刷
定　　价：210.00元

设计说明

德江高速公路徽标图案由“德江”两个字拼音开头的声母“d”和“j”组合而成，从上至下、从左到右、自然流利、一气呵成，既是“德江”两个字的艺术结合，也是武陵山区高速公路的形象展现。在颜色搭配上主要采用红、绿、蓝三色，简单明了、色调圆润，彰显在阳光照耀下，德江陆地生态高速，与乌江水上交通编织了一幅绚丽的德江交通网状图。整个图案不设边框，下端用橘红色方块字“贵州德江高速”直奔主题，象征德江人民热情好客，扩大对外开放。

德江将借势高速，奋力拼搏，走向辉煌。

◆ 2010 年 8 月 30 日，德江县委副书记、县长张珍强在杭瑞高速公路德江段开工仪式上致辞

◆ 2010 年 8 月 30 日，杭瑞高速公路思遵段德江境开工仪式现场一角

◆2012年12月8日，贵州省沿河至德江高速公路开工典礼

◆2012年12月8日，德江县委书记张珍强代表德江县委、县政府在沿（河）德（江）高速公路开工典礼上作表态发言

◆2013年1月18日，沿（河）德（江）高速公路德江段正式开工，第11合同段项目经理徐启志作表态发言

◆2014年12月11日，德江县四大家领导参加德（江）务（川）高速公路开工仪式，铜仁市人大常委会副主任、德务高速公路建设常务副指挥长张观涛宣布德江至务川高速公路建设德江段开工

◆ 2020 年 9 月，杭瑞高速思南至遵义沿线指挥部参观德江县高速公路指挥部陈列室

◆ 2021 年 11 月 21 日，铜仁市人大常委会原副主任，市沿德、德务高速公路常务副指挥长张观涛和铜仁市政协工委原副主任、市杭瑞高速公路建设常务副指挥长帅朝刚，由德江县高速公路建设协调指挥部执行副指挥长张羽龙陪同视察德江县高速公路陈列室

◆思遵高速公路耕地占用税及决算审计整改协调会与会人员合影

◆2010 年 8 月 25 日，县委书记张珍强视察大兴安置点规划、选址情况

◆2012 年 12 月 8 日，县委书记张珍强（左四）、县长李云德（右三）率县直相关部门视察沿（河）德（江）高速公路大兴安置点

◆2016 年 11 月 3 日，县委书记商友江（左四）与县长秦智坤（右一）、县政协主席陈健（左一）、县委副书记鲁文俊（左二）、县高速公路建设协调指挥部常务副指挥长张羽龙（左三）到德江枢纽互通站检查工作

◆ 2017 年 1 月 22 日，铜仁市高建办代新建、郭振华等人到德江视察德（江）务（川）高速建设工作，张羽龙（左一）作情况介绍

◆ 2017 年 6 月 21 日，市人大常委会副主任、市德务高速公路建设指挥部常务副指挥长叶德恩视察德务高速建设情况

◆ 2010 年 5 月 21 日，杭瑞高速合兴乌坪林木清点现场检尺

◆ 2015 年 3 月 16 日，工作人员在钱家乡用 GPS 现场征地

◆2013 年 9 月 16 日，常务副指挥长张羽龙到沿德高速公路九标新寨段向标段了解并视察线路走向

◆银行开辟专柜方便服务群众。图为拆迁农户在煎茶信用社领取征地补偿资金

◆2010年8月24日，杭瑞高速合兴拆迁户主动拆迁房屋

◆德江司法干部现场作施工炮损勘赔工作

◆2011年八一建军节，恰逢干旱，德江消防队队员放弃过节，为杭瑞高速公路德江段龙溪隧道施工人员送去生活用水

◆2011年5月30日，杭瑞高速思遵段第五标段慰问驻地龙溪小学，向学生捐赠学习用品

◆2011年5月30日，县政协主席、常务副指挥长张羽龙（左二）与思遵高速公路业主办副主任覃海青（左一）为龙溪小学学生捐赠书包

◆德江收费站举行六一“关爱儿童”送温暖活动

◆ 2013 年 6 月，杭瑞高速公路思遵段德江境煎茶境内路面施工场景

◆ 2012 年 8 月 17 日，杭瑞高速德江段合兴乌坪互通加紧施工

◆杭瑞高速德江段合兴互通正在加紧施工

◆沿河至德江高速公路张家寨隧道施工场景

◆工人在杭瑞高速复兴段种植景观绿化苗

◆沿（河）德（江）高速公路工人在加工桥梁桩基钢筋模型

◆2015 年 7 月，沿德高速公路德江段第 11 标段，关口至合兴施工建设现场

◆2015 年 7 月 31 日，沿德高速德江 10 标段控制性工程全长 2153 米的官林特大桥左幅 T 梁铺通

◆2017 年 6 月，贵州路桥集团有限公司在德（江）务（川）高速公路第一标段现场举行 2017 年安全生产月暨安全生产万里行仪式

◆2014 年 7 月 11 日，铜仁市人大常委会副主任、市高速公路指挥部常务副指挥长张观涛（中）在德江县领导张珍强、李云德、蔡江陪同下参观沿德高速公路施工图片展

◆杭瑞高速公路思遵段德江境天池特大桥

◆2013 年 12 月，建成通车的杭瑞高速公路德江段天池特大桥桥梁全长 1139.5 米

◆沿德高速公路官林特大桥全长2153米

◆沿德高速公路荆麻岭特大桥104.435米

◆沿德高速公路黄河溪双向隧道

◆2015年12月30日，铜仁市人大常委会副主任、市指挥部常务副指挥长张观涛宣布沿（河）德（江）高速公路正式开通

◆2013 年 9 月 17 日，杭瑞高速思遵段德江境合兴镇大兴安置点大门建设完工

◆高速公路建设堰塘安置点

◆沿德高速公路建设钱家安置点

◆多家媒体关注杭瑞高速安置工作。图为县委书记张珍强接受记者采访

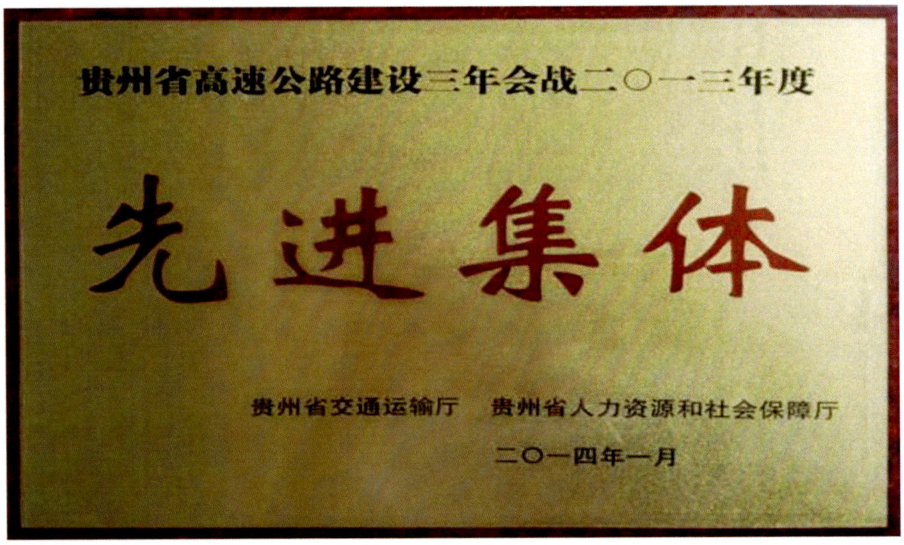

◆2014年1月，德江县高速公路建设协调指挥部被贵州省交通运输厅、贵州省人力资源和社会保障厅评为贵州省高速公路建设三年会战2013年度“先进集体”称号

◆煎茶收费站文明窗口

激战高速　圆梦德江（代序）

备受全省关注，惠及德江人民的杭瑞、沿德高速公路德江过境段已经通车了，德务高速也全线建成通车，德余高速已经动工，四条高速公路的贯通是德江公路建设史上伟大的里程碑，是德江儿女八年大会战，决战百千米，用激越的斗志和辛勤的汗水谱写的一曲理想之歌、智慧之歌、奋进之歌！

杭瑞高速的贯通，开启了东接湘鄂、南连贵广、西抵遵义的快速通道；沿德高速的建成，打通了北抵成渝的方便之门；德务高速的建成为黔东北地区融入成渝经济圈和通向长三角经济区，打通了快捷的运输大通道。三条高速公路的开通大大缩短德江与全国的距离；高速公路大会战，重新构建了德江发展的新格局，带来了德江腾飞的新机遇，德江这座古老而又年轻的黔东北交通枢纽和区域性中心城市，正借此交通新优势，守底线、走新路，开启了生态富民的发展之路，从此将挤进全省经济发展的快车道。功在当代，利在千秋！

一条条高速就像一条条挥动的彩带，热情奔放；一座座桥梁好似一条条腾飞的巨龙，纳瑞接祥。是省市党委、政府的英明决策，德江走出山门；是省交通厅、省公路局领导的关心支持，工程事半功倍；是德江县委、县政府的坚强领导，德江链接全国；是高速公路沿途乡镇党委政府和群众的支持配合，进程如此顺利；是承建公司一班人和建筑工人们战严寒、顶酷暑、披星戴月、昼夜苦干，高标准完成任务；是德江高速公路建设协调指挥部全体干部不畏艰辛、忘我工作，圆了德江高速梦。

“长风破浪会有时，直挂云帆济沧海。”德江正借助交通发展新优势，守底线、走新路，适应经济新方位，抢抓发展新机遇，开启生态富民的发展之路。真正构建实力德江、活力德江、满意德江。

四条高速公路将成为伫立在德江人民心中一座座永不磨灭的丰碑！

倾情德江　历史铭记（传记）

——杭瑞高速思遵公路为何会来德江转弯

杭瑞高速公路G56是中国国家高速公路网东西横向主干线之一。起源于杭州余杭，经安徽、江西、湖北、湖南、贵州五省，止于云南瑞丽。其中，思南至遵义是《国家高速公路网规划》(7918网)第十二条横向线杭瑞高速公路在贵州的重要段落。起源于思南双龙井镇接在建的大兴至思南高速公路，经思南大河坝、凤冈、湄潭、虾子，终点为遵义市红花岗区龙坑。接已建的遵义至毕节高速公路和已建的崇溪河至遵义高速公路。

10年前，德江到铜仁、到遵义自驾车需要五六个小时，去省城贵阳最少要八九个小时，乘坐大巴车动辄就是10个小时以上。那时能有柏油路简直就是德江人的奢望，更何况高速公路。2009年，获悉规划完成的杭瑞高速公路将从德江地界擦肩而过。时任德江县委书记、县长获悉后，几次召开常委会会议，先后带领相关人员日夜兼程驱车去地区、省城，甚至几趟去北京。一些时间并辗转于北京、省城与铜仁市三地一线，千方百计总想沾上高速公路这个边，以此实现德江人的高速梦。不少人认为这简直就是异想天开。且不说见中央或省部级领导有多不容易，单是为一个小县城而要调整或改变国家公路网规划几乎就是不可能的事。

精诚所至，金石为开。县委、县政府主要领导们凭借对德江人民的一颗炽热之心，不怕碰壁，不怕出丑，层层说服各级各部门领导；怀着一片赤子之心，不怕吃苦，不怕受累，深深感动了上级各级领导，最终实现了杭瑞高速思遵公路过境德江的强烈愿望。最终将已经拟定的国道G56杭瑞高速思遵公路来德江拐个大弯，自东向西，形成“人”字形走向，过境德江27.025千米。

消息传来，皆大欢喜。在以后公路建设期间，德江高速公路建设协调指挥部十分珍惜这来之不易的大好机遇，真抓实干做好建设方方面面协调工作，确保每一条高速公路高效、高标准竣工。

德江第一条高速公路的建成，将德江提前带入了黔东北经济发展协作圈，为以后多条高速公路的出现，为德江机场落户，为将来铁路过境德江的规划奠定了基础，促进了德江经济大发展。

苦心人，天不负！为了铭记这段感人至深的功绩，人们常幽默风趣地说：是当时德江县委、县政府的主要领导们活生生地用辛劳和真诚将思遵高速公路扳弯的。虽是后话，但高速公路的开通，至少将德江的发展、繁荣与进步大大向前推进了一步，功不可没，彪炳千秋！

凡　例

一、《德江高速公路志》以马克思列宁主义、毛泽东思想、邓小平理论、“三个代表”重要思想、科学发展观、习近平新时代中国特色社会主义思想为指导，坚持辩证唯物主义和历史唯物主义的立场、观点和方法，侧重反映德江高速公路建设协调指挥部在德江高速公路建设中所做的前置准备、征地拆迁、安置补偿、涉农处置、排忧解难、指挥协调工作的全过程。

二、本志上限为德江高速公路开始酝酿的2009年至2020年年底，个别事项适当下延。

三、本志按照志书体例和德江高速公路建设协调指挥部的特点，分门别类，设置采用篇、章、节、目，以述为主，志、传、图、表为辅，力求图文并茂。

四、本志文字以国家语言文字工作委员会1986年10月重新公布的《简化字总表》为准。本志为记述文体。

五、本志采用第三人称。单位称谓以当时名称为准，首次出现用全称，下文根据语言环境用简称。

六、本志纪年一律采用公元纪年。

七、本志计量以国务院1984年2月发布的《关于我国统一实行法定计量单位的命令》为依据，行文中单位一般用汉字表示，图、表中单位一般用符号表示。

八、本志涉及路段用Kxxx+xxxM表示，Kxx+xxM者均表示路线里程。如K130+030M，即表示距公路起点130千米又30米。

九、本志人物简介载录德江县高速公路建设协调指挥部干部和工程技术人员、宣传人员，分别按姓氏笔画为序排列。

十、本志资料主要根据德江县高速公路建设协调指挥部库存资料和县委宣传部以及德江县媒体宣传报道摘录。

目 录

第二篇　机构设置

第三篇　征地拆迁

第四篇 工程建设

第五篇　综合管理

第六篇 人物事迹

附 录

综 述

德江高速公路建设包括杭瑞高速思遵公路德江过境段、酉榕高速沿德公路德江段、德习高速德务公路德江段和德余高速公路德江段，总长度101千米。共有服务区1个、互通站7个。其中，德江枢纽互通站为贵州省第二大收费站，德江隧道为贵州省公路第一长隧道。

在中共德江县委、县人民政府的坚强领导下，德江县高速公路建设协调指挥部充分发挥自身主观能动性，廉洁、高效、勤俭、务实，贴心服务，主动出击，一心一意为百姓着想，脚踏实地替业主解难，群策群力为领导分忧，保证每一条高速公路如期竣工。

在高速公路建设协调过程中，德江高速公路建设协调指挥部同时还担负G326圣溪坳至梅子坳提级改造和德江县城至共和港口二级公路主干线100千米建设征地拆迁和施工建设协调工作，与高速公路百余千米建设简称“双百工程”。双百工程共完成征地12965亩，拆迁1947户，林木清点补偿71万多株。在征拆过程中没有出现一例群众上访事件，提前完成征拆任务，大大缩短了施工单位的建设工期。高速公路土建各标段没有出现一起阻工现象，更没有出现一起社会治安案件，确保德江境内高速公路建设顺利建成，创造了贵州高速公路建设史上的“德江模式”。

一

杭瑞高速思南至遵义项目是国家“7918”网规划中（横12）的杭州至瑞丽高速公路的一段，途经德江县境内至东向西形成“人”字形走向，境内全长27.025千米，双向四车道，设计时速80千米/小时，经合兴、煎茶、复兴3个镇。由贵州公路局承建，2010年8月开工，2013年8月28日正式通车运行。

酉榕高速沿河至德江项目是省高S25“678”网规划中（重庆）酉阳至榕江高速公路中的一段第二纵，也是G65、G56国高的连接线从德江县自北向南走向，境内全长48.45千米，途经德江县荆角、玉水、钱家、龙泉、堰塘、合兴等乡镇，由中交一公局采用BOT+EPC+政府补助方式承建，从2013年11月开工建设，2015年12月31日正式通车运行。

德习高速德江至务川项目是省高S10、“678”网中的第一横，德江至习水高速公路的首段，从德江县城规划区内玉水街道井堡池德江枢纽互通站起，向北走向，全长24.55千米，途经钱家、龙泉、沙溪、楠杆等乡镇，从2016年4月26日开工，2017年3月德江站至贵阳、沿河方向正式开通运行。2018年10月，楠杆至务川段相继开通运行，仅剩下德江特长隧道5.4千米，由于施工过程中出现高压涌水，推迟于2021年10月27日全线贯通。

德江（合兴）至余庆高速公路项目属于贵州高速公路规划网中的加密项目，规划起点于合兴青岗元与沿德高速形成枢纽互通高跨杭瑞（G56）高速向南，经思南、石阡部分乡镇接湄潭至石阡高速，余庆形成枢纽，该项目于2019年8月开工。由中交一公局与贵州公路开发有限公司投资共建。德江至印江高速公路项目已进入工程可行性研究阶段。

二

2010—2019年，县高速公路建设协调指挥部先后连续承担杭瑞、酉榕、德习高速德江境内3条高速主线计100.025千米和G326圣溪坳至梅子坳公路提级改造及县城至共和港口二级公路项目建设的征地拆迁工作，共完成正线内征地12835亩，拆迁房屋及附属设施1947户，清点林木71万株，搬迁企业8个。施工临时用地3833亩。其中，高速公路征地10835亩，拆迁房屋923户，清点林木63.5万株。施工临时用地3763亩，建设房屋拆迁集中安置点4个。恢复涉农设施300余处，施工取（弃）土场复绿治理面积450余亩，现场处理个案1000余件，形成专题会议纪要380余个，复制电子档案5套。

三

德江县高速公路建设协调指挥部于2010年4月县委德党办发〔2010〕33号行文组建，由县人民政府时任县长张珍强任指挥长，副县长周骥任第一副指挥长，政协副主席张羽龙任常务副指挥长，另从县直机关单位及乡镇抽调16人实行专班专抓，办公室设在煎茶信联社。2012年，县委德党办发〔2012〕185号明确，由时任县委书记张珍强任第一指挥长，副书记、县长李云德任指挥长，县政协原主席张羽龙任常务副指挥长，副县长梅彬任副指挥长。2013年以后，沿德高速、德务高速公路等项目和县城至共和乌江港口二级公路以及G326国道提级改造项目同步开工。由于县级班子主要领导变动，县委德党办发〔2015〕113号文件明确，由时任县委书记张珍强任第一指挥长，县委副书记、县长商友江任指挥长。2016年5月，县委德党办发〔2016〕77号文件相继调整，由县委书记商友江任第一指挥长，副书记、县长秦智坤任指挥长，副县长梅彬任副指挥长，县政协原主席张羽龙任执行指挥长。指挥部办公室于2012年5月搬至钱家乡观音滩。2014年8月，搬至温州商贸城。2018年8月，搬至县交通局办公大楼。

四

在高速公路建设中，德江高速公路建设协调指挥部强化协调职能，实行“党委领导、政府主管、干部专抓”的工作格局，坚持“三边”工作模式，严格实行“五统一分”安置办法，坚持拆迁过程中的“三公开”原则，大胆起用GPS勘丈土地，实现征地过程中的“三现场”要求。公开、透明、准确、安全，提前或超额完成上级下达的以及建设所需的各项指标任务。

大事记

2009 年

12 月 8 日，浙江杭州至云南瑞丽的高速公路（简称“杭瑞高速”）铜仁至遵义段开工典礼在遵义市凤冈县何坝乡举行。铜仁行署、遵义市政府主要领导及沿线县委、县政府主要领导出席。

2010 年

4 月 9 日，德江县高速公路建设协调指挥部正式成立。县委副书记、县长张珍强任指挥长，副县长周骥任第一副指挥长，县政协副主席张羽龙任常务副指挥长，另从县直机关和乡镇抽调 16 名职工脱产专抓高速公路建设协调工作。

5 月 8 日，杭瑞高速公路思遵段德江境正式放线、界桩埋置、界沟开挖工作启动。

5 月 15 日，杭瑞高速公路思遵段德江境征地拆迁工作动员暨业务培训会在煎茶镇召开。县四大家班子主要领导、思遵高速项目办负责人出席。涉路乡镇村组干部及县乡镇高速公路指挥部全体人员参加。

5 月 17 日，杭瑞高速公路思遵段德江境正式放样，并同步启动外业勘测征地拆迁。2010 年 8 月 30 日进场施工，2013 年 8 月 28 日实现全线通车。

5 月 25 日，铜仁市人大常委会副主任、市德务高速公路指挥长叶德恩赴德务高速公路德江特长隧道施工现场指导安全生产工作。

6 月 13 日 9 点 24 分，德江特长隧道右洞掌子面安全贯通，标志着德务高速全线重点控制性工程取得阶段性胜利。

6 月 23 日，省交通运输厅主持召开会议，专题审查并通过沿河至德江高速公路项目可行性研究报告。德江县领导张珍强、周骥、张羽龙参加会议。

7 月 16 日，县政协副主席、常务副指挥长张羽龙在县高速公路建设协调指挥部会议室主持召开指挥部办公室会议，就杭瑞高速德江段前期工作的开展和对下一步工作进行安排。

7 月 19 日，县政协组织政协委员视察杭瑞高速德江段征地拆迁工作。

7 月 22 日，张羽龙在合兴乡人民政府会议室主持召开集中安置建设专题会议，关于 6 月 3 日杭瑞高速公路思遵段德江境合兴乡境内正线内房屋拆迁户集中安置选址意见，以及 7 月 13 日县委书记杨德华调研合兴乡杭瑞高速公路鸟坪匝道、大兴连接线时的指示精神，再一次对大兴安置点进行现场实地踏勘并作出处理。

8月9日，张羽龙主持召开杭瑞高速公路思遵段德江境正线内征地签约仪式，沿线乡（镇）村、县直有关部门负责人参加会议。

8月24日，张珍强现场审定杭瑞高速合兴镇房屋拆迁集中安置点选址，并慰问拆迁户。

8月30日，杭瑞高速贵州省思遵高速公路德江段前期工程开工仪式在合兴镇鸟坪村举行。县四大班子、乡镇人民政府、有关部门负责人参加。县长张珍强讲话，政协铜仁的工委副主任、杭瑞高速铜仁段常务副指挥长帅朝刚宣布开工。2011年1月8日，国家发改委下达开工令，2013年8月30日正式开通运营。

9月28日，张羽龙在指挥部会议室主持召开杭瑞高速公路德江境第六合同段施工、生活用水相关事宜专题会议。

11月10日，由思遵高速项目办总工赵廷新、遵义送电区域公司总工但召国和相关专家组成的工作组对德江县杭瑞高速电力专线架设工作进行检查、验收，标志着德江县杭瑞高速施工电力专线即可搭线送电。

11月11日，周骥主持召开杭瑞高速公路建设第一次协调会，会议要求各施工单位必须遵守“八要八不准”工作制度。常务副指挥长张羽龙、思遵高速项目办书记张兴国出席会议并讲话。

11月30日，政协地工委副主任、地区高速公路建设协调领导小组副组长帅朝刚一行先后深入合兴乡鸟坪村、大兴社区对杭瑞高速集中安置工程建设工作视察。县政协副主席、县高速公路建设协调指挥部常务副指挥长张羽龙，合兴乡党政主要负责人等陪同视察。

12月3日，张羽龙在复兴乡境第七合同段会议室主持召开杭瑞高速公路建设第二次协调会议。思遵高速项目办驻煎办事处、各施工标段负责人、所涉乡镇乡镇长和原大村村委会主任及指挥部各科室共40余人参加会议。

12月17日，张羽龙在县高速公路建设协调指挥部办公室，主持召开高速公路建设拆迁户大兴集中安置点河堤建设工程规划设计工作会议，就相关事宜进行专题研究。

2011年

1月8日，国家发改委下达杭瑞高速公路思遵段德江境开工令。

1月14日，县四大班子领导慰问杭瑞高速施工单位及拆迁户代表，并在土建六标会议室召开汇报会，思遵项目业主办、总监办主要负责人及县指挥部、各项目监理部经理出席。

1月17日，张羽龙在煎茶境第六合同段会议室主持召开杭瑞高速公路建设第三次协调会议，检查、汇报、交流第二次协调会议上工作安排落实情况。思遵高速项目办驻煎办事处、各施工标段负责人、所涉乡镇指挥长、村委会主任及县指挥部各科室近40人参加。

1月18日，张羽龙率指挥部办公室组织乡镇领导对杭瑞高速公路建设德江境拆迁户进行春节慰问。

2月27日，杭瑞高速德江境煎茶箱式变电站经调试后投运搭火成功，县政协主席、县指挥部常务副指挥长张羽龙参加验收。这标志着德江县境内杭瑞高速公路各合同段进入全线实质性动工。

3月25日，张羽龙率指挥部办公室、群工科、安保科相关人员深入杭瑞高速公路思遵段德江境各施工标段，就开展环境建设年活动进行调研。

4月5日，张羽龙在县指挥部会议室主持召开专题会议，就杭瑞高速公路思遵段德江境第六标LK2+720—LK2+830处关于鱼塘拆除，按鱼塘实际面积每亩5000元的补偿及相关事宜进行讨论。

4月6日，张羽龙率指挥部办公室、群工科、煎茶镇高速公路指挥部相关人员在煎茶镇大河村马坪村民组老林头进行现场办公。就杭瑞高速公路过境德江县大河村马坪组老林头段，因施工放炮对周围的林木、耕地、房屋造成的损失进行实地踏勘，达成共识。

4月28日，张羽龙率指挥部办公室、群工科、各所涉乡镇高速公路建设指挥部及相关村、思遵高速项目办驻煎办事处负责人，就杭瑞高速公路建设中正线内被损乡村公路、通道、桥涵、沟渠等涉农设施进行沿途现场办公。

5月5日，县人民政府发布通告，冻结沿河至德江高速公路项目建设德江段，拟设计正线两侧各类建设项目及各类行为。

5月12日，贵州省交通运输厅副厅长陈骏，铜仁地委委员、行署副专员、地区高速公路建设指挥部指挥长陈达新在玉屏自治县主持召开高速公路建设联席会议，就铜仁地区境内4个高速公路建设项目有关工作进行研究和安排。3条高速公路建设项目业主及部分施工单位负责人出席会议，德江张羽龙、蔡永鹏参会。

5月18日，张羽龙率指挥部办公室、群工科、各所涉乡镇高速公路建设指挥部、思遵高速项目办驻煎办事处负责人进行沿途现场办公，就杭瑞高速公路建设中重点放炮区域、桥下低洼地段红线边缘，严重影响施工的房屋进行现场踏勘、甄别，并达成共识。

5月19日，张羽龙在县政协五楼会议室主持召开杭瑞高速公路思遵段德江境建设第四次协调会议，检查、交流各施工标段对县指挥部1月17日第三次协调会议以来工作安排落实情况，贯彻落实5月11日铜仁行署、省交通厅（玉屏）高速公路联席会议精神。县交通、检查、地税、公安、林业、水利等部门、过境乡镇及各标段负责人参加协调会。

5月24日，政协地工委组织驻铜仁地区省政协委员视察德江县高速公路建设工作。政协地工委主任邓应明带队，各副主任参加，张羽龙汇报工作。

5月30日，中国路桥思遵高速公路第五合同段项目经理部党支部书记吕双玺一行前往合兴乡龙溪完小慰问全校师生并举行捐赠仪式，张羽龙参加捐赠活动。

同日，张羽龙在思遵项目驻煎办事处会议室主持召开专题会议。就杭瑞高速公路建设天池特大桥，对煎茶镇大河村天池小学异地搬迁安置补偿资金相关事宜达成共识。

6月8日，张羽龙在指挥长会议室主持召开会议，就杭瑞高速公路思遵段德江境合兴乡大兴集中安置点边坡治理相关事宜进行专题研究。

6月9日，张羽龙在指挥长办公室主持召开会议，就煎茶镇大河村天池小学搬迁新建项目落实相关事宜进行专题研究。

6月13日，政协地工委常务副主任、地区杭瑞高速公路铜仁段建设指挥部常务副指挥长帅朝刚到德江县检查、督促高速公路建设工作。思遵高速项目办党支部书记、项目办副主任覃海清，地区高建办、地区杭瑞高速铜仁段建设指挥部相关负责人参加。

6月23日，张羽龙在县指挥部指挥长办公室主持召开杭瑞高速公路建设涉农设施受损改迁规划设计工作会议。分别由县水务局、县交通运输局进行规划设计，并于7月20日前完成踏勘、规划、设计预算任务。

7月7日，张羽龙在复兴乡沙滩八标现场主持召开杭瑞高速公路建设德江境电力线路部分迁改工程验收会议。根据德江县境内杭瑞高速公路正线内迁改24个点随机抽样中11个点的现场验收情况，听取迁改施工单位就本次迁改工程中有关方面情况汇报。思遵高速项目办征拆科、驻煎办事处、指挥部相关人员参会。

7月30日，张羽龙在县指挥部指挥长办公室主持召开杭瑞高速公路建设大兴集中安置点照明线路架设安装工程相关事宜会议。

7月31日，张羽龙就德江县大范围干旱缺水问题携县消防大队官兵用消防车为中国路桥工程有限责任公司思遵高速第五合同段龙溪隧道送去施工及生活用水。

8月2日，政协地工委常务副主任、地区杭瑞高速公路铜仁段建设指挥部常务副指挥长帅朝刚到德江县检查、督促杭瑞高速公路建设工作，地区高建办、地区杭瑞高速铜仁段建设指挥部相关负责人参加。

8月12日，张羽龙与思遵高速项目办书记、副主任覃海清经现场踏勘后，在思遵高速第六合同段项目经理部会议室主持召开会议，就第六合同段川岩5号大桥樱桃水小水湾正线边缘民房拆迁问题达成一致意见。

8月16日，张羽龙与思遵高速项目办书记、副主任覃海清经实地踏勘后在思遵高速公路第四合同段项目经理部会议室主持召开会议，就第四合同段内乌坪村龙塘组正线内重点放炮区域施工安全等问题进行专题研究，并达成共识。

8月16—18日，张羽龙率指挥部办公室、群工科和思遵项目驻煎办及4至8标、所涉乡(镇)、村、组相关人员就德江县境内红线内涉农设施受损恢复工程进行现场踏勘办公，并达成一致意见。

8月23日上午，张羽龙率指挥部办公室、群工科、复兴乡、村组干部及部分群众和思遵第八合同段、项目业主标段长，到复兴乡梅子村岩上组就该组通组公路因杭瑞高速公路正线建设被切断恢复重建相关事宜进行踏勘，达成一致意见。

8月23日下午，张羽龙在县高速公路建设协调指挥部指挥长办公室主持召开杭瑞高速公路思遵段德江境大兴集中安置点道路及排污管网工程建设开标专题会议，就该工程开标程序按相关规定严格进行操作。

8月24日，张羽龙在思遵高速第八合同段项目经理部会议室主持召开杭瑞高速公路建设德江境第五次协调会议。思遵高速项目办、驻煎办事处、二监办、各施工标段项目经理、县指挥部全体人员、县直相关部门负责人、沿途乡镇指挥长、村（社区）主任近60人参加会议。

9月14日，张羽龙在合兴乡人民政府会议室主持召开会议，会议就杭瑞高速公路乌坪匝道连接线红线内砂场搬迁补偿相关事宜，与砂场业主达成一致意见。

9月15日，张羽龙与思遵高速项目办书记、副主任覃海清在县城四海汇城会议室主持召开会议，就德江县水务局、交通运输局编制上报的《杭瑞高速公路建设思遵线德江段正线内水利、交通设施损坏恢复建设项目实施方案》进行逐项审定，并达成共识。

9月19日，张羽龙在县政协主席办公室主持召开杭瑞高速思遵线德江境涉农设施损坏复建工程专题会议，会议根据铜地高建办发〔2011〕7号文件有关要求，就德江县境内涉农设施复建工程相关事宜进行专题研究。

9月22日，张羽龙在复兴乡梅子村斑竹村组就高速公路建设中施工环境、涉农设施等相关事宜进行专题现场办公，并与项目业主、施工单位、村、组负责人及农户达成一致意见。

9月24日，张羽龙在高速公路建设协调指挥部指挥长办公室主持召开杭瑞高速公路思遵线德江境涉农设施损坏复建工程发包谈判会议，就德江县高速公路建设第一批涉农设施复建工程的发包按相关规定严格进行操作，对贵州淇铃交通建筑有限公司、贵州铭星建筑有限公司、德江建筑公司3家参加直接谈判的公司的资质进行严格审查。

9月27日下午，张羽龙与思遵高速项目办书记、副主任覃海清在县宾馆会议室主持召开杭瑞高速公路思遵线德江段大兴集中安置点防洪堤工程验收会议，就河堤治理工程验收相关事宜进行专题研究，对存在的问题予以指出并达成共识。

10月8日，张羽龙率县环境保护局、指挥部办公室、群工科、复兴乡、项目经理部负责人就高速公路建设第八合同段料场污染情况及赔付等相关事宜进行专题现场办公，经实地查看后，与施工单位、村、组负责人及农户达成一致意见。

10月9日，县委书记张珍强在县政协主席、县高速公路建设协调指挥部常务副指挥长张羽龙，县委副书记商友江，副县长、县高速公路建设协调指挥部第一副指挥长周骥的陪同下，率县委办、交通局、农业局、畜牧局相关人员到德江县杭瑞高速公路建设工地进行调研。

11月2日、18日，张羽龙与杭瑞高速公路思遵县项目办书记、副主任覃海清分别在县指挥部指挥长办公室和复兴乡客店村沙滩桥头饭庄主持召开会议，就杭瑞高速公路思遵段德江境乌坪匝道连接线红线内的桂花树、中寨、干河沟3个砂场搬迁相关事宜再次进行专题会议协商，并达成一致意见。

11月5日，张羽龙率县水务局、县指挥部相关科室人员现场踏勘后在杭瑞高速公路思遵线第七合同段会议室，主持召开杭瑞高速公路思遵线德江境复兴乡明溪水库西干灌区郭家寨沟渠复建工程规划设计方案落实会议。

11月18日，省文化厅党组成员、机关党委书记罗运琪，带领“多彩贵州风”演出组一行40余人到杭瑞高速公路思遵段德江境建设工地复兴镇慰问演出。张羽龙观看了汇报演出。

11月23日上午，张羽龙与思遵高速项目办拆迁科科长余正学经现场反复踏勘后，在复兴乡客店村沙滩山庄和煎茶街上徐超酒楼分别主持召开会议，就县交通运输局提交的杭瑞高速公路建设损坏的救命关至罗通坝等6条通组公路规划设计方案。

11月23日下午，张羽龙与思遵高速项目办拆迁科科长余正学经现场反复踏勘后，在县高速公路指挥部指挥长办公室主持召开会议，就杭瑞高速公路思遵线德江境大山段山体大滑坡引起的电力改迁和因高速公路建设需要产生的大兴互通等6处二次改迁相关问题进行专题研究，并达成共识。

11月24日上午，张羽龙召集高速公路建设所涉乡镇、指挥部相关科室、各施工合同段负责人在指挥长办公室主持召开会议，就杭瑞高速思遵段德江境公路建设炮损赔付及相关问题进行专题研究。

11月24日下午，张羽龙在高速公路建设协调指挥部指挥长办公室主持召开会议，就杭瑞高速公路思遵段大兴集中安置点建设资金使用情况和安置点自来水管网工程建设情况以及安置点道路路灯及绿化等相关事宜进行专题研究。

11月28日，张羽龙在合兴乡人民政府五楼会议室主持召开由政府办、国土、安监、林业、水务、环保等部门相关人员参加的杭瑞高速思遵段大兴连接线砂场搬迁选址相关事宜会议。根据几个部门相关人员对原砂场业主提供的砂场新址实地踏勘，经过反复论证，与原砂场业主形成一致意见，达成共识。

12月13日，张羽龙在思遵高速第四合同段会议室主持召开由政府办、国土、安监、林业、交通、环保等部门相关人员参加的杭瑞高速思遵段1标段关于1至4合同段路面工程取料选址相关事宜会议。听取了第一标段项目副经理邱勇关于1至4合同段路面工程建设取料选址的情况汇报。

12月15日，龙溪隧道全线贯通，并在隧道口举行贯通庆典仪式。德江县四大班子主要领导张珍强、李云德、简宜山、张羽龙，思遵高速公路项目办、总监办主要负责人及县指挥部全体员工、所涉乡镇负责人参加。

12月19日，张羽龙在县高速公路建设协调指挥部指挥长办公室主持召开杭瑞高速公路思遵段德江境大兴集中安置点道路路灯等相关配套工程建设专题会议，会议听取县指挥部规建科、合兴乡高速公路建设指挥部相关人员关于集中安置点相关配套建设情况的汇报。

12月23日，张羽龙在县高速公路建设协调指挥部指挥长办公室主持召开杭瑞高速公路思遵段德江境煎茶连接线10千伏电力专线二次迁改，以及煎茶35千伏箱变电站负荷转移相关事宜专题会议。

12月28日，张羽龙在县指挥部指挥长办公室主持召开会议，就杭瑞高速公路乌坪匝道大兴连接线中寨村堡下组陆启瑜桂花树砂场处因连接线路走向变更，对已签订协议中部分附属物、建筑物未拆迁作出不予补偿的决定，对原确认已拆除的房屋，同意在大兴集中安置点的地基有效，不予收回。

12月29日，张羽龙率县水务局、相关乡镇、县指挥部相关科室负责人会同杭瑞高速公路思遵项目业主办负责人及各标段长、项目经理赴杭瑞高速公路思遵线德江境就红线建设征拆及涉农设施复建问题进行现场踏勘并作出决定。

2012年

1月9日，张羽龙率指挥部相关科室人员及施工单位负责人对杭瑞高速公路德江境建设中涉及的涉农设施恢复建设工程进度进行初查，并在复兴乡沙滩饭庄主持召开会议，就初查中的涉农设施水利方面的相关事宜进行专题研究。

1月19日，张羽龙率相关科室和乡镇主要负责人到杭瑞高速思遵段德江境4至8合同段督查春节期间安全工作。

2月15日、2月22日、3月5日，张羽龙与思遵高速项目办书记、副主任覃海清分别在思遵高速公路第八合同段项目经理部会议室、复兴乡沙滩桥头农家饭庄主持召开会议，就复兴乡梅子村大顶组、贾村斑竹杆组通组公路因杭瑞高速公路建设损坏复建和闹竹坪水库救命关沟渠赔付，以及复建等相关事宜进行专题研究，在现场踏勘的基础上达成共识。

2月29日，张羽龙率思遵项目驻煎茶办事处、合兴乡、指挥部相关科室人员及施工单位负责人，对杭瑞高速公路德江县合兴乡境建设中房屋拆迁涉及的相关事宜和涉农设施等问题进行现场再次踏勘后，在合兴乡书记会议室主持召开会议，就相关事宜进行专题研究，并达成一致意见。

3月4日，省交通运输厅党委书记、副厅长陈志刚到德江县合兴集中安置点检查工作。铜仁市杭瑞高速公路建设指挥部常务副指挥长帅朝刚，省公路局副局长、省高建办主任粟宗瑜，市交通局、市高建办、项目办、总监办负责人，德江县领导张珍强、张羽龙参加。

3月9日，张羽龙召集煎茶镇高速公路指挥部、县指挥部相关科室人员在指挥部指挥长办公室主持召开会议，就杭瑞高速公路德江境煎茶镇大山因山体大滑坡影响涉及的相关事宜进行专题研究，并达成一致意见。

3月25日，县委常委、常务副县长田运栋率县政府办、县财政局、县国土资源局、县住建局、县水务局等单位负责人到合兴镇杭瑞高速大兴集中安置点现场办公，解决该集中安置点的河堤工程延伸及财政所办公楼搬迁事宜。

4月3日，张羽龙率合兴镇、指挥部相关科室人员及贵阳宇建监理公司负责人对杭瑞高速公路德江境大兴集中安置点再次现场踏勘后，在合兴镇书记会议室主持召开会议，就其基础设施配套建设相关事宜进行专题研究。

4月10日，张羽龙与思遵高速项目办书记、副主任覃海清经实地验收后，在县城宗义山庄会议室主持召开杭瑞高速公路思遵线德江段合兴镇、复兴镇郭家寨共10处工程电力专线二次迁改验收会议，并达成共识。

5月11日，张羽龙率指挥部办公室、规划建设科、合兴镇相关人员，在合兴镇书记办公室主持召开会议，就杭瑞高速公路大兴集中安置点、拟配套建设的体育广场和休闲广场设计规划建设相关事宜进行专题研究。

5月13日，张羽龙率指挥部相关科室人员、合兴镇负责人在杭瑞高速公路建设合兴镇境内关于桂花树、中寨、干河沟3个砂场搬迁新址选定等问题赴现场实地踏勘，逐一审查讨论，并达成共识。

6月6日，张羽龙与思遵高速项目办书记、副主任覃海清经实地逐一踏勘后在县城主持召开会议，就杭瑞高速公路思遵线4至7标段内涉农设施复建项目进行专题研究，并达成共识。

6月11日，张羽龙率指挥部办公室、规划建设科、合兴镇相关人员，在合兴镇书记办公室主持召开会议，就杭瑞高速公路大兴集中安置点为完善服务功能拟配套建设的相关事宜进行专题研究。

6月30日、7月1日，张羽龙率县指挥部办公室、规建科、高速公路建设沿线乡镇分管人员经现场踏勘后，在复兴镇沙滩饭庄主持召开杭瑞高速公路思遵线德江段涉农道路、水利及煎茶镇大河村天池小学因高速公路建设异地搬迁建设工程初步验收会议。会议经现场察看15处涉农设施的复建工程后，对复建中存在的问题进行认真梳理，与施工方达成共识。

7月13日，张羽龙率县指挥部相关科室、思遵项目驻煎办、德江公路养护段等单位相关人员赴杭瑞高速公路德江境煎茶连接线与326国道搭接处，就高速公路建设涉及的公路行道树、道路宣传牌及民用照明等相关事宜进行专题协商并达成共识。

7月14日，张羽龙带着县司法局主要负责人，煎茶镇、县指挥部相关人员到思遵六标段项目部召集贵州和力拓劳务公司负责人、思遵六标信访人员，在六标段会议室协调处理一起劳务合同纠纷。

7月27日，中交一公局、贵州沿德高速项目投资建设有限公司成立，王铁宏任总经理，周贵云任副总经理。

7月31日，张羽龙在县指挥部会议室召开专题会议，就杭瑞高速公路思遵线德江段合兴境部分涉农设施及大兴集中安置点功能配套建设相关事宜进行专题研究。会议听取县指挥部规建科赵健涛关于大兴集中安置点功能配套建设情况和建设方案优化及县交通局对鸟坪村旷家大桥至思坪、卜山两组通组公路勘测设计预算情况的汇报。

8月2日，张羽龙率指挥部相关科室、合兴镇、煎茶镇、相关施工单位人员经现场踏勘后，在煎茶应龙酒楼召开专题会议，就杭瑞高速公路建设德江大兴集中点与大兴连接线合兴中桥对接建设、思遵六标煎茶大山山体滑坡弃土场征用相关事宜进行专题研究，并达成共识。

8月9日，张羽龙与思遵高速项目办书记覃海清在思遵项目驻煎办会议室主持召开杭瑞高速公路建设德江境第一批涉农设施复建工程验收会议。思遵高速项目办征拆科、相关标段长、驻煎办事处、县指挥部、县有关业务部门相关人员参加会议。

8月15—17日，全省高速公路征地拆迁协调服务经验交流会在毕节市大方县召开。张羽龙代表德江县在会上作题为《以人为本，破解天下第一难事》的交流发言。

8月31日，全省交通运输厅交通运输重点项目工程调度会暨120天大会战会议在贵阳召开。德江县政协原主席、县高速公路建设协调指挥部常务副指挥长张羽龙参加会议。

9月5日，张羽龙在复兴镇中心茶庄主持召开高速公路建设第八次协调会暨炮损补偿工作会。杭瑞高速公路德江境各施工标段项目经理，合兴镇、煎茶镇、复兴镇3个镇镇长及分管负责人、村建所长，县住建局、房产局、安监局相关负责人参会。

9月10日，张羽龙召集煎茶镇高速公路指挥部、县指挥部相关科室、杭瑞高速公路思遵六标相关人员在六标项目部经理会议室主持召开会议，就杭瑞高速公路德江境煎茶镇大山因山体再次开裂影响施工和涉及附近农户财产安全等相关事宜进行专题研究。

9月13日上午，张羽龙率县炮损补偿工作勘测认定协调指导小组、县指挥部相关科室、复兴镇、思遵七标相关人员在复兴镇办公室主持召开会议，就杭瑞高速公路思遵线复兴镇境七标施工放炮与当地农户房屋受损赔付等相关事宜进行专题研究。会议在现场勘查的基础上先听取复兴镇炮损补偿工作小组关于房屋受损勘测认定及赔付情况的汇报。

9月13日下午，务川自治县人大常委会主任、务正高速公路建设指挥部常务副指挥长李明奇率县人大正县级干部贾朝刚、县政协副主席刘晓华及交通、国土、政协文史委、体育中心、农牧、住建等部门负责人到德江考察杭瑞高速公路思遵段德江境高速公路建设，共同探讨高速公路建设的征拆、安置经验，学习“德江模式”。张羽龙作情况介绍。

9月19日上午，县委副书记、县长李云德，率县发改局、住建局、国土局等相关部门人员在常务副指挥长张羽龙的陪同下，对荆角乡生态移民安置工程与沿德高速公路荆角匝道进行调研。

9月19日下午，张羽龙召集县审计局、住建局、县指挥部相关科室、合兴镇、大兴集中安置点基础设施建设监理公司相关人员在县指挥部会议室主持召开会议，就杭瑞高速公路建设大兴集中安置点道路建设变更增容等相关事宜进行专题研究。会议听取合兴镇主要负责人对该工程的建设要求和大兴集中安置点建设指挥部派驻现场人员、大兴集中安置点基础设施建设监理公司负责人，对该工程建设等情况汇报。

9月24日，张羽龙率县炮损补偿工作勘测认定协调指导小组、县指挥部相关科室、高速公路所涉镇炮损补偿工作组负责人到合兴镇老水溪、煎茶镇马坪组农户家现场察看房屋炮损情况后，在杭瑞高速公路思遵高速项目办驻煎办事处会议室召开杭瑞高速公路建设炮损补偿工作紧急会议，德江县境内4至8标段施工负责人参加会议。

9月28日，“两节”前夕，县委书记张珍强偕同县人大常委会副主任王治桢，政协副主席张霞，政协原主席、高速公路指挥部副指挥长张羽龙赶赴正在施工的思（南）遵（义）高速德江段建设工地，为高速公路建设者送去节日的问候和祝福。

9月29日，张羽龙率指挥部相关科室与合兴镇有关人员，会同思遵高速项目办驻煎办事处牟永江一起到高速公路合兴镇乌坪匝道建设现场办公，就杭瑞高速公路鸟坪匝道建设、收费站建设、涉及的水利设施和生产便道受损复建事宜与项目业主负责人和农户达成共识。

10月10日，张羽龙率县水务局、县指挥部相关科室、合兴镇会同思遵项目驻煎办、德江境标段长等单位相关人员赴杭瑞高速公路德江境合兴镇段进行现场踏勘，就高速公路建设中涉及的涉农实施相关问题予以专题协商，逐一会诊并达成共识。

10月11日，张羽龙率指挥部相关科室、复兴镇、相关施工单位负责人在复兴镇办公室召开专题会议，就杭瑞高速公路建设德江县复兴境第八合同段、拖欠临时用地补偿资金引发群工纠纷等相关事宜进行专题协商。

10月12日，沿河至德江高速公路设计准备会在德江县高速公路建设协调指挥部召开。县政府及相关部门、项目业主、设计单位、过境乡镇负责人参加会议。县领导梅彬、张羽龙及中交一公局沿德项目公司领导王铁宏、周贵云出席会议并讲话。

10月16—17日，张羽龙率指挥部相关科室、合兴镇、煎茶镇、相关施工单位负责人与思遵高速项目办驻煎办事处人员赴杭瑞高速公路施工现场，就合兴镇鸟坪村龙塘、思坪、卜山组和煎茶镇小溪村苏家阁、黄泥塘组生产、生活便道因杭瑞高速公路建设受到影响等相关事宜进行专题协商。

10月21日，张羽龙与思遵高速项目办书记、副主任覃海清牵头组织验收杭瑞高速公路思遵线德江段煎茶大山因红线内施工引起山体大滑坡导致移动通信光缆二次迁改工程。经实地查看，对照施工方案和合同，达成共识。

11月7日，张羽龙率县指挥部相关科室人员及复兴镇党政主要领导与思遵高速项目办德江境标段长在复兴镇人民政府办公室主持召开会议，就杭瑞高速公路建设损坏复兴镇集镇青丝路硬化路面复建相关事宜进行专题研究。

11月15日，县指挥部召开部务会议，讨论并安排沿德高速征地拆迁安置补偿实施方案起草工作。

11月23日，县委、县政府决定调整县高速公路建设协调指挥部组织机构。县委书记张珍强任第一指挥长，副书记、县长李云德任指挥长，县政协原主席、调研员张羽龙任常务副指挥长，副县长梅彬任副指挥长。

11月30日，张羽龙率指挥部相关科室人员、合兴镇负责人、杭瑞高速思遵段5至8标标段长，在杭瑞高速公路合兴镇境建设工地现场进行实地踏勘后在大兴桥湾酒楼召开会议，就鸟坪村唐家组通往该组生产区火石坪生产、生活等有关问题进行专题研究。

12月3日，张羽龙率县指挥部相关科室、合兴镇、施工单位相关人员到大兴杭瑞高速公路拆迁集中安置点对该安置点的照明线路、杭瑞风情大街大门及其对联制作、镶嵌等工程进行验收，并在煎茶应龙酒楼召开验收会议。

12月8日，县委书记张珍强，县委副书记、县长李云德，县政协主席陈健等到沿德高速公路第11合同段调研施工情况，了解合兴境拆迁安置情况，并接受《贵州交通报》等多家新闻媒体集体采访。县政协原主席、县高速公路建设协调指挥部常务副指挥长张羽龙，副县长梅彬等陪同检查指导。

12月9日，张羽龙率指挥部相关科室人员与沿德高速公路项目业主征拆部、施工单位负责人赴沿德高速德江境荆角岩底隧道口现场，对该隧道12月18日正式开工用地及施工便道用地征用进行现场踏勘，并在荆角乡青球村卫生所办公室就相关土地征用事宜进行专门协商。

12月10日，张羽龙率县指挥部相关科室、县电力实力公司、移动公司、电信公司、联通公司、沿德高速公路第十一标段项目经理部与沿德高速公路项目公司负责人赴沿德高速公路第十一合同段K104+991处施工现场，就该处先期施工所涉及的急需迁改的电力和“三电”光缆设施改迁相关事宜进行现场踏勘后，在煎茶应龙酒楼召开专题会议，要求电力、电信、移动、联通务必于12月20日前完成迁改任务。

12月24日、25日、28日，张羽龙率指挥部相关科室、所涉镇与杭瑞高速思遵段驻煎办事处以及德江境4至8标段相关人员分别到德江县境内杭瑞高速公路建设工地现场进行实地踏勘，就红线用地剩余的边角地块及高速公路建设影响涉及的涉农设施进行逐一核实查勘丈落实，并与项目业主负责人，所涉镇、村、组负责人及农户达成共识。

12月25日，张羽龙率县指挥部相关科室人员、杭瑞高速思遵段驻煎办事处代表在思遵五标项目部就高速公路途径合兴镇龙溪村岩头坝组、影响农户人畜饮水水源问题给予一次性劳务补偿。

12月26日，天池特大桥合龙。天池特大桥采用的“高墩施工液压模板系统”新工艺，获得国家实用新型专利。

2013年

1月，德江县人民政府副县长梅彬与铜仁市政府签订铜仁市2013年高速公路项目建设责任书。

1月2日，张羽龙率县指挥部相关科室、合兴镇、产权单位、施工单位相关人员到大兴杭瑞高速公路拆迁集中安置点对安置地第一批128户拆迁户的自来水安装工程进行验收，并在合兴镇书记会议室召开验收会议。

1月12日，杭瑞高速公路思遵段德江境第五标段桥梁铺装全部完成，实现双向全线贯通。

1月19日，县委书记张珍强偕同县委副书记、县长李云德，县人大常委会主任简宜山，县政协主席陈健在县高速公路指挥部常务副指挥长、县政协原主席张羽龙，县委常委、副县长滕俊，副县长梅彬，政协副主席胡国仁等到中交一公司贵州沿德高速公路投资建设有限公司及荆角乡生态移民安置点的施工现场，就施工建设、移民安置工作等情况进行专题调研。

1月24日，张羽龙率县财政、审计、国土、交通、水务、住建等相关部门人员，所涉乡镇代表对各乡镇拟安排第一批杭瑞高速公路征地多途径补偿资金实施项目进行现场逐一审查，并在合兴镇会议室进行审查讨论，形成一致意见。

1月25日上午，县人民政府召开沿德高速公路项目建设正线用地保护，暨涉农设施调查工作会议。梅彬主持，张羽龙安排工作。

1月25日下午，张羽龙率县指挥部相关科室人员、所涉镇代表现场察看因杭瑞高速公路建设需要损坏的涉农设施复建工程验收后的整改情况。

1月27日，张羽龙率县指挥部办公室、规建科、煎茶镇大河天池小学相关人员就因高速公路建设需要异地搬迁建设工程进行初步验收。

2月2日，张羽龙在合兴镇主持召开杭瑞高速公路建设德江境大兴集中安置点，县多途径资金实施段，关于路灯、护坡、大门、防河堤，总方量为973.23立方米的工程验收会议，这标志着杭瑞高速合兴安置点建设工程全面竣工。

3月5日，张羽龙率县国土局地质灾害防治中心、环境资源股、县房产局危房鉴定中心、县住建局、县指挥部相关科室、煎茶镇与项目业主驻煎办事处相关人员到杭瑞高速公路煎茶大山山体滑坡现场，就杭瑞高速公路建设导致山体滑坡造成4户房屋受损情况，在思遵六标会议室召开专题会议协商解决。

3月6日、14日下午，张羽龙率指挥部相关科室人员、所涉镇代表与杭瑞高速思遵高速项目办书记覃海清、驻煎办事处以及德江境4—8标段相关人员，分别到德江县境内杭瑞高速公路建设工地现场进行实地踏勘，就红线用地剩余的边角地块及高速公路建设影响涉及的涉农设施进行再一次逐一核查勘丈落实。

3月14日上午，张羽龙在指挥长会议室召开专题会议，就实施县人民政府批准县高速公路建设协调指挥部《关于杭瑞高速公路德江境红线征地多途径补偿资金实施项目的请示》的批示达成共识。

3月19日，张羽龙在煎茶镇主持召开杭瑞高速思遵段德江境建设工作第八次协调会，部署思遵高速公路德江境建设的后期工作，确保7月18日按时通车。

4月6日，张羽龙在荆角乡政府会议室主持召开会议，就沿德高速公路荆角段前期征占用林地有关问题进行专题研究。

4月8日，张羽龙率指挥部相关科室人员会同思遵高速公路驻煎办事处负责人赴杭瑞高速公路德江段施工现场，就施工建设中的涉农设施问题进一步复查落实，并与项目业主、施工单位负责人形成一致意见。

4月12日，张羽龙率县指挥部相关科室、煎茶镇、施工单位相关人员在煎茶镇佘家庄杭瑞高速公路拆迁集中安置点，对正在实施的县人民政府批准的道路硬化工程中新出现的问题进行明确。

4月15日，张羽龙会同沿德高速公路建设投资建设公司副总经理周云贵在投资建设公司一楼会议室与德江县金宏实力公司代表就沿德高速公路建设专用电力架设及箱变安装相关事宜进行专题协商。会议首先听取了金宏公司代表关于沿德高速德江段公路建设专用电力架设方案的汇报。

4月17日，张羽龙与思遵高速项目办书记、副主任覃海清经现场踏勘后在思遵七标项目部会议室组织召开会议，就杭瑞高速公路德江境复兴段建设影响了复兴镇李家湾、上山、下山、沙子坡、场上窝、大学堂6个村民组人畜饮水施工建设相关事宜进行专题协商。

4月26日上午，德江至务川高速公路设计方案意见征求会议在县政府常务会议室召开，县领导张珍强、李云德、张羽龙、梅彬出席会议。

4月26日下午，张羽龙率县指挥部相关科室人员在思遵高速1至4标段油面工程处办公室，组织杭瑞高速公路大兴集中安置点街道建设施工单位和1至4标段油面工程处相关人员召开协调会议，就杭瑞高速公路德江境大兴集中安置点街道油面铺设工程事宜进行专题协商，并达成共识。

5月13日下午，张羽龙率县指挥部相关科室人员与标段长，在思遵高速第7标项目部经理办公室主持召开会议，就杭瑞高速德江县复兴境客店村沙子坡等6个村民组人畜饮水恢复事宜进行专题协商，并达成共识。

5月13日，杭瑞高速公路思遵段德江境大兴集中点整体工程全面竣工。

5月17日，张羽龙率县相关部门人员对杭瑞高速公路思南至遵义段德江境7个控制性工程进行先行征地，征用面积1026亩，预计5月底完成，并由指挥部补偿兑现科通过“一卡通”及时将补偿金兑现给农户。

5月24日，张羽龙率县指挥部相关科室人员赴杭瑞高速公路德江段现场，就杭瑞高速公路建设涉及的生产、生活道路硬化及工程项目实施范围、规格、质量、建设发包等问题予以明确，对相关涉农设施的恢复逐一落实。

6月8日，张羽龙率县指挥部相关科室、部门、乡镇相关人员与思遵高速项目办书记覃海清赴杭瑞高速公路德江境建设现场，就高速公路建设中部分涉农设施和收费站、停车区饮用水等事宜进行现场办公，并达成共识。

7月2日上午，张羽龙与思遵高速项目办主任余彪，书记、副主任覃海清和5至8标标段长、驻煎茶办事处负责人在思遵项目驻煎茶办事处会议室主持召开协调会议，就施工建设中的涉农纠纷、群工矛盾以及涉农设施复建等问题进行进一步复查落实，并与项目业主、施工单位负责人形成一致意见，为确保煎茶至凤冈段7月18日通车的有关事项进行部署。

7月2日下午，张羽龙与沿德高速公路建设项目投资公司副总经理周贵云赴沿德高速公路合兴境，就沿德高速公路建设施工电力专线架设，涉及桂花树砂场、炸药仓库搬迁事宜进行现场办公。

7月4日，铜仁市人大常委会副主任、市常务副指挥长张观涛主持召开沿河至德江两县指挥部指挥长会议，讨论并审定沿德高速正线内征地拆迁资金包干事宜，并正式签订包干协议。

7月9日，张羽龙率合兴镇、煎茶镇、复兴镇3个镇分管负责人、思遵高速公路建设第四至第八施工合同段经理、思遵高速项目办负责人、标段长、驻煎办事处负责人、县高速公路建设协调指挥部相关科室人员，在杭瑞高速思遵项目驻煎办事处会议室召开杭瑞高速公路德江境建设第九次协调会议，确保杭瑞高速公路思遵县煎茶段至凤冈7月18日正式通车。

7月16日，张羽龙率县指挥部相关科室人员与思遵高速项目办驻煎办事处负责人赴杭瑞高速公路建设德江境施工现场，就杭瑞高速思遵线德江境涉农设施和施工临时用地相关事宜进行现场办公，并就有关事项达成共识。

7月18日，杭瑞高速公路思遵县煎茶段至凤冈正式通车。

7月28日，张羽龙率指挥部相关科室、县财政局、地税局相关人员与思遵5至8标标段长赴杭瑞高速公路施工现场，就杭瑞高速公路德江境施工建设临时占用土地缴纳耕地占用税问题，进行现场核查落实。

7月30日，张羽龙率指挥部相关科室人员会同思遵高速公路驻煎办事处负责人及四标标段长，现场落实合兴鸟坪张家沟涵洞完善的相关事宜。

8月1日，张羽龙率县指挥部相关科室、煎茶镇、施工单位相关人员，与思遵高速项目办征拆科科长、5至8标标段长、驻煎办人员，就杭瑞高速公路建设5、6、7、8标段施工剥离土，进行现场落实。

8月12日，张羽龙率县指挥部相关科室与思遵项目驻煎茶办事处相关人员就杭瑞高速公路煎茶收费站饮水建设工程进行验收。

8月15日，张羽龙率县指挥部相关科室、合兴镇、复兴镇相关人员与杭瑞高速思遵项目1至4标标段长、驻煎办事处负责人赴杭瑞高速公路德江境建设现场就工程建设中的涉农设施受影响事宜，予以协商解决。

8月17日，张羽龙率指挥部相关科室、县司法局、县杭瑞高速公路建设德江段施工炮损勘测协调指导小组、合兴镇与思遵项目驻煎办相关人员，赴杭瑞高速公路建设现场踏勘后，在思遵四标会议室召开会议，排查消除高速公路群工矛盾纠纷，为确保8月28日全线通车达成共识。

8月26日，李云德主持召开2013年第六次常务会议，讨论批准《沿德高速公路德江段征地拆迁安置补偿实施方案》。

8月29日，杭瑞高速公路德江合兴镇至凤冈段下午4点开通。

8月30日，杭瑞高速公路德江至遵义段全线开通运行。

9月3日，德江县召开沿德高速德江段暨县城至共和港二级公路征地拆迁工作动员会，标志着沿德高速德江段和县城至共和港口二级公路征地拆迁工作全面启动。

9月5日，思遵高速项目办主任余彪在其办公室听取张羽龙《关于杭瑞高速德江段建成通车后相关涉农设施修复及群工矛盾等事宜的情况汇报》后，主持召开专题会议讨论。项目办书记、副主任覃海清，项目办综合科、德江境标、思遵五标相关人员参会。

9月6日，张羽龙率县指挥部相关科室、合兴镇中寨村与沿德项目公司地方办、德江管理处相关人员赴沿德高速公路德江合兴境青杠园现场处理红线内征地后未补偿、未动工，影响被征农户当年收益进行专题协商，并妥善处理。

9月10日，张羽龙率县指挥部相关科室、合兴镇相关人员在合兴镇书记会议室主持召开会议，就杭瑞高速公路德江段合兴境部分涉农设施受损以及安置问题进行专题研究，并形成一致意见。

9月11日，张羽龙率指挥部相关科室、青龙镇、安家渡村相关人员会同沿德高速公路项目公司负责人，就沿德高速公路建设新增砂石料场的选址、补偿标准和面积等相关事宜在县指挥部会议室召开专题会议进行协商，并达成共识。

9月13日，县人民政府召开沿德高速公路项目建设暨县城至共和港口、二级公路建设征地拆迁动员大会。县四大班子主要领导及沿德项目公司负责人出席，张羽龙安排工作，张珍强、李云德、王铁宏讲话。

9月17日，县人民政府副县长梅彬在荆角乡乡长张清雄等人陪同下，就沿德高速公路建设荆角段干田坳安置点相关事宜到现场落实，张羽龙应邀参加。

9月19日，沿德高速德江段建设工作第一次协调会在县指挥部会议室召开，张羽龙主持会议。沿德项目公司副总经理周贵云应邀参加会议并讲话。沿德高速公路建设投资有限公司领导，综合办、地方办、德江管理处相关人员，所涉乡（镇）书记或乡（镇）、各征地、林木、房屋勘测等工作组组长、副组长，县公安局分管负责人、公安局治安大队负责人，沿德高速公路德江段第7至第11施工合同段项目经理、分管协调工作的副经理以及城区至共和港口二级公路工程项目部经理、分管协调工作的副经理，县高速公路建设协调指挥部全体职工参加会议。

9月21日，张羽龙率县指挥部相关科室、龙泉乡、沿德高速公路建设第九合同段项目经理部相关人员赴现场踏勘后在龙泉乡良家坝村农户家主持召开会议。就沿德高速公路德江段第九合同段因施工建设需要，需临时租用农户家房屋、耕地及占用通往农户家道路等相关问题，进行专题协商，并形成一致意见。

9月24日，张羽龙率县指挥部相关科室、杭瑞高速德江段所涉镇、县交通局有关负责人在杭瑞高速煎茶收费站会议室召开会议，杭瑞高速德江段5至8合同段标段长和4至7合同段项目经理参加了会议，就进一步落实思遵高速项目办用地补偿、道路损坏恢复、占用村组公路损坏恢复问题，达成一致意见。

10月11日，张羽龙率县指挥部相关科室、合兴镇、杭瑞高速1至4标油面工程项目部有关人员在合兴扶阳酒楼会议室召开会议，就杭瑞高速1至4标油面工程料场取料施工炮损补偿相关事宜进行专题研究。

10月12日，张羽龙召集县指挥部相关科室、荆角乡有关人员在指挥长办公室主持召开会议，就沿德高速公路德江段荆角乡境沿德高速公路建设相关事宜进行专题研究，并形成一致意见。

10月22日上午，张羽龙召集县指挥部相关科室、青龙镇有关人员在指挥部会议室主持召开会议，就沿德高速公路德江境第十合同段，建设黄河溪大桥因工程需要临时占用潮水河至黄河溪寨子一事一议通组公路相关事宜进行专题协商，并形成一致意见。

10月22日下午，张羽龙率县指挥部相关科室、县水务局、钱家乡、沿德高速公路建设第九合同段项目经理部相关人员，赴钱家乡洋塘塘水坝现场踏勘后，在县指挥部会议室主持召开会议。就沿德高速公路德江段第九合同段因建设钱家桥桥墩，需临时占用该水坝部分水域进行泄水围堰作业等相关问题进行专题协商，并形成一致意见。

10月26日，张羽龙委托县高速公路指挥部规划建设科负责人赵健涛会同思遵高速公路驻煎办事处牟永江赴杭瑞高速公路德江段合兴镇乌坪村，就施工建设中涉及的涉农设施问题进一步落实。

10月26日9时，一辆车牌为贵D51009的车经过务川南收费站缓缓驶入德务高速，标志着德务高速楠杆至务川段正式开通营运。

10月27日，张羽龙率县指挥部相关科室、合兴镇、沿德高速公路建设第11合同段项目经理部相关人员在合兴镇主持召开会议，就沿德高速公路德江段第11合同段红线内合兴加油站搬迁补偿相关事宜进行讨论。

10月29日，张羽龙召集县指挥部相关科室、荆角乡负责人赴沿德高速公路德江段荆角境施工现场，就沿德高速公路德江段红线内古大珍稀树木移植等相关事宜与农户进行专题协商，并达成一致意见。

10月30日，张羽龙在指挥长办公室主持召开会议，专题研究解决沿德高速公路德江段红线内龙泉乡良家坝和钱家乡沙坝两处，35千伏电力线路及沿德高速节点工程马蹄河特大桥、荆麻岭特大桥，10千伏电力线路改迁相关事宜。

10月31日，县委书记张珍强在县政协原主席、德江县高速公路建设协调指挥部常务副指挥长张羽龙，副县长梅彬，德江经济开发区副主任杨晓初陪同下前往青龙镇、堰塘乡调研沿德高速公路征地拆迁安置工作。

11月1日，沿（河）德（江）高速公路德江段开工。

11月2日，张羽龙率县指挥部相关科室、堰塘乡负责人赴长窝坨就沿德高速公路红线内小型酒厂和农具加工厂微型企业搬迁事宜进行专题协商，并达成一致意见。

11月5日，张羽龙率县指挥部相关科室人员，并邀请县消防大队、安监局、住建局、合兴镇相关负责人再次到合兴镇规划区内为加油站搬迁选址进行现场踏勘并进行充分讨论，最后综合10月27日两次协商的意见达成共识。

11月5日下午，张羽龙率县指挥部有关科室人员与思遵高速项目办书记覃海清、标段长、合兴镇乌坪村负责人，就施工建设中的涉农设施问题再次现场核实并统一意见。

11月7日，张羽龙主持召开会议，就沿德高速公路良家坝特大桥建设红线内，龙泉至钱家二级灌区改迁事宜进行专题协商并达成一致意见。沿德高速公路德江管理处代周超，县指挥部相关科室人员，钱家乡曾宪容、刘军和第九施工合同段负责人参加会议。

11月8日，张羽龙在高速公路指挥部会议室主持召开指挥长办公会议，就沿德高速公路及城区至共和二级公路征地拆迁内业汇总相关事宜进行认真讨论，县指挥部全体人员参加会议。

11月13日上午，张羽龙在指挥长办公室主持召开沿德高速及城区至共和港口二级公路所涉乡镇分管负责人会议，就沿德高速公路及城区至共和港口二级公路建设红线征地拆迁、外业勘测情况进行小结以及对相关问题进行部署。

11月13日下午，张羽龙在指挥长办公室主持召开会议，就沿德高速公路德江段红线内青龙镇水车坝七磨丫大香樟树1株、荆角乡岩砥村檬子坳古树椤木石楠3株、茶寨村水桶口组寨中古树白旦树1株，移植费用和移植时间等相关事宜与煎茶镇新场国营农场自然花木园法定代表人刘真理进行协商，并达成一致意见。

11月20日，县政府副县长梅彬受县长李云德的委托，在县政府办公室主持召开会议，就沿德高速公路德江段红线内砂石料厂搬迁和集中安置点建设有关事项进行明确，张羽龙参加会议。

11月24日，张羽龙在指挥部会议室主持召开沿德高速公路“三电”（移动、电信、联通、广电）产权单位负责人、改迁施工单位负责人及县指挥部相关科室负责人会议，就沿德高速公路“三电”（弱电）改迁有关事宜进行第三次专题协商并达成共识。

11月25日，张羽龙率县指挥部相关科室负责人、钱家乡分管负责人赴钱家乡沙坝社区沿德高速公路施工现场办公，就沿德高速公路红线内梅再权鱼塘、观音滩杨光文鱼塘拆迁有关事宜进行专题协商并达成共识。

11月27日，张羽龙在指挥部指挥长办公室主持召开沿德高速公路电力改迁产权单位负责人、改迁施工单位负责人和县指挥部相关科室负责人会议，就沿德高速公路红线内电力改迁有关事宜进行第三次专题协商并达成共识。

11月30日，张羽龙与周贵云赴沿德高速公路第十、第十一合同段项目建设工地，就高速公路建设涉及设计变更、房屋拆迁等有关事宜进行现场办公，并达成共识。

12月3日，张羽龙主持召开沿德高速公路德江段“三电”改迁工作会议，全面启动德江县沿德高速公路“三电”改迁工作，确保改迁工程在2014年1月10日前全面完工。

12月6日，张羽龙率县指挥部相关科室、合兴镇、煎茶镇、复兴镇负责人会同杭瑞高速思遵线项目业主现场人员以及施工单位代表赴杭瑞高速公路德江段涉农设施现场，就高速公路建设期间损坏的涉农设施复建工程项目及县人民政府批准的多途径补偿资金实施的道路工程项目进行现场验收。

12月8日，张羽龙率县指挥部相关科室、县财政、杭瑞高速公路所涉乡镇、杭瑞高速公路建设涉农设施复建施工单位、工程监理单位相关人员赴杭瑞高速公路德江段涉农设施现场，验收多途径补偿资金工程项目。

12月12日，张羽龙在指挥长办公室主持召开城区至共和港口二级公路建设工作会议，就涉及征地拆迁、补偿兑现及项目建设服务等问题进行专题研究和安排。该项目业主县交通局主要负责人、分管负责人参加会议。

12月14日、17日，张羽龙率县指挥部相关科室、合兴镇主要负责人会同沿德高速公路项目公司德江管理处负责人、沿德高速第十一合同段项目经理、加油站业主先后赴沿德高速合兴互通连接线处施工现场，就沿德高速公路建设涉及的加油站搬迁新址及青龙、钱家、合兴集中安置点启动场平建设等相关事宜进行专题研究。

12月16日，张羽龙在指挥部会议室主持召开沿德高速公路第九合同段红线内35千伏电力线路改迁以及第七合同段红线内中低压线路工程验收汇报会议。县指挥部相关科室、德江供电局、贵州源通公司有关人员参加会议。

12月24日，张羽龙率县指挥部相关科室、钱家乡政府主要负责人赴沿德高速公路钱家乡房屋拆迁集中安置点，就安置点内原方案未涉及的地上部分附属物等相关事宜进行现场明确。

12月25日上午，张羽龙率县指挥部相关科室人员，青龙镇、龙泉乡分管负责人及村（社区）组干部，沿德高速公路九标、十标负责人赴青龙镇黄河溪高速公路施工现场进行现场办公。

12月25日下午，张羽龙会同中交一公局沿德高速公路建设投资有限公司副总经理周云贵、吴云，指挥部办公室相关科室负责人以及七至十一合同段项目经理在醉傩乡会议室召开会议，就沿德高速公路德江段红线内施工造成砂石、泥土滚落至红线外，导致临时占用农户耕地等有关问题进行专题协商。

12月26日上午，张羽龙召集县委政法委、公安、司法劳动社会保障、荆角乡等单位部门相关人员在罗聘会议室，就沿德高速公路第八合同段因内部施工劳务纠纷发生冲突，继而影响该标段其他6个工区的炸材供应召开会议。

12月26日中午，张羽龙率县指挥部相关科室、县水务局、环保局、国土局、县供水公司相关人员在沿德高速公路第九合同段会议室主持召开会议，就沿德高速公路德江段良家坝特大桥及其他大桥隧道建设需要，在龙泉乡敖家河流域上段采沙用料事宜进行专题研究。

12月26日下午，张羽龙召集县指挥部相关科室、县交通局和县“三电”产权单位、工程项目单位相关人员在指挥部会议室召开会议，就城区至共和港口二级公路建设“三电”的弱电部分改迁事宜进行逐条协商落实。

12月28日，张羽龙召集县指挥部相关科室、县公安局经侦大队相关人员在指挥部会议室召开会议，就沿德高速公路德江段红线内耕地的部分农户，在严控沿德高速公路红线土地内抢栽抢种药材、经济苗木等不良行为进行专题研究。

12月29日，张羽龙率县指挥部相关科室、荆角乡、茶坨村及施工单位负责人赴沿德高速公路荆角茶坨段红线边缘岩层沟农户养殖现场，就拆迁相关事宜进行现场办公。

12月30日，张羽龙在指挥部会议室主持召开沿德高速公路第九合同段红线内35千伏电力线路改迁以及第七合同段红线内中低压线路工程验收汇报会议，县指挥部相关科室、德江供电局、贵州源通公司有关人员参会。

2014年

1月4日，张羽龙率县指挥部相关科室、县水务局、荆角乡负责人在荆角乡杉树河流域现场办公，就沿德高速公路德江段马蹄河特大桥及其他大桥隧道建设需要，在荆角乡杉树河流域下段采沙用料事宜进行专题研究。

1月5日，张羽龙召集县指挥部、住建局相关科室、钱家乡负责人在指挥长办公室主持召开会议，就沿德高速公路钱家乡安置点规划设计相关事宜与贵州同盛建筑设计有限公司进行协商，并达成共识。

1月6日，张羽龙率指挥部相关科室人员会同沿德项目公司副总经理周云贵及其地方办、德江管理处负责人赴沿德高速公路建设施工现场，就高速公路建设前期节点安排事宜及影响施工有关问题进行督查和现场办公。

1月9日，张羽龙在高速公路指挥长办公室主持召开会议，就沿德高速公路建设开展法制宣传和开展施工炮损前期调查有关事宜进行专题协商。县指挥部相关科室、县司法局有关人员参加会议。

1月11日，张羽龙率县指挥部相关科室、青龙镇、龙泉乡、合兴镇分管负责人赴沿德高速公路德江段施工现场，就沿德高速公路德江段红线内古大珍稀树木移植等相关事宜，与农户进行专题协商，并形成一致意见。

1月13日上午，张羽龙在办公室召集指挥部相关科室人员召开办公会议，专题研究部署对沿德高速公路建设房屋拆迁户2013年春节慰问相关事宜。

1月13日下午，张羽龙在城区至共和港口二级公路建设项目部主持召开会议，县指挥部相关科室、共和镇有关负责人以及二级公路建设项目部相关经理参加会议，就城区至共和港口二级公路建设中涉及的红线征地补偿兑现工作及"三电"改迁等相关事宜，进行专题研究布置。

1月19日上午，张羽龙率县指挥部办公室、堰塘乡政府主要负责人赴堰塘乡高家湾城市农业园区现场了解后，在沿德高速公路第十合同段项目经理办公室召开会议，就沿德高速公路德江段堰塘乡境红线内房屋拆迁集中安置有关事宜进行专题研究。

1月19日下午，张珍强率县委副书记黄继荣，县委常委、人武部政委李志军，县委常委、政法委书记、公安局局长陈廷相，副县长、副指挥长梅彬以及县委办、县交通运输局负责人等组成慰问组，对正在进行紧张施工的沿德高速公路德江境内的施工单位、施工人员，以及高速公路拆迁户代表进行春节慰问。

1月22日，张羽龙召集县工业园区、县指挥部办公室及其兑现补偿科负责人在指挥长办公室主持召开会议，就沿德高速公路建设德江段玉水办事处境红线内征地和房屋拆迁集中安置地，占用县工业园区内土地相关事宜进行专题协商，达成一致意见。

1月24日，张羽龙在指挥部办公大厅主持召开部务会议，就2013年高速公路建设一年以来的工作进行总结回顾。

1月，德江县高速公路建设协调指挥部在全省高速公路三年大会战中被省交通运输厅、省劳动人事厅评为贵州省高速公路建设三年会战2013年度"先进集体"称号，这是全省六个先进集体之一。

2月8日，张羽龙率县指挥部相关科室、合兴镇主要负责人赴中寨村竹园组沿德高速公路现场办公，就高速公路红线内古大珍稀树木移植等相关事宜，与当地群众进行合理平等协商，并达成共识。

2月17日，县高速公路建设协调指挥部副指挥长梅彬与铜仁市副市长、指挥部指挥长李树新签订铜仁市2014年高速公路项目建设责任书。

2月26日，张羽龙在指挥长办公室主持召开会议，就沿德高速公路德江段红线内青龙镇团结村、龙泉乡良家坝、合兴镇东园共17株古大珍稀树木移植费用和移植时间等相关事宜，与煎茶镇新场国营农场自然花木园主要负责人进行协商并形成一致意见。指挥部相关科室负责人和有关人员参加。

3月3日，张羽龙率县指挥部相关科室人员会同沿德项目公司副总经理周贵云，偕同沿德高速公路德江管理处负责人前往高速公路施工现场，就沿德高速公路德江段涉农设施及红线边缘严重影响施工的房屋拆迁事宜进行现场办公，并与项目公司代表和农户达成共识。

3月7日，张羽龙与沿德高速公路副总经理周贵云在县城星火宾馆会议室主持召开沿德高速公路建设德江段损毁涉农设施修复工作会议。沿德项目公司地方办、德江管理处、县交通局、各所涉乡镇有关负责人以及各施工标段项目经理部经理参会。

3月9—10日，张羽龙率指挥部相关科室、所涉镇有关负责人与沿德高速项目公司地方办、德江管理处负责人以及德江境7至11标段项目经理到德江县境内沿德高速公路建设沿线现场进行实地踏勘，就沿德高速公路建设损坏涉农设施修复方案进行逐一审查确认，并与项目业主、施工单位负责人，所涉镇、村、组代表及农户达成共识。

3月13日，张羽龙率指挥部相关科室、国土局、公安局、玉水办事处有关负责人及部分群众代表，会同沿德高速建设项目公司地方办负责人，经现场踏勘后在县城星火宾馆会议室召开会议，就沿德高速公路建设德江境玉水办事处黄河西段因施工建设群众反映强烈的有关问题进行专题研究。

3月14日，张羽龙率县指挥部相关科室、县水务局相关人员在潮砥镇书记办公室主持召开会议，就沿德高速公路德江段桥梁、隧道建设需在潮砥镇小溪河流域采砂用料事宜进行专题研究。

3月17日，铜仁市人大常委会副主任、市指挥部常务副指挥长张观涛到德江县检查、督促沿德高速公路建设工作。沿德高速公路建设项目办投资公司总经理王铁红，副总经理贵周云，市高建办、铜仁市指挥部相关负责人参加。

3月19日，县长李云德主持召开专题会议，就沿德高速过境玉水街道涉及正线内拆迁“两违房”补偿标准和安置问题进行研究。

3月20日，县委常委、政法委书记、公安局局长陈廷相，县高速公路常务指挥长张羽龙在县委常委会议室主持召开高速公路建设环境整治专题会议。沿德高速公路德江段所涉乡镇、街道（党工委）书记、政法委书记、派出所所长及县公安局、县司法局、县综治办、县维稳办、沿德高速公路项目公司地方办、德江管理处及7至11标段项目部经理等有关部门负责人参加会议，为确保沿德高速公路建成通车等事宜进行专题研究。

3月21日，张羽龙率指挥部相关科室人员会同沿德项目公司地方办、德江管理处负责人，赴沿德高速公路第十一标、十标施工现场对严重影响施工和隐患较大的红线边缘的地上附属物拆迁问题进行现场明确。

3月23日，张羽龙率县指挥部相关科室、合兴镇、煎茶镇、工程监理单位、施工单位有关负责人到杭瑞高速公路建设大兴集中安置点，对该安置点的道路建设工程及部分基础设施等工程和杭瑞高速公路建设煎茶大河天池小学异地搬迁工程，召开验收会议。

3月31日上午，张羽龙召集指挥部相关科室、县物价局等单位有关负责人召开办公会议，就沿德高速公路合兴互通连接线红线内桂花、红豆杉、紫荆、罗汉松苗（苗圃）等苗木个案补偿问题进行专题讨论明确。

3月31日中午，张羽龙率县指挥部相关科室负责人会同杭瑞高速公路思遵段德江境5至8标标段长赴杭瑞高速公路现场，就高速公路建设中一些遗留问题和涉农设施不完善等事宜进一步落实并达成一致意见。

3月31日下午，张羽龙率县指挥部相关科室负责人在长堡镇接待室主持召开会议，就沿德高速公路德江段桥梁、隧道建设在潮砥镇小溪河流域深水采砂，需在长堡设置中转场相关事宜进行专题研究。长堡镇有关负责人、采砂施工业主参会。

4月3日，张羽龙在指挥部会议室召集县交通局、德江供电局、德江电力金宏公司、贵州源通电力建设公司等单位有关负责人召开专题会议，就城区至共和港口二级公路电力迁改事宜进行专题讨论明确，指挥部相关科室负责人参加会议。

4月5日，张羽龙带领县公安、国土、安监、物价等部门负责人前往大方、黔西、毕节等地考察高速公路建设拆迁砂场补偿安置等问题。

4月9日，张羽龙率县指挥部相关科室、玉水办事处、荆角乡有关负责人会同沿德高速公路德江管理处，前往沿德高速公路第八合同段施工现场，就沿德高速公路德江段施工建设涉及国道、通村道路改线，需拆迁民用房屋相关事宜进行现场办公，并与管理处和农户达成共识。

4月10日，张羽龙在办公室召集指挥部相关科室人员赴沿德高速大兴互通连接线施工现场办公，德江供电局煎茶供电所、合兴镇人饮施工单位、沿德高速第十一合同段有关负责人参加，就高速公路建设搬迁加油站涉及新址“三通一平”建设相关事宜进行现场明确。

4月12日，县指挥部办公室、规划建设科负责人受张羽龙委托，会同复兴镇有关负责人前往复兴镇七星社区，就杭瑞高速公路建设影响而修建的彭家排水沟渠和堰盆村板桥人行便桥进行实地验收。

4月21日上午，张羽龙率县指挥部相关科室、钱家乡有关负责人会同沿德高速公路德江管理处负责人，前往沿德高速公路第九合同段洋塘塘新寨2号桥头施工现场，就该处因设计变更需拆迁农户房屋及部分附属设施相关事宜进行现场办公，并与管理处、钱家乡有关负责人以及农户达成共识。

4月21日下午，张羽龙率县指挥部相关科室人员会同杭瑞高速公路思遵段德江境5至8标标段长赴杭瑞高速公路第六合同段现场，就高速公路建设中一些遗留问题和涉农设施不完善等事宜进一步落实并达成一致意见。

4月22日上午，张珍强主持召开沿德高速征地拆迁专题汇报会，并专题研究合兴正线内拆迁太子参、砂场搬迁等问题。副县长梅彬、常务副指挥长张羽龙等领导参加会议。

4月22日下午，张羽龙召集县指挥部各科室负责人、钱家乡负责人在指挥长办公室主持召开部务扩大会议。根据玉水、钱家、堰塘、合兴等乡镇的高速公路拆迁安置的实际情况，就集中安置点建设期间施工用水、用电、现场管理等相关事宜进行专题研究。

4月23日，张羽龙率县指挥部相关科室负责人会同杭瑞高速思遵项目综合办主任、第4合同段标段长赴杭瑞高速公路合兴镇鸟坪境内现场，就杭瑞高速公路思遵段第4合同段在施工过程中涉及春灌急需解决沟渠排灌设施问题，在现场逐一落实。

4月25日，张羽龙在高速公路指挥长办公室主持召开会议，县指挥部相关科室、物价局、荆角乡有关负责人及砂场业主参加会议。会议就沿德高速公路建设荆角砂场依法征收，一次性征收补偿金额110万元人民币等相关事宜进行专题研究。

4月26日，张羽龙率县指挥部相关科室、荆角乡有关负责人会同项目业主德江管理处、设计单位负责人赴沿德高速公路德江段施工现场，就德江北互通连接线至荆角乡集镇规划建设与326国道对接相关事宜进行现场办公，并达成共识。

5月4日，张羽龙在指挥部会议室主持召开部务会议，通报了沿德高速公路德江北互通红线内荆角砂场依法征收后，砂场资产清理情况和县国土、林业及合兴镇关于土地、林业纠纷确权调查进展情况，并对荆角砂场资产收购后的残值资产处置和相关单位所需工作经费情况，进行专题研究。

5月7日，张羽龙率县指挥部办公室、合兴镇有关负责人会同沿德高速公路建设德江管理处、设计单位负责人赴沿德高速公路第十一、第九、第八合同段施工现场，就高速公路建设涉及山体开挖引发山体大滑坡需征地相关事宜进行现场明确。

5月9日，张羽龙率县指挥部相关科室、钱家乡负责人会同沿德高速公路建设项目公司地方办、德江管理处负责人在县城城南知味馆召开会议，就沿德高速公路建设第九标施工建设损坏钱家乡沙坝片区两村（社区）7组的二级农灌主干渠一时不能恢复，影响2014年春灌问题进行专题协商。

5月16日上午，张羽龙率县指挥部相关科室、国土局、安监局、合兴镇有关负责人及合兴中寨村上下竹园组干部会同沿德高速公路建设项目公司地方办主任李儒洪在合兴镇扶阳酒店召开会议，就沿德高速公路建设第十一标段红线边缘桥湾砂场炸药仓库搬迁和中寨村上下竹园组通组道路硬化以及合兴互通内猪场搬迁补偿遗留问题等相关事宜，进行专题协商。

5月16日中午，张羽龙在县指挥部会议室召开部务会议，传达贯彻市高建办13日铜仁市杭瑞高速公路审计准备工作会议精神，并就县指挥部当前工作的重点和相关事宜进行部署。

5月16日下午，张羽龙率县指挥部相关科室、合兴镇负责人及杭瑞高速大兴集中安置点小区代表，经现场察看后在合兴扶阳酒店召开会议，就杭瑞高速思遵段大兴集中安置点休闲广场内绿化部分管护情况和管护费用等相关事宜，进行专题研究。

5月17日，张羽龙率县指挥部相关室、县交通局、共和镇有关负责人赴城区至共和二级公路共和境内施工现场，就共和镇茶坨村二级公路红线内张玉能锯板厂搬迁事宜进行现场办公，与锯板厂业主进行协商并形成一致意见。

5月19日，张羽龙在县指挥部会议室召开专题会议，县水务局、国土局、海事处、安监局有关负责人参加会议，会议就沿德高速公路建设小溪河河道疏浚采砂相关手续办理事宜进行专题协商。

5月23日，张羽龙组织指挥部各科室负责人赴凤冈、湄潭考察326国道提级改造征地拆迁工作。

5月29日上午，张羽龙率办公室、财务科、兑现科有关负责人赴合兴、煎茶、复兴3个镇，对杭瑞高速公路建设中产生的涉农设施和“三电”二次改迁补偿兑现扫尾工作进行督促以及大兴集中安置点迎接审计相关遗留问题及其补偿兑现扫尾工作进行督促，并在合兴镇书记会议室召开专题会议，与合兴镇达成一致意见。县联社主任黄明刚应邀参会。

5月29日下午，张羽龙率指挥部相关科室人员赴复兴镇，就杭瑞高速公路建设中产生的涉农设施遗留问题及其补偿兑现扫尾工作进行督促，并在复兴镇书记办公室召开专题会议。

6月3日，张羽龙率县指挥部相关科室负责人在县审计局局长办公室主持召开会议，就杭瑞高速公路大兴集中安置点道路建设及管网安装建设工程竣工决算审计相关事宜进行协商。县审计局局长苏畅游，党组书记、副局长熊江参会。

6月5日，张羽龙率县指挥部相关科室、玉水办事处新寨社区、沿德高速第九合同段及施工单位有关负责人赴沿德高速公路德江境玉水集中安置点施工现场，就集中安置点在施工建设期间进场道路保畅和维修等问题，进行现场踏勘后达成共识。

6月10日，张羽龙率县指挥部相关科室、玉水办事处有关负责人赴沿德高速第八、九合同段水车坝、新寨社区境施工现场，就沿德高速公路前期红线内土地控规情况及施工单位在施工过程中借用原乡村道路进行施工顺畅等事宜进行实地查看。

6月24日，县人民政府决定成立G326德江圣溪坳至檬子坳公路改扩建工程领导小组，县长李云德任组长，县政协调研员张羽龙任常务副组长，副县长梅彬任副组长。至此，横穿德江78千米的国道提级改造中的征地拆迁被列入县指挥部工作内容。

6月28日，张羽龙率县指挥部相关科室、玉水办事处及新寨社区有关负责人赴沿德高速玉水办事处新寨集中安置点施工现场，就玉水办事处玉办呈〔2014〕68号文件反映集中安置点8号、9号、10号、28号、29号宅基地挖孔桩出现地质等问题进行现场踏勘，并就近在农户家召开会议协商讨论。

6月29日，张羽龙率相关科室、荆角乡、玉水办事处有关负责人会同沿德高速公路建设德江管理处负责人赴沿德高速公路建设7、8标段施工现场，就施工过程中出现的影响群众生产生活及两标段相交处施工炮损责任界限明确等事宜进行现场办公。

7月10日，张羽龙率县指挥部相关室、县交通局、共和镇有关负责人赴城区至共和二级公路共和境内施工现场，就共和镇茶坨村二级公路红线内张玉能锯板厂搬迁事宜进行现场办公。

7月12日，张羽龙率县指挥部相关室、县水务局、合兴镇、沿德项目公司、沿德高速公路建设第11合同段项目经理部有关负责人赴合兴镇大兴桥湾高速公路徐家坡大桥施工现场踏勘后，在合兴镇扶阳酒店会议室主持召开会议。就沿德高速公路德江段第11合同段因建设大兴徐家坡大桥，其中8#桥墩占用大兴河河道河床，从而导致河水排泄不畅，影响河堤边上农户房屋安全等相关问题进行讨论，并与施工单位形成一致意见。

7月13日，张羽龙率县指挥部相关科室、共和镇有关负责人赴城区至共和港口二级公路白果村下角组，就二级公路建设红线内农户的小型酒厂、农户的微型加工厂搬迁事宜进行专门协商，就其搬迁及补偿与企业业主形成一致意见。

7月16日，张羽龙在指挥长办公室主持召开会议，办公室、财务、县炮损工作勘测协调赔付指导小组相关人员参加会议，会议就沿德高速公路建设德江段炮损勘测赔付工作相关事宜进行专题协商。

7月17日，张羽龙在县指挥部会议室主持召开沿德高速公路暨城区至共和港口二级公路建设炮损勘测赔付会议。沿德高速公路德江段及城区至共和港口二级公路所涉乡镇、街道办分管负责人、县司法局、县高速公路建设炮损勘测认定协调指导小组、县交通局、沿德项目公司副总经理、项目公司地方办及沿德高速公路德江县境内7至11标段等有关单位人员参会。

8月5日，张羽龙率县指挥部相关科室、钱家乡有关负责人会同沿德项目公司副总经理周贵云携地方办、德江管理处、沿德高速公路建设第九合同段项目经理部负责人赴沿德高速公路施工现场，就钱家乡沙坝涵洞设计不合理影响车辆通行，又因该涵洞排水及其高速公路边沟汇集于此，冲刷该处再生纸厂以及荆角乡岩砥村檬子坳3株石楠古树移植后，因高速公路施工产生山体滑坡导致3株古树二次移植等问题进行现场察看后召开会议。

8月6日，张羽龙率县指挥部相关科室、沿德高速公路古大珍稀树木移植施工单位有关负责人，按照德高指纪〔2013〕45号、德高指纪〔2014〕12号的议定，对在沿德高速公路建设中从荆角乡、玉水办事处、合兴镇移植至檬子坳、城南新区新一中、玉龙湖、奇石市场等处的22株古大珍稀树木移植进行验收，并在城郊白云山庄会议室召开验收会议。

8月12日，张羽龙召集县指挥部相关科室、潮砥镇、长堡镇、交通局、海事处、水务局、安监局有关负责人以及沿德高速公路建设潮砥小溪河流深水采砂业主在县城星火宾馆召开会议，就沿德高速公路建设小溪河流深水采砂相关事宜进行专题协商。

8月13日，张羽龙率县指挥部相关科室、有关乡镇负责人会同杭瑞高速公路思遵段项目建设标段长，赴高速公路思遵线德江境内对因杭瑞高速公路建设影响，需要修建现已完工的涉农设施项目进行验收。同时，还对2013年8月28日通车以后群众反映要求修复的一些涉农设施遗留问题，进行实地踏勘后达成统一意见。

8月14日，张羽龙率县指挥部相关科室、玉水办事处负责人会同沿德高速公路德江管理处赴沿德高速公路8、9标施工现场，就高速公路建设施工过程中涉及房屋拆迁、鱼塘补偿等问题进行现场办公，并就玉水办事处水车坝村大泉口河流下游安家渡大桥村民承包河道养鱼补偿以及对罗家组村民牛栏及简易棚和红线内电力二次拆迁等问题进行明确。

8月29日，张羽龙在高速公路指挥长办公室主持召开会议，县指挥部相关科室、司法局、物价局、合兴镇有关负责人及合朋砂场业主参加会议，就沿德高速公路建设合朋砂场征收相关事宜进行专题研究。

9月10日，张羽龙率县指挥部相关科室、县司法局、住建局、房产局危房鉴定办、公安局治安大队、荆角乡、德江三安爆破公司、沿德高速德江管理处、沿德高速公路第七项目经理部有关负责人赴沿德高速公路7标施工现场，就高速公路建设施工过程中施工放炮损坏荆角乡荆角社区6户房屋进行现场察看，并在荆角乡政府会议室主持召开会议。

9月11日上午，张羽龙在县委离退局办公室主持召开会议，县高速公路指挥部办公室、县离退局有关负责人参加了会议，就德江县退休老干部视察沿德高速公路德江段相关事宜进行研究。

9月11日下午，张羽龙率县委组织部、合兴镇、县指挥部相关科室有关负责人赴沿德高速公路建设11标合兴境施工现场，就高速公路过境合兴茶园村影响廖家山组通组公路及有关涉农设施等事宜进行现场踏勘，并在茶园村委会办公室召开会议。

9月14日，张羽龙率县指挥部相关科室、煎茶镇、复兴镇有关负责人赴杭瑞高速公路过境相关镇、村就杭瑞高速公路2013年8月28日通车后群众要求修复的涉农设施进行现场明确。

9月18日，张羽龙在指挥部会议室主持召开会议，办公室、县审计局、杭瑞高速公路大兴集中安置点道路及管网排污工程建设监理单位、施工单位有关负责人参加会议，会议就杭瑞高速公路建设德江段大兴集中安置点道路及排污管网工程建设竣工结算、审计相关事宜进行专题协商。

9月23日，张羽龙在指挥部会议室主持召开部务会议，就指挥部办公地点迁至城南新区温州商贸城相关等事宜进行研究。

9月24日，张羽龙在指挥长办公室主持召开专题会议，办公室、规建科、兑现补偿科、杭瑞高速公路大兴集中安置点防洪堤工程监理单位、施工单位有关负责人参加了会议，会议就杭瑞高速公路建设德江段大兴集中安置点防洪堤一期工程、延伸工程、该点大门、路灯工程、煎茶大河天池小学新建工程相关事宜进行专题研究。

9月25日，张羽龙在指挥长办公室主持召开部务会议，就指挥部新办公室装修等相关事宜进行专题研究。办公室搬迁装修工作小组全体成员、装修施工方负责人参会，并与装修方达成一致意见。

9月26日，张羽龙率县指挥部相关科室、荆角乡有关负责人会同沿德高速公路项目公司地方办、德江管理处、沿德高速公路第七项目经理部负责人赴沿德高速公路7标荆角乡茶寨段（K62+695处）施工现场，就该村村民两户房屋因距高速公路红线不足2米，存在严重安全隐患而需拆迁事宜，进行现场明确并达成共识。

9月29日，副县长梅彬、常务副指挥长张羽龙参加省交通运输厅评审德江至务川高速项目初步设计方案，会议一致同意省设计院提交的“N”方案。

10月9日，张羽龙率县指挥部相关科室、堰塘乡有关负责人赴沿德高速公路堰塘乡境马头山隧道口处，就隧道口右侧农户多次反映的其红线外房屋拆迁在勘丈时对其房屋室内墙体乳胶刷墙工序漏项事宜进行现场踏勘明确。

10月13日，张羽龙率县指挥部相关科室、钱家乡有关负责人赴沿德高速公路建设钱家乡集中安置点，就集中安置点基础设施建设相关事宜进行现场明确。

10月22日，市人大常委会副主任童礼元、张观涛、陈建萍率市人大常委会各委室、市交通运输局、高建办等相关部门负责人到德江县视察沿德高速公路建设情况。简宜山、陈旭东、张羽龙，沿德项目公司副总经理周贵云陪同。

10月30日，张羽龙在指挥长办公室召开专题会议，就沿德高速公路合兴境大兴社区龙朝阡和徐家坡两处红线内313国防光缆因高速公路施工损坏进行专题明确。

11月1日，张羽龙在潮砥镇会议室召开专题会议，县指挥部相关科室、县水务局、安监局、潮砥镇有关负责人以及河道疏浚采砂业主代表参加会议，就沿德高速公路建设小溪河河道疏浚采砂开工前相关准备事宜进行专题研究。

11月6日，由18名县级、44名科级老干部组成的视察团到沿德高速公路德江段视察高速公路建设情况。张羽龙、周贵云陪同视察。

11月24日，德务高速公路德江段建设用地管控工作会议在县高速公路建设协调指挥部会议室召开。德务高速项目办征拆科科长任宗洲、项目工程建设总工张金鸿、德务高速德江段过境乡镇（街道办）分管负责人及县指挥部全体成员参会，张羽龙安排工作。

11月29日，张羽龙在县城鑫苑酒楼会议室主持召开沿德高速公路德江段红线内电力改迁工程验收汇报会议，会议听取电力产权单位县供电局对改迁工程验收情况的汇报和指挥部规建科对电力改迁施工单位提交施工资料的收集情况以及高速公路各施工标段对各自辖区内电力改迁情况的汇报。

12月4日，张羽龙率县指挥部相关科室、县物价局认证中心、县核桃产业办、县林业局苗圃场、堰塘乡有关负责人赴堰塘丁家山张月利苗圃现场，就沿德高速公路红线内前期按核桃商品苗木征收补偿的标准，应该按采穗圃给予补偿而进行现场重新复核。

12月11日，德务高速公路德江段开工仪式在德江县钱家乡举行。贵州省高建办副主任、省公路局营运中心主任李松，铜仁市人大常委会副主任、铜仁市德务高速常委副指挥长张观涛，铜仁市交通运输局调研员、市高建办主任代新建，通力达公路监理公司总经理赵黔义，德务高速公路项目总监办总工马白虎，沿德高速项目投资有限公司副总经理周贵云，中共德江县委书记张珍强，县委副书记、德江县人民政府县长李云德，德江县人大常委会主任简宜山，县政协主席陈健，县政协原主席、县高速公路建设协调指挥部常务副指挥长张羽龙等领导以及县直相关单位部门和所涉乡镇（街道）办、县高速公路建设协调指挥部全体人员参加开工仪式。县长李云德讲话，县委书记张珍强宣布开工。

12月15日，张羽龙在其办公室组织召开专题会议，就沿德高速九合同段承建的官林特大桥和良家坝隧道途经龙泉乡良家坝村涉及相关事宜进行专题研究，县指挥部相关科室、龙泉乡、良家坝村有关人员参加会议。

12月24日，张羽龙在指挥长会议室主持召开会议，就沿德高速公路德江段红线内电力改迁工程验收后相关遗留事宜进行研究。德江供电局、县指挥部相关科室、电力迁改施工单位有关人员参加会议，会议听取电力产权单位县供电局对迁改工程过程中存在的问题和县指挥部“三电”改迁现场人员的情况汇报。

2015年

1月5日，张羽龙在县指挥部会议室主持召开专题会议，就沿德高速公路建设施工炮损勘测赔付相关工作和沿德高速公路建设拆迁安置补偿相关事宜进行专题研究。县高速公路炮损勘测赔付协调指导小组、司法局、所涉乡镇（街道办）、沿德高速项目公司地方办、德江管理处、各施工标段相关负责人参会。

1月9日，张羽龙参加省交通运输厅关于沿德高速机电、房建、交安、绿化等附属设施工程施工图设计方案评审会议。

1月13日，张羽龙在县城醉傩乡酒楼会议室主持召开沿德高速公路德江段红线内移动改迁工程验收汇报会议。

1月16日，张羽龙在指挥长办公室主持召开专题会议，就德务高速公路钱家乡境德江枢纽互通内2015年春节前动工相关事宜进行专题研究。省公路局高建办征拆部部长林军、德务高速公路建设项目办征拆科科长任宗洲出席会议。

1月17日，张珍强、简宜山、陈健偕同四家班子在家成员观摩沿德高速公路德江段建设项目。张羽龙，县委常委、人武部政委李志军，县委常委、政法委书记、公安局局长陈廷相，县委常委、宣传部部长张勇，县人大常委会副主任王治桢、郑国文，副县长李兵，县政协副主席史天龙、胡国仁等在家县领导参加项目观摩。

1月19日、25日，张羽龙率县指挥部相关科室人员，玉水（街道）和钱家乡、村（社区）负责人，安置点群众代表，德江供电局及城区、城郊供电所有关负责人，玉水老水泥厂集中安置点、钱家乡观音滩集中安置点、合兴镇沿德高速公路安置点负责人，就安置拆迁户新建房屋后照明用电及相关配套建设事宜，施工单位经现场踏勘后在指挥长办公室主持会议专题讨论。

1月21日，张羽龙在办公室主持召开专题办公会议，就沿德高速公路建设11标段工程区域内合兴镇朱家寨饮水安全工程、上水管道供水主管修复事宜进行专题研究，并达成一致意见。

1月27日，张羽龙召集县人民法院外委庭、民2庭、立案庭、县公安局、司法局、人事劳动局劳动监察大队、荆角乡有关负责人在沿德高速公路建设第八合同段会议室召开会议，就沿德八标与民营包工头李林签订的劳务合同引发的劳工纠纷进行调解。

1月30日，张羽龙会同杭瑞高速公路思遵段项目办主任余彪在杭瑞高速煎茶收费站管理处会议室主持召开专题会议，就杭瑞高速公路思遵第五合同段建设期间涉农设施修复有关问题进行专题研究。

2月3日，张羽龙在指挥长办公室主持召开专题会议，就沿德高速公路红线内征收合朋砂场后资产移交处置事宜进行专题研究。县司法局、县价格认证中心、县指挥部相关科室负责人以及合朋砂场业主参加会议并达成共识。

2月9日，张羽龙在办公室主持召开沿德高速公路德江境合兴、钱家、玉水3个集中安置点拆迁户房屋建设期间临时抽水、临时用电线路架设、电力线路迁改，以及荆角砂场变压器拆迁工程，荆角乡干田坳拆迁户安置点水、电安装工程验收汇报会议，并就有关事宜进行专题研究。办公室、规划建设科、拆迁科、兑现补偿科有关人员参加会议并达成一致意见。

2月10日，张羽龙在办公室主持召开沿德高速公路德江段红线内电信、联通、广电改迁工程验收汇报会议。

3月9日上午，县委副书记、县长商友江到井堡池调研沿德高速公路钱家乡至县城连接线工程，政协原主席、高速公路指挥部常务副指挥长张羽龙，县委常委、常务副县长周骥，副县长梅彬、李兵以及县直相关部门负责人陪同。

3月9日下午，张羽龙率县指挥部相关科室、县经开区、县水务局、城区供水公司、玉水街道、新寨社区、集中安置点施工单位有关负责人赴沿德高速公路玉水老水泥厂集中安置点进行现场办公，就沿德高速公路玉水街道老水泥厂集中安置点水电安装等事宜进行专题明确，并达成一致意见。

3月13日，张羽龙率县指挥部相关科室、复兴镇、煎茶镇、复兴镇有关负责人赴杭瑞高速公路过境相关镇、村，就启动实施德江县第二批杭瑞高速公路征地多途径补偿资金项目和施工临时用地、取土场移交等事宜进行现场明确，并与合兴、煎茶、复兴3个镇负责人、相关村组干部形成一致意见。

3月21日，张羽龙率相关科室、县经开区、交通局、德江供电局城区供电所、县自来水公司有关负责人会同沿德项目公司地方办负责人偕沿德高速油面2标负责人赴县城北工业园区与沿德高速九标结合部现场，就沿德高速公路建设油面工程2标拌和站建设占地、用水、用电事宜进行专题协商，并与各方形成一致意见。

3月29日，张羽龙率县指挥部相关科室、县高速公路建设炮损勘赔协调指导小组、司法局、县公安、玉水（街道）、新城爆破公司有关负责人会同沿德项目公司地方办、德江管理处、沿德高速9标负责人在新寨社区会议室主持召开会议，就沿德高速公路土建9标施工放炮造成上、中、下3个组房屋受损勘赔事宜进行专题研究，并达成共识。

3月30—31日、4月23日，张羽龙率指挥部相关科室、所涉乡镇有关负责人会同沿德高速项目公司副总经理周贵云，地方办、德江管理处负责人以及沿德高速7至11标段项目经理，先后到德江县境内沿德高速公路建设沿线现场进行实地踏勘，就沿德高速公路建设损坏涉农设施修复方案再次进行逐一审查确认，并与项目业主、施工单位负责人，所涉镇、村、组负责人及农户达成共识。

4月1日，张羽龙率县指挥部相关科室、德江县住建局、供电局、贵州伟才实验学校等相关部门负责人，以及钱家乡有关负责人会同德务高速公路项目业主负责人赴德务高速德江枢纽互通钱家乡沿德高速公路交汇处，现场审查35千伏新沙线改迁相关事宜。

4月11日，县委副书记、县长商友江主持召开德江县高速公路建设安全维稳工作会议。县领导周骥、陈廷相、梅彬、张羽龙，市高建办、沿德高速公路项目公司和县指挥部、相关单位、沿德高速所涉乡镇有关负责人以及沿德高速德江段7至11标段项目经理参加会议。铜仁市人大常委会副主任张观涛到会指导，并简要通报了沿河19人上访事件经过，传达了市委主要领导下一步工作要求，商友江就德江县如何贯彻作出安排。

4月17日上午，张羽龙率县指挥部相关科室、龙泉乡有关负责人赴沿德高速公路建设龙泉乡境内9标施工现场，就沿德高速公路建设良家坝拌和站切断群众生产生活及机耕道路复建事宜进行现场明确，并与良家坝村、组负责人达成一致意见。

4月17日下午，张羽龙率县指挥部相关科室、沿德高速公路施工第八合同段有关负责人赴高速公路玉水街道水车坝安家坡施工现场，就沿德高速公路建设第八合同段2#梁场处水车坝组因高速公路建设切断水车坝组至安家坡片区的生产生活道路后，严重影响当地群众出行及其恢复相关事宜进行现场办公。

4月18日，张羽龙在指挥部会议室主持召开部务会议，就4月10日全市高速公路建设推进会和11日德江县高速公路建设安全维稳工作会议精神进行传达，组织全体人员学习省交通运输厅《关于认真开展典型案例学习和剖析的通知》以及中央八项规定，并结合德江县实际布置下一步工作。

4月23日，张羽龙在指挥部会议室组织沿德项目公司地方办、德江供电局、德江县公安治安大队、贵州久利电网公司、德江公路段、荆角乡、沿德高速7至8标、国道326改造德江境施工1标有关负责人召开协调会议，就4月17日326国道提级改造施工时，因1标施工放炮损坏沿德高速7标施工10千伏电力专线及变压器赔付等相关事宜进行研究。

4月25日，沿德高速公路建设项目"决战100天，确保半幅贯通"劳动竞赛动员大会在马蹄河特大桥南岸召开。贵州省交通运输厅、省公路局工会主席万鸣，铜仁市人大常委会副主任张观涛，德江县政协主席陈健，沿河县常务副县长曹勇，中交一公局党委副书记、纪委书记、工会主席庞维新，沿德高速项目公司总经理、书记王铁红，德江县高速公路建设协调指挥部常务副指挥长张羽龙，德江县副县长梅彬，沿河县高速公路建设协调指挥部李世学，中交一公局工会办公室主任李建军，沿河、德江两县指挥部负责人参加会议。会议由沿德项目公司副总经理周贵云主持。

5月5日下午，县委副书记、县长商友江受县委书记、县高速公路建设协调指挥部第一指挥长张珍强委托，在县高速公路建设协调指挥部会议室主持召开专题会议，就德务高速公路德江互通井堡池连接线征地拆迁安置补偿标准相关事宜进行专题研究。

5月8日，张羽龙率县指挥部相关科室、县财政局、合兴镇、煎茶镇、复兴镇及其3个镇财政分局有关负责人，就杭瑞高速多途径补偿资金与财政"一事一议"项目资金捆绑使用的实施道路硬化项目达成一致意见，并进行现场验收。

5月13日，张羽龙召集县指挥部相关科室、县司法局、县物价认证中心有关负责人在指挥长办公室召开专题会议，就沿德高速公路建设搬迁砂场涉及砂场资产公开竞价拍卖处置相关事宜进行专题研究。

5月16日，中交一公局二公司承建沿德高速10标黄河溪隧道全线贯通。

5月25日，张羽龙召集县指挥部各科室负责人和县司法局公证处、县物价认证中心有关负责人在指挥长办公室召开专题会议，就沿德高速公路建设搬迁砂场一次性补偿后，收回资产公开处置情况进行专题研究。

6月4日，张羽龙在玉水街道井堡池片区召开群众大会，就德务高速正线内拆迁补偿标准安置相关事宜进行公开动员宣传讲解。

6月9日，张羽龙率县指挥部相关科室、钱家乡、观音滩村、沿德项目公司德江管理处、沿德高速施工9标有关负责人赴高速公路钱家乡观音滩段施工现场，就近期连续大雨加之高速公路边沟排水系统设计不完善且尚未完工，导致已建成的边沟汇聚大量山水顺尚未完工的断头渠，直接冲刷钱家乡观音滩高速公路集中安置点后面的蔬菜地，给菜农造成一定的经济损失，作明确处理。

6月16日，张羽龙率县指挥部相关科室、合兴镇、煎茶镇、复兴镇有关负责人赴杭瑞高速公路建设施工取料场、弃土场复绿治理验收及移交管理。

6月18日，张羽龙率县指挥部相关科室、县水务局、钱家乡、沿德高速公路建设9标有关负责人赴钱家洋塘塘水坝等施工现场踏勘，并主持召开会议，就该处和钱家观音滩二级灌区损坏、灌区损失补偿问题进行专题研究。

6月19日，张羽龙在县指挥部会议室主持召开会议，进一步安排督促沿德高速公路建设涉农设施恢复、施工炮损勘赔和征地拆迁兑现补偿相关事宜。沿德高速项目公司地方办、德江管理处、7至11标段分管副经理，所涉乡镇分管领导，县农行、县工行、县联社、县司法局、县交通局、县水务局等负责人和县指挥部全体人员参加会议。

6月25日，张羽龙率县指挥部相关科室、G326公路提级改造办公室、荆角乡有关负责人就G326提级改造工程弃土损坏沿德高速公路项目主线问题进行专题协商。

6月27日，张羽龙在指挥长办公室主持召开德务高速公路德江枢纽互通内35千伏电力迁改竞标会议，县指挥部相关科室、德江供电局、广东和发输变电公司、贵州新南方公司、四川省送变电建设公司有关负责人参加会议。

7月1日，张羽龙率县指挥部相关科室、玉水新寨社区有关负责人会同沿德项目公司地方办负责人赴沿德高速8标玉水骆家坡（K72+800）及杨井沟大桥施工现场，就骆家坡高速公路高边坡开挖导致农户房屋地基内外严重开裂而无法居住及其拆迁补偿相关事宜，以及荆角乡杨井沟大桥下农户房屋因距大桥较近要求拆迁等事宜进行现场办公。

7月6日，张羽龙率县指挥部相关科室、德江供电局、城区供电所、玉水办新寨社区、施工单位有关负责人赴玉水街道新寨原县老水泥厂，就沿德高速公路玉水办新寨集中安置点电力线路架设，即拆迁安置户用电工程进行现场验收。

7月7日，张羽龙应邀在德江县国税局会议室主持召开会议，就沿德高速公路项目建设所得税征收相关事宜进行专题研究。中交一公局沿德高速公路项目公司地方办负责人、财务部负责人、沿河自治县国家税务局班子成员、德江县国家税务局班子成员参加会议。

7月9日，张羽龙率县指挥部相关科室、县安监局、荆角乡有关负责人会同沿德高速项目公司综合办负责人赴沿德高速公路荆角乡洗华溪砂场，就该砂场恢复采石打砂等相关事宜进行现场办公。

7月14日，县委书记张珍强再次主持召开沿德高速公路及326国道提级改造工程建设推进会。明确要求：要坚持326国道7月底完成封层、8月开始铺油、10月全面完工目标不动摇，坚持沿德高速公路合兴至关口段10月竣工通行目标不动摇，坚持沿德高速公路春节前全线贯通目标不动摇。

7月22日，张羽龙率县指挥部相关科室、德江供电局金宏公司、钱家乡、德务高速德江互通施工单位有关负责人会同德务高速项目业主负责人赴德务高速德江枢纽互通施工现场，就互通10千伏电力线路改迁施工设计方案进行现场审查。

7月30日，张羽龙率县指挥部相关科室、县茶办有关负责人在合兴镇会议室主持召开会议，对沿德高速公路建设合兴境中寨黄金芽茶苗受损补偿事宜及徐家坡大桥桥下一户拆迁安置补偿、两户过渡安置补偿相关事宜进行专题研究。

7月31日，沿德高速德江10标段控制性工程全长2153米的官林特大桥左幅T梁铺通。

8月3日，张羽龙率县指挥部相关科室、德江供电局、铜仁市东方电力设计有限公司、贵州电力工程建设监理公司、县城郊输电所有关负责人赴钱家乡沙坝社区杨家林，就德务高速德江枢纽互通内35千伏电力线路改迁设计变更相关事宜进行现场办公。

8月5日，县人民政府副县长梅彬在德务高速公路德江段征地拆迁工作动员会上讲话。

8月9日，德务高速《工程项目可行性研究报告》《施工初步设计方案》全部审批结束。

8月15日，德务高速公路施工队进场，进行红线放样。

8月25日，县人民政府副县长梅彬在县政府二楼会议室主持召开专题会议，研究玉水街道新寨社区沿德高速公路施工炮损赔付有关事宜。

9月1日，县委、县政府决定调整县高速公路建设协调指挥部领导班子。县委书记张珍强任第一指挥长，副书记、县长商友江任指挥长，县政协原主席张羽龙任常务副指挥长，副县长梅彬任副指挥长。

同日，德务高速公路征地拆迁工作外业勘测开始。

9月5日，县委、县政府在县纪委会议室主持召开德务高速德江段征地拆迁动员大会。县四大班子主要领导出席会议，张珍强、商友江出席并讲话，张羽龙作工作安排。

9月15日上午，张羽龙组织涉及德务高速公路建设的相关单位负责人和乡镇、交通、国土、林业、环保、水务、公安、安监、供电、玉水办事处、钱家乡、龙泉乡、沙溪乡、楠杆乡各负责人在县纪委四楼会议室召开德务高速公路德江段征地拆迁工作动员会议。

9月15日下午，县委副书记、县长商友江受县委书记、县高速公路建设协调指挥部第一指挥长张珍强委托，在县高速公路建设协调指挥部会议室主持召开专题会议，研究德务高速公路德江互通井堡池片区征地拆迁安置补偿标准相关事宜。

9月23日，张羽龙在县指挥部会议室主持召开部务会议，就沿德高速公路建设德江段2014年度兑现目标责任考核奖励及县指挥部内部管理相关事宜进行专题研究。

9月25日，中交一公局二公司承建的贵州沿德高速九标官林特大桥全线贯通。

10月16日，张羽龙在办公室主持召开专题会议，县指挥部相关科室人员、煎茶镇副镇长董剑参会。会议就县人民政府批转的煎茶镇人民政府（煎府呈〔2015〕116号）《关于硬化川岩村桐子坡至山文庙机耕道的请示》进行专题研究。

10月22日上午，张羽龙率县指挥部相关科室、玉水办事处有关负责人会同沿德项目公司德江管理处、沿德高速8至9标相关人员赴沿德高速8、9两标接头处玉水境施工现场，就沿德高速公路建设影响的涉农设施的修建和完善进行现场办公，达成一致意见。

10月28日，张羽龙会同德务高速公路项目业主办主任罗亨俊等一行前往钱家乡，就钱家乡境德务高速公路建设房屋拆迁户集中安置点的选址落实和相关建设事宜进行现场办公，达成一致意见。县指挥部相关科室、钱家乡等相关单位人员参加。

10月30日上午，张羽龙率县指挥部相关科室、煎茶镇及该镇川岩村有关负责人前往杭瑞高速公路思遵高速线煎茶镇川岩村，就德高指纪〔2015〕39号纪要议定的煎茶镇川岩村水塘组桐子至山文庙生产生活道路硬化工程进行验收，同意作为合格工程验收。

10月30日下午，张羽龙在县指挥部会议室主持召开部务会议，为实现德务高速公路德江段12月底全面交地和实现2016年6月底德务高速德江枢纽互通同步开通运行的目标及下一步德务高速征地拆迁工作进行讨论。

11月9日，张羽龙率县指挥部相关科室负责人会同杭瑞高速思遵线项目业主谢应胜赴杭瑞高速合兴镇境乌坪村四合组，就杭瑞高速公路K173+060处过水涵洞设计位置低洼，导致涉农设施受损，现场处理并达成一致意见。

11月11日，张羽龙在指挥长办公室主持召开专题会议，就沿德高速公路建设油面工程施工环境整治相关事宜进行专题研究。

11月16日，梅彬、张羽龙在贵阳参加沿德高速合兴中寨滑坡治理方案评审会议。

11月26—27日，酉沿、沿德高速公路建设协调第一次互联互通联席会议在酉阳县时代大酒店会议室召开。酉阳县指挥部罗文生、德江县指挥部张羽龙、沿河县指挥部办公室副主任张治国和三县相关领导及相关工作人员，全程视察了酉沿高速公路酉阳段的施工建设现场。

12月1日，沿河至德江高速公路德江段封闭施工专题会议在县指挥部会议室召开，张羽龙主持会议。沿德项目公司地方办、德江管理处有关负责人，沿德高速7至11合同段项目经理，油面标、德江县公安局、德江县司法局及沿线乡镇（街道）分管领导，公安派出所所长等参会。

12月2日，规划建设安置科赵健涛受张羽龙委托，牵头施工单位德江县金宏公司、德江供电局相关部门及城郊供电所负责人参加共同对德务高速德江互通区内35千伏和10千伏及以下电力线路迁改工程在县城四季农庄会议室召开验收会议。

12月7日上午，省公路局高速公路建设营运中心主任李松、副主任杨传鲁一行6人到德江县检查工作。县委书记张珍强、县长商友江、县政协主席陈健等领导陪同，实地调研德务高速公路德江段建设情况，并在德江县伟才实验学校工程建设项目部组织召开座谈会议，就项目建设推进工作有关事宜达成一致意见。

12月7日下午，张羽龙率县指挥部相关科室负责人会同沿德高速项目公司德江管理处负责人赴沿德高速公路德江段施工现场，就沿德高速公路建设损坏或建设需要阻断的涉农设施尚未恢复情况，再一次到现场调查并予以明确。沿德高速涉路乡镇以及7至11标段分别在各自标段辖区内参加调查。

12月8日，张羽龙率县指挥部相关科室负责人赴德务高速德江枢纽互通现场，就钱家乡境德江枢纽互通区房屋拆迁情况和拆迁安置点等相关事宜进行督促检查，并在该乡会议室召开专题会议。钱家乡政府主要负责人陪同并参加会议。

12月9日，张羽龙赴钱家乡德江至务川高速公路房屋拆迁安置点，就安置点规划建设相关事宜进行现场办公。钱家乡党委书记曾秀容、县住建局规划室主任敖尚河、县指挥部规划安置科赵健涛参加会议。

12月10日上午，张羽龙率指挥部相关科室、钱家乡有关负责人会同德务高速项目业主拆迁科相关人员赴钱家德江枢纽互通区，就德务高速公路项目建设需要而迁改的钱家乡集镇至观音滩人饮管道迁改工程进行验收和互通区内房屋拆迁补偿标准缺项问题专题研究；对人饮管道迁改工程经过现场实地查看、勘丈，对该工程迁改的质量、工程量予以确认，形成一致意见。

12月10日下午，张羽龙会同县人大常委会副主任郑国文在县城北新区指挥部会议室主持召开协调会议。德务高速项目业主征拆科科长任宗洲、副总工张金鸿，县高速公路指挥部相关科室负责人参加会议，就德务高速公路德江收费站井堡池连接线红线内征地拆迁实物指标勘测补偿有关规定进行专题研究。

12月12日，张羽龙率指挥部相关科室、沿德高速公路德江段红线内古大珍稀树木移植施工单位有关负责人赴古大珍稀树木移植点现场，对其移植后质量保证情况进行现场逐一检查验收，并在县指挥部会议室召开验收会议。

12月15日，常务副县长周骥在县政府常务会议室主持召开会议，就德务高速公路德江段棚户区改造易地扶贫移民搬迁安置所需经费，以及对2016年易地扶贫生态移民安置点更名为德江县城北观音滩易地生态移民安置点等事宜进行专题研究。

12月23日上午，张羽龙率县指挥部相关科室人员会同杭瑞高速思遵线项目业主标段长谢应胜、总工曾明刚，前往合兴镇鸟坪村四合组，就杭瑞高速公路K173+060处过水涵设计位置低洼，影响农田和农户房屋的排洪渠工程进行验收。

12月23日下午，张羽龙率县指挥部相关科室人员赴沿德高速公路建设房屋拆迁合兴镇大兴集中安置点、钱家乡观音滩安置点、玉水街道办新寨老水泥厂集中安置点，就3个集中安置点“三通一平”建设工程进行验收，并就所涉及的相关事宜在指挥部会议室进行专题研究。县经济开发区吴俊、玉水街道办副书记李剑锋、合兴镇政法书记余世凯、钱家乡社会事务办主任王江参加会议。

12月26日，中交一公局沿德高速投资有限公司召开沿德高速公路项目建设交工验收会议，全线一次性通过验收。

12月30日10点58分，铜仁市人民政府在沿河县举行沿河至德江高速公路通车仪式。沿德高速公路施工建设历时26个月，实现全线一次性通车。至此，贵州省实现“县县通”高速。

12月，张乾胜被贵州省人力资源和社会保障厅、贵州省交通运输厅评为贵州省高速公路建设三年会战先进个人。

2016年

1月6日，德江至务川高速公路项目业主办主任、项目书记罗亨俊率征拆科科长任宗洲、工程质量检查科科长李杰等一行4人到德江对正在紧张进行的德江至务川高速公路德江段征地拆迁工作进行检查、督促。常务副指挥长张羽龙陪同。

1月11日，张羽龙率县指挥部相关科室、合兴镇有关负责人会同沿德项目公司地方办、工程部负责人赴沿德高速公路第十一合同段，就该标段所涉范围内因高速公路建设损坏的涉农设施进行进一步排查，并就发现的问题现场予以明确。

1月14—15日，酉阳、沿河、德江高速公路建设协调第二次互联互通联席会议在德江县温州大酒店召开，张羽龙主持会议。酉阳县指挥部范兴祥、张玉泉，沿河县指挥部万勇率队参会。会议特邀铜仁市高速公路建设领导小组办公室副主任郭振华、酉沿高速公路项目总承包部副总经理袁江波、沿德项目公司地方办主任李儒宏、沿德项目公司工程部部长孙开富参加会议。会议主题是总结工作、凝心聚力、抓好扫尾工作。

1月20日上午，张羽龙在县高速公路指挥部指挥长办公室主持召开专题会议。县通讯中心总编张著盖、县指挥部各科室负责人参加会议，会议组织学习铜仁市高速公路建设协调领导小组办公室（铜市高建发〔2016〕1号）文件。

1月20日下午，县委老干局组织四大班子副县级实职以上退休老干部视察高速公路建设。

2月23日，张羽龙率县高速公路指挥部相关科室、钱家乡有关负责人赴该乡观音滩村沿德和德务高速房屋拆迁集中安置点，就高速公路拆迁集中安置点建设过程中以及善后配套设施等相关事宜进行现场办公，德务高速公路项目业主办征拆科任宗洲参加德务高速公路拆迁集中安置部分的现场议定事宜。

2月25日，张羽龙在指挥长办公室召开县指挥部科室负责人会议，就县高速公路指挥部后勤管理及相关事宜进行专题研究。

2月26日，张羽龙在县指挥部指挥长办公室主持召开会议，就沿德高速公路德江段收费站对联征集、书写、制作、安装等工程问题进行专题研究，县指挥部相关科室、德江县书画院、沿德高速公路建设房建标有关负责人参加会议。根据沿德高速公路沿河县境内收费站楹联制作的资金负担办法及制作标准，经过会议认真讨论，与德江县书画院、沿德高速房建标达成共识。

3月2日，张羽龙率县指挥部相关科室人员前往德务高速德江段沙溪乡大泉村龙头组，就德务高速公路第三合同段项目部驻地、钢筋房、拌和站选址及用地等相关事宜进行现场办公。并在龙头组召开协调会议，沙溪乡、大泉村、龙头组有关负责人及县指挥部相关科室人员参加会议。

3月3日，张羽龙率县指挥部办公室、钱家乡有关负责人会同德务高速公路项目业主办征拆科科长任宗洲赴德务高速公路钱家乡境第一合同段，就其合同段区域内德江枢纽互通建设相关事宜进行现场办公。

3月9日，贵州省公路局党委书记李建到德江县检查、督促德务高速公路开工建设工作。省高建办副主任、省公路局高速公路营运中心主任李松，德务高速公路项目办书记、主任罗亨俊，总监办总监周旋以及相关负责人参加，县领导商友江、梅彬、张羽龙参加。

3月23日，张羽龙在指挥长办公室主持召开专题会议，就德务高速公路第四合同段楠杆乡境，10千伏电力专线架设及红线内电力改迁相关事宜进行专题研究协商，并达成共识。

3月24日，张羽龙率县指挥部相关科室会同沿德高速项目公司地方办李儒宏、工程部孙开富，德务高速施工1标负责人赴钱家乡德江枢纽互通现场，就沿德高速公路建设遗留的部分涉农设施等相关事宜现场办公，并达成一致意见。

3月28日，张羽龙与德务高速项目业主办主任罗亨俊主持召开德务高速公路德江段项目建设联席会议。涉路乡（镇、街道）乡镇长（主任）、各标段项目经理参加会议。县人大常委会副主任、城北新区建设领导小组副组长郑国文应邀参加会议并讲话。

3月29日上午，张羽龙率县指挥部相关科室、钱家乡有关负责人会同德务高速公路项目业主办征拆科、德务高速1标负责人赴德务高速钱家乡钱家岩、杨家岭等段现场，就钱家岩坳口隧道进口征地地类进行调查确认，以及对杨家岭大桥、洋塘塘大桥下部分房屋存在严重隐患等问题进行认真踏勘明确，并就有关事项达成共识。

3月29日下午，张羽龙在指挥长办公室主持召开德务高速公路德江段“三电”(移动、电信、联通、广电、铁塔)产权单位负责人及改迁施工单位负责人和县指挥部相关科室负责人会议，德务高速公路项目业主办征拆科科长任宗洲参加，就有关事宜进行专题协商并达成共识。

4月2日，张羽龙在指挥长办公室主持召开专题会议，就杭瑞高速公路德江段红线内部分空闲裸露区治理、绿化等事宜进行专题协商，县指挥部相关科室负责人参加会议。

4月17—19日，张羽龙带队一行8人到道真、涪陵、酉阳考察高速公路正线内拆迁厂矿企业补偿标准等问题。

4月25日下午，张羽龙率县指挥部相关科室、交通局、司法局、住建局房屋鉴定中心、共和镇有关负责人赴城区至共和港口二级公路建设施工现场，就共和镇转角村牛鼻溪大桥桥头施工放炮，致使3户房屋受损等相关事宜进行现场办公。

4月27日，德务高速公路开工。

5月4日，德务高速公路铜仁市建设指挥部指挥长、市人大常委会副主任叶德恩检查德务高速德江段工程建设情况，张羽龙陪同。

5月5日上午，张羽龙组织德务高速建设项目业主征拆科科长任宗洲、楠杆乡党委书记张太波、沙溪乡乡长田文、德务高速公路1至5合同段项目经理部负责人，通过现场察看后在第四合同段召开会议，就德务高速公路建设中存在古大珍稀树木未移植严重影响工程施工问题达成一致意见。

5月5日下午，张羽龙率县指挥部相关科室负责人赴杭瑞高速公路德江段，就高速公路建设征地多途径补偿资金实施高速公路建设弃土场、拌和站、项目部驻地等绿化工程进行最后一个项目的验收，并在县指挥部会议室召开会议。

5月7日，张羽龙率县指挥部相关科室负责人赴沿德高速公路德江段德江北、德江南、合兴站3个收费站，就高速公路营运收费站楹联制作、安装建设工程进行验收。沿德项目投资公司、沿德高速房建二标项目经理部负责人参加验收。

5月25日上午，县委召开常委会会议，决定再次调整县高速公路建设协调指挥部成员，县委书记商友江任第一指挥长，县委副书记、县长秦智坤任指挥长，政协原主席、副县长张羽龙任执行指挥长，副县长梅彬任副指挥长。

5月25日下午，张羽龙率县指挥部相关科室负责人会同德务高速公路项目业主办征拆科科长任宗洲一行，赴德务高速公路德江段楠杆乡境4、5标段施工现场，就高速公路建设施工中涉及的拆迁安置、古大珍稀树木移植、三电改迁、影响施工环境等相关事宜，进行现场办公。

6月13日上午，张羽龙在德务高速公路第一合同段项目经理部主持召开专题会议，就德务高速楠杆乡中坝村服务区、六一村洋乐坝互通区主线内，房屋拆迁户集中安置地内场坪工程建设进行专题研究。德务高速项目办征拆科科长任宗洲、德务高速总承包办总经理赵渝以及德务高速第四、五合同段及油面标项目经理部派人参加会议。

6月13日9点24分，德务高速德江特长隧道右洞全长5425米，最大埋深537米，掌子面安全贯通，这标志着德务高速全线重点控制性工程取得阶段性胜利。

6月23日，张羽龙率县指挥部相关科室负责人会同德务高速公路项目业主办征拆科科长任宗洲一行，赴德务高速公路德江段楠杆乡境4、5标段及油面标施工现场，就高速公路建设施工中楠杆连接线红线内房屋拆迁等相关事宜进行现场办公。

7月6日，张羽龙率县指挥部相关科室、钱家乡有关负责人会同德务高速公路项目业主办1至3标段标段长张金鸿赴德务高速公路德江枢纽互通区，就互通区有关问题进行个案处理并达成共识。

7月14日，张羽龙率县指挥部相关科室负责人会同德务高速公路项目业主办征拆科科长任宗洲、德务高速路面标有关人员一行，赴德务高速公路德江段楠杆乡六一村、中坝村境4至5标段施工现场，就德务高速公路建设涉农设施等事宜进行现场办公。

7月21日，张羽龙主持召开德务高速公路项目建设德江段临时使用林地行政许可手续办理协调会议，全面启动林地手续办理工作。

8月3日，张羽龙率指挥部相关科室负责人会同德务高速项目业主办征拆科科长任宗洲到德务高速德江隧道2标段施工现场，就德务高速2标段在德江隧洞施工中目前存在的涉农设施、环境保护与整治等问题现场办公。德务高速第一、二、三合同段协调人员参加会议。

8月4日，德务高速德江特长隧道经过前期5个月施工准备，举行进洞开工仪式。

8月9日，张羽龙在县高速公路指挥部会议室主持召开会议，就沿德高速公路建设期间和通车后涉及的涉农设施修复、余泥渣土治理及施工临时用地资金补偿等遗留问题进行专题研究。沿德高速公路项目总承包办李儒宏、代周超，沿德高速涉路乡镇分管领导，沿德高速公路建设7至11标段项目经理部、县指挥各科室等负责人参加会议。

8月17日，张羽龙率县指挥部相关科室、钱家乡有关负责人会同德务高速公路项目业主办征拆科科长任宗洲、德务高速公路路基相关标段人员一行，赴德务高速公路德江段钱家乡沙坝社区、观音滩村1标段、2标段、3标段施工现场，就德务高速公路德江枢纽互通区内、龙泉乡池坝德江隧洞、沙溪乡大泉村龙头等组涉农设施相关问题进行现场办公。

9月6日，张羽龙在指挥长办公室主持召开会议，就德务高速公路德江境内沙溪、楠杆施工建设中涉及征地拆迁补偿、群工纠纷调处等问题进行专题研究。德务高速公路项目业主办征拆科、沙溪乡、楠杆乡、德务路基第二至三合同段、德江物价评估公司及县指挥部相关科室有关负责人参加会议。

9月8日，张羽龙在德江温州大酒店主持召开德务高速公路德江段施工环境整治工作会议。县公安局、国土局、所涉乡镇分管负责人及派出所所长参加会议。

9月14日，“中交贵州沿德高速庆中秋”文艺晚会在沿德公司羽毛球球场举行。

9月19—20日，张羽龙率县指挥部相关科室、所涉乡有关负责人会同德务高速公路项目业主办征拆科科长任宗洲、德务高速公路项目建设土建相关标段负责人赴钱家乡、龙泉乡、楠杆乡施工现场，就德务高速公路项目建设涉农设施相关问题进行现场办公。

9月22日，张羽龙率县指挥部相关科室、县公安局、县国土局、县安监局、县林业局、县司法局、所涉乡镇有关负责人会同德务高速公路项目业主办征拆科科长任宗洲、土建相关标段负责人赴沙溪乡龙头隧道变电所设计变更征地现场，就施工爆破物资的供应问题进行专题研究。

10 月 10 日，张羽龙率县指挥部相关科室、钱家乡分管负责人会同德务高速公路项目业主办标段长张金鸿、土建一标段有关人员赴钱家乡，就施工影响赵家沟、新加坡两组村民人畜饮水、德江互通匝道改路致德江县五行再生纸厂大门改迁等问题进行现场办公。

10 月 11 日，张羽龙在沙溪乡党委书记办公室主持召开会议，就德务高速沙溪乡境内征拆相关工作进行专题研究。德务高速业主办征拆科、沙溪乡党委、政府及德务土建二标有关负责人参加会议。

10 月 18 日，张羽龙率县指挥部相关科室负责人会同德务高速公路项目业主办征拆科科长任宗洲，中国移动德江分公司、中国电信德江分公司、贵州齐心公司相关负责人，沿路对德务高速公路项目建设正线内移动、电信迁改工程进行现场验收，并召开会议，就该迁改工程验收相关事宜进行专题研究。

10 月 20 日，张羽龙率县指挥部相关科室负责人会同县交通局机关工委书记张方、共和镇及中交二公局二公司共和二级路项目部有关负责人到德江至共和港口二级公路项目建设现场，就该项目征拆工作、涉农设施修复、施工炮损赔付等问题进行现场办公。

10 月 27 日，张羽龙率县指挥部相关科室和玉水街道办事处有关负责人到沿德高速玉水集中安置点在玉水街道新寨社区会议室召开会议，对该地拆迁户安置房屋立面改造资金进行专题研究。

11 月 2 日上午，县四大班子主要领导商友江、秦智坤、何先美、陈健、鲁文俊等调研视察德务高速德江枢纽互通建设情况，并在德务土建一标会议室召开专题推进会。会议确定德江枢纽互通德江收费站 2017 年元旦开通运行的目标。德务项目业主办主任罗亨俊参会。

11 月 2 日下午，县委书记商友江和县委副书记、县长秦智坤，偕县政协主席陈健、县政协党组书记鲁文俊，会同德务高速业主办主任罗亨俊，深入德务高速公路德江枢纽互通通车时段专题调研，实地了解施工进度，商定德江枢纽互通的正式开通时间，并给予 30 万元的资金奖励。

11 月 3 日上午，铜仁市高速公路建设指挥部副指挥长代新建偕同市高建办副主任郭振华莅临德江，对德江县沿德高速公路后续治理工作及德务高速项目建设情况进行调研。

11 月 3 日下午，张羽龙召集公安、国土、安监、林业、环保、水务等部门及德务高速土建三标路面工区有关负责人在县高速公路建设协调指挥部主持召开会议。就德务高速公路龙头隧道进口变电所扩容移位、变更工程施工爆破物资供应及德江枢纽互通建设封闭施工，确保元旦通车问题进行专题研究。

11 月 7 日，张羽龙在指挥长办公室主持召开会议，就高速公路征拆资料整理归档、德务高速各收费站楹联制作、德江高速志的编撰等问题进行专题研究。

11 月 17 日，张羽龙率县指挥部相关科室、钱家乡有关负责人会同德务高速公路项目业主办征拆科科长任宗洲、德务土建一标有关人员前往钱家乡沙坝社区杨家林大桥施工现场，就该处涉农问题进行现场办公。

11 月 21 日，张羽龙率县指挥部相关科室负责人和楠杆乡乡长周小棚，会同德务土建三、四、五合同段有关负责人，分别到楠杆乡中坝安置点、洋乐坝安置点实地察看工程进展情况，并现场召开会议就安置点建设的有关事宜进行明确。

11月26日，酉阳、务川、德江三县高速公路建设协调工作联谊会议在德江召开。会议决定2017年上半年在务川召开第二次联谊会议。

11月29日，张羽龙率县指挥部相关科室、沙溪乡、钱家乡有关负责人会同德务业主办征拆科科长任宗洲，德务土建一标、二标有关负责人到德务高速公路项目建设施工现场实地察看有关征拆工作情况，就沙溪乡大寨村涉农设施、钱家乡沿德九标拌和站土地征用等有关事宜进行明确。

11月30日，张羽龙率县指挥部相关科室负责人会同德务高速公路项目业主办征拆科科长任宗洲，德江联通公司、德江广电网络公司负责人对德务高速公路项目建设正线内联通、广电迁改工程进行现场随机抽样勘测验收，并在县高速公路建设指挥部召开会议，就该迁改工程验收相关事宜进行专题研究。

12月1日，张羽龙率县直有关部门和乡镇（街道）有关负责人会同沿德高速公路项目建设总承包部地方办李儒宏、简维旺对沿德高速公路项目建设临时采用的安家渡、洗华溪、杨世丫砂石料场进行现场踏勘，并在德江温州大酒店召开会议，就沿德高速采用砂石料场管理移交的相关事宜进行专题研究。

12月5日，张羽龙率县指挥部相关科室、县供电局和玉水街道有关人员会同沿德高速公路项目建设总承包部李秀明、刘建忠，沿德营运公司徐瑞宏，沿德土建九标谭维群等对沿德高速公路项目建设新寨社区皂泥溪涵洞现场踏勘，就涵洞内安装路灯有关事宜进行专题研究。

12月13日，张羽龙率县指挥部相关科室、煎茶镇有关人员会同德务业主办征拆科科长任宗洲、鸿源达运输公司杨世勇等对鸿源达运输公司在为德务高速公路项目建设施工材料运输过程中，造成严重损坏的煎茶集镇场口至洗沙塘段路面进行实地踏勘，并就保畅维护的有关事宜进行专题研究。

同日，德务高速德江大桥合龙。

12月14日，张羽龙率县指挥部相关科室负责人会同德务高速公路项目业主办征拆科科长任宗洲、德江县海青园林绿化有限公司负责人对德务高速公路项目建设红线内24棵古大珍稀含乡土绿化树木移植工程进行逐一验收，并在德务三标路面工区召开会议，就该移植工程验收的相关事宜进行研究。

12月18日，张羽龙率县指挥部相关科室负责人会同贵州省宏远达水土工程有限公司有关人员，对沿德高速公路项目建设施工临时料场、取（弃）土场就土地复绿恢复林业生产条件等有关事宜进行实地踏勘规划。

12月19日，张羽龙在指挥长办公室主持召开会议，就指挥部办公经费开支有关问题进行研究。县指挥部办公室、补偿兑现科、财务室、有关项目实施单位等有关负责人参加会议。

12月28日，张羽龙率县指挥部相关科室会同德务高速公路项目业主办征拆科科长任宗洲，德江县供电局、德江金宏公司有关人员对德务高速公路项目建设正线内电力迁改工程进行现场验收，并在德务三标路面工区会议室召开会议，就该工程验收的相关事宜进行专题研究。

2017年

1月6日上午，张羽龙率县指挥部相关科室，沿德高速土建十标、十一标有关人员，就沿德高速项目建设施工临时使用黄河溪弃土场、合兴取料场隐患排除、复绿治理进行现场落实。

1月6日下午，张羽龙率县指挥部相关科室人员会同德江收费站亮化及楹联安装工程实施单位负责人对德务高速公路项目建设德江收费站站棚亮化及楹联制作安装工程进行验收。

1月13日零时，德务高速德江枢纽互通德江收费站发往遵义、贵阳方向开通运行。

1月16日，张羽龙在县高速公路指挥部指挥长办公室主持召开会议，就沿德高速公路项目建设德江段土建七标、八标、九标建设期间与各乡镇涉及征地补偿资金、涉农设施修复工程资金及其他债务纠纷等问题进行研究。

1月19日，张羽龙召集国土、林业、安监、环保、水务等有关单位人员召开会议，就沿德高速公路德江段施工临时用地复绿施工设计方案进行评审。

1月22日，铜仁市高速公路建设指挥部副指挥长代新建偕同市高建办副主任郭振华一行莅临德江，对德务高速铜仁段各项目经理部进行春节慰问。

2月4日起，德务高速公路各施工标段春节后相继进场复工。

2月17日，张羽龙率县指挥部相关科室、金家槽水库管理所、合兴镇及所涉村组有关人员会同沿德高速土建十一标项目部负责人赴合兴镇，就沿德高速项目建设施工损坏农用灌渠恢复问题进行现场踏勘，并逐一落实农灌沟渠恢复项目。

2月20日，县高速指挥部完成杭瑞高速档案8类180盒864卷。

2月23日，张羽龙率县指挥部相关科室人员到合兴镇现场落实沿德高速十一标侯家堡、当槽湾、火烧坡、桂花树等地涉农设施项目建设实施方案。

2月24日，张羽龙在德江收费站召开多方协调会，拟定于2017年3月8日开通德务高速公路德江站沿河方向。

2月28日，县政府党组成员、县高速公路建设协调指挥部副指挥长梅彬偕同县政协原主席、县高速公路建设协调指挥部执行指挥长张羽龙，深入钱家乡德务高速公路施工现场，就德江枢纽互通A、B匝道施工进展情况和洋塘塘提水灌溉恢复施工进行调研。至此，德务高速公路德江特长隧道开挖总长2200米，完成总长度的25%。

3月2日上午，铜仁市高速公路建设协调指挥部副指挥长代新建率市高建办有关负责人检查德务高速节后钱家乡观音滩、楠杆洋乐坝、中坝集中安置点工作，并就德务高速公路红线内拆迁集中安置“五通一平”工程资金不足问题进行专题研究。德务高速公路项目业主办主任罗亨俊、拆迁科科长任宗洲、县指挥部执行指挥长张羽龙陪同。

3月2日中午，张羽龙率领县指挥部有关科室负责人会同德务业主办征拆科科长任宗洲、标段长张金鸿到钱家乡沙坝社区洋塘塘拦河堰处踏勘并现场召开会议，对该拦河堰恢复工程进行专题研究，确定立即启动拦河堰恢复工程，并于2017年4月底前完工，确保2017年洋塘塘片区300余亩农田灌溉不受影响。

3月2日下午，张羽龙召集贵州银行德江支行、沙溪乡、楠杆乡有关德务高速公路协调负责人召开会议，进一步核准德务高速尚余补偿兑现资金，督促贵州银行尽快清理补偿到位。

3月3日，铜仁市高速公路指挥部副指挥长代新建、铜仁市高速公路指挥部办公室主任郭振华到德务高速公路钱家观音滩集中安置点、楠杆洋乐坝安置点施工现场调研指导高速公路建设节后复工及工程进展情况。

3月6日，德江枢纽互通沿河方向A、B匝道路面工程施工结束，桥面伸缩缝安装完毕，引桥桥头水泥护墙钢架制作完毕，交安标安装防护栏、标牌、画路面标线。

3月8日，张羽龙率领办公室、规划安置科负责人到钱家乡督促沙坝社区洋塘塘拦水堰涉农工程恢复施工情况、到德务高速了解德江枢纽互通A、B匝道施工进展。

3月9日零时，德务高速公路项目建设德江枢纽互通沿河方向正式开通运行。

3月9日上午，张羽龙召集国土、林业、安监、环保、水务等有关单位人员召开会议，再次评审并正式通过沿德高速公路德江段施工临时用地复绿施工设计方案。

3月9日下午，张羽龙会同德务高速项目业主办任宗洲、钱家乡人民政府有关负责人，就德务高速公路钱家乡赵家沟人畜饮水恢复工程进行验收，并召开专题会议研究。

3月9日零时，德务高速公路项目建设德江枢纽互通沿河方向正式开通运行。

3月20日上午，张羽龙与涉路乡镇信用社核实德务补偿资金兑现情况。

3月20日下午，张羽龙带领县指挥部科室负责人到楠杆乡小寨村调研处理因德务高速施工造成农田灌溉渠损毁恢复问题以及四标关于涉农道路恢复征地联系表进行现场核实。

3月23日上午，张羽龙与楠杆乡核查处理德务高速公路施工中房屋拆迁、房屋附属设施拆迁、临时用地及坟墓搬迁情况。

3月23日下午，张羽龙带领县指挥部相关科室人员到沿德高速公路合兴境内调研涉农设施恢复工程建设情况。

3月24日上午，张羽龙带领县指挥部科室负责人到楠杆乡六一村解决洋乐坝集中安置点“三通一平”问题，了解处理德务第四合同段洋乐坝组涉农改路问题。

3月24日下午，张羽龙到德务高速楠杆互通连接线小寨村LK2+500—LK2+580处左侧现场勘测涉农改路征地。

3月28日，张羽龙会同德务项目业主办任宗洲、张金鸿赴楠杆乡中坝村、六一村等，就德务高速项目中坝村中坝组、六一村洋乐坝组施工涉农道路恢复等事宜进行调研。

3月30日，张羽龙率龙泉、沙溪两乡领导，县水务局技术人员会同德务项目业主办任宗洲及德务土建二标负责人赴德江隧道内涌水现场察看，并召开专题会议研究。

4月15日，张羽龙带领县指挥部有关科室负责人和合兴镇、村、组有关干部对沿德高速公路德江段合兴境内13个灌溉沟渠恢复工程进行验收。

4月18日，张羽龙主持召开指挥部部务会议，就沿德高速公路德江境项目建设期间施工取料场、弃土场绿化治理工程发包进行专题研究。

4月23日，张羽龙带队前往酉榕高速榕江段与沿德高速总包办，沿德土建十标、十一标进一步落实有关沿德高速德江段涉农设施扫尾及其遗留工作。

4月25日，张羽龙支持召开沿德高速施工取（弃）土场复绿工程邀标议标开标会议。

5月2日，张羽龙带领县指挥部各科室负责人会同德江县富民园林绿化有限公司有关人员，对沿德高速公路德江段施工临时用地复绿工程施工项目进行现场审查落实。

5月15日，张羽龙在指挥长办公室主持召开会议，就沿德高速公路征拆资料整理归档事宜进行专题安排。

5月23日，张羽龙率指挥部相关科室人员前往德务高速钱家乡，就德务高速公路钱家观音滩集中安置点“三通一平”工程进行验收，并召开现场验收会议，研究落实有关事宜。

5月24日，张羽龙会同德务业主办总工、标段长、拆迁科科长、德务土建一标项目经理赴德江互通现场踏勘确定互通区内堆土场治理工作方案。

6月12日，县人大常委会副主任史天龙率部分省、市、县人大代表视察德务高速公路德江段建设情况，并召开座谈会。

6月16日，张羽龙带领县指挥部各科室干部，对沿德高速公路德江段施工临时用地取料场、弃渣场等11个复绿治理工程逐一进行验收，并召开专题会议研究。

6月19日，张羽龙率相关科室负责人会同德务高速业主办任宗洲、洋塘塘拦水堰恢复项目设计、监理单位负责人对钱家乡洋塘塘拦水堰恢复工程进行现场验收，并召开专题会议研究。

6月21日，铜仁市人大常委会副主任、市德务高速公路建设指挥部指挥长叶德恩视察德务高速建设，叶德恩一行从德江枢纽互通开始一直沿线踏勘至与遵义市务川县交界的丰乐河大桥。

7月6日，张羽龙在县指挥部主持召开德江至务川高速公路炮损工作协调会议。

7月24日，张羽龙在县指挥部主持召开县指挥部部务会议，听取县高速公路建设协调指挥部相关科室负责人关于沿德高速公路建设取（弃）土场（渣场）复绿工程面积复核及工程资金结算情况的汇报。

8月9日，张羽龙在县指挥部主持召开会议，就德务高速公路项目建设正线内古大珍稀树木移植及楠杆互通连接线施工涉及红线边缘3株黄杉移植单价及相关事宜进行专题研究。德务高速公路项目业主办征拆科科长任宗洲参加会议。

8月15日，张羽龙在县指挥部主持召开会议，就杭瑞、沿德、德务高速公路德江段项目建设正线内房屋拆迁集中安置点安置户不动产登记证颁发及相关事宜进行专题研究。

8月29日，张羽龙赴合兴镇，就如何处置沿德高速有关遗留问题进行现场察看，并在合兴镇政府主持召开专题办公会议，经认真分析和研究后达成共识。

9月19日，张羽龙率县指挥部相关科室人员会同德务高速公路项目业主办征拆科科长任宗洲、德江县海青园林绿化有限公司负责人等对德务高速公路项目建设红线内24棵古大珍稀树木移植成活率和3棵黄杉移植工程进行逐一验收，并在务川丹砂大酒店召开会议，就相关事宜进行研究。

10月24日，张羽龙率县指挥部相关科室负责人协同县委常委、县委组织部部长唐虹前往楠杆乡中坝，就该村办公楼（原中坝小学）德务高速主线建设拆迁后的建设情况开展调研。

11月28日，张羽龙率县指挥部相关科室人员前往合兴镇，对沿德高速公路德江段合兴境施工临时用地复绿治理工程栽植的苗木成活情况进行检查。

12月15日，张羽龙率指挥部相关人员，德务土建5标、3标油面工区及楠杆供电所有关负责人就德务高速公路建设楠杆乡中坝洋乐坝安置点“三通一平”工程进行验收。

12月19日，张羽龙在本部指挥长办公室召开全体干部职工办公会议，就指挥部2017年度工作进行初步总结，就“两节”期间有关工作进行部署。

12月20日，张羽龙与德务业主办主任罗亨俊陪同德江县人民政府副县长董强赴德务高速公路德江段督促落实市政府代理市长陈少荣签批的《督查通报》及项目建设推进等方面进行调研并作出处理。

12月22日，德务高速5505米的控制性工程——德江特长隧道左洞，在距出口端1810米的施工断面出现较大涌水，项目部根据预案采用160千瓦大型立式抽水机配套4台普通抽水机进行链接式方法作业，继续推进工程进度不断向前。

12月27日，张羽龙与德务业主办总工雷宗勇、拆迁科科长任宗洲在县指挥部主持召开德务高速公路德江段建设专题会议，就德江隧道采用新型电子数码雷管爆破施工作业及德务高速电力专线产权移交事宜进行研究。

2018年

1月11日，张羽龙率县指挥部各科室和县森林公安分局有关人员前往沿德高速公路项目建设德江段施工弃土场，就森林公安提出黄河溪和荆角境内牛角水弃土场、麻岭坝袁茶岭大桥旁取料场及拌和站等处国家林业总局卫星拍片至今未复绿治理问题进行现场踏勘并商榷。

3月3日，德务高速公路德江特长隧道右洞在节后复工打进超前钻孔中出现全国罕见地高压涌水，不足3小时，右洞整个施工断面被淹没，积水从车行洞流入左洞。土建二标项目部负责人立即对外联络专家团队研究解决。

3月7日，张羽龙会同德务业主办拆迁科科长任宗洲、楠杆乡党政主要负责人前往德务高速公路建设楠杆连接线施工现场，就连接线路面施工情况进行了解，并在德务土建三标路面工区项目经理部召开会议，就有关事宜进行研究。

3月15日，省公路局领导在贵阳召开会议，同意聘请中国电建院专家前来对德江特长隧道右洞高压涌水设计处理。

3月20日，中国电建院工程入驻二标项目施工部，从左洞开始施工，进行帷幕注浆的打孔工作。

3月21日，张羽龙带领县指挥部各科室干部对沿德高速公路德江段牛角水弃土场、麻岭坝袁茶坝大桥取料场临时用地及黄河溪、合兴党家坝弃（取）土场复绿治理工程后续管护成活率逐一进行验收，并召开专题会议研究。

3月24日，中国电建院工程对德江特长隧道高压涌水首次帷幕注浆从左洞开始，30日注浆结束进入凝固期；5月2日，对右洞钻孔进行封堵；5月4日凌晨，成功将涌水钻孔封堵；6月2日，对右洞进行帷幕注浆；7月中旬，右洞开始钻孔施工，隧道双幅实现同步推进。

5月8日，张羽龙率县指挥部办公室、县供电局城郊供电所、中国移动德江分公司、中国电信德江分公司、德务高速土建一标有关人员赴钱家乡就德务一标横跨沿德高速主线的一组

220 伏低压线路和光缆进行改迁的事宜进行现场察看，并对有关问题进行明确。

6 月 14 日，县人民政府副县长董强在县政府常务会议室主持召开德务高速项目建设施工临时用地移交工作会议。张羽龙通报德务高速施工临时用地的使用情况及做好施工临时用地移交工作的有关政策界定。

7 月 1 日，即日起至德务高速全线开通运行时，对德务高速德江段主线内实行全封闭施工。

8 月 7 日，张羽龙会同德务高速业主办主任罗亨俊及钱家乡、德务一标有关人员前往德务高速公路钱家互通，就德务高速公路建设与沿德高速 K74+500—K76+500 段涉路施工补偿问题进行现场察看，并在德务土建一标项目经理部召开会议听取汇报后，就有关涉路施工资金补偿问题进行研究。

8 月 13 日，张羽龙在指挥长办公室主持召开部务会议，就县指挥部办公场地搬迁至交通局及资产处置等有关事宜进行研究。

9 月 4 日，张羽龙会同德务高速业主办总工雷忠勇、拆迁科科长任宗洲及所涉乡有关人员赴德务高速公路施工现场，就德务高速公路建设涉及征用土地、涉农设施修复及补偿等方面事宜进行现场察看，经讨论研究达成共识。

9 月 20 日，县人民政府副县长董强，县政协原主席、县高速公路建设协调指挥部执行指挥长张羽龙带领县直有关部门赴德江南站，就沿德高速德江南综合服务站建设项目进行竣工验收。

11 月 2 日，根据国土资源部卫片执法监测情况，张羽龙带领县国土局副局长张卫、合兴镇党委书记田旭飞等负责人，赴沿德高速公路土建十一标原项目部驻地、混凝土搅拌站、沥青热拌场等施工临时用地现场，就该地复垦治理工作进行现场踏勘，就有关治理工作进行现场明确。

11 月 21 日，张羽龙带领县林业局、绿化委员会、荆角乡及绿化施工单位有关人员赴沿德高速公路土建七标二号拌和站、十一标官庄渣场等施工复绿治理现场，就该地复绿治理工作再次进行现场研判。

2019 年

1 月 15 日，张羽龙带领县林业局、县绿化委员会、荆角乡及绿化施工单位有关人员赴荆角乡茶寨村，就沿德高速公路德江段荆角乡七标二号拌和站临时用地复绿治理工程项目施工进行验收，并就有关事宜进行明确。

1 月 22 日，张羽龙在指挥部办公室主持召开指挥部干部职工会议，就县指挥部 2019 年春节期间相关工作进行部署。

2 月 15 日，铜仁市德务高速公路建设指挥部指挥长叶德恩、市高速公路建设办公室副主任代新建一行到德务 2 标项目部为全体员工送上新春的慰问和节日的祝福。德江县副县长张文、德江县高速公路建设指挥部副指挥长张羽龙、德务高速公路建设业主办及德务高速公路建设总监办等相关负责人参加当天的慰问活动。

5 月 23 日，张羽龙在指挥长办公室主持召开会议，就德江县杭瑞、沿德、德务 3 条高速公路项目建设征地拆迁补偿安置档案整理工作进行专题研讨和安排。

5月30日，张羽龙在交通局会议室主持召开德江县高速公路陈列室设计方案草案审查专题会议。县交通运输局、建设局、国土局等部门负责人参加会议。

6月21日，张羽龙会同德务高速公路项目建设业主办土建二标标段长杨林，就德务高速公路项目建设施工损坏德江县道X6F6德江至沙溪公路恢复问题，在德务高速土建二标项目经理部会议室进行专题研究。德务高速公路项目建设土建一标、二标、三标及三标路面工区、涉路乡镇有关负责人，德江县道路运输局负责人参加会议。

7月5日，县人民政府副县长张文率偕同张羽龙率县交通局、水务局、龙泉乡、闹水岩一、二级发电站等单位负责人会同德务高速公路业主办总工程师雷宗勇、拆迁办负责人任宗洲及施工单位负责人赴德务高速德江隧道出口处、闹水岩一、二级发电站，对德江隧道施工出现急流涌水及其引发的一系列情况进行实地踏勘，并在龙泉乡人民政府会议室召开会议进行专题研究。

7月25日，张羽龙委托德江高速公路协调建设指挥部张乾胜与县档案局（馆）覃程组织指挥部各科室有关人员对德江县高速公路建设协调资料的收集整理与建档工作进行验收，并就有关事宜进行研究。

8月1日，铜仁市人大常委会副主任、德务高速公路建设协调指挥部指挥长叶德恩率领市高速公路建设办公室副主任代新建一行到德务高速施工现场，调研德务高速德江隧道建设情况。

12月20日起，冻结德江（合兴）至余庆高速公路项目德江境拟设计红线两侧各类建设项目及行为，至德余高速公路项目德江境征地拆迁结束止。

12月27日，张羽龙在指挥部办公室主持召开指挥部干部职工会议，同意贵州“做得好”影视传媒有限公司对德江高速公路陈列室的《施工初步设计方案》效果图和施工建设以及《资金预算草案》，就县指挥部相关工作进行研究部署。

2020年

1月8日，张羽龙在指挥部指挥长办公室主持召开会议，就德务高速钱家枢纽互通涉路施工拆迁补偿及安全监管费等有关资金拨付办法进行专题协商讨论。德务业主办征拆科科长任宗洲、德务土建一标项目经理部徐间锋、中交一公局贵州沿德高速公路投资建设有限公司田文智参加会议。

2月19日，张羽龙在指挥部办公室主持召开指挥部部务会议，就指挥部2020年主要工作及指挥部办公室人员调整以后分工等问题进行研究。县指挥部办公室全体人员参加会议。

5月1日，铜仁市副市长邱祯国到德江调研德务高速公路德江隧道建设情况，并代表市委、市政府对假日期间坚守一线的工人表示慰问和感谢。市政府副秘书长宋喜成，德江县委副书记、县长秦智坤陪同。

7月9日，张羽龙在指挥长办公室主持召开指挥部部务会议，指挥部全体人员参加。就聘用肖一娟为办公室文秘、陈列室解说员、驾驶员等工作进行集体面试。

8月4日，张羽龙在指挥长办公室主持召开指挥部部务会议，探讨《德江高速公路志》的编撰工作，邀请撰写者谢怀富（县纺织品公司退休职工）参加会议，指挥部全体人员参加。

8 月 7 日，受县人民政府县长秦智坤委托，县人民政府副县长张清雄在县交通局六楼会议室主持召开专题会议，就杭瑞高速复兴服务区（K1498+568）简易互通开通相关工作进行专题研究。

8 月 25 日，德江合兴至余庆高速公路开工仪式在铜仁市思南县文家店镇沿沙村举行。省交通运输厅副厅长龙平江宣布德余高速公路正式启动；铜仁市副市长邱祯国，省公路局副局长阮有力，省公路开发公司党委书记、董事长袁泉，党委委员、副总经理潘盛烈出席开工仪式。

10 月 20 日 15 时，由贵州省公路开发有限责任公司建设，贵州路桥集团有限公司承建的德（江）务（川）高速公路德江特长隧道，在跨越五年之际实现双幅贯通。

11 月 2 日，张羽龙主持召开指挥部陈列室建设工程施工竣工验收专题会议，指挥部办公全体同志及施工单位法定代表人徐洁参会。

11 月 19 日，张羽龙会同县自然资源局副局长逄雪莉在德江县行政服务中心二楼不动产登记中心办公室主持召开会议，对切实抓好高速公路集中安置点不动产办证工作进行专题研究，就办证过程中所遇到的有关问题进行充分讨论，进一步统一思想，达成共识。

12 月 30 日，德江县复兴收费站开通，副县长张清雄致辞，省公路开发有限责任公司党委委员、副总经理蒴继军宣布复兴收费站开通。德江县人民政府、省公路开发公司领导、高速路政、高速交警、杭瑞高速铜仁营运中心、复兴镇及参建单位相关人员参加开通仪式。

第一篇　决　策

第一章　杭瑞高速思遵公路项目审批

第一节　思遵公路规划

思南至遵义公路起自思南县双龙井镇大同岩，接拟建大兴（湘黔界）至思南高速公路，止于遵义龙坑，接拟建的遵义至毕节高速公路和已建崇溪河至遵义高速公路，全长163.631千米，另建连接线11.231千米，其中合兴连接线5.204千米、德江连接线3.714千米、虾子连接线2.313千米；全线在思南西、合兴、德江、凤冈、永兴、湄潭、虾子、深溪8处设置互通式立交，预留花坪互通式立交；全线采用四车道高速公路标准建设。其中起点至凤冈段69.205千米，设计速度80千米/小时，路基宽度24.5米；凤冈至终点段94.426千米，设计速度100千米/小时，路基宽度26米。桥涵设计汽车荷载等级采用公路－Ⅰ级，其余技术指标按公路工程技术标准（JTG B01—2003）执行。连接线采用二级公路标准建设。思南至遵义公路项目估算总投资约105.9亿元。

第二节　思遵公路可行性研究

国家发展和改革委员会2010年5月23日以发改基础〔2010〕458号，对贵州省发改委《关于报请审批杭州至瑞丽国家高速公路贵州境思南至遵义段可行性研究报告的请示》（黔发改交通〔2008〕1414号）作出批复：

一、为完善国家和贵州省高速公路网，贯彻落实国家西部大开发战略部署，改善区域交通条件，促进沿线地区资源开发和经济社会协调发展，同意建设思南至遵义高速公路。

二、路线起自思南县双龙井镇大同岩，接拟建地大兴（湘黔界）至思南高速公路，经大河、凤冈、湄潭、虾子，止于遵义龙坑，接拟建的遵义至毕节高速公路和已建成通车的柴溪河至遵义高速公路，全长约163千米。全线采用双向四车道高速公路标准建设，其中，起点至凤冈段约68千米，设计速度采用80千米/小时，路基宽度24.5米；凤冈至终点段约95千米，设计速度采用100千米/小时，路基宽度26米。桥涵设计汽车荷载每级采用公路－Ⅰ级。其他技术指标应符合原交通部颁发的《公路工程技术标准》（JTG B01—2003）中的规定。全线在思南西、合兴、德江、凤冈、永兴、湄潭、虾子、深溪8处设置互通式立交，预留花坪1处互通式立交。另采用二级公路标准建设连接线约14千米，其中，合兴连接线约7千米，德江连接线约4千米，虾子连接线约3千米。

三、项目估算总投资约105.9亿元（静态投资97.5亿元）。其中，国家安排中央专项基金（车购税）37.32亿元作为项目的资本金，约占项目总投资的35.2%；其余68.58亿元资金利用国内银行贷款解决。

四、初步设计阶段应进一步做好以下工作：（一）加强以长大桥梁、隧道和岩溶等不良地质地段为重点的工程地质、水文地质勘察，深化局部路段路线方案和建设方案优化比选。（二）结合相关公路网规划、沿线城乡规划及交通量预测结果，优化互通立交布设方案，做好与相关公路的衔接。（三）采取切实措施保护沿线生态和环境，合理利用路线平纵指标，避免高填深挖，尽可能少占耕地。

五、请项目单位严格执行国家有关招标投标的规定，工程勘察、设计、建筑工程、监理、重要材料等必须全部实行公开招标。

六、本项目为政府还贷公路，项目的建设和经营管理应严格执行《公路法》《收费公路管理条例》及相关规定。

请贵州省发改委会同有关部门督促项目法人按照建设环境友好、资源节约型公路的要求，通过加大新技术、新工艺、新材料、新理念的推广应用，优化设计，把保护环境和生态、节约和集约用地、节能减排等工作落实到位。项目建设期间要加强管理，落实征地拆迁相应政策和措施，合理掌握建设工期，确保工程质量，严格控制项目总投资。

第三节　思遵公路初步设计方案

2010年7月23日交通运输部以交公路发〔2010〕332号，对贵州省交通运输厅《关于报请审批贵州省思南至遵义公路初步设计文件的请示》（黔交呈〔2010〕29号）作出批复：

一、建设规模与技术标准。（一）思南至遵义公路起自思南县双龙井镇大同岩，接拟建大兴（湘黔界）至思南高速公路，止于遵义龙坑，接拟建的遵义至毕节高速公路和已建崇溪河至遵义高速公路，全长163.631千米，另建连接线11.231千米，其中合兴连接线5.204千米、德江连接线3.714千米、虾子连接线2.313千米。全线在思南西、合兴、德江、凤冈、永兴、湄潭、虾子、深溪8处设置互通式立交，预留花坪互通式立交。（二）全线采用四车道高速公路标准建设。其中起点至凤冈段69.205千米，设计速度80千米/小时，路基宽度24.5米；凤冈至终点段94.426千米，设计速度100千米/小时，路基宽度26米。桥涵设计汽车荷载等级采用公路－Ⅰ级，其余技术指标按公路工程技术标准（JTG B01—2003）执行。连接线采用二级公路标准建设。

二、路线。（一）路线起自思南县双龙井镇大同岩，经大河、凤冈、湄潭、虾子，止于遵义龙坑，主要控制点及走向合理，符合可行性研究报告批复要求。（二）初步设计综合考虑沿线地形地质条件、城镇规划、征地拆迁、工程规模及投资等因素，对15段路线方案进行了技术经济比较，原则同意推荐的路线方案。(三) 初步设计平纵面设计基本合理。下阶段应按照交通运输部关于在公路建设中实行最严格的耕地保护制度的若干意见的要求，对路线平纵面做进一步优化，合理控制填挖高度，更好地保护环境，节约用地。1. 山背后至肖家院等段有岩溶，应加强勘察，优化平纵设计及处置方案，保证路基安全。2. 进一步优化K148—K151、K156—K162、K207—K210、K218—K222、K226—K228、K233—K235、K242—K246、K260—K262、K266—K268、K274—K275、K303—K304及桃花江大桥等段平纵面设计，降低工程规模，减少拆迁和占用耕地。3. 结合遵义停车区设置，优化小湾大桥段建设方案。

三、路基路面。(一) 同意初步设计采用的路基横断面形式、设计参数及一般路基设计原则。1. 进一步加强岩溶、软土、高液限黏土等不良地质综合勘察和评价工作，对高边坡、顺层边坡等地点进行专项地质勘察，优化处置方案，保证边坡及路基安全。2.K156—K158段3处高边坡为风化砂质泥岩和灰岩互层。设计在泥岩层采用锚杆格子梁支护，下阶段应结合地形地质条件，复核锚杆抗拔力，优化设计方案，保证边坡稳定。3. 同意路基防护采用植物为主、圬工为辅的设计方案。TBS植草防护应与攀爬类植物绿化或裸岩坡面进行比较，择优选用。4. 为提高耐久性，浆砌片石漫水挡土墙、路肩挡土墙应改用片石混凝土。(二) 同意采用沥青路面及其结构组合设计方案。面层厚18厘米，即4厘米SMA-13沥青玛蹄脂碎石混合料上面层、6厘米AC-20型中粒式沥青混凝土中面层、8厘米AC-25型粗粒式沥青混凝土下面层。下阶段应根据实测轴载和预测轴次，进一步验算路面厚度和结构强度。(三) 原则同意路基路面排水设计方案。下阶段应加强水文调查，结合区城气候特征和坡面径流条件，进一步优化排水设计方案。

四、桥梁。初步设计桥型选择及孔跨布置基本合理。下阶段应加强工程地质、水文勘察工作，结合路线优化，现场调整落实桥梁墩台位置，合理确定桥长、桥型及布孔。对采用非部颁标准图设计的桥架，应严格审查，确保结构安全可靠和经济合理。(一) 项目沿线岩溶发育，应加强桥梁工程地质勘察，重点查明特大桥连续结构桥梁地基条件，优化桥梁基础及下部结构设计，保证结构安全。(二) 柱式墩高度大于30米时，设计方案结构刚度偏小。应与其他结构形式做进一步研究比较，择优采用。(三) 地面横坡较大时，应分左右幅分别确定下部结构形式及尺寸，减少开挖。(四) 同意桐子圆、香家湾11号、天池、茅官河、洛安江等(特) 大桥主桥采用连续刚构方案。为增加主桥刚度，提高结构耐久性，应对主桥主梁跨中及1/4跨处横向各设置一道圈梁的方案进行研究比较。(五) 宝盆、新疆、梁家坝、吴河、田坝、水车坝等大中桥斜交角度较大，结构受力较复杂。应进一步加强结构分析及构造处理，保证结构耐久性。(六) 六池河中桥左幅0号桥台采用U台，基础下为填土，地基承载力不均匀，应改用桩基础。(七) 花园墙中桥0号桥台距离灌溉渠道较近，应查明渠道渗漏对扩大基础地基的影响，进一步优化基础方案，保证结构安全。(八) 原则同意水坝大桥采用30米T梁方案。部分桥墩与忠深大道边缘相距较近，应核实建筑限界及安全设施设置，优化桥孔布置，保证结构安全。(九) 结合球形橡胶支座使用经验，进一步研究比较支座方案。(十) 互通式立交匝道弯、坡、斜桥较多，结构受力复杂，应加强结构分析，进一步优化设计，尽量采用双柱墩、扁平方柱墩方案，提高结构稳定性。

五、隧道。初步设计隧道方案基本合理。下阶段应加强工程地质、水文地质勘察，查明围岩物理力学特性，综合分析评价围岩稳定性，优化隧道平纵面线形、洞口位置、衬砌和排水设计等，确保隧道施工、运营安全。(一) 进一步加强隧道地质勘察，查明岩溶等不良地质段落分布及特征，优化超前地质预报和监控量测设计，完善施工期间突泥（水）等突发事件应急处理预案，保证施工及运营安全。(二) 分离式隧道Ⅳ级围岩紧急停车带钢拱架间距偏大，应适当减小，Ⅳ级围岩行车横洞加强段结构受力复杂，应改用钢筋混凝土衬砌。(三) 小净距隧道中墙岩柱受力复杂，应结合地质条件，进一步优化岩柱加固方案，保证结构安全。(四) 设计明洞段地基承载力要求偏高，应结合结构计算，合理确定。管棚套拱段基底埋深较浅，为保证结构稳定，应适当加深；套拱内设置2榀工字钢刚度偏低，应增加至3榀。(五) 结合潮口地质条件，逐个优化边仰坡坡率及支护方案，保证洞口边、仰坡稳定。(六) 原则同意隧道通风、照明、救援系统设计方案。下阶段应结合隧道具体条件，优化通风、照明设计，合理节能。

六、互通式立交。全线互通式立交总体布局合理，立交选型和技术指标运用基本适当。下阶段应进一步优化互通式立交平纵面线形，完善匝道分、汇流段的线形过渡，加强平交口渠化设计，提高服务水平和行车安全性。(一) 同意思南、德江、凤冈、永兴、湄潭、虾子、深溪互通式立交采用单喇叭型方案。思南、凤冈互通式立交区土石方量较大，应结合路线优化调整，进一步优化互通式立交设计，减少工程规模。进一步优化永兴互通式立交位置设置，提高行车安全性。(二) 同意合兴互通式立交采用半直连T型方案。

七、交通工程及沿线设施原则同意安全、管理、养护、服务设施及收费、监控、通信系统的设计方案。(一) 同意设置标志、标线、护栏、轮廓标、隔离栅、视线诱导及防眩等交通安全设施。下阶段应按照《国家高速公路路线命名及编号规则》(JTG A03—2007) 要求，完善相关交通标志设置。限速标志根据合理运行速度分段设置。(二) 同意采用封闭式收费方式。(三) 同意监控系统采用“一次设计、分期实施”的建设方案。本期设置车辆检测器、气象检测器等外场设备，将互通式立交、特大桥、隧道群作为监控重点。(四) 同意通信系统采用SDH光纤干线传输和综合业务接入网方案。(五) 全线管理、养护及服务设施总体布局合理。同意全线设置1处通信监控分中心、3处养护工区、1处隧道管理站、4处服务区、3处停车区、7处匝道收费站。核定管理、养护及服务房屋建筑面积40700平方米，占地面积395亩。

八、概算。本项目概算依据《公路工程基本建设项目概算预算编制办法》(JTG B06—2007)、《公路工程概算定额》(JTG/T B06-01—2007)、《公路工程预算定额》(JTG/T B06-02—2007) 和《公路工程机械台班费用定额》(JTG/T B06-03—2007) 及贵州省有关规定编制。(一) 核定建筑安装工程费8724172930元。(二) 核定设备及工具、器具购置费102950202元。(三) 核定研究试验费3000000元。(四) 核定项目前期工作费134969797元。思南至遵义公路初步设计总概算核定为11961019431元，含建设期贷款利息978689660元，政策性调整1134481760元。

第四节 思遵公路控制性工程

思南至遵义公路起自思南县双龙井镇大同岩，接拟建大兴（湘黔界）至思南高速公路，止于遵义龙坑，接拟建的遵义至毕节高速公路和已建崇溪河至遵义高速公路，全长163.631千米，另建连接线11.231千米，其中合兴连接线5.204千米、德江连接线3.714千米、虾子连接线2.313千米。全线在思南西、合兴、德江、凤冈、永兴、湄潭、虾子、深溪8处设置互通式立交，预留花坪互通式立交。全线采用四车道高速公路标准建设。其中起点至凤冈段69.205千米，设计速度80千米/小时，路基宽度24.5米；凤冈至终点段94.426千米，设计速度100千米/小时，路基宽度26米。桥涵设计汽车荷载等级采用公路－I级，其余技术指标按《公路工程技术标准》（JTG B01—2003）执行。连接线采用二级公路标准建设，自开工之日起，项目总工期4年。

第二章　酉榕高速沿德公路项目审批

2012年10月29日，贵州省发展和改革委员会黔发改交通〔2012〕3020号文，关于沿河至德江公路项目核准的批复：沿河至德江高速公路是《贵州省高速公路网规划》中沿河至榕江高速公路的重要组成路段，为加快形成贵州省高速公路网络，促进沿线资源开发和产业发展，适应区域经济社会发展需要，同意建设沿河至德江高速公路；同意路线起自沿河县沙子镇，接重庆市拟建的彭水至酉阳高速公路，经沙子镇、沿河、官舟、荆角，止于德江县汤口湾，接在建的杭瑞国家高速公路思南至遵义段；路线全长约103.94千米，全线采用双向四车道高速公路标准建设，设计速度80千米/小时，路基宽度21.5米。新建桥涵设计汽车荷载等级采用公路－Ⅰ级。其他技术指标应符合原交通部颁发的《公路工程技术标准》(JTG B01—2003)中的规定；全线在沙子场、沿河、官舟、荆角、关口、合兴设置6处互通式立交。另采用二级公路标准建设沿河互通立交连接线2千米、荆角互通立交连接线2.1千米，恢复改建G326国道沙子至沿河段5.6千米。同步建设必要的交通工程和沿线设施；项目总投资约101.99亿元。

第一节　沿德公路规划

沿河至德江高速公路起自沿河县沙子镇，接重庆市拟建的彭水至酉阳高速公路，经沙子场、沿河、官舟、荆角，止于德江县汤口湾，接在建的杭瑞国家高速公路思南至遵义段；路线全长约103.94千米，全线采用双向四车道高速公路标准建设，设计速度80千米/小时，路基宽度21.5米；新建桥涵设计汽车荷载等级采用公路－Ⅰ级；其他技术指标应符合原交通部颁发的《公路工程技术标准》(JTG B01—2003)中的规定；全线在沙子场、沿河、官舟、荆角、关口、合兴设置6处互通式立交。另采用二级公路标准建设沿河互通立交连接线2千米、荆角互通立交连接线2.1千米，恢复改建G326国道沙子至沿河段5.6千米。同步建设必要的交通工程和沿线设施；项目总投资估算101.99亿元。

第二节 沿德公路可行性研究

贵州省发展和改革委员会文件以黔发改交通〔2012〕3020号，对铜仁市发改委《关于报请核准沿河至德江高速公路项目申请报告的报告》(铜市发改基础〔2012〕576号)关于沿河至德江公路项目核准批复。批复指出：

一、沿河至德江高速公路是《贵州省高速公路网规划》中沿河至榕江高速公路的重要组成路段。为加快形成贵州省高速公路网络，促进沿线资源开发和产业发展，适应区域经济社会发展需要，同意建设沿河至德江高速公路。

二、同意路线起自沿河县沙子镇，接重庆市拟建的彭水至酉阳高速公路，经沙子场、沿河、官舟、荆角，止于德江县汤口湾，接在建的杭瑞国家高速公路思南至遵义段。

三、路线全长约103.94千米，全线采用双向四车道高速公路标准建设，设计速度80千米/小时，路基宽度21.5米。新建桥涵设计汽车荷载等级采用公路－Ⅰ级。其他技术指标应符合原交通部颁发的《公路工程技术标准》(JTG B01—2003)中的规定。全线在沙子场、沿河、官舟、荆角、关口、合兴设置6处互通式立交。另采用二级公路标准建设沿河互通立交连接线2千米、荆角互通立交连接线2.1千米，恢复改建G326国道沙子至沿河段5.6千米。同步建设必要的交通工程和沿线设施。

四、项目总投资估算约101.99亿元。其中，资本金35.70亿元(约占总投资的35%)，由中交第一公路工程局有限公司出资；其余66.29亿元资金申请国内银行贷款解决。本项目由中交第一公路工程局有限公司出资设立的项目公司(贵州沿德高速公路投资建设有限公司)负责建设、经营和养护管理。经营期内，收取车辆通行费作为投资回报。经营期满后，将本项目全部设施无偿移交省交通运输管理部门。

五、有关部门要严格执行《公路法》《收费公路管理条例》及其他相关法律法规规定，按照收回投资并有合理回报的原则，依法核定项目收费标准和收费年限。

六、初步设计阶段应进一步深化研究如下问题：1.加强以岩溶、软土、滑坡等不良地质为重点和桥址、隧址处的工程地质和水文地质勘察工作，采取有效措施消除地质隐患，确保工程安全。2.结合德江、沿河城市总体规划和区域铁路过境方案，进一步优化路线及互通立交设置方案。深入论证工程建设方案，加强长大纵坡路段方案比选工作，做好安全保障。3.按照黔渝两省市接线协议，进一步落实省界路段的投资和建设方案。4.制定水源保护区突发环境污染事故应急预案，落实施工期间环境保护措施，确保官舟水库引水水源保护区环境安全。

七、项目招标初步方案需另行报文核准。要求铜仁市发改委同有关部门督促项目法人按照建设环境友好、资源节约型公路的要求，加大新技术、新工艺、新材料、新理念的推广应用，优化设计，加强施工、运营期间的组织管理，妥善处理征地拆迁事宜，将节约用地、环境保护、节能减排、安全和质量管理等工作落实到位。本核准文件有效期为2年，自印发之日起计算。

第三节　沿德公路初步设计方案

贵州省交通运输厅以黔交建设（2012233号）对《贵州沿德公司关于上报贵州省沿河至榕江高速公路沿河至德江段初步设计文件的请示》(黔沿德字〔2012〕16号)，初步设计方案作出批复：

一、建设规模与技术标准。(一) 沿河至德江公路起于贵州省沿河县沙子镇纸坊坪（渝黔界），与重庆市酉阳至沿河高速公路顺接，经沙子镇、沿河、官舟、土地坳、荆角、关口，止于德江县合兴镇汤口湾附近，与在建的思南至遵义高速公路相接，路线全长104.552千米。(二) 全线采用双向四车道高速公路标准，设计速度80千米/小时，路基宽度21.5米。桥涵设计汽车荷载等级采用公路-Ⅰ级；其他技术指标按《公路工程技术标准》(JTG B01—2003) 执行。沿河互通连接线2.56千米、荆角互通连接线2.57千米，按二级公路标准建设，路基宽度10米；沙子连接线采用二级公路标准，设计速度40千米/小时，路基宽度10米，起点位于沙子镇南庄附近，与沙子互通A匝道顺接，先后设置沙子隧道长970米、桐园隧道长850米，终点与G326改造工程K96+880平交，全长4.2千米。

二、总体设计及路线。(一) 项目总体技术标准掌握恰当、指标采用合理，路线起点、终点、主要控制点及走向基本合理，符合项目核准批复结果。(二) 初步设计结合本项目地形、地质条件及沿线景区、城镇规划等情况，拟定了贯通线K线，及B、C、D、B2、B4、B1、B3、D1、D2、D3、D4共11段比较线。总体上，原则同意K线方案。(三) 路线起点接酉阳至沿河高速公路重庆段，应抓紧落实接线协议及接线方式。终点顺接思南至遵义公路合兴枢纽互通，该互通由思南至遵义公路项目建设单位负责建设，本项目实施阶段，应采取切实有效的措施，确保思南至遵义公路与地方道路的畅通。(四)K73+400—K75+520路段，B3线具有路线里程短（125米）且对德江县城规划干扰较小的优点，原则同意B3线方案；K83+510—K89+520路段，K线张家寨隧道出口处地质条件较差，互通距隧道口较近，原则同意D1线方案。(五) 下一阶段应进一步研究起点路段K线和B、C线的组合方案，择优推荐；进一步查明K68+000—K73+600路段滑坡、溶洞的具体位置，优化设计方案，深入比选K线与B1线后，择优选取。(六) K12+800大坪隧道入口地形、地质条件较差，应将路线右移，选择有利的地形、地质条件布设隧道轴线，并减少对沙子镇的影响。(七) K14+260大坪隧道出口有180米长的浅埋段，应将纵面设计高程提高，以改善洞口条件，消除浅埋路段。(八) 苗儿青至官舟段（K25+200—K34+500）连续上坡，平均纵坡达3.17%，其中苗儿青至官舟隧道入口段（K25+200—K30+400）平均纵坡达到了3.42%，应进一步研究降坡方案。(九) 官舟隧道出口至官舟镇路段（K33+000—K34+800)，路线从村庄中穿过，拆迁量大，应进一步优化设计方案，减少拆迁。(十) 官舟水库路段，路线从官舟水库水源二级保护区和准保护区范围通过，基本上是隧道相连，工程规模大，后期运营费用高，同时还存在部分隧道路段埋深浅、地质条件差、隧道弃渣难以处理，以及对沿线村庄干扰较大等问题。应进一步深化路线方案研究，适当降低隧道规模、减少拆迁、改善隧道地质条件。

(十一)K49+500 汪家坡隧道入口路段约 1100 米沿沟布线，埋深较浅，且左线进洞位置偏压明显，房屋拆迁量大。下阶段应进一步优化隧道进口路段线位，改善隧道浅埋偏压情况，减少拆迁。(十二) 汪家坡隧道出口至安家田隧道进口连续长下坡 6.77 千米，平均纵坡 2.98%。其中汪家坡隧道出口至敖家岭段 4610 米，平均纵坡 3.31%。应进一步研究减缓纵坡、改善行车安全性的方案。(十三) 预留德江枢纽互通路段，应进一步收集研究务川至德江高速公路的相关资料，研究论证该项目的合理走向及互通设置位置，以确定预留位置的合理性。(十四) 官林特大桥至关口互通段地形条件复杂、高差大，桥隧相连，工程方案复杂，是全线三处长大纵坡路段之一。应进一步研究该路段是否存在其他可行的路线方案，进行研究比选。(十五) K 线张家寨隧道出口段有 400 米浅埋段，且要拆迁村庄，平曲线半径偏小，应将线位左移，改善隧道地质条件，减少拆迁。(十六) 本项目土石方数量较大，弃土困难，下一阶段应优化平纵面设计，减少弃方。

三、路基路面。(一) 同意初步设计采用的路基标准横断面形式、组成设计参数和一般路基设计原则。(二) 下阶段应加强特殊路基的地勘工作，为设计提供依据。对于高度大于 20 米的高填方，应结合地质情况加强分析，进一步深化高填方设计；对潜在不稳定因素的坡体及高边坡应进行专项工程地质勘察，并对高边坡破坏机理、破坏模式以及边坡稳定性进行分析、计算，深化高边坡设计，确保路基的稳定和安全。(三) 原则同意路面结构层设计方案，4 厘米 AC-13 上面层 +6 厘米 AC-20C 中面层 +8 厘米 AC-25C 下面层，其中路面上面层材料采用玄武岩。下阶段应补充路线附近符合要求的路面材料的调查及试验，并结合各结构层混合料及试验段试验结果进一步优化。(四) 路基路面排水设计方案基本合理。下阶段应结合地形及路线方案，进一步优化排水设计。

四、桥梁涵洞。本项目设置桥梁共计 30225.82 米 /88 座，其中特大桥 5816.12 米 /5 座、大桥 23437.77 米 /68 座、中桥 871.93 米 /11 座、小桥 100 米 /4 座，涵洞 97 道。全线桥型方案及涵洞选址结合地形、地质、水文条件布设，上、下部构造及基础结构形式选用基本合理，原则同意全线桥梁、涵洞的初步设计方案。下阶段应加强工程地质和水文地质勘察工作，结合地形地质、路线平纵面、项目工期等因素确定墩台位置和基础形式，优化结构尺寸，推进标准化设计和施工，确保桥梁结构安全可靠、经济合理。(一) 对部分高度较小且汇水面积不大的桥梁，应结合路线平纵调整，研究将桥梁改为路基以消化弃方的方案，节省造价。(二) 本项目地质条件较复杂，部分桥梁位于岩溶区，应加强地质勘察深度和精度，优化桥梁基础及下部结构设计，避免后期因地质勘察深度不够带来的设计变更。(三) 针对高墩桥梁，应进一步加强高墩承载能力、强度及稳定性分析。(四) 结合地形、地质条件，合理选择桥台形式，对于地质条件较差、台前纵坡较缓的宜改为肋板式桥台、桩基础，或适当增加桥长改为桩柱式台，以改善基础受力，提高桥台的稳定性。(五) 本项目沿线地形复杂，材料机具进场、预制构件运输、T 梁预制场地选择困难，应加强施工组织设计的研究，确保项目顺利实施。(六) 原则同意小河特大桥主桥采用 100+180+100 米的连续刚构方案。该桥所处区域地质条件良好，无影响桥梁建设的不良工程地质构造，岩性以三叠系中统关岭组灰岩为主，岩溶不发育。下阶段应进一步优化上下部构造的结构尺寸，加强结构分析及构造设计，确保桥梁安全。(七) 原则同意乌江特大桥主桥采用 100+180+100 米的连续刚构方案。下阶段应进一步优化上下部构造的结构尺寸，加强结构分析及构造设计，确保桥梁安全。(八) 原则同意麻岭坝特大桥主桥采用上承式拱桥方案。该桥所处位置河谷陡峻，基岩为寒武系娄山关群灰岩、白云岩，下阶段应进行岸坡稳定性评价，并结合岸坡稳定分析及地质情况等因素综合确定拱桥跨径，尽量采用安全可靠、技术成熟、经济合理的施工方案，确保安全。(九) 原则同意麻岭特大桥主桥采用 65+2×120+65 米的连续刚构方案。下阶段应进一步优化上下部构造的结构尺寸，加强结构分析及构造设计，确保桥梁安全。(十) 官林特大桥采用 130 米跨连续刚构与 40 米预制 T 梁的组合方案，基岩为寒武系娄山关群白云岩，下阶段应进一步加强地勘工作，优化上、下部构造的结构尺寸，加强结构分析及构造设计，确保桥梁安全。

五、隧道。本项目设置隧道共 18782 米 /19 座，其中长隧道 13155.5 米 /9 座，中隧道 4675.5 米 /7 座、短隧道 951 米 /3 座。全线隧道布置基本合理，原则同意全线隧道的初步设计方案。隧址选择和隧道轴线布置及平纵面线形基本合理适当。隧道结构设计采用复合式衬砌，结构形式基本齐全，衬砌结构设计参数选择基本合理。(一) 应加强地质勘察工作，查明围岩物理力学指标，综合分析评价围岩稳定性，合理确定围岩类别。(二) 结合地形、地质条件，进一步优化隧道洞口位置及洞门型式，合理确定隧道洞口边仰坡高度，做到结构安全与环境保护、自然景观相协调。(三) 进一步优化隧道结构型式及衬砌支护参数，优化超前地质预报和监控预测设计，加强隧道动态设计，完善施工期间突发事件应急处治预案，确保施工和运营安全。(四) 部分隧道浅埋、偏压段过长，下阶段应根据地形和详勘地质资料进一步优化隧道平、纵面线形，减小隧道的浅埋、偏压程度，确保隧道施工、运营的安全，并节省工程投资。(五) 大坪隧道进口四次下穿 G326 国道，下穿段地质条件较差，主要为砾粉质黏土、沙砾土、强风化灰岩。下阶段应加强该段的结构验算，采用合理的加强措施，确保施工和结构安全，同时应避免支护过度造成浪费。(六) 官林隧道右幅德江端地形陡峻，洞口偏压极其严重，应研究调整路线平纵面进行改善。(七) 张家寨隧道洞身岩溶断层发育，详勘阶段应加强针对性的水文地质勘察，并完善相关防治措施，确保施工和结构安全。

六、路线交叉。全线互通式立交 7 处 (含 1 处预留)，分离式立交 9 处；设置通道、天桥 40 处。互通式立交、通道及人行天桥布置合理，采用的技术指标基本适当。(一) 下阶段应对各互通式立交平纵线型进行优化，完善匝道分、汇流段的线型过渡，加强平交口渠化设计，提高服务水平和行车安全性。(二) 原则同意沙子互通式立交采用 B 型单喇叭方案，下一步应加大互通分流点与隧道口的距离，并避免与沙子连接线的干扰。(三) 原则同意沿河互通式立交采用布设在乌江大桥西侧的变异型单喇叭方案 (方案一)。(四) 原则同意官舟、荆角、关口、合兴互通采用 A 型单喇叭方案。

七、交通工程及沿线设施。(一) 原则同意安全、服务、管理设施和通信、收费、监控系统的设计方案。(二) 同意采用省中心、片区中心、路段分中心和匝道收费站、服务区、养护工区的四级管理模式。(三) 同意全线设置的交通标志、标线、护栏、隔离设施、防眩设施、诱导设施及防落物网等安全设施方案。下阶段应结合本项目路线情况进一步落实、完善避险车道的设置数量及设置位置。(四) 同意对长大纵坡路段采取针对性措施。下阶段应加强标志、标线 (含减速标线)、护栏、避险车道等安全设施设计。在连续下坡及避险车道路段，应设置连续下坡及长度标志。在服务区下坡方向增配相应的交通标志设施，引导大型车辆进入服务区停车检查车辆状况，确保运营安全。(五) 应对高边坡、桥梁路段，尤其是桥隧相连的桥梁路段、临崖路段、下坡及小半径弯道路段的外侧加强被动防护，增高护栏防护等级，确保行车安全。(六) 隧道均应设置隧道开灯和禁止超车标志。长隧道应设置隧道出口距离预告标志。(七) 同意全线通信设计干线传输系统、区间综合接入网传输系统和通信管道敷设、程控交换机方案。(八) 同意全线隧道设置的通风、照明、供配电、消防等运营设施方案。(九) 同意全线采用封闭式联网收费方式，人工收费、计算机管理，并采用货车计重收费系统。收费方式应符合《贵州省高速公路联网收费技术规范》的规定。按照相关规划要求建设 ETC 车道。(十) 根据交通部 2012 年第 3 号公告《高速公路监控技术要求》，隧道监控设计应纳入全线监控总体设计范畴中，相应的管理体制设计也应包含隧道管理内容，实现高速公路有效、全面、完整的监控体系。(十一) 同意全线在沙子、沿河、官舟、荆角、关口、合兴设置匝道收费站 6 处，设置省界主线收费站 1 处、管理分中心 1 处，设置隧道管理救援站 2 处、路政中队 2 处、养护工区 2 处、服务区 1 处、停车区 2 处、超限检测站 1 处（与省界收费站同址合设）。核定全线房屋总建筑面积 27500 平方米，总占地面积 415.5 亩。

八、工程地质勘察。初步设计阶段工程地质勘察方法合理，勘察内容和深度基本满足初步设计要求。(一) 进一步加强对沿线岩溶、暗河、顺层边坡及煤矿采空区等不良地质路段的勘察工作，采用综合勘探、测试等手段，查明其分布范围及物理力学性质，详细评价其对工程的影响。(二) 进一步加强桥位区的工程地质勘察，增加岩溶发育区的桥梁基础勘探量，彻查溶槽及暗河分布，规避后期施工风险。(三) 进一步加强隧址区工程地质、水文地质勘察，查明岩溶、断层破碎带、煤层等空间分布，细化隧道围岩分级。(四) 加强设计对地质勘察成果的有效利用。详勘阶段应根据初勘成果合理布置工作量，同时加强中间检查及验收工作。

九、概算。本项目概算编制符合交通部《公路工程基本建设项目概预算编制办法》(JTG B06—2007)、《公路工程概算定额》(JTG/T B06-01—2007)、《公路工程机械台班费用定额》(JTG/T B06-03—2007) 以及贵州省交通运输厅有关文件规定。(一) 根据调整后的工程量和定额，核定建筑安装工程费 8192596503 元。(二) 核定设备及工具、器具购置费 158264870 元。(三) 核定工程建设其他费用共 1845259396 元。沿河至德江公路项目初步设计总概算核定为 10672830353 元（含建设期贷款利息 661929087 元），超工可批复 473745890 元，增幅为 4.64%，在工可核准允许范围内。项目投资应控制在初步设计批复概算范围之内，最终工程造价以竣工决算为准。

请铜仁市发改委与相关的城镇建设规划、水利、环保、矿产、文物、林业、铁路、管线、电力电信及其他建筑设施的相关部门签订责任明确的书面协议，确保项目顺利实施；施工过程中应加强环境保护意识，与沿线环保和水保部门充分协调，深化环保、水保工程设计，保护沿线自然生态环境。并督促设计单位认真按此批复要求编制施工图设计文件。施工图设计阶段要认真落实标准化施工的要求，并落实到设计文件中；做好农灌、通道、天桥设置的设计，以及涉及机耕道、水渠改造等与沿线群众利益密切相关的工程设计，避免因设计不周损害群众利益，甚至引发冲突，影响工程顺利实施。施工图设计文件由铜仁市发改委负责组织审查，审查意见报厅批准后执行。严格按照基本建设程序办事，防止建设过程中随意变更设计和调整概算。若发生主线工程规模缩小以及连接线标准及规模、互通位置及方案、路面结构及宽度、特殊结构的特大桥、地质复杂的特长隧道、管养设施、收费方式及站点位置规模、连续10千米以上的路线方案调整等相关变更，必须按黔交建设〔2010〕143号的要求严格执行，先申请，经同意后才能开展变更设计，设计完成后经审批才能实施。请抓紧做好开工前的各项准备工作，按项目特许经营协议的规定选择施工队伍和工程监理单位，并按照交通运输部的有关规定及时办理质量监督手续、施工许可手续。加强施工期间的监管，确保工程质量。项目总工期自开工之日起3年。

第四节　沿德公路控制性工程

沿德高速是贵州省高速公路“678网”中第二纵沿河至榕江高速公路中的重要组成部分，起于贵州省沿河县沙子镇纸坊坪（渝黔界），与重庆酉阳的驴子口至沿河高速公路顺接，经沙子镇、沿河、官舟、土地坳、荆角、关口，止于德江县合兴镇汤口湾附近，与思南至遵义高速公路相接，终点位于合兴镇境内的汤口湾，与在建的思遵高速相接。路线全长103.94千米，总投资为101.99亿元。采用双向四车道高速公路标准建设，设计速度80千米/小时，路基宽度21.5米。全线设置桥梁27200延长米/84座，其中特大桥3座、大桥71座、中桥10座；隧道20136延长米/21座，其中长隧道8座、中短隧道13座；全线在沙子镇、沿河、官舟、荆角、德江枢纽（预留）、关口、合兴7处设置互通式立交，设置匝道收费站6处、省界主线收费站1处、管理分中心1处、隧道管理救援站2处、路政中队2处、养护工区1处、服务区1处、停车区2处、超限检测站1处（与省界收费站同址合设）和必要的交通工程设施。沿德高速公路途经德江县荆角、钱家、玉水、龙泉、堰塘、合兴6个乡镇、25个行政村（社区）、115个村民组，全长48.35千米，投资概算52亿元。2013年9月正式启动红线内征地拆迁工作，2013年11月1日正式开工建设，2014年年底基本完成路基、桥涵、隧道等工程，2015年12月30日开通运行。

第三章　德习高速德务公路项目审批

贵州省发展改革委黔发改交通〔2015〕1233号行文，对德江至务川高速公路作出批复：

一、德江至务川高速公路是《贵州省高速公路网规划》中第一横线德江至习水高速公路的组成路段。为加快形成贵州省高速公路网，促进沿线优势资源开发和产业发展，同意建设德江至务川高速公路。

二、同意路线起自德江县城西北的钱家枢纽互通，接在建的沿河至德江高速公路，经楠杆、丰乐，止于务川县城东南的喻家枢纽互通，接在建的务川至正安高速公路，路线全长40.682千米。

三、同意全线采用双向四车道高速公路标准建设，设计速度采用80千米/小时，路基宽度24.5米。全线桥涵设计汽车荷载等级采用公路－Ⅰ级。其他技术指标应符合《公路工程技术标准》（JTG B01—2003）规定。全线设置钱家（枢纽）、楠杆、丰乐、龙灯、喻家（枢纽、部分）5处互通式立交。另建设4处互通连接线，共长15.894千米。其中，钱家互通连接线采用一级公路标准建设，龙灯互通连接线采用二级公路标准建设，楠杆、丰乐互通连接线采用三级公路标准建设。同步建设必要的交通工程和沿线设施。

四、项目总投资估算59.24亿元。

第一节　德务公路规划

德务高速公路是《贵州省高速公路网规划》“6横7纵8联”（简称“678网”）中的“第1横”。德江至务川高速公路起于德江县城西北的钱家枢纽互通，与在建的沿河至德江高速公路相接，经楠杆、丰乐、龙灯，止于务川县城西南的喻家湾枢纽互通，接在建的务川至正安高速公路，路线全长40.682千米，总投资57.56亿元。全线采用双向四车道高速公路标准建设，设计速度采用80千米/小时，路基宽度24.5米。全线桥涵设计汽车荷载等级采用公路－Ⅰ级。其他技术指标应符合《公路工程技术标准》规定。全线设置钱家（枢纽）、楠杆、丰乐、龙灯、喻家（枢纽、部分）5处互通式立交。另建设4处互通连接线，共长15.894千米。其中，钱家互通连接线采用一级公路标准建设，龙灯互通连接线采用二级公路标准建设，楠杆、丰乐互通连接线采用三级公路标准建设。同步建设必要的交通工程和沿线设施。

第二节　德务公路可行性研究

贵州省发展和改革委员会以黔发改交通〔2015〕1233号，对贵州省交通厅《关于报请审批贵州省德江至习水高速公路德江至务川段工程可行性研究报告的函》(黔交规划〔2013〕127号)及《关于请求调整德江至务川高速公路路线走廊方案的函》(黔交规划〔2015〕51号)作出批示：

一、德江至务川高速公路是《贵州省高速公路网规划》中第一横线德江至习水高速公路的组成路段。为加快形成贵州省高速公路网，促进沿线优势资源开发和产业发展，同意建设德江至务川高速公路。

二、同意路线起自德江县城西北的钱家枢纽互通，接在建的沿河至德江高速公路，经楠杆、丰乐，止于务川县城东南的喻家枢纽互通，接在建的务川至正安高速公路，路线全长40.66千米。

三、同意全线采用双向四车道高速公路标准建设，设计速度采用80千米/小时，路基宽度24.5米。全线桥涵设计汽车荷载等级采用公路-Ⅰ级。其他技术指标应符合《公路工程技术标准》规定。全线设置钱家（枢纽）、楠杆、丰乐、龙灯、喻家（枢纽部分）5处互通式立交。另建设4处互通连接线，共长21.8千米。其中，钱家互通连接线采用一级公路标准建设，龙灯互通连接线采用二级公路标准建设，楠杆、丰乐互通连接线采用三级公路标准建设。同步建设必要的交通工程和沿线设施。

四、项目总投资估算59.24亿元。其中，资本金20.74亿元（占总投资的35%），由贵州省交通厅和沿线地方政府筹措解决，其余38.50亿元通过国内银行贷款解决。项目建设单位为贵州省公路局。

五、初步设计阶段应进一步深化研究以下问题：1.加强以长大桥隧和岩溶、滑坡、软土不良地质为重点的工程地质、水文地质勘察工作，深化以德江特长隧道为重点的局部路段路线方案比选。2.结合地形条件和城镇、区域路网布局，深化互通立交布设方案优化比选，做好与相关公路的衔接和工程界面划分。3.采取切实措施保护沿线生态环境，合理运用路线平纵指标，避免高填深挖，尽可能少占耕地。

六、请贵州省交通厅会同有关部门督促项目建设单位按照建设环境友好、资源节约型公路的要求，加大新技术、新工艺、新材料、新理念的推广应用，优化设计，将节约集约用地、环境保护、节能减排、安全和质量管理工作落实到位。项目建设期间要加强管理，落实征地拆迁相关政策，合理安排建设工期，确保工程质量，严格控制项目总投资。

第三节 德务高速公路初步设计方案

贵州省交通运输厅文件黔交建设〔2015〕238号对贵州省公路局报送的《关于审批德江至习水高速公路德江至务川段项目初步设计文件的请示》(黔路呈〔2015〕131号)结合《贵州省发展改革委关于德江至务川高速公路可行性研究报告的批复》(黔发改交通〔2015〕1233号)批复的建设规模、技术标准和总投资，作出批复：

一、建设规模与技术标准。(一)德江至务川高速公路起于德江县城西北的钱家，与在建的沿河至德江高速公路相接，经楠杆、丰乐、龙灯，止于务川县城西南的喻家湾，接在建的务川至正安高速公路，路线全长40.682千米。(二)同意全线按双向四车道高速公路标准建设，设计速度80千米/小时，路基宽度24.5米，桥涵设计汽车荷载等级采用公路－Ⅰ级，其他技术指标按《公路工程技术标准》规定执行。全线设置钱家(枢纽)、楠杆、丰乐、龙灯、喻家湾(枢纽、部分)5处互通式立交，另建设互通立交连接线15.894千米。其中，钱家枢纽互通立交连接线采用一、二级公路标准建设，其中一级公路长约1.115千米，设计速度80千米/小时，路基宽24.5米，二级公路长约1.28千米，设计速度40千米/小时，路基宽12米；楠杆互通立交连接线9.26千米采用三级公路标准，设计速度30千米/小时，路基宽7.5米；丰乐互通立交连接线0.719千米采用二级公路标准(工可批复为三级公路标准，2014年10月16日初步设计外业验收会议同意调整为二级公路标准)，设计速度40千米/小时，路基宽12米；龙灯互通立交连接线3.52千米采用二级公路标准，设计速度40千米/小时，路基宽12米。

二、路线。(一)项目总体技术指标合理，路线起点、终点、主要控制点及走向基本合理，符合工可批复要求。初步设计根据工可确定的起终点，沿N线、K线两个走廊带，综合沿线地形、地质、水文、城镇规划、采空区、水源保护区以及营运安全和工程规模等因素，对10段路线方案进行了技术经济比较，原则同意初步设计推荐的路线方案。(二)下阶段对大面坡超长隧道进一步深入水文、地质调查，落实穿越暗河及丰水区段的风险及影响，调整前后平纵线位，拟定施工及运营预案。必要时增加技术设计阶段。(三)对越岭线下坡路段平纵路线技术指标选用，应根据运行速度设计方法调整，以线形均衡连续确保行车安全。(四)下阶段对大面坡隧道前后、楠杆互通前后、龙灯互通等路段的平纵面路线进行优化调整，绕避不良地质地段，减小桥隧工程规模，减少挖方及弃方数量，保护环境，节约用地。

三、路基路面。(一)原则同意初步设计路基标准横断面形式、组成设计参数，一般路基设计原则和不良地质的处治及特殊路基的处理设计方案。(二)原则同意初步设计提出的边坡形式、坡率和防护类型。沿线地形条件较为复杂，地质病害较多，下阶段应加强高填深挖路段、斜坡路基、软土、滑坡、岩溶、煤系地层及顺层等段路基的勘察和稳定性分析计算，进一步优化路基设计方案。(三)下阶段对于高填路堤，尤其是借方路段的高填路堤，除加强地质勘察工作，高度重视地基处理与整体稳定性计算分析外，还应详细进行路、桥方案的经济技术比选论证，以及对局部路线和纵坡进行优化调整，以降低造价、保护环境及节约用地。如N7K5-025—NZ5152、NT12994—MT14160右侧、NK32+067—NK32+480、LK2+160—LK2+280（龙灯互通）、DK0+252.69—DK0+300（喻家互通）、DK0+320—DK0+400（喻家互通）、DK0+420—DK0+480（哈家互通）等路段。应加强路与桥梁方案的经济技术比选论证，以及路堤边坡的稳定性计算。（四）下阶段应加强挖方高边坡地质勘察工作，除高度重视边坡的整体稳定性计算分析外，还应详细进行路、隧方案的经济技术比速论证，对局部路线和纵坡以及挖方边坡坡率等进行优化调整，减少挖方量和防护工程规模，以降低造价、保护环境及节约用地。如NYK12+213—NYK12+379右侧、YK14+141—NYK14+350左侧、NZK16+750—NZK16+920左侧、NK24+047—NK24+180左侧、NK35+465—NK35+780等路段，下阶段应优化防护方案，或挖方与短隧道方案的经济技术比选论证。（五）下阶段应加强取、弃土场的调查勘探工作，对位于陡坡路段的弃土场应进行稳定性分析计算，设置完善的防护排水工程措施；对紧邻高速公路设置的弃土场应确保对公路路基、桥梁等无不良影响。（六）原则同意初步设计采用的防护原则与方案。下阶段对地貌、地质条件类似的路段，其防护原则及方案尽量做到统一，以利标准化施工及质量控制；本项目沿线植被茂密，环境优美，为与沿线自然环境相协调，在确保路基整体稳定的前提下，防护应尽量少用误工砌体，多用植物防护。（七）下阶段对采用锚杆或锚索框架梁防护的边坡，应切实做好计算分析工作，确保设计方案依据充分、安全、经济。（八）原则同意初步设计对软土地基主要采用换填碎石土处理，对岩溶较发育路段主要采用桥梁跨越和片块石回填等处理措施。下阶段应对深层软土路基处治措施的方案加强比选论证工作，对较深软土段落应在查明软土分布、物理力学性质的基础上，进一步细化、优化工点设计；加强岩溶区勘察，查明其分布情况及对工程的影响，根据勘察成果优化岩溶路基处置方案，进一步完善设计。（九）原则同意主线采用沥青混凝土路面及其结构组合设计方案，主线路面为4厘米改性沥青混凝土（AC-13）+6厘米改性沥青混凝土（AC-20C）+8厘米普通沥青混凝土（AC-25C）+35厘米水泥稳定碎石基层+20厘米级配碎石底基层；同意一般互通匝道路面为4厘米改性沥青混凝土（AC-13)+6厘米改性沥青混凝土+30厘米水泥稳定碎石基层+20厘米级配碎石底基层；同意主线收费站路面为28厘米水泥混凝土面层+30厘米水泥稳定碎石基层+15厘米级配碎石底基层，一般互通匝道收费站路面为26厘米水泥混凝土面层+34厘米水泥稳定碎石基层；同意隧道铺装路面为4厘米改性沥青混凝土（AC-13）+6厘米改性沥青混凝土（AC-20C）+26厘米水泥混凝土面层+20厘米C20混凝土基层。

四、桥梁涵洞。同意桥面铺装路面结构设计方案：（一）主线采用4厘米改性沥青混凝土（AC-13）+6厘米改性沥青混凝土（AC-20C）。（二）重力式桥台基底承载力要求应根据各桥的实际情况由计算确定。当桥台采用轻型台或重力式台下设承台桩基时，桥台的桩基直径建议与桥墩的桩基直径尽量相同，以方便施工。（三）桥梁桩基的成孔方式，应由各桥的实际地质、水文、桩径、桩长等据实确定。桩基的施工方法改变时，桩长应作相应调整。建议对常规跨径桥梁，墩高40米左右时，将原采用群桩承台基础的，尽量能采用单根方桩接单根方墩，以减少对边坡的影响，降低造价。如推荐线桐子沟大桥第3～5号墩。（四）为方便施工，同一座桥中，各桥墩柱径和桩径尽量统一，大桥宜小于或等于两种，中桥宜为一种。（五）对大跨径预应力混凝土连续刚构桥，宜一次性设计体外张拉预应力的预留构件，如转向块、齿板等，方便出现跨中下挠病害时能够及时处治。(六) N 线小溪大桥，同意推荐桥型，但要注意右幅桥台的基础稳定性，要防止卸荷裂隙发育山体可能对墩的撞击。加强地质勘察与边坡防护。(七) N 线羊乐大桥，原则同意推荐桥型，应加强对务川岸卸荷裂隙发育情况的勘察，尽量将该岸主墩往岩边缘布置，减小主跨跨径，采用连续梁而不是连续刚构方案。(八) N 线丰乐河大桥，原则同意推荐桥型，建议下阶段将主跨减小到 135 米，采用与池坝大桥相同的主桥布置方案。(九) N 线桐子沟大桥，右服务川岸可减少一孔。建议右幅 3 ~ 5 号墩、右幅 3 ~ 6 号墩采用矩形挖孔桩，单桩接单墩，以降低工程造价。

五、隧道。(一) 全线布设隧道 15497 米 /9 座，其中特长隧道 5452.5 米 /1 座、长隧道 8313 米 /5 座、中隧道 1544 米 /2 座、短隧道 187.5 米 /1 座。原则同意全线隧道布置及采用的建筑限界、净空断面。(二) 本项目全部隧道均需穿越灰岩、白云岩等可溶岩地层，推荐线全部隧道均设置为单向坡，长、特长隧道存在逆坡施工排水困难，下阶段应加强岩溶及地下水的勘察，并根据勘察成果调整隧道平、纵面，进一步降低岩溶及地下水对隧道的影响，确保隧道施工及运营安全。(三) 下阶段应结合路线布设及地形、地质条件，尽量减小洞口段受地形偏压的影响，避开不良地质体；同时应加强洞口边、仰坡的防护以及进洞方案，特别是洞口危岩、边仰坡顺层的处治，确保洞口段施工及运营安全。(四) 下阶段应根据隧道详勘资料、围岩级别对支护参数作优化调整。加强岩溶区隧道针对性设计，根据岩溶及地下水发育情况、地表生态环境的影响等，合理确定堵、排措施以确保隧道建设及运营安全。深化隧道超前地质预报与监控量测方案，加强断层破碎带、岩溶、地下水发育地段的监控措施与应急预案，加强施工管理及工序控制，保证施工安全。补充瓦斯隧道设计与施工对策措施。补充对 N 线大面坡深埋段进行岩爆或大变形的分析及设计。(五) 坳口隧道。下阶段应加强岩溶、岩溶水等的勘察与评价，根据勘察成果优化隧道平、纵，降低洞口边、仰坡开挖高度。对岩溶、岩溶水采取针对性措施进行处治，加强该隧道洞口边、仰坡的防护措施。(六) 付家岩隧道。下阶段应加强工程地质与水文地质勘察工作，对洞口路段危岩、堆积体的稳定性，以及洞身岩溶、岩溶水以及灰岩与粉砂岩交界面等加强勘察与评价，并采取相应的对策措施。(七) 大面坡隧道。本隧道工程地质条件及水文地质条件极其复杂，隧道依次近似正交横穿文新正断层、长丰背斜及石朝向斜，隧道上方茅口组灰岩岩溶强发育为强含水层，隧道开挖遇岩溶存在诱发涌水、突泥事件的极大风险。应加强该地层富水性及地下水渗透性等的分析评价，为合理确定隧道高程提供充分依据。原则同意补充设计文件中增加隧道泄水洞设计预案并纳入概算。下阶段在加强勘察的基础上，应考虑进一步调整和优化该隧道前后路段的平纵面线位，降低隧道中部高程置于厚层泥岩中，避开石朝向斜核部可溶灰岩，有条件时设置不对称人字坡，尽量降低岩溶、地下水等对隧道的影响及危害。同时，应对岩溶、地下水等采取针对性措施进行处治以确保隧道施工及运营安全。该隧道长度超过 5000 米，宜按《公路隧道通风设计细则》设置分段排烟方案并进行分析论证。逆坡段施工风险较大，设计应充分考虑相应的对策措施以确保施工安全。(八) 龙头隧道。下阶段应加强该隧道岩溶、岩溶水等的勘察，根据勘察成果优化隧道平、纵设计，同时应对岩溶、岩溶水采取针对性措施进行处治。(九) 小庄坝 I 号隧道。进口卸荷裂隙发育，且为顺层仰坡，应加强该端洞口仰坡危岩体调查，加强洞口边、仰坡的防护以确保隧道施工及运营安全。(十)垭背后隧道。隧道进口较长段落平行等高线进洞，埋深浅，建议下阶段有条件时优化隧道平面进口位置。(十一)大平台隧道。下阶段应加强该隧道岩溶、岩溶水以及不同地层分界面的勘察，根据勘察成果优化隧道平、纵设计，同时应对岩溶、岩溶水采取针对性措施进行处治。(十二)风番坡隧道。该隧道穿越含煤地层，应对穿越煤系地层瓦斯等级进行评价，同时对其突出危险性进行预测，相应地，设计应采取对策措施以确保隧道施工安全。建议下阶段应在加强隧址区工程地质与水文地质勘察的基础上进一步优化隧道平、纵设计，尽量降低岩溶、地下水、瓦斯等不良地质对隧道的影响及危害，确保隧道施工及运营安全。

六、路线交叉。(一)全线互通式立交、分离式立交、通道及人行天桥总体布局基本合理，立交选型和技术指标应用基本恰当。原则同意设置钱家枢纽、楠杆、丰乐、龙灯、喻家湾枢纽5处互通式立交；设置分离式立交4处，天桥4处，通道25道。(二)施工图设计阶段应对互通式立交方案、平纵面线形进行优化，降低工程规模，避免过度绕行。(三)原则同意钱家枢纽互通式立交采用半苜蓿叶半定向方案。应核实两条高速公路承担主交通流转换匝道出入口的通行能力和服务水平。(四)原则同意楠杆互通式立交设置位置，下阶段应结合立交功能定位、转向交通量等资料，研究路线较直接、工程规模较小的方案。(五)原则同意丰乐互通式立交采用下穿主线的A型单喇叭立交方案，下阶段应结合交通量预测资料，完善平面交叉设计。(六)原则同意龙灯互通式立交设置位置，下阶段应结合连接线主要交通量流向预测资料，研究路线较直接，工程规模较小的方案。(七)原则同意喻家湾枢纽互通式立交采用T型交叉方案。下阶段要注意明确工程界限。

七、交通工程及沿线设施。(一)原则同意安全、服务、管理设施和通信、收费、监控系统的设计方案。(二)同意全线设置标志、标线、护栏、隔离设施、诱导设施、防落物网等交通安全设施。(三)接入网采用与务正高速公路同环组网的方式时，传输等级应不低于STM-16。本路段电话网接入遵义路网中心，不再单独设置程控交换机。(四)同意隧道设置完善的照明、通风、消防、监控及供配电等机电附属设施。(五)全线视频监控采用高清标准，喻家湾枢纽互通、长下坡及气候恶劣路段的场外监控、信息发布设施应进一步加强。为更有效发布交通诱导信息，在互通立交、特长隧道、隧道群、长下坡及气候恶劣路段等主线区段设置可变信息板时应采用门架式可变信息板，并因地制宜将车检器、路径识别等其他外场监控设备与情报板共用门架。做好系统扩展性，为后期增设监控设施提供预留。(六)原则同意全线设置独立的隧道管理救援站1处、养护工区1处、收费站4处、服务区1处、应急停车区1处。核定全线管理、养护及服务设施等总用地面积369亩，建筑面积21371平方米。

八、环境保护。(一)本项目初步设计结合沿线的环境现状，提出的环境保护设计与景观设计原则正确，所采取的环境保护措施基本恰当。原则同意全线环境保护设计及绿化景观设计方案。(二)下阶段施工图设计工作中，要把环评、水保要求的相关措施具体落实到设计中，并在施工招标文件中提出要求。(三)下阶段根据声敏感点的实际情况优化完善声屏障方案，声屏障布设水平延伸距离应考虑充足。(四)加强对取、弃土场选址的水文调查、地质勘察和稳定性评价，并对弃土场防护(挡渣墙、拦渣坝等)和排水进行专项设计，防止发生水土流失和地质灾害等问题。同时，弃土场处理设计应结合《水土保持方案报告书》的要求，落实各项水保措施的设计，注重植被的恢复，明确选用的苗木品种。

九、工程地质勘察。(一) 初步设计阶段工程地质勘察方法手段基本合理，基本查明路基、桥梁、隧道、交叉工程的工程地质、水文地质条件，基本查明主要不良地质的分布、工程地质特性及其对公路建设的影响。(二) 对全线地质勘察成果，特别是大面坡隧道的水文地质专题应组织进行专项评审。(三) 特长隧道通过石朝向斜核部的岩溶发育地段时，洞身开挖遇到的溶洞、暗河易诱发涌水、突泥、暗河下移等事故，风险极大。按地质选线原则，利身宜避开向斜核部岩溶发育的灰岩地层，从以泥岩为主的 S2-3hn 地层通过。(四) 下阶段应针对路基、桥梁、隧道等结构物，综合运用物探、钻探详细查明隐伏岩溶发育特征、规模及对公路影响。进一步核实沥青质含量较重岩层中产生的有害气体。(五) 下阶段加强高填路堤、陡坡路堤、深路堑、弃土场勘察，深化工程防护及环境保护。综合应用钻探、静力触探、取样试验等手段，详细查明软土分布段落、厚度及物理力学指标，高填斜坡软基应加强稳定性计算分析。(六) 下阶段加强覆盖层、风化层厚度较大桥梁墩台勘察，详细查明地质条件。(七) 下阶段应核查隧道洞口段横向和纵向堆积体范围、厚度，加强堆积体稳定性分析，如坳口隧道、付家岩隧道。(八) 加强通过石朝向斜核部的特长隧道相关测试工作，深化评价特长隧道穿越岩溶发育地层产生突水、突泥的可能性，深化涌水量分析预测，深化有害气体的分析评价。

十、设计概算。本项目初步设计概算依据交通运输部颁布的《公路工程基本建设项目概算预算编制办法》(JTG/T B06—2007)、《公路工程概算定额》(JTG/T B06-01—2007)、公路工程预算定额 (JTG/T B06-02—2007)、《公路工程机械台班费用定额》(JTG/T B06-03—2007)，以及贵州省有关规定进行编制。(一) 根据调整后的工程方案、数量及定额，核定建筑安装工程费 4376341094 元。(二) 核定设备及工具、器具购置费 123258542 元。(三) 核定工程建设其他费用共 918086382 元。初步设计总概算核定 5755999922 元 (含建设期贷款利息 412813090 元)，较工可批复 59.24 亿元减少 1.68 亿元。本项目施工图总预算应控制在初步设计批复的概算范围之内，项目投资也应控制在批复的概算范围之内，最终工程造价以竣工决算为准。本项目的项目法人为贵州省公路局，建设管理模式采取项目建设管理法人统一负责项目全部建设管理工作方式，监理单位通过公开招标方式确定。项目建设管理法人为贵州德务高速公路有限公司，法定代表人李松，项目负责人罗亨俊，技术负责人雷宗勇，安全负责人马飞。贵州省公路局与相关的城镇建设规划、水利、环保、矿产、文物、林业、铁路、管线、电力电信及其他建筑设施的主管部门签订责任明确的书面协议，确保项目顺利实施；施工过程中应加强环境保护意识，与沿线环保和水保部门充分协调，深化环保、水保工程设计，保护沿线自然生态环境。贵州省公路局督促设计单位认真按此批复要求编制施工图设计文件。施工图设计阶段要认真落实标准化施工的要求，并落实到设计文件中；做好农灌、通道、天桥设置的设计，以及涉及机耕道、水渠改造等与沿线群众利益密切相关的工程设计，避免因设计不周损害群众利益，甚至引发冲突，影响工程顺利实施。施工图设计文件由贵州省公路局负责组织审查，审查意见报厅批准后执行。严格按照基本建设程序办理，防止建设过程中随意变更设计和调整概算。要避免未经审查批准或审查不合格擅自实施设计变更，杜绝设计变更的随意性和未批复先实施的情况发生。要做好开工前的各项准备工作，依法择优选定施工队伍和工程监理单位，并按照交通运输部的有关规定及时办理质量监督手续、施工许可手续。加强施工期间的监管，确保工程质量。项目总工期自开工之日起4年。

第四节　德务公路控制性工程

德江至务川高速公路起于德江县城西北的钱家，与在建的沿河至德江高速公路相接，经楠杆、丰乐、龙灯，止于务川县城西南的喻家湾，接在建的务川至正安高速公路，路线全长40.682千米。全线按双向四车道高速公路标准建设，设计速度80千米/小时，路基宽度24.5米，桥涵设计汽车荷载等级采用公路－Ⅰ级，其他技术指标按《公路工程技术标准》规定执行。全线设置钱家（枢纽）、楠杆、丰乐、龙灯、喻家湾（枢纽、部分）5处互通式立交，另建设互通立交连接线15.894千米。其中，钱家枢纽互通立交连接线采用一、二级公路标准建设，其中，一级公路长约1.115千米，设计速度80千米/小时，路基宽24.5米，分离式路基宽2×12.25米，桥梁设计荷载为公路Ⅰ级，设计洪水频率为百年一遇，有桥梁21座，桥梁总长5.973千米，其中大桥20座，小桥1座；隧道9座，隧道总长15.407千米，其中特长隧道1座，长隧道5座，中隧道2座，短隧道1座，互通4处，服务区1处，收费站4处，桥隧长度占52.56%。二级公路长约1.28千米，设计速度40千米/小时，路基宽12米；楠杆互通立交连接线9.26千米采用三级公路标准，设计速度30千米/小时，路基宽7.5米；丰乐互通立交连接线0.719千米采用二级公路标准（工可批复为三级公路标准，2014年10月16日初步设计外业验收会议同意调整为二级公路标准），设计速度40千米/小时，路基宽12米；龙灯互通立交连接线3.52千米，采用二级公路标准，设计速度40千米/小时，路基宽12米。

第四章 德余高速项目审批

第一节 德余公路规划

德余高速公路跨铜仁市、遵义市两市和德江、思南、凤冈、石阡、余庆5个县。项目路线起点接杭瑞高速与沿德高速合兴枢纽形成复合式互通立交，线路大致为南北走向，线路终点与遵余高速小腮T型枢纽交叉。德余高速项目路线全长104.18千米，总投资141.58亿元，其中德江县1.54千米、思南县48.818千米、石阡县37.791千米、凤冈县4.8千米、余庆县11.231千米，双向四车道，设计速度80千米/小时。建设工期3年，运营期暂定30年。德江至余庆高速公路的建设将切实加快贵州省高速公路网的形成，进一步提高贵州省区域交通通行能力和服务水平，推动沿线资源的开发和利用，带动沿线区域经济发展，有效提高沿线居民生活水平。省公路开发公司将始终秉持“勤勉创业、勇于担当，精诚协作、创新开拓”理念，坚决扛起责任担当，督促监管好参建单位，严格按照工程建设程序进行工程建设，严格把关安全质量生产和品质工程创造，努力推进施工标准化、安全生产标准化建设，打赢脱贫攻坚战，为实现交通先行与脱贫攻坚有效衔接贡献力量，努力把德余高速公路建设成品质工程、廉洁工程、民心工程、百年工程，弘扬工匠精神，集中人力、物力、财力，千方百计推进项目建设，确保2023年建成通车。

第二节 德余公路工程可行性研究

根据贵州中交德余高速公路有限公司报请贵州省交通厅，交通厅报请贵州省发展和改革委员会《关于报请审批德江（合兴）至余庆高速公路初步设计的请示》（德余办函〔2020〕87号）及相关设计文件作出批复。

一、德江（合兴）至余庆高速公路是《贵州省新时代高速公路建设五年决战实施方案》中的重点项目。为加快形成贵州省高速公路网，提高区域交通通行能力和服务水平，推动沿线资源开发，促进经济社会高质量发展，同意建设德江（合兴）至余庆高速公路。

二、全线起自德江县合兴镇漏青头合兴枢纽互通，接已建成的杭瑞国家高速公路思南至遵义段，经青杠坡、本庄，止于余庆县白泥镇小腮枢纽互通，接在建的遵义至余庆高速公路，全长 102.2 千米。全线设置合兴枢纽、胡家湾、杨家坳、青杠坡、香坝、长坝石林、本庄枢纽、本庄、河坝、小腮（枢纽）10 处互通式立交。同步建设 7 条互通式立交连接线，共计 67.1 千米，以及必要的交通工程和沿线设施。

三、全线采用双向四车道高速公路标准建设，设计速度 80 千米 / 小时，路基宽度 25.5 米。互通式立交连接线均采用二级公路标准建设。全线桥涵设计汽车荷载等级采用公路－I 级，其他技术指标应符合《公路工程技术标准》（JTG B01—2014）中的规定。

四、项目估算总投资 141.58 亿元。其中，项目资本金 35.4 亿元（占总投资的 25%），由项目法人各股东按照股份比例出资，其余资金利用国内银行贷款解决。项目法人为贵州中交德余高速公路有限公司，项目法人负责本项目投资、建设、经营和养护管理、移交等工作。经营期内，收取车辆通行费作为投资回报。经营期满后，将本项目全部设施及相关资料无偿移交省交通运输主管部门。

五、进一步做好以下工作。（一）加强以长大桥隧和软基、岩溶等不良地质为重点的工程地质和水文地质勘察，深化地质选线、优化工程方案，降低工程风险和建设规模。（二）结合地质条件及岸坡稳定评价，进一步深化乌江特大桥等特殊桥梁的桥位、桥型及桥跨比选工作。（三）结合地形条件、相关公路规划、城镇规划及交通量预测，进一步深化合兴枢纽、本庄枢纽、本庄等互通式立交位置选择及布设方案，做好与相关公路的衔接和工程界面划分，完善交通组织设计，确保行车安全。（四）结合地方经济社会发展需求及现有道路网布局，在满足需求的前提下，因地制宜确定互通式立交连接线建设标准和规模。

六、交通厅要会同有关部门督促项目法人按照建设环境友好型、资源节约型公路的要求，加大新技术、新工艺、新材料、新理念的推广应用，优化设计，把保护生态环境、节约集约用地、节能减排等工作落实到位。项目建设期间要加强管理，落实土地房屋征收相关政策，合理掌握建设工期，确保工程质量和安全，严格控制项目总投资。

第三节　德余公路初步设计方案

贵州省交通运输厅作出《关于德江（合兴）至余庆高速公路初步设计的批复》：

一、建设规模与技术标准。（一）项目起于德江县合兴镇，与已建沿德高速顺接，并设枢纽互通与已建杭瑞高速衔接，经思南县宽坪乡、胡家湾乡、亭子坝镇、杨家坳乡、青杠坡镇、香坝镇、长坝镇，凤冈县王寨乡，石阡县本庄镇、河坝镇，余庆县龙溪镇，止于余庆县小腮社区，设枢纽互通连接在建的遵余高速，路线全长 103.996 千米。全线设置合兴（枢纽）、胡家湾、杨家坳、青杠坡、香坝、长坝石林、本庄枢纽兼落地、河坝、小腮枢纽 9 处互通式立交。其中，经贵州省交通运输厅与铜仁市石阡县交通运输局协商，按《惠罗线罗妥互通连接线延伸段及港区连接公路等四项设计方案专题研究会备忘录》，本阶段将本庄枢纽与本庄落地互通合设。同步建设6条互通立交连接线64.972千米，其中，胡家湾互通连接线9.77千米，杨家坳互通连接线1.819千米，青杠坡互通连接线24.817千米，香坝互通连接线10.466千米，长坝石林互通连接线15.86千米，河坝互通连接线2.24千米。同意设置服务区2处，停车区2处，匝道收费站7处。（二）同意主线按双向四车道高速公路标准建设，设计速度80千米/小时，整体式路基宽度25.5米，分离式路基宽度12.75米。互通连接线原则采用二级公路标准建设，除青杠坡互通连接线路基宽度采用10米外，其余连接线路基宽度8.5米。全线桥涵设计汽车荷载等级采用公路－I级，其余技术指标按《公路工程技术标准》（JTG B01—2014）执行。

二、工程地质勘察。初步设计阶段工程地质勘察结合本项目的特点，采用工程地质调绘、钻探、挖探、物探、原位测试及室内土工试验等综合勘察手段，对路线走廊及方案的工程地质和水文地质特征、不良地质及特殊性岩土等自然建设条件进行了勘察，采用勘察手段适宜、方法正确合理。下阶段应重点做好以下工作：（一）加强沿线的岩溶、采空区、软土、滑坡、堆积体、危岩等不良地质路段工程地质勘察及评价工作，重点查明K73+000—K78+300路段的堆积体影响范围，分析对工程的影响，完善工程处置方案。（二）加强桥位区的工程地质勘察工作，重点查明万福洞大桥、柏香岭大桥、马湾洞大桥、巴洛河特大桥、沙坝大桥等桥址区岩溶发育程度，为桥梁基础设计提供可靠依据；加强桥位区岸（斜）坡稳定性评价。（三）加强隧道地质的勘察和分析工作，探明隧道纵横断面的工程地质、水文地质及不良地质情况，合理划分围岩级别及涌水量预测，进一步采用综合勘探、测试手段，重点查明断层、煤系地层、采空区、岩溶、洞口堆积体、危岩等对隧道的影响。对穿越煤矿地区的隧道，应重点查清煤系地层中采空区位置和压覆煤矿范围，确定瓦斯含量、瓦斯压力等参数。（四）工程地质勘察应全面、及时、准确，确保设计与工程地质勘察有效结合，紧密衔接。

三、路线。（一）初步设计在工可推荐线位的基础上，综合沿线地形、地质、水文、自然保护区、公路路网、城镇规划以及运营安全和工程规模等因素，共拟定20条路线方案进行技术经济比较，其中6段为同精度比较，同精度比较线占推荐线总长的63.4%。原则同意初步设计推荐的路线方案。（二）初步设计路线平纵面设计基本合理。下阶段应结合地形、地质条件和交通运输部《关于在公路建设中实行最严格的耕地保护制度的若干意见》《贵州省交通运输厅关于贵州省实施绿色公路建设的指导意见》（黔交建设〔2017〕134号）要求，对路线组合进行细化设计，减少高填深挖，优化土石方调配，减少弃方，合理控制工程规模。在保证行车安全性和舒适性的同时，贯彻保护环境、节约用地的设计原则。（三）项目地形地质条件复杂，下阶段应结合定测详勘成果，进一步优化路线平纵横设计，增加平面交点和变坡点，绕避不良地质，与地形相协调，减少高填深挖。（四）初设弃方数量较大，下阶段应通过优化路线设计，并合理利用隧道洞渣，尽量平衡路基土石方，减少弃方数量。（五）长坝至乌江段为连续长纵坡路段，下阶段应结合地形地质条件，研究路线经长坝水库下游提前降坡，以减缓路线平均纵坡的方案。（六）K25+500—K26+000段高填方占用天然河沟，下阶段应结合水文勘察情况，核查该段路线方案的合理性，确保排水顺畅、路基稳定。（七）下阶段应对全路段的安全性进行分析，根据运行速度合理确定超高值，强化交通安全设计，确保运营期间的行车安全。

四、路基路面。（一）原则同意初步设计路基标准横断面形式、设计参数和一般路基设计原则。应按《交通运输部办公厅关于实施绿色公路建设的指导意见》(交办公路〔2016〕93号),统筹考虑路基安全、环保、耐久、节约等方面的要求,进一步优化路基设计。(二)下阶段应根据沿线地质条件,加强高填深挖、软土地基、不稳定边坡路段等路基稳定性分析计算,注意斜坡路基稳定性问题,进一步优化特殊路基设计方案。(三)原则同意初步设计特殊岩土工程的处置设计,下阶段应依据软土、岩溶、危岩、堆积体等不良地质的工程地质勘察资料成果,进一步做好综合处置设计,并加强动态设计。(四)路基边坡防护设计基本合理,下阶段应进一步查明边坡的岩土结构和地质构造,优化边坡防护工程设计。(五)项目土石方量偏大,下阶段应结合地形地质条件,进一步优化路线平纵和边坡坡率,尽量平衡项目土石方;应加强弃土场选址工作,加强弃土场防护和防排水设计。(六)原则同意主线采用沥青混凝土路面及其结构组合设计,主线面层采用4厘米SMA-13细粒式改性沥青玛蹄脂碎石上面层+6厘米AC-20C中粒式改性沥青混凝土中面层+8厘米AC-25C粗粒式改性沥青混凝土下面层;互通立交匝道、桥面铺装和隧道路面采用与主线上、中面层相同的路面结构;隧道路面采用复合式路面,下面层采用26厘米水泥混凝土铺装层;匝道收费广场采用26厘米钢筋混凝土。下阶段应根据沿线气候、材料特征、交通量、车型比例、平纵面设计特点及交通量增长率等情况,结合各结构层混合料及试验结果进一步优化路面结构方案。(七)路基路面排水设计方案基本合理,挖方边沟宜根据地形,因地制宜地综合运用生态型边沟、浅碟形边沟、暗埋式边沟或盖板矩形边沟,并加强路基地下排水设计。完善路基排水设计中的应急收集处理系统设计。(八)下阶段应加强车辆类型、轴载组成及轴载谱资料调查,进一步验算路面结构厚度和强度,加强路面原材料和混合料调查与试验,优化沥青混合料级配,提高沥青路面的服务性能和耐久性。(九)结合贵州省高速公路基层摊铺和施工压实厚度经验,优化基层、底基层厚度,以方便施工。(十)下阶段应根据《关于印发〈贵州省公路边坡养护检修通道设置技术及管理规定(试行)〉的通知》(黔交建设〔2020〕60号)的要求,完善边坡养护通道设计。

五、桥梁涵洞。(一)全线共设主线桥梁27156.85米/84座,其中特大桥2543.5米/2座、大桥23677.85米/69座、中桥935.5米/13座;涵洞通道共42道。全线桥型方案及涵洞布置基本合理,原则同意全线桥梁、涵洞的初步设计方案。(二)原则同意乌江特大桥采用1~475米钢管混凝土拱桥主桥方案。下阶段应结合地形、地质条件,加强两岸拱座开挖边坡稳定性分析、桥梁抗风、抗震稳定分析和细部结构设计,确保结构施工和运营安全耐久。(三)原则同意白家湾大桥主桥采用81+150+81米连续刚构桥型方案;后坪大桥采用56+100+56米连续刚构桥型方案;柏香岭大桥主桥采用81+150+81米连续刚构桥型方案;巴洛河特大桥采用95+180+95米连续钢构桥型方案;小乌江大桥主桥采用73+135+135+73米连续刚构桥型方案。(四)下阶段应结合山区高速公路桥梁受力特点,加强高墩稳定性验算,并优化连续刚构桥梁主梁腹板束、底板束等细部结构设计,确保结构安全。(五)下阶段应根据《关于印发〈贵州省公路桥梁养护检修通道设置技术及管理规定(试行)〉的通知》(黔交建设〔2020〕61号)的要求,完善特殊结构桥梁检修维护通道设计。(六)下阶段应加强桥梁区危岩体、堆积体、卸荷裂隙等不良地质勘察和工程处置,确保桥梁施工、运营安全。(七)下阶段应结合地勘成果,细化高墩桥梁桩基设计,合理确定桩基埋置深度,合理确定主墩结构形式,优化主墩承台尺寸及承台底标高,以减少承台施工对较陡边坡的开挖，降低施工难度，并采取必要的防护措施，避免诱发地质灾害。（八）下阶段应充分考虑万福洞大桥跨越不良地质的影响，加强对桥址区的地质勘察和方案比选论证，择优选择本桥建设方案。（九）下阶段应进一步加强对沿线桥址区岩溶、落水洞、隐伏溶洞等不良地质物探工作，查明岩溶、落水洞等不良地质分布，加强桥梁基础设计，保证结构安全。（十）原则同意互通立交桥梁的桥型布置方案。下阶段应根据现场实际情况，充分结合地形地质资料，进一步优化调整部分桥梁的下部结构、基础尺寸及上部结构施工方案，核实平曲线要素相关参数，细化结构及匝道拼宽细部设计，减少预应力损失，确保桥下净空满足规范要求。（十一）互通式立交区弯、坡、斜结构受力复杂，下阶段应结合互通式立交优化、交通量和路网代表车型，进一步优化桥梁上部横向稳定性验算，提高桥梁抗倾覆能力储备。（十二）加强精细化设计理念，下阶段应进一步完善弯、坡、斜桥梁设计，根据计算结果，合理确定不同跨径桥梁的下部结构尺寸；对特殊桥梁桥墩结构应逐桥设计；对大跨径的匝道桥，应逐一列出控制因素并论证，加强墩身运营、养护受力分析，确保桥梁结构经济、安全。（十三）下阶段桥梁设计应充分考虑运营、养护管理因素，按照《公路桥涵养护规范》（JTG H11—2004）有关规定，对特大桥、大桥须列专篇做养护要点设计及桥梁径流系统综合设计，并对运营安全做应急预案设计，以指导桥梁的管养工作，确保安全，并将相关要求载入本项目养护管理使用手册。

六、隧道。（一）本项目全线共设置隧道 13257 米 /12 座整幅长度，均为分离式隧道，其中长隧道 9229.5 米 /6 座、中隧道 3770 米 /5 座、短隧道 257.5 米 /1 座。连接线隧道 2 座，长 945 米。原则同意全线隧道布置及结构设计方案。（二）下阶段应根据地形、详勘地质资料，结合地表道路、输电线路、洞口段地表覆土、下穿槽谷、偏压情况等因素进一步优化隧道平、纵面线形，合理确定隧道轴线及轴线间距、洞口位置及洞门型式，优化隧道结构形式及衬砌支护参数确保隧道施工、运营的安全，并节省工程投资。（三）推荐主线 12 座隧道中有 10 座穿越灰岩地层，下阶段应加强岩溶、隧底隐伏岩溶的综合勘察。（四）下阶段应加强推荐线中石人坨隧道、岩上隧道、中寨隧道及青杠坡 L1 连接线隧道煤系地层瓦斯参数、采煤巷道、采空区与隧道平纵面关系调查、核实，补充瓦斯隧道判别的相关依据；核实通风系统是否满足运营期瓦斯泄漏需风量要求。（五）下阶段应进一步加强上都坝、香树坪、四野屯等隧道井、泉的水量水质监测与调查，并做好备用水源的应急预案。（六）下阶段应进一步加强观音坝、上都坝、香树坪、四野屯、石人坨、岩上、红岩寺、中寨隧道危岩体勘察、调查、分析，完善清除、监测、防护方案。（七）下阶段应加强上都坝、香树坪、四野屯、岩上、红岩寺、中寨隧道地表堆积体、错落体的稳定性计算，根据计算结果完善堆积体 D1 的监测、防护方案及隧道施工要求。（八）下阶段隧道照明设计应结合近、远期交通量以及交通量组成参数、LED 灯具的性能等因素进行设计，同时为保证隧道行车的安全性，连接线隧道的加强照明亮度取值和分段设置应满足现行规范要求。（九）下阶段应结合本项目隧道规模和相邻隧道距离优化隧道现场管理所的设置和隧道供电设计，同时为保证隧道运营安全，核实各隧道风机配置是否满足隧道火风压情况下的需求。

七、路线交叉。（一）全线互通式立交总体布局基本合理，立交选型和技术指标应用基本恰当。综合考虑交通量、路网、地形、地质等因素，原则同意设置合兴（枢纽）、胡家湾、杨家坳、青杠坡、香坝、长坝石林、本庄（枢纽兼落地）、河坝、小腮（枢纽）9 处互通式立交。（二）原则同意全线设置分离式立体交叉 8 处，通道 116 处，人行、车行天桥 14 处。(三) 原则同意合兴枢纽、小腮枢纽互通采用 T 型立交方案；胡家湾、杨家坳、青杠坡、香坝、长坝石林、河坝互通采用喇叭型立交方案；本庄枢纽互通采用十字形 +T 型立交方案。(四) 施工图设计阶段应对各互通式立交平纵面线形进行优化，以提高互通式立交的通行能力和服务水平。(五) 施工图设计阶段应结合初步设计咨询审查意见对立交进行进一步优化，降低工程费用。(六) 下阶段，结合地方经济社会发展需求及现有道路网布局，在满足需求的前提下因地制宜确定互通式立交连接线建设标准和规模。

八、交通工程及沿线设施。原则同意安全、服务、管理设施和通信、收费、监控系统的设计方案。(一) 同意全线设置标志、标线、护栏、隔离设施、防眩设施、诱导设施、防落物网等交通安全设施。(二) 服务区、收费站、路政用房及交警营房建设规模应按照省交通运输厅相关要求进行设计，费用列入概算。(三) 全线管理、养护及服务设施总体布局基本合理。全线共设置路段管理分中心 1 处，与本庄收费站同址设置、隧道管理站 2 处，分别与青杠坡、河坝匝道收费站合建，路政大队、交警中队各 2 处，分别与青杠坡匝道收费站、本庄匝道收费站合建，匝道收费站 7 处：胡家湾、杨家坳、青杠坡、香坝、长坝石林、本庄、河坝，养护工区 2 处，分别与青杠坡收费站和本庄收费站同址合设，服务区 2 处：长坝石林、河坝，停车区 2 处：亭子坝和乌江。收费站入口广场应按交通运输部《高速公路称重检测业务规范和技术要求》(交办公路函〔2019〕1182 号) 预留场地。下阶段，全线服务区、停车区应按工可报告中明确的等级和《贵州省高速公路服务区发展规划》(2018—2030 年) 要求的标准建设。(四) 应对高边坡、桥梁路段，尤其是桥隧相连的桥梁路段、临崖路段、下坡及小半径弯道路段的外侧加强被动防护，提高护栏防护等级，确保行车安全。(五) 控系统视频监控应采用数字高清技术，技术要求按《贵州省交通行业高清视频联网技术要求 (试行)》执行。道路沿线外场摄像机按照全程监控要求不大于 2 千米一对设置，完善雾天公路行车安全智能诱导系统及气象观测站相关设计。视频云设计按照交通运输部《全国高速公路视频联网监测工作实施方案》(交办公路函〔2019〕1659 号) 执行。(六) 收费技术方案应符合《交通运输部关于印发取消高速公路省界收费站工程建设方案的通知》(交公路函〔2019〕387 号) 的相关要求。超限检测车道应统一采用整车式计重设备。(七) 同意本路段通信系统接入 OTN (光传送网) 干线传输系统。通信管道设计应符合《贵州省交通运输厅关于调整高速公路通信管道设计数量的通知》(黔交建设〔2013〕138 号) 要求。监控系统网络安全按照等保二级设计，收费系统网络安全按照等保三级设计。

九、环境保护。(一) 该项目初步设计结合沿线环境现状，提出的环境保护与景观设计方案总体符合本项目要求，所采取的环境保护措施基本恰当，原则同意该项目环境保护与景观绿化初步设计方案。(二) 下阶段应结合交通运输部《关于实施绿色公路建设的指导意见》《贵州省交通运输厅关于贵州省实施绿色公路建设的指导意见》(黔交建设〔2017〕134 号) 及《贵州省交通运输厅关于贵州省公路水运建设项目环境保护工作有关事宜的通知》(黔交建设〔2017〕317 号) 要求，把环保、水保的相关措施具体落实到设计中，并同步做好相关工作。(三) 应根据项目沿线敏感点的分布情况，结合噪声预测值确定声屏障设置的位置，设置的长度、高度，补充设计依据。(四) 应加强调查工作，进一步明确雨水收集池的设置位置。(五) 全线景观绿化应结合沿线地域文化、风土人情、环境特色和旅游名胜等因素，统筹规划，充分推荐或展现项目沿线独特的地域文化、风景名胜区，但应因地制宜，避免高成本的公园式景观绿化。(六) 弃土场处理设计应结合《水土保持方案报告书》的要求，落实各项水保措施的设计，注重植被的恢复，明确选用的苗木品种。(七) 施工便道设计应充分考虑对周围环境的影响，减少对周围环境造成破坏和污染，并在施工期结束后能作为农村公路路网的补充服务当地群众。特殊施工便道应进行专项设计。(八) 督促环评报告、水保方案编制单位加强与勘察设计单位的联系，保持环评报告、水保方案与路线勘察设计确定方案的一致性，防止出现因方案的不一致导致环评报告、水保方案发生变更，影响后续建设环节。涉及环评的事项按照生态环境部《关于印发环评管理中部分行业建设项目重大变动清单的通知》(环办〔2015〕52号) 有关要求执行。

十、设计概算。本项目设计概算依据交通运输部颁布的《公路工程建设项目概算预算编制办法》(JTG 3830—2018)、《公路工程概算定额》(JTG/T 3831—2018)、《公路工程机械台班费用定额》(JTG/T 3833—2018) 以及贵州省交通运输厅颁布的有关文件规定进行编制。总概算核定为14901851989元 (含建设期贷款利息)，审减2611077元，较批复估算总投资141.58亿元增加5.25%。(一) 核定建筑安装工程费11154403640元。(二) 核定土地征用及拆迁补偿费1780977130元。(三) 核定工程建设其他费用595039536元 (含交通强国试点费用500万元)。(四) 核定预备费676521015元。(五) 核定建设期贷款利息694910667元。本项目总投资应控制在初步设计批复的概算范围之内，最终工程造价以竣工决算为准。

项目法人为贵州中交德余高速公路有限公司，法定代表人、机构负责人为王腊。根据《交通运输部关于深化公路建设管理体制改革的若干意见》(交公路发〔2015〕54号)，按《公路工程施工监理规范》(JTG G10—2016) 和行业主管部门相关规定组织监理工作。项目法人与相关的城镇建设规划、水利、环保、文物、林业、管线、电力电信及其他建筑设施的主管部门签订责任明确的书面协议，确保项目顺利实施；施工过程中应加强环境保护意识，与沿线环保和水保部门充分协调，深化环保、水保工程设计，保护沿线自然生态环境。

设计单位认真按此批复要求编制施工图设计文件，施工图设计文件由项目法人负责组织审查，审查意见报厅审批后方可执行。施工图设计阶段要认真落实标准化施工的要求，并落实到设计文件中；做好农灌、通道、天桥设置的设计，以及涉及机耕道、水渠改造等与沿线群众利益密切相关的工程设计。要严格按照基本建设程序办事，防止建设过程中随意变更设计和调整概算。若发生较大 (重大) 设计变更，必须严格按《公路工程设计变更管理办法》(交通部令2005年第5号) 的要求履行审查审批手续 (具体操作可按《贵州省高速公路PPP项目建设管理手册》20200305版第6章要求执行)，先申请，经同意后方能开展变更的施工图设计，设计完成后经审批才能实施。未经同意擅自实施的设计变更不补办手续，相关费用不得进入工程决算。

要做好开工前的各项准备工作，并按照交通运输部的有关规定及时办理质量监督手续、施工许可手续。贯彻落实贵州省高速公路“施工标准化”“平安工地建设”以及创建“品质工程”的相关要求，加强施工期间的监管，确保工程质量和施工安全。项目建设工期，自开工之日起3年。

第五章　重要决定和举措

第一节　杭瑞高速思遵公路重要决定

一、县高速公路建设协调指挥部成立

2010年4月9日，县委办以德办发〔2010〕33号文件正式下发成立县高速公路建设协调指挥部的通知。县委副书记、县长张珍强任指挥长，副县长周骥任第一副指挥长，政协副主席张羽龙任常务副指挥长；并从相关单位、乡镇抽调14名工作人员到指挥部工作。从4月20日起，指挥部全体人员进驻指挥部。指挥部下设办公室、征地科、拆迁安置科、群工矛盾调解科、补偿兑现科、安保科6个科室。组建以后，严格遵循统一领导、各司其职、科室协作的原则，制定《指挥部绩效考评细则》《指挥部考勤制度》等12项制度和工作流程图，明确各科室岗位职责和工作纪律，指挥部全体人员不分节假日，吃、住在指挥部。所涉乡镇也相应成立以乡镇长为指挥长的高速公路建设指挥部，并从在职副科级干部中明确2名以上人员专抓该项工作。2010年5月15日，杭瑞高速公路德江境征拆动员暨业务培训大会在煎茶镇召开。随后，制定方案、规范程序，着力增强征拆工作的针对性和可操作性。

二、制定《杭瑞高速公路思南至遵义德江段征拆安置补偿方案》

2010年5月14日，县政府办以“德府办发〔2010〕95号”文件下发。在起草该方案前，德江县于3月14日组织相关人员到仁怀考察学习“仁怀模式”，同时，组织方案起草人员反复学习省政府同意的《杭瑞高速公路（贵州境）大兴至思南、思南至遵义、遵义至毕节征地补偿方案》（黔国土资发〔2009〕114号）和《铜仁地区行政公署办公室转发（贵州省交通运输厅关于国家高速公路网杭瑞高速贵州境大兴至思南、思南至遵义、遵义至毕节段建设项目拆迁安置补偿方案的函）的通知》（铜署办发〔2010〕3号）文件后，结合“仁怀模式”和杭瑞高速公路过境德江县乡镇的实际而制定。该方案从起草到定稿，先后组织县里有关领导和相关专业人员共经历12次讨论和修改，使之既符合政策，又顺乎民意，合理合法、客观公正；既有科学性，又有针对性，更具可操作性，真正体现了“以人为本”的理念。

三、杭瑞高速公路思遵段德江境建设工作专题会议召开

2010年11月，政协地工委副主任、地区杭瑞高速公路铜仁段建设指挥部常务副指挥长帅朝刚与杭瑞高速公路思遵高速项目办主任余彪主持召开杭瑞高速公路思遵段德江境建设工作专题会议。会议听取并审查了德江县政协副主席、县高速公路建设协调指挥部常务副指挥长张羽龙，关于杭瑞高速公路思遵段德江境合兴乡房屋拆迁户大兴集中安置点规划建设情况和安置点河堤治理及安置小区“杭瑞风情大街”大门规划设计预算方案的汇报。

会议认为：德江县高速公路指挥部应杭瑞高速公路建设房屋拆迁户的要求，遵照地方党委、政府的指示，利用国家大项目实施为契机，在大兴集镇另选址规划安置140余户，并本着高起点规划，高标准建设和统一征地、统一规划、统一划地、统一面积、统一标准的原则。其规模之大、规格之高、行动之快、效果之好是思遵段绝无仅有的，这既符合国家关于利用大项目建设带动地方经济发展，让人民群众安居乐业的精神，又符合省委、省政府关于大力发展小城镇的战略思想。这一举措是完全正确的，应予以积极支持。鉴于该安置点位于大兴河右岸，一年一度的春季洪水将严重威胁安置小区群众的生命财产安全。根据省公路局副局长、省高建办主任粟宗瑜11月3日在大兴安置点检查工作时的“鉴于安置点面临河道，规划中要充分体现以人为本，规划设计中要考虑安全防洪设施”的指示，提出对该河道进行治理和在安置小区进出口处建设“杭瑞风情大街”大门这一事项既必要又紧迫。

会议议定：(一) 统一规划建设大兴河道治理工程和在安置小区进出口两端建设“杭瑞风情大街”大门，并纳入安置点新增工程建设。所需资金由思遵项目业主另行承担。(二) 严格控制工程投资规模，根据规划设计预算，项目总投资应严格控制在195万元以下，其中河道治理工程165万元、两个大门工程30万元。(三) 由德江县高速公路建设协调指挥部牵头，召集县相关部门按会议议定有关事项进一步优化实施方案后组织实施。(四) 河道治理工程要着眼长远，要按50年一遇洪水设计，100年一遇洪水校核，高标准、高质量建设。(五) 鉴于该河道治理工程时间紧迫，德江县指挥部要早着手，早准备，快建设，要千方百计抢在2011年汛期到来前全面完成河道建设工程，确保安置点安全度汛。(六) 具体工作由思遵项目驻煎办事处配合德江县高速公路建设协调指挥部抓落实。参加会议人员有地区指挥部罗刚、罗勇，思遵高速项目办覃海清、余正学、牟永江，德江县指挥部张羽龙、王永舟、赵健涛、张江梅，合兴乡姚青松。

四、增设复兴收费站

2020年上半年，贵州公路开发有限责任公司、杭瑞高速贵州段铜仁大兴至遵义营运中心为了顺民意，宽民心，繁荣一方的经济，给复兴、平原等乡镇近10万名群众出行带来便利，认为新建复兴收费站是为民办实事的具体表现。于是，上报贵州省交通厅、省人民政府。相关营运和建设单位根据黔府函〔2020〕130号文件《省人民政府关于同意思南至遵义高速公路增设复兴收费站的批复》修建。从规划设计到征地拆迁至开工建设，用时仅3个月，2020年12月30日，复兴简易收费站正式开通运行。

第二节　酉榕高速沿德公路重要决定

一、沿河至德江高速公路设计准备会召开

2012年10月12日，沿河至德江高速公路设计准备会在德江县高速公路建设协调指挥部召开。县政府及相关部门、项目业主、设计单位、过境乡镇负责人参加会议。县政协原主席、高速公路建设协调指挥部常务副指挥长张羽龙主持会议。中国交通第一公路工程局贵州沿德高速公路投资建设有限公司总经理王铁红在会上对中交集团的基本情况作介绍。他表示，作为沿德高速公路建设业主，中交一公局有信心完成项目施工任务。他将本着"建一条高速，树一座丰碑，交一批朋友，炼一支队伍"的理念，努力把沿德高速公路打造成优质路、安全路、文化路、和谐路、生态路。做到设计先进、施工先进和管理先进，以及设计安全、施工过程安全和运营安全，要与环境和谐，与文化和谐。并建议各设计单位要加快设计进度，确保设计质量，尽早完成设计任务，为沿德高速的实质性开工奠定基础。中国交通第一公路工程局贵州沿德高速公路投资建设有限公司副总经理周贵云介绍了沿德高速公路建设进展情况。2012年6月29日，中交一公局和省交通厅签订了投资协议，并于7月完成项目公司注册和税务登记证手续。9月，确定4家勘察设计单位，并初步划分了设计标段。10月初，项目公司领导及部门人员入驻德江，并开始正式办公。到2012年12月计划完成初步设计，并完成评审。同时，计划年底控制性工程先期开工。德江县副县长梅彬在讲话中指出，沿德高速公路的实施，对完善区域路网规划，加快建设黔东北铁路交通枢纽和区域性中心城市，促进县域经济发展，带动沿线资源开发具有重要意义。项目建成后，对于德江县来说更是一条经济路和致富路。要求各乡镇务必站在建设黔东北铁路交通枢纽和区域性中心城市的高度，服务于高速公路建设，确保营造良好的施工环境；高速公路建设协调指挥部要继续发扬服务杭瑞高速的精神，做好相关服务工作。张羽龙在会议总结时，要求沿德高速公路进入实质性开工以后，各单位、各部门思想要统一，步调要一致，情况要提供，措施要保障，确保沿德高速公路顺利开工。

二、酉阳、沿河、德江三县高速公路建设协调指挥部第二次互联互通联席会议召开

会议由德江县政协原主席、县高速公路建设协调指挥部常务副指挥长张羽龙主持，重庆市酉阳县人大常委会副巡视员、县高速公路建设协调指挥部副指挥长范兴祥，酉阳县政协原副主席、县高速公路建设协调指挥部副指挥长张玉泉，沿河自治县高速公路建设协调指挥部办公室副主任万勇率队参加会议。会议还特别邀请了铜仁市高速公路建设领导小组办公室副主任郭振华、西沿高速公路项目总承包部副总经理袁江波、沿德项目公司地方办主任李儒宏、沿德项目

公司工程部部长孙开富。

会议主题是总结工作、凝心聚力、抓好扫尾工作。与会人员围绕这一主题就高速公路建设中的征地拆迁安置、资金补偿、涉农设施修复、群工纠纷协调、施工炮损赔付、施工场地治理、资料编制等问题进行现场察看、情况介绍、会议交流、互联互动，并达成共识。

会议主要有以下内容：

(一) 咬定通车目标不放松，实现酉沿、沿德高速圆满收官。酉沿、沿德高速公路既是连接国家包茂高速和杭瑞高速的大通道，也是《重庆市高速公路网规划》“三环十射三联线”中的六射支线项目和《贵州省高速公路网规划》“6横7纵8联”中的第二纵线项目，也是贵州省委、省政府2013年提出高速公路建设三年大会战，2015年实现全省县县通高速公路的重要组成部分。开工建设以来，各参建单位咬定通车目标不放松，优化工作方案，加强资金调度，注重协调配合，强化施工环境整治，做到了征地拆迁和施工进度均衡推进。尤其是2015年11月26日酉阳互联互通第一次联席会议后，各参战单位克服低温、多雨影响，抢晴天、战严寒，挑灯夜战，实施封闭性施工，快速推进了施工进度，终使沿河至德江高速公路于2015年12月30日正式通车运行；实现了羊年圆满收官，达到了贵州省县县通高速目标。酉阳至沿河高速公路施工较快，已完成沥青二次铺设，交安、绿化、房建工程已接近尾声，通车运行指日可待。

(二) 酉沿、沿德高速公路项目建设呈现三大特点。第一，成功实践了高速公路项目建设红线内征地拆迁补偿资金包干模式。酉阳—沿河—德江高速公路虽然同属酉榕高速，出自两个不同省 (市)、两个不同的项目业主，但实行的都是征地拆迁补偿资金包干模式，即由项目业主按设计指标将红线内征地拆迁补偿资金包干到项目所在地县级人民政府，使路地双方站在讲政治高度，从大局着眼，从细微处抓起，坚持宏观可控，微观在握；既注重包干，更注重合作；坚持征地拆迁政策，坚持公开、公平、公正，成功实践了两省 (市) 在高速公路项目建设红线内征地拆迁补偿资金包干这个零的突破，这是贵州省首条高速公路实行资金包干的模式，也是最后一条路。3个县共完成红线征地11397亩，拆迁房屋1652户，搬迁坟墓3499座，拆迁个案102个 (处)，兑现各类补偿资金9亿多元，从而有效破解了征地拆迁这个“天下第一难事”。通过“包干模式”的实践，大家一致认为：这种模式主流是好的，实践也是成功的，值得总结和推广。但同时也应该看到，由于这种模式对武陵山区来说还是个新生事物，许多地方亟待完善和注意，如征地拆迁补偿标准要科学合理，前期施工设计方案中的实物指标调查要特别仔细，尽可能做到不错、不漏和开工后设计方案的变更以及合同约定等要尽可能完善。第二，征地拆迁工作与施工单位进场施工同步进行。由于时间紧、任务重，三县指挥部实行边征地、边拆迁、边施工的工作模式，大家围绕一个目标，紧密默契配合，相互支持理解，为2015年年底通车赢得了宝贵的时间。第三，战线长，工期短，进度快，效果好。酉阳、沿德高速公路总长135.566千米，总投资139.18亿元，在不到3年的时间就能建成通车，且进度、质量、安全较好，尤其是沿河至德江段104.55千米，总投资106.7亿元，从2013年11月进场施工，2015年12月30日实现通车运行，仅用25个月的建设时间，在贵州高速公路项目建设史上是少有的。这既体现了中央企业的优势，又体现了省 (市) 委、省 (市) 政府和地方党委、政府以及指挥部的执政能力。

(三) 坚持民生优先、努力实现3个100%。与会人员一致认为：高速公路虽然通车了，但鉴于高速公路运行的特殊性，涉路沿线部分群众的生活出行确实不便了，施工建设中遗留的占地纠纷、涉农纠纷、群工纠纷、补偿纠纷、炮损赔付纠纷、民工工资支付纠纷及施工场地治理等问题还不同程度地存在，有些纠纷解决起来难度较大，务必引起路地双方的高度重视，善抓善管，务实合作，竭尽全力，善始善终做好后期扫尾工作，力求达到三个100%。一是要把因高速公路建设损坏的涉农设施修复达100%。涉农设施事关群众生产生活的大事，与群众利益休戚相关，会议建议项目业主、项目总承包、县指挥部，要一如既往地加强对施工单位的管理和协调，督促施工单位本着标准不降、质量不减的原则对已损坏而至今又未恢复的涉农设施限时保质修复好。二是要把各类资金补偿兑现达到100%。高速公路建设沿线群众舍小家、顾大家，积极支持、主动配合，体现了一种风格，一种精神。但同时我们也要看到，通车后许多地方不同程度地暴露出一些因施工中出现的未征先用、征少多用、已占未补及红线征收后留下的边角死块、施工炮损赔付等问题。这些问题如不及时解决好、处理好，势必引起上访，影响社会稳定。会议要求：路地双方要紧密协作，逐一造册登记、及时予以补偿。同时，还要与涉路乡镇有关负责人认真组织清理民工工资的兑现，督促施工单位及时支付民工工资，确保社会的稳定。三是要把施工单位遗留下来的余泥渣土治理达100%。会议要求：有关责任单位要科学制定工程防护治理措施，彻底消除各种安全隐患，确保沿线群众的生命和财产安全，确保沿路美好的生态环境。陪同视察单位及参会人员有酉阳县指挥部冉启文、骆尚毕、张杰、李琴、张德芳、梁育新、罗国周、石胜松、蒋涂刚，沿河自治县万勇、田茂强、田维令、何少波，德江县指挥部全体人员。邀请陪同单位及参会人员有铜仁市高建办徐兴茂、中交一公局重庆酉沿高速公路总承包项目部副总经理袁江波、中交一公局贵州沿德项目投资公司地方办李儒宏、项目公司工程部部长孙开富。

三、沿德高速公路征拆费用包干协调会召开

2013年7月4日，市沿德高速公路建设指挥部常务副指挥长张观涛主持召开沿德高速公路征拆费用总包干协调会。中交一公局贵州沿德高速公路投资建设有限公司、市国土资源局、林业局、社会保障局、交通运输局、高建办主要负责人及沿河、德江两县分管副县长和常务副指挥长参加了会议。为了确保沿德高速公路建设能顺利实施，根据国家有关法律、法规，本着实事求是的原则，经过充分协商，就沿德高速公路建设征地拆迁工作的有关事宜达成协议，会议议定：

（一）由沿德高速公路投资建设有限公司支付铜仁市沿德高速公路项目建设指挥部征拆总包干费用72366万元，包干使用，节约不退，超支不补。

（二）沿河、德江两县政府按设计需要测算的征拆总费用：沿河县23468万元，德江县18543.5万元，经协商，按两县测算总额的30%追加给两县，共追加12604万元，两县总包干费用合计54615.5万元。征拆总包干资金由沿河、德江两县包干使用，节约不退，超支不补。征地、拆迁工作必须做到实事求是、程序合法、操作规范，征拆资料要权属清楚、数据准确可靠、资料齐全。土地征收工作以村为核算单位，每完成一个村，进行一次公示，接受群众及有

关部门监督，做到工作细致、办事公道、群众满意。

（三）沿河、德江两县指挥部要加强财务管理，合理使用德江县的征拆费用和工作经费，每季度按时向市高建办报送会计报表。征地拆迁专项资金实行专户管理，专款专用。严禁拆借挪用等各种违法、违纪、违规行为，接受国家审计部门的监督。

（四）沿河、德江两县指挥部要切实为项目建设做好协调服务工作，全力以赴提供细致周到的服务，解决好各种矛盾纠纷，创造良好的施工环境，确保项目顺利推进。

（五）沿德项目公司要严格按照省政府三年会战目标要求，加快融资贷款进度，加快项目建设步伐。在确保施工进度的同时要保证工程质量、注重施工安全，加强炸材供应和库房的严格管理。

（六）为确保控制性工程开工，沿德两县先行交付500余亩土地。项目业主方应于20日内先拨付该款项，以便两县指挥部及时兑付被征地农户。其后的征拆费及工作经费按进度及时拨付。

（七）施工图红线放样后，两县乡（镇）、村要抓紧核实征拆实物量，紧锣密鼓地开展征地拆迁丈量工作。

（八）要加大宣传力度，采取有效措施，禁止沿线乱搭、乱建、抢种、抢栽、强买、强卖、强拉行为的发生。

（九）沿河、德江两县指挥部要配合施工单位对正线爆破作业范围的村组农户进行摄像、拍照、标识并建立图片资料归档。凡因爆破作业损毁的财物及设施，施工单位要及时修复或赔付，避免不必要的矛盾纠纷，保障正常施工。

（十）项目的临时用地两县指挥部要组织人力抓紧进场丈量，采取只补不征的方式征用，项目施工结束后交由地方政府管理使用。“三电”迁改由各县指挥部负责与产权单位协商并签订迁改协议。

四、沿德高速公路红线外临时用地办理林地使用手续事宜专题会

2014年9月16日下午，铜仁市人大常委会副主任、市沿德高速公路建设协调指挥部常务副指挥长张观涛在中交一公局贵州沿德高速公路投资有限公司会议室主持召开沿德高速公路红线外临时用地办理林地使用手续相关事宜的专题会议。市高速公路建设协调指挥部、市林业局、德江县高速公路指挥部、沿河县高速公路指挥部、德江县林业局、沿河县林业局、中交一公局贵州沿德高速公路投资有限公司等相关负责人参加会议。

会议认为：沿德高速公路是省委、省政府列为三年大会战并要求在2015年年底建成通车的项目。该项目采取“BOT+EPC+政府补助”模式，由中交一公局贵州沿德高速公路投资有限公司总承包，项目的征地、拆迁费用实行总包干。为保障被占用土地农户的利益，减少今后复垦等环节，经政府同意，项目建设所需的临时用地均按红线内征地补偿标准进行补偿，建成通车后，一部分连通村寨和产业区的施工道路作为当地的通村公路和生产道路，其余的临时用地全部交给当地政府管理使用。项目业主要监督施工单位在确保施工进度和保护生态的前提下，临

时用地尽量少占或不占用林地，对已占用的林地，市、县林业局要结合部门法规和相关政策支持沿德高速公路建设，项目业主及施工单位要站在生态文明建设的高度积极配合市、县林业部门办理临时占用林地的使用手续。会议作如下议定：

（一）项目红线外临时用地是由各施工标段向所在地政府申请的，由沿河、德江两县指挥部协调当地林业局以施工标段为单位分别办理临时用地森林植被恢复相关手续。

（二）应缴纳的森林植被恢复费按政策法规的最低标准收取，由沿河、德江两县指挥部用工作经费缴纳，所缴金额从市指挥部包干的工作经费中划拨补助给两县指挥部。

（三）红线外的砂石场由经营业主自行办理林业相关手续，市、县指挥部均不得为其缴纳任何费用。

（四）施工单位修建的施工道路，经两县指挥部组织相关部门和乡镇认定，可作为连通村寨和产业区道路的，可按通村公路对待。

（五）林业部门深入各标段实地勘测调查、编制图表等相关经费由两县指挥部从工作经费中补助 5 万元给两县林业局。

（六）项目红线外临时用地相关手续应于 2014 年 12 月 31 日前办理结束。参会人员：张观涛，铜仁市高速公路指挥部常务副指挥长；郭振华，铜仁市高建办副主任；高世娟，铜仁市林业局副局长；李玲，铜仁市林业局科长；李志能，铜仁市高建办工作人员；张羽龙，德江县指挥部指挥长；王时永，德江县林业局副局长；李仕学，沿河县指挥部指挥长；母文波，沿河县林业局副局长；周贵云，沿德高速公路项目办副总经理；何李，沿德高速公路项目办；王月坤，沿德高速公路项目办；蔡强，沿德高速公路项目办。

第三节　德习高速德务公路重要决定

一、德江特长隧道地质构造复杂、施工难度较大

德务高速公路项目起于德江县城西北的钱家乡，与在建的沿河至德江高速公路相接，经楠杆、丰乐、龙灯，止于务川县城西南的喻家湾，连接在建的务川至正安高速公路。项目里程 40.69 公里，路基宽度 24.5 米，概算总投资 57.56 亿元，共划分为 7 个施工标段。于 2016 年 4 月开工建设，2019 年 4 月建成。全线桥隧长度占 51.45%，其中无特大桥，特长隧道 5425 米 /1 座。控制性工程为：德江隧道总长 5425 米。建设难度：特长隧道。特点：地质复杂，隧道横穿文新断层、长丰背斜、石朝向斜，石朝向斜部位隧道顶板最大、涌水量大、浅埋深度 36 米。根据隧道图纸设计时按大气降水雨水渗法 + 半理论半经验公式预测的隧道最大涌水量为 148906 立方米 / 天，即以 148906 立方米 / 天考虑断面：S-MBB 断面尺寸为宽度 13.76 米、高度 10.40 米。排名为贵州目前最长隧道。工期目标根据黔交建设〔2015〕238 号文要求，2019 年 4 月 27 日建成通车。

二、紧急通知要求

贵州省公路局德务高速业主办、德江县高速公路建设协调指挥部2018年1月4日发出紧急通知：要求德江至务川高速公路德江段各项目部、各施工单位根据中办、国办《关于做好2018年元旦春节期间有关工作的通知》和省、市有关通知精神，认真开展农民工工资支付情况专项检查，摸清底数、抓紧清欠，严厉打击恶意欠薪行为，春节前确保辛苦一年的农民工们拿到钱回家。(一) 清理兑付时间：2018年1月5日至2018年1月31日。(二) 清理兑付的责任主体：各项目部。(三) 清理兑付工作完毕后，各项目部要书面向业主办、县指挥部报告，业主办、县指挥部组织工作组全面复查，对清理兑付不彻底的单位，责令限期整改，整改情况限期报告。(四) 对清理兑付工作不彻底的项目部，业主办将拒付工作进度款。造成不良后果的，由所涉项目部承担全部责任。

三、多方协调会议及要点

2017年2月24日上午，县政协原主席、县高速公路建设协调指挥部执行指挥长张羽龙在德江收费站召开多方协调会，拟定于2017年3月8日开通德务高速公路德江站沿河方向。

会议是暨1月23日德务高速德江枢纽互通开通铜仁、贵阳方向运行后，县指挥部与项目业主办多次联系并达成一致意见后组织召开的。会上围绕3月8日开通德务高速德江收费站沿河方向的目标，要求各标段一定要站在讲大局、作奉献的高度，务实合作，切实做好以下工作。

(一) 各标段要加强与高速路政、高速交警衔接，相互配合，穿插进行施工，共同推进施工进程，确保德江收费站至沿河A、B匝道开通运行。

(二) 德江收费站至务川方向的所有沿德高速路口要由德务土建一标砌墙封闭，不能采取临时防护措施。

(三) 土建、路面、交安、机电4个标段要进一步优化施工组织方案，实行量化推进，确保所有工作要于3月7日前全面完成。

(四) 完善涉路（沿德高速）施工方案，由涉路施工标段制定各自施工方案后交由土建一标统一与路政、交警、沿德公司对接。

会上，德务项目建设施工标段长张金鸿代表业主办通报各施工标段施工进展情况，并逐一指出各标段在施工过程中存在的一些具体问题。要求各标段要相互配合、抓好施工进度，项目业主办将时时跟踪施工进度，尽快完善相关设施，确保3月8日开通运行。

德江高速路政大队、德江收费站、高速交警支队等负责人在会上通报德江收费站开通运行以来存在的问题，要求相关标段要及时完善标牌标识等安全防护措施，确保公路运行安全，积极推进平安高速建设。并对3月8日开通运行沿河方向表示积极支持。

交安标、德务土建一标等标段有关负责人分别就各自的工作职责范围进行发言。

县指挥部办公室、德江高速路政、高速交警支队、德江收费站、德务交安标、土建一标、路面标、房建标有关人员参加会议。

第四节　德余高速重要决定

一、德江（合兴）至余庆高速公路开工仪式

2020年8月25日，德江（合兴）至余庆高速公路开工仪式在铜仁市思南县文家店镇沿沙村举行。省交通运输厅副厅长龙平江宣布德余高速公路正式启动；铜仁市副市长邱祯国，省公路局副局长阮有力，省公路开发公司党委书记、董事长袁泉，党委委员、副总经理潘盛列出席开工仪式。

会上，铜仁市副市长邱祯国指出：德余高速公路开工建设，是落实“六稳”“六保”任务的务实举措，是铜仁市加快“一区五地”建设、奋力打造内陆开放新高地的重要举措，对完善铜仁市高速公路路网布局，提高区域交通通行能力和服务水平，推动沿线资源开发，促进地方经济社会高质量发展具有重要意义。各级各有关部门要靠前指挥，热情服务，扎实做好项目手续办理、征地拆迁、矛盾纠纷排查化解、施工环境整治等工作，努力为项目建设提供最便捷、最高效、最优质的服务和最舒适的施工环境，保证项目快速有序推进；要组织精兵强将，快速有序推进各项工作；项目业主和施工单位要围绕项目工期要求和时间节点，按照项目建设“一天也不耽误、一刻也不停止”要求，结合项目施工工序客观气候环境条件，科学组织，精细管理，倒排工期，确保按时保质保量完成项目建设任务。贵州省公路开发公司党委书记、董事长袁泉表示：省公路开发公司将坚定践行“创新、协调、绿色、开放、共享”新发展理念，督促监管好参建单位，严格按照工程建设程序进行工程建设，严格把关安全质量生产和品质工程创造，努力推进施工标准化、安全生产标准化建设，把项目工程当成杰作、艺术品，真正打造品质工程、精品工程、百年工程，弘扬工匠精神，集中人力、物力、财力，千方百计推进项目建设，确保2023年建成通车。

二、有关设计红线两侧各类建设项目及行为通告颁布

2019年12月20日，德江县人民政府发出《关于冻结德江（合兴）至余庆高速公路项目（德江境）拟设计红线两侧各类建设项目及行为的通告（草案）》。通知明确：德江（合兴）至余庆高速公路为《贵州省交通运输“十三五”发展规划》项目之一，目前该项目线路走向已经确定，并全面进入施工图设计阶段，项目业主已经完成沿线地面实物航拍和固化。为了保障沿线群众的合法利益，顺利推进征地拆迁工作，经县人民政府研究，决定冻结德江（合兴）至余庆高速公路（德江境）项目拟设计征用土地主线两侧各类建设项目及行为。有关事项如下：

（一）冻结范围。该项目起于德江县合兴镇东侧的青杠园附近，顺接已建成通车的沿德高速，向南经思南宽坪、胡家湾、亭子坝、杨家坳、青杠坡、香坝、长坝、本庄、河坝、龙溪，终点

设小腮互通接在建的遵余高速，冻结范围为德江县境内主线两侧200米内。

（二）冻结事项。1.停止建设国家、集体和个人经批准或未经批准的一切建设项目，并停止办理（含补办手续）各类建设审批手续。2.停止一切开荒造林和改变土地利用现状的行为。3.停止一切买卖、变相买卖和土地租赁等行为。4.停办一切矿山开采手续。5.严禁搭建工厂、工棚及临时住所。6.严禁栽种苗木、中药材等附作物、育苗及搭建育苗棚等。

（三）冻结时间自2019年12月20日起至德余高速公路项目德江境征地拆迁结束后止。

（四）在上述冻结范围和时间内，如不执行本通告或弄虚作假违反规定者，将严格按照国家有关法律法规和政策处理，并追究相关人员的责任。

第五节 高速公路房屋集中安置点

一、集中安置建设专题会议要点

2010年7月22日下午，县政协副主席、县高速公路建设协调指挥部常务副指挥长张羽龙在合兴乡人民政府会议室主持召开集中安置建设专题会议。会议根据德江县人民政府关于杭瑞高速公路思遵德江段合兴乡境内正线内房屋拆迁户集中安置选址意见，结合6月3日县指挥部与思遵高速项目办德江项目部及有关部门现场选址意见基础上，以及7月13日县委书记杨德华视察调研合兴乡杭瑞高速公路鸟坪匝道、大兴连接线时的讲话要求，再一次对大兴安置点进行现场实地踏勘，反复分析比较，达成如下意见：

（一）集中安置建设的目的和意义：这次在合兴乡大兴社区选址，旨在安置杭瑞高速公路思南至遵义德江段合兴乡境内鸟坪及鸟坪匝道连接线正线内因建设被拆迁房屋而需要安置的住房困难户。通过集中安置，让房屋拆迁户的住房、生活不受影响，充分利用国家大项目建设的机遇，促进合兴乡大兴集镇扩容，拉动地方经济的快速发展。

（二）规划、建设、安置的原则要求：集中安置点应严格贯彻“高起点规划，高标准建设”的要求实行“统一规划、统一面积、统一图纸、统一建设、统一分配”的“五统一”原则。集中精力、竭尽全力、多方协作、着力打造合兴改变农村面貌，改变农民居住环境的新的亮点。

（三）集中安置点的具体选址：根据合兴乡大兴集镇的总体规划要求，选在合兴乡新车站右侧小河右岸，前抵合兴乡政府已征用地界；后抵杭瑞高速公路鸟坪匝道大兴社区连接线正线；具体位置以详细规划为准。有关事项要求：1.由县建设局牵头，县高速公路建设协调指挥部规划建设安置科及合兴乡政府配合一个月内完成地形图测绘、总平面布置图及建设施工方案、住房图纸设计、工程预算等工作。2.合兴乡牵头，指挥部建安科、征地科协助，一个月内完成《建设安置实施方法（草案稿）》，尽快提交拆迁户讨论同时完成征地工作。3.合兴乡高速公路指挥部要深入拆迁户宣传调查，确保在“五统一”原则下充分尊重拆迁户的意愿，尽快落实集中安置点的具体拆迁安置户名单。4.安置点的占地补偿价格、执行标准按县人民政府办公室《关于印发杭瑞高速公路思南至遵义德江段征地拆迁补偿安置方案的通知(德府办发〔2010〕95号)》规定执行，合兴乡人民政府要做好宣传解释和相关衔接工作。5. 涉及规划及用地手续报批，应按杭瑞高速公路建设有关要求办理。合兴乡乡长(乡指挥长)李兵、副书记姚清松、副乡长杨昌波、村建所所长杨光超、国土所所长何连华，县建设局副局长安仕新、村建站站长任达政、风景办何祖安，县国土局副局长曹永强，县高速公路指挥部征地科曹勇、建安科赵建涛等参加会议。

二、集中安置点河堤建设工程规划设计专题会议要点

2010年12月17日，就大兴集中安置点河堤建设工程规划设计进行专题研究。张羽龙认为：大兴集中安置点的河堤工程不仅是实施国家高速公路网杭瑞高速公路建设的重要组成部分，也是事关杭瑞高速公路拆迁户安居乐业的大事。做好该项工作，不仅是对正在建设的杭瑞高速公路德江境建设工作的推动，更是体现德江县通过国家重点项目的实施，真真实实地改善群众的人居环境，让百姓得到实惠的一个重要举措。为此，为把该项工程打造成杭瑞高速线上的亮点工程、精品工程，同时也为确保集中安置户的生命财产安全，会议议定：

(一)原则上同意县建设局设计室提交的关于《杭瑞高速公路大兴集中安置点河堤治理工程的规划预算、设计等方案》由设计室根据会议讨论意见，进一步修改完善后报思遵高速项目办批准后实施。

(二)根据贵州省人民政府令第116号《贵州省工程建设项目招标范围和规模标准的规定》，该工程建设规模为200万元以下工程，且建设工程时间紧等实际，决定对工程发包实行议标形式进行招标。

(三)成立组织机构：为了依法对该工程进行议标，有效地监督工程建设，确保工程在汛期到来之前全面保质保量完工，迎接杭瑞高速公路建设第七次联席会议在德江县的召开，特成立大兴集中安置河堤治理工程议标领导小组，全权负责河堤治理工程发包，建设的监督、管理、协调等工作。其人员组成情况：组长为张羽龙(县高速公路建设协调指挥部常务副指挥长)，副组长为吴飞(合兴乡长、合兴乡高速公路建设指挥长)，成员为王永舟(县高速公路指挥部办公室)、周国志(合兴乡纪委书记)、杨昌波(合兴乡副乡长)、赵建涛(县指挥部安置科)、张月辉(县设计室)、张江梅(县指挥部财务人员)。

(四)有关要求：1. 必须有三家(含三家)以上单位参加议标。2. 凡参加议标的企业必须具备下列条件。(1)在工商部门正式注册有资质的合法企业。(2)总承包达到三级或三级以上的施工企业资质。(3)现场施工项目经理必须具有二级建筑师以上资质。(4)有近两年的类似施工业绩和较好的信誉。3. 会议还同时确定了拦标价和开标时间及中标方法等。

第六章 资金筹措

第一节 杭瑞高速思遵公路资金筹措

杭瑞高速思遵公路项目总投资估算105.9亿元(静态投资97.5亿元)。其中，国家安排中央专项基金37.32亿元作为项目的资本金，占项目总投资的35.2%；其余68.58亿元资金利用国内银行贷款解决。

第二节 酉榕高速沿德公路资金筹措

酉榕高速沿德公路项目总投资估算101.99亿元。其中，资本金35.70亿元(占总投资的35%)，由中交第一公路工程局有限公司出资；其余约66.29亿元资金申请国内银行解决。

第三节 德习高速德务公路资金筹措

德习高速德务公路项目总投资估算59.24亿元。其中，资本金20.74亿元(占总投资的35%)，由贵州省交通厅和沿线地方政府筹措解决；其余38.50亿元通过银行贷款解决。

第四节 德余高速公路资金筹措

德余高速公路项目投资141.58亿元。其中，资本金35.4亿元(占总投资的25%)，由项目法人各股东按照股份比例出资；其余资金利用国内银行贷款解决。

第二篇　机构设置

德江县高速公路建设协调指挥部成立于2010年4月9日，是德江县委、县人民政府为了切实加快高速公路德江段建设项目步伐，确保工程顺利实施而组建的临时行政机构。代表县委、县政府做好在高速公路建设过程中的前置准备、征地、拆迁、补偿、安置、矛盾化解、施工安全等基础性、服务性和保障性工作。10年来，德江高速公路建设协调指挥部积极加强与各业主单位的密切配合，提倡保姆式的专属服务，急业主之所急，想百姓之所想，在德江高速公路建设协调过程中形成了自己独有的特色——党委领导、政府主管、干部专抓。第一，指挥部一直由县委书记任第一指挥长、县长任指挥长、县政协主席任常务副指挥长，力度大、规格高；第二，不管新修高速公路多少条，指挥部始终只设一个，思想统一，行动一致；第三，指挥部主抓领导和成员始终保持不变，熟门熟道，步调一致，少走弯路。这就是后来被省交通厅厅长陈志刚总结、赞誉、概括的“德江模式”之一。

第一章　高速公路项目建设指挥机关

第一节　高速公路项目建设业主办公室

一、杭瑞高速思遵公路

业主：贵州省公路局思南至遵义高速公路项目建设业主办公室。办公室主任：余彪。支部书记：张兴国。副主任：甘睿、覃海清。总监理工程师：甘睿。副总监工程师：郭邦学、熊风积。标段长：柴国辉、向军。征地拆迁科：余正学（科长）、牟永江。

二、沿榕高速沿德公路

业主：中交一公局贵州沿德高速公路投资有限公司。总经理：王铁红。副总经理：周贵云、李秀明。工程师：吴云。德江项目办主任：代周超。地方协调办：李儒宏、王月坤。

三、德习高速德务公路

业主：贵州公路开发有限公司。德江至务川高速公路建设业主办公室主任兼支部书记：罗亨俊。总监理工程师：周璇。总工程师：雷钟勇。标段长：陈名洋、杨林。征地拆迁科科长：任宗洲。

四、德余高速公路

业主：贵州中交德余高速公路有限公司。总经理：王腊、代周超。支部书记：王金满。副总经理：张海斌、何李。总会计师：张栋、兰剑。总工：李长福。总经济师：李小凯。征地拆迁部部长：秦刚。贵州省公路开发有限责任公司德江至余庆高速公路工程总监理工程师兼支部书记：周璇。副总监理工程师：陈名洋、熊风积。

第二节　德江县高速公路建设协调指挥部

2010 年 4 月，杭瑞高速公路德江段即将开工。4 月 9 日，德江县委决定成立德江县高速公路德江段工程建设协调指挥部，并下发中共德江县委办公室文件（德党办〔2010〕33 号），文件明确：由县委副书记、县长张珍强任指挥长，常务副县长周骥任第一副指挥长，县政协副主席张羽龙任常务副指挥长。从县直机关和部分乡镇抽调蔡永鹏、王永舟、覃智强、邓薪文、张金明、熊东全、冯飞、李世腾、朱克贵、李朝洪、张乾胜、曹勇、谭珍明、袁负全、张江梅 15 名干部为成员。

文件要求，指挥部成员抽调期间工作与原单位脱钩，编制、组织关系、工资和福利待遇不变，职级保留在原单位，工作绩效、岗位纪律由指挥部考核。被抽调人员所在乡镇和单位要统筹安排，做好交接工作，确保工作正常开展。当时，指挥部驻地设在德江县煎茶信用社办公楼。下设指挥部办公室、征地科、拆迁科、建设安置科、群工矛盾调解科、补偿兑现科、安全施工科及保卫科 7 个科室。指挥部组建后，严格遵循“统一领导、各司其职、科室协作”的方针，制定了《指挥部绩效考评细则》《指挥部考勤制度》等 12 项制度，并明确了各科室岗位职责和工作纪律，制作了工作流程图。指挥部为德江县杭瑞高速公路德江段建设协调指挥机关，全权负责高速公路建设协调指挥工作。高速公路沿途所经乡镇相应成立高速公路建设协调领导机构，负责抓好本辖区内高速公路建设协调工作。

2012 年 5 月，沿德高速公路全面启动，县委、县政府决定不再另行设立指挥部，机构不变，人员不少，力度不减，并对指挥长、副指挥长和部分成员作出相应调整。由时任中共德江县委书记张珍强任第一指挥长，县委副书记、县长李云德任指挥长，县政协主席张羽龙任常务副指挥长，副县长梅彬任副指挥长。成员有蔡永鹏、王永舟、张江梅、李勇、张乾胜、姜中国、赵广智、谭珍明、鲁鹏、苏治松、张金明、赵健涛、朱克贵、李世腾、李朝洪 15 人。指挥部总人数从原来的 18 人增加到 19 人。随着高速公路建设协调指挥部工作重心的转移，为了更好地服务于高速公路建设，指挥部驻地也由煎茶信用社办公楼搬迁至钱家乡观音滩。与此同时，县城至共和港口二级公路项目建设以及 G326 圣溪坳至梅子坳提级改造项目建设相继开工，两个项目建设总长约 100 千米，县委、县政府又把该项目征地拆迁工作交由县高速公路指挥部承担。为确保征地拆迁工作如期完成，并增设领导小组机构，由时任县长李云德任组长，县政协原主席、县指挥部常务副指挥长张羽龙任常务副组长，副县长梅彬任副组长。为进一步方便群众，2014 年 11 月，指挥部搬迁至德江县城温州商贸城 C 区办公。

2015 年 1 月，县政协原主席张羽龙退休后，县委常委会研究并下发中共德江县委常委会十一届〔2015〕3 号会议纪要，决定返聘其继续负责高速公路指挥部工作。2015 年 9 月，随着县委、县政府主要领导职务的变迁，县委、县政府对高速公路指挥部的正、副指挥长人员相继进行调整。由时任德江县委书记张珍强任第一指挥长，县委副书记、县长商友江任指挥长，张羽龙任常务副指挥长，副县长梅彬任副指挥长。

2016年1月，县委、县政府主要班子先后换届。5月25日，县委常委会议决定调整县高速公路指挥部领导人员，中共德江县委办公室文件，德党办发〔2016〕77号明确：由县委书记商友江任第一指挥长，县委副书记、县人民政府县长秦智坤任指挥长，县政协原主席张羽龙任执行指挥长，全权负责指挥部日常管理工作。指挥部成员有王永舟、曹志勇、姜中国、张金明、张乾胜、谭珍明、赵健涛、李勇、李世腾、朱克贵、李朝洪、张江梅、鲁鹏13人。

2017年1月，根据县长秦智坤的指示，县高速公路建设协调指挥部驻地办公人员减少至8人，办公地点仍设在温州商贸城。2018年8月，指挥部驻地从温州商贸城搬至县交通局四楼。

2018—2020年，县指挥部人员减少至4人，指挥部第一指挥长改由县人民政府县长兼任。2021年4月，县委、县人民政府先后再次换届。

2021年10月26日，德江县人民政府办公室（德府办发〔2021〕58 号）《关于调整和充实高速公路建设协调指挥部人员的通知》决定对指挥部人员进行调整。通知明确：由县委副书记、县人民政府县长敖华任指挥长，县委常委、县人民政府副县长杨坚任副指挥长，县政协原主席张羽龙任执行副指挥长，县政府办副主任文战、县发改局局长安强、县商业局局长杨通军、县财政局局长王康、县自然资源局局长陈献国、县住建局局长安露、县交通局局长覃文军、县水务局局长张羽初、县应急管理局局长马静、县公安局政委石强、县林业局局长田旭飞、生态环境德江分局局长王高、县统计局局长张怀强、县广电网络公司经理王波、县移动公司经理刘开根、县联通公司经理刘洪标、县电信公司经理余涛、县铁塔公司经理杨荣强、各乡（镇、街道）政府（办事处）负责人为成员。

指挥部下设办公室，抽调司法局王松江任办公室主任，抽调堰塘乡李奎、安化街道张江梅、玉水街道鲁鹏负责具体办公。

第三节　德江县高速公路建设乡镇指挥部

一、合兴乡高速公路建设协调指挥部

组长：李兵；常务副组长：姚青松、张方；副组长：朱文友、田茂贤、尹显富、杨昌波、胥慧、李志、徐洪玲；成员：旷光海、曹兵、任慧、陈宇、卢应刚、田武强、苏子光、黄政强、刘雄、杨胜国、李进、张兵、刘朝强、何标、李江。

2013年1月25日，根据工作变动，合兴镇党委、镇人民政府决定调整镇高速公路合兴段工程建设协调指挥部人员，调整如下：

第一指挥长：吴飞（镇党委书记）；指挥长：张清霜（镇人民政府镇长）；副指挥长：周芝廷（镇党委委员副镇长）；成员：余墩祥、刘榜强、杨光超、何林华、毛洪新、李逵、梁冠军、何永兵、陈旭芳、张石、樊永波、田武强、冯修军、刘朝强。

二、煎茶镇杭瑞高速公路建设协调指挥部

指挥长：牟钦佑（镇党委副书记，2010年9月至2010年12月）、陈明超（镇人大主席，2010年12月起）；副指挥长：伍建华（镇武装部部长、副镇长）。征地组成员：张彪、先登海、熊安贵、杨忠、马小东、伍松、县指挥部群工科李仕腾，指导征地工作。林业组成员：朱文峰、县指挥部林木组谭珍明，指导林木清点工作。拆迁组由县指挥部负责，组长：邓兴文；成员：张金明、苏智松、邓成方、潘娅、覃信友、文玉进、冉润龙、陈江、张军、晏世祥、陈旭飞、张阶、张海涛、张春华。

三、复兴镇（原复兴乡）高速公路建设工作领导小组

组长：吴飞（乡党委副书记、乡长）；常务副组长：史天虎（武装部部长）；副组长：王显江（乡党委副书记、乡纪委书记）、姜国标（乡党委副书记）、彭昭徽（乡政法委书记）、万贡容（乡人民政府副乡长）、李剑锋（乡人民政府副乡长）、罗倬飞（乡人民政府副乡长）、韩朝进（乡长助理）；成员：朱昭江、邹松、叶德齐、陈军、邓方宇、杨正欧、廖征富、黄飞、卢应维、杨猛、王德乾、吴俊、冉崇华、文学美、余洪方、唐尧、杨祖堂、胡茂艾、冉瑞飞、黄波。县指挥部派驻指导员：覃智强。林木补偿组组长：李剑锋；成员：王德乾、刘晓梅、覃国军、简永强、何丽强、黎启顺、张晓乾、贾飞、吴高明、冉隆进、杨胜平、陈林。

四、荆角乡高速公路建设协调指挥部

指挥长：冯国涛（乡党委书记）；常务副指挥长：张清雄（乡人民政府乡长）；副指挥长：覃安德（乡人大主席）；成员：王江洪、杨维平、李奎、张玉和、刘威、霍毅龙、吴高鹏、赵明飞、杨惠、全志霞、杨秀刚、佘合理、张林、袁永江、张杰、张俊、冉晓蓉。下设6个组，办公室设在乡党建办，由吴高鹏兼任办公室主任。

五、钱家乡沿德高速公路建设协调指挥部

指挥长：曾秀容；副指挥长：刘军；成员：王江、王洪刚、梅再斌、刘安宣、张明、张辉、邓应军、肖飞。后因主要领导工作变动，指挥部人员有所调整，指挥长：牟勇；副指挥长：高黔海；成员：王江、王洪刚、梅再斌、刘安宣、张明、张辉、邓应军、肖飞。

六、龙泉乡高速公路建设协调指挥部

指挥长：张羽飞（龙泉乡人民政府乡长）；副指挥长：李近杰（龙泉乡人民武装部部长）；成员：冉光辉、代宏伟、刘强、余天恩、李勇奇。办公室设在乡政府，李进兼任办公室主任，戴

宏伟、刘强负责具体办公。

七、青龙街道沿德高速公路建设协调指挥部

指挥长：张观光（党工委书记）；副指挥长：徐发；成员：廖瑞国、李秋林、徐权、王祖安、冯伯修、吴军、黎刚、田维军。

八、塘乡高速公路建设指挥部领导小组

组长：黎克海（乡人民政府乡长）；副组长：田景猛（乡人大主席）、田江、杨敏、李文跃、吴高云、张艳想、姚慧；成员：张进、张太鸿、高波、张金凤。乡政府设高管办公室，由祝进军同志任办公室主任。

九、玉水街道办事处沿德高速公路建设指挥部

1. 炮损勘测赔付工作领导小组组长：伍建华（街道办事处主任）；副组长：李剑锋（街道党工委副书记）、文权（街道办事处副主任）；成员：罗君（街道党建综合部部长）、陈勇（街道群众工作部部长）、王骏（街道社会事务部部长）、宋治平（街道农村服务部部长）、黄春（街道城市服务部部长）、安顺（新寨社区党支部书记）、冯万军（街道规划建设办负责人）、田维军（街道综治办负责人）、徐铭（街道司法所负责人）、罗斌（水车坝村党支部书记）、吴军（水车坝村村主任）、樊伟（街道安全生产办主任）、兰辉（街道国土资源所负责人）、田景忠（玉水交通管理站站长）。领导小组下设办公室，办公室设在玉水交通管理站，由文权兼任办公室主任，冯万军、陈兴碧、田维军、田景忠、吴军、张羽全、黎刚、黎加杰等参与办公，具体抓好沿德高速公路玉水段施工炮损勘测赔付工作。

2. 安置点立面改造建设工作领导小组组长：梁祖斌（街道党工委副书记、办事处主任）；副组长：邓平（街道政协工作联络组主任）、文权（街道办事处副主任）、曹勇（街道办事处副主任）；成员：罗君（街道党建综合部部长）、冉劲勇（街道纪工委副书记）、田锋（玉水财政分局局长）、冯万军（街道规划建设办主任）、田景忠（玉水交通管理站站长）、冉光进（街道林业管理办主任）、冯仁国（街道生态环境办主任）、张俊飞（街道水务管理办负责人）、樊伟（街道安全生产办主任）、陈爱芬（玉水街道新寨社区党支部书记）、冉茂生（玉水街道新寨社区主任）。领导小组下设办公室，办公室设在规划建设办，曹勇任办公室主任，冯万军负责具体办公，冉劲勇负责项目所有廉政档案建设。

十、楠杆乡德务高速公路建设指挥部

指挥长：张太波（楠杆乡党委书记）；副指挥长：杜执丹（楠杆乡人民政府乡长）；成员：何正东、曾小江、冯修会、吴荣飞、何祖武、甘治军。

第二章　土建标段施工队伍

第一节　思遵高速德江施工标段

一、第四合同段在合兴镇境内，外接思南境内 3 千米，由贵州桥梁公司承建，项目经理杨友国，地方协调负责人张兴。

二、第五合同段在合兴镇境内，由中国路桥有限公司承建，项目经理曹昌权，地方协调负责人文建伟。

三、第六合同段在煎茶镇境内，由贵州公路工程集团有限公司承建（实际为中交一公局六公司），项目经理高俊义，地方协调负责人杨非。

四、第七合同段在复兴镇境内，由中国水电建设集团路桥有限责任公司承建，项目经理赵习斌，地方协调负责人赵京淮。

五、第八合同段在复兴镇境内，外接凤冈县 3 千米，由湖南岳阳市公路桥梁基建总公司承建，项目经理钟勇，地方协调负责人彭崇高。

第二节　沿德高速德江施工标段

一、第七合同段在荆角乡境内，由中交一公局第四工程有限公司承建，项目经理严洪明，地方协调负责人毕勇键。

二、第八合同段在荆角乡、玉水街道境内，由中交一公局第一工程有限公司承建，项目经理宋振鑫，地方协调负责人姜海涛。

三、第九合同段在玉水街道、钱家乡、龙泉乡境内，由中交一公局第二工程公司承建，项目经理李金成，地方协调负责人张硕。

四、第十合同段在龙泉、玉水、堰塘乡境内，由中交一公局第二工程公司承建，项目经理宋俭，地方协调负责人房强。

五、第十一合同段在合兴镇境内，由中交一公局第六工程有限公司承建，项目经理徐启志，地方协调负责人朱秀明。

第三节 德务高速德江施工标段

德务一标由贵州路桥集团四分公司承建，项目经理廖新，地方协调负责人罗素勇。

德务二标由贵州路桥集团一分公司承建，项目经理左杰，地方协调负责人曾庆涛。

德务三标由贵州路桥集团一分公司承建，项目经理孟建波，地方协调负责人杜宏军。

德务四标由浙江宏途交通建设有限公司承建，项目经理叶荣鑫，地方协调负责人赵岩。

德务五标由贵州路桥集团桥梁分公司和路面分公司承建，项目经理李清、郭胜，地方协调负责人张建、高文生。

第四节 德余高速德江施工标段

德余高速公路德江段全长 1.54 千米，该项目由中交一公局集团第六公司承建，项目经理徐启志，地方协调负责人朱秀明。

第三篇　征地拆迁

第一章　征地拆迁范围

征地拆迁范围为杭瑞高速思遵公路德江段、酉榕高速沿德公路德江段、德务高速公路德江段和德余高速公路德江段规划范围内主干线、匝道、辅道、沿线管理用地、养护用地、施工临时用地、搬迁、安置等用地的征（占）用。搬拆迁工作包括技术规划范围内的建筑物、构筑物、林木等地面附着物以及电力、广电、通信、机关、学校、企事业单位等被拆迁物的拆迁补偿和安置协调工作。

第二章　安置补偿标准

第一节　思遵高速公路德江段安置补偿标准

一、征地补偿标准

征地实行货币一次性补偿。专项设施迁建和农民拆迁安置用地的征地补偿，按照补差的办法进行。征地补偿标准统一执行《德江县人民政府转发〈铜仁地区行政公署实施征地统一年产值标准和征地片区综合地价〉的通知》（德府发〔2010〕1号）文件的规定。

表 2-1　杭瑞高速公路思南至遵义（德江段）征地货币补偿标准表

单位：元、亩

区域编号	征地范围	统一年产值	征地类型	补偿倍数			青苗补偿倍数	青苗补偿费	征地货币补偿标准
				合计	土地补偿	安置补偿			
522227102	德江县煎茶镇复兴乡、合兴乡	1316	耕地	20	10	10		1316	27636
		1316	园地	12	5	7			15792
		1316	其他农用地（含林地、牧草地）	10	5	5			13160
		1316	建设用地	17	5	12			22372
		1316	未利用地	4	4	0			5264

二、房屋拆迁补偿标准

房屋拆迁安置补偿标准按照铜署办发〔2010〕3号文件规定执行。

表 2-2　房屋拆迁安置补偿指导标准表

序号	补偿类别	补偿标准（元 / 平方米）	
		划地安置补偿	货币补偿
1	框架结构	600—700	700—800

续表 2-2

序号	补偿类别	补偿标准（元 / 平方米）	
		划地安置补偿	货币补偿
2	砖混结构	480—580	580—680
3	砖木结构	420—480	520—580
4	石砌结构现浇板屋面	360—420	460—520
5	石砌结构青瓦屋面	320—360	420—460
6	木瓦结构	300—340	400—440
7	土木结构	230—360	330—460
8	简易结构	80—100	180—200

说明：1. 本标准含外装饰，不含室内装修及附属设施。2. 营业房：(1) 营业房的认定：需系临街第一个自然开间并具备规划许可证、土地使用证、营业执照、税务登记证或房屋产权证等合法证件和手续为依据综合认定；(2) 对营业房，按上述相应房屋类别补偿标准进行拆迁补偿，对其经营停产、停业补偿，按经营场所面积 8 元 / 平方米 / 月计算，共计 6 个月。3. 生产、办公、库房等非住宅房屋参照房屋补偿标准执行

表 2-3　房屋附属设施补偿指导标准表

类别	单位	补偿标准	备注
座机电话（不含分机）	元 / 部	120	
宽带移户费	元 / 户	120	
有线电视	元 / 户	260	
空调	元 / 台	300	移机、安装
照明设施	元 / 户	500	
自来水设施	元 / 户	600	
灶台	元 / 户	400	

表 2-4　房屋装饰装修补偿指导标准表

项目	类别	补偿标准
内墙装饰	瓷粉	3.5 元 / 平方米
	瓷粉 + 乳胶漆	10 元 / 平方米
	墙纸	5 元 / 平方米
	木墙裙（高度 1 米左右）	50 元 / 平方米
	瓷砖墙裙（高度 1 米左右）	20 元 / 平方米
	电视墙	70 元 / 平方米

续表 2-4

项目	类别	补偿标准
内墙装饰	吊顶（木架结构）	45 元 / 平方米
	石膏线条	3 元 / 平方米
	石膏板吊顶	30 元 / 平方米
	铝塑板吊顶	50 元 / 平方米
	塑料扣板	30 元 / 平方米
地板	60 厘米 ×60 厘米地板砖	40—60 元 / 平方米
	60 厘米 ×60 厘米以下地板砖	30—40 元 / 平方米
	80 厘米 ×80 厘米地板砖	60—80 元 / 平方米
	耐磨地板砖、水磨石	30—40 元 / 平方米
	耐磨抛光地板砖	60—70 元 / 平方米
	大理石、花岗石	90—150 元 / 平方米
	竹、实木地板	60—120 元 / 平方米
	拼花木地板	120—140 元 / 平方米
	强化、复合木地板	50—70 元 / 平方米
金属门窗	铝合金卷帘门	100 元 / 平方米
	铝合金门窗	120 元 / 平方米
	不锈钢防盗门	100 元 / 平方米
	防撬（防盗）门	400—500 元 / 道
	钢条防盗窗	30 元 / 平方米
包门	门套	120 元 / 道
	三合板、椴木门套	120 元 / 道
	实木大门	80—110 元 / 平方米
	成品门	100—160 元 / 樘
	雕花门	300—500 元 / 樘
	窗套	15 元 / 米
室内护栏	木质	30 元 / 米
	钢条	25 元 / 米
	不锈钢	50 元 / 米
	铁花	100 元 / 米
雕花玻璃	厚度 8 毫米以下（含 8 毫米）	120 元 / 平方米
	厚度 8 毫米以上	160 元 / 平方米

续表 2-4

项目	类别	补偿标准
固定柜	壁柜	150 元 / 米
	吊柜（高 700 毫米）以内	70 元 / 米
	装饰柜	100 元 / 米
卫生洁具	台式面盆	260 元 / 套
	浴缸	400 元 / 套
	蹲式大便器	50 元 / 个
	坐式大便器	200 元 / 个
	不锈钢面盆	100 元 / 套
全封闭室内暗线、暗管		15 元 / 米
明线		3 元 / 米

说明：1. 装修 5 年以内（含 5 年）按标准的 100% 计算。2. 装修 5 年以上按标准的 70% 计算

表 2-5　搬迁、周转、临时过渡补助费指导标准表

类别		补偿标准	备注
搬迁补偿费	住宅房	5—10 元 / 平方米	每户累计不足 500 元的按 500 元计算，超过 500 元的据实补偿
	营业房	10—20 元 / 平方米	
	生产用房、库房办公用房	10—15 元 / 平方米	
临时周转过渡费		按拆迁建筑面积大小每月 4—5 元 / 平方米计发，集中安置的周转过渡费期限为拆迁房屋之日起至“三通一平”完成供地后 6 个月；划地分散安置的，周转过渡期限为房屋拆迁之日起宅基地确定之后 10 个月	
搬迁奖励	协议签订之日起 15 日内搬迁完毕	1500 元 / 户	
	协议签订之日起 15—30 日内搬迁完毕	1000 元 / 户	
划地安置建房补助费		2000 元 / 户	“五通一平”等

说明：不需要周转过渡的不予支付临时周转过渡费

表 2-6　构筑物补偿指导标准表

类别	名称	单位	补偿标准	备注
一、围墙	实心砖围墙	元 / 立方米	160—180	
	空心砖石围墙	元 / 立方米	140—160	
	浆砌石围墙	元 / 立方米	140—160	
	片石干砌、土质围墙	元 / 立方米	60—80	
	简易围墙	元 / 立方米	25—30	
二、堡坎	浆砌石堡坎	元 / 平方米	100—160	
	干砌石堡坎	元 / 平方米	80—100	
三、晒坝	混凝土晒坝	元 / 平方米	35—45	
	青石晒坝	元 / 平方米	40—60	
	简易水泥地坪	元 / 平方米	20—30	
	土质晒坝	元 / 平方米	6—10	
四、道路	料石道路	元 / 平方米	40—60	该项为自建通户道路（含底基层）
	混凝土道路	元 / 平方米	40—50	
	沥青道路	元 / 平方米	40—50	
	铺砖、铺石道路	元 / 平方米	15—20	
	土质道路	元 / 平方米	6—10	
五、农灌沟渠	水泥、石灰浆砌砖，石农灌沟渠	元 / 立方米	160—180	以砌体计算
	片石干砌	元 / 立方米	90—100	以砌体计算
	土质沟沟渠	元 / 立方米	15	以挖方体积计算
六、水池、水窖、粪池	混凝土	元 / 立方米	120—160	以容积计算
	砖石浆砌	元 / 立方米	80—100	以容积计算
	土质	元 / 立方米	25—30	以容积计算
七、沼气池	沼气池（按容积计算）	元 / 立方米	400—420	以容积计算
八、坟墓	有碑料石坟	元 / 座	1200	
	有碑毛石坟	元 / 座	1000	
	其他坟	元 / 座	800	
九、畜圈、厕所、煤房等	砖混架构	元 / 平方米	240—260	
	砖木结构	元 / 平方米	180—200	
	木结构	元 / 平方米	160—180	
	土木结构	元 / 平方米	120—140	
	简易结构	元 / 平方米	80—100	
	烤烟烘房	元 / 平方米	300	

三、林木补偿标准

（1）林地林木补偿标准按铜署办〔2010〕3号文件规定执行。即：幼龄林（包括未成林地苗木）为上一年度单位面积工程造林所需费用、抚育、管护全部投资的2倍（造林成本550/亩）。中龄林、近熟林的补偿标准问题，严格按照省政府第78号令，即用材林为木材产值的1倍，防护林为木材产值的2倍，成熟林为木材产值的0.5倍；木材产值为同类木材平均销售价乘以林木蓄积量，德江县木材产值分别为：马尾松550元/立方米，杉木680元/立方米，杂木（含柏木、阔叶）600元/立方米。采伐后的林木归林木所有者。（2）薪炭林、灌木林为上一年度单位面积工程造林所需费用及抚育，管护投资的1倍。（3）经济林。尚无收益的经济林为实际造林、抚育、管护投资的2倍。收益初期、衰退期的经济林为当地同类经济林收益盛产期上一年度年产值的2倍。收益盛产期的经济林为上一年度年产值的4倍。（4）非林地上的林木补偿按零星林木补偿不再进行补偿。（5）古、大、珍稀树木按《贵州省农业科学设计院编制的〈杭瑞高速贵州境思南至遵义段使用林地可行性研究报告〉》进行补偿。（6）苗圃地苗木为当地同树种上一年度市场单株平均销售价乘以株数总价值的2倍。（7）竹林（含笋用林）为被征占用林地上竹笋林产值的2倍。竹林产值以当地上一年度的单株平均销售价乘以总株数，竹笋产值以当地上一年平均亩产量乘以销售价。（8）《县政府公告》发布后，栽种的树木（含苗木）由农户在规定时间内自行采伐，自行搬迁，不作任何补偿；规定时间内不采伐、不搬迁而影响施工进度的，视为农户弃权，由指挥部自行处理。

表2-7 经济林补偿指导标准表

补偿类别		计量单位	补偿标准（元）	备注
板栗	产前期	元/亩	1500—2000	定植第二年后至初挂果
	初产期、衰产期	元/亩	3000—3500	
	盛产期	元/亩	7000—8000	
核桃	产前期	元/亩	2000—2500	定植第二年后至初挂果
	初产期、衰产期	元/亩	4500—5000	
	盛产期	元/亩	12000—13000	
苹果、梨子、桃、花红、杏、拐枣、石榴、李、柿子、樱桃等	产前期	元/亩	1500—2000	定植第二年后至初挂果
	初产期、衰产期	元/亩	4500—5000	
	盛产期	元/亩	10000—11000	
柑、橘、橙、柚类	产前期	元/亩	1500—2000	定植第二年后至初挂果
	初产期、衰产期	元/亩	3500—4000	
	盛产期	元/亩	8000—9000	
脐橙	产前期	元/亩	4500—5000	定植第二年后至初挂果
	初产期、衰产期	元/亩	6000—7000	
	盛产期	元/亩	15000—16000	

续表 2–7

补偿类别		计量单位	补偿标准（元）	备注
杨梅、枇杷等	产前期	元 / 亩	3500—4000	定植第二年后至初挂果
	初产期、衰产期	元 / 亩	5000—6000	
	盛产期	元 / 亩	12000—13000	
葡萄、猕猴桃（含架子费用）	产前期	元 / 亩	3500—4000	定植第二年后至初挂果
	初产期、衰产期	元 / 亩	5500—6000	
	盛产期	元 / 亩	12000—13000	
油桐、油茶	产前期	元 / 亩	1100—1600	定植第二年后至初挂果
	初产期、衰产期	元 / 亩	2300—2800	
	盛产期	元 / 亩	500—6000	
花椒	产前期	元 / 亩	1500—2000	未列入表中的经济标准参照市场价进行补偿
	初产期、衰产期	元 / 亩	3000—3500	
	盛产期	元 / 亩	7000—8000	
麻竹、楠竹、金竹、撑绿竹	产前期	元 / 亩	1500—2000	
	初产期、衰产期	元 / 亩	3500—4000	
	盛产期	元 / 亩	8000—9000	
白夹竹、水竹	产前期	元 / 亩	1500—2000	
	初产期、衰产期	元 / 亩	2500—3000	
	盛产期	元 / 亩	6000—6500	
杂竹	产前期	元 / 亩	1000—1500	
	初产期、衰产期	元 / 亩	2000—2500	
	盛产期	元 / 亩	5000—5500	
茶叶	产前期	元 / 亩	4000—4500	
	初产期、衰产期	元 / 亩	6000—6500	
	盛产期	元 / 亩	14000—15000	
刺梨、无花果	产前期	元 / 亩	1500—2000	
	初产期、衰产期	元 / 亩	2500—3000	
	盛产期	元 / 亩	6500—7000	
杜仲、黄柏	产前期	元 / 亩	1500—2000	
	初产期、衰产期	元 / 亩	3500—4000	
	盛产期	元 / 亩	8500—9000	
桑园	产前期	元 / 亩	1500—2000	
	初产期、衰产期	元 / 亩	2500—3000	
	盛产期	元 / 亩	4500—5000	

说明：1．苗期补偿标准按初产期补偿标准 50％计算。2．苗期：裸根苗定植后一个生产年

表 2-8　零星林木补偿指导标准表

补偿类别		计量单位	补偿标准	备注
松、杉、柏	胸径 5 厘米以下	元 / 株	5	
	胸径 5—10 厘米	元 / 株	15	
	胸径 11—15 厘米	元 / 株	30	
	胸径 16—20 厘米	元 / 株	50	
	胸径 21—30 厘米	元 / 株	70	
	胸径 31 厘米以上	元 / 株	90	
花椒、油桐、油茶、刺梨、无花果、漆树	苗期	元 / 株	5	裸根苗定植后一个生产年
	产前期	元 / 株	20	
	初产期、衰产期	元 / 株	50	
	盛产期	元 / 株	150	
李、拐枣、柿子、苹果、花红、杏、石榴、板栗、樱桃、梨、桃等	苗期	元 / 株	8	裸根苗定植后一个生产年
	产前期	元 / 株	20	
	初产期、衰产期	元 / 株	100	
	盛产期	元 / 株	200	
柑、橘、橙、柚类	苗期	元 / 株	10	容器苗
	产前期	元 / 株	40	
	初产期、衰产期	元 / 株	100	
	盛产期	元 / 株	250	
杨梅、枇杷等	苗期	元 / 株	8	裸根苗定植后一个生产年
	产前期	元 / 株	30	
	初产期、衰产期	元 / 株	150	
	盛产期	元 / 株	250	
葡萄、猕猴桃（含架子费用）	苗期	元 / 株	8	裸根苗定植后一个生产年
	产前期	元 / 株	30	
	初产期、衰产期	元 / 株	100	
	盛产期	元 / 株	200	
杜仲、黄柏、厚朴、橡皮树、香椿树	胸径 6 厘米以下	元 / 株	15	
	胸径 6—12 厘米	元 / 株	50	
	胸径 12—20 厘米	元 / 株	80	
	胸径 20 厘米以上	元 / 株	100	

续表 2-8

补偿类别		计量单位	补偿标准	备注
茶叶	苗期	元 / 株	1.5	
	成长期	元 / 笼	35	
竹	胸径 5 厘米以下	元 / 株	4	
	胸径 5—7 厘米	元 / 株	5	
	胸径 8 厘米以上	元 / 株	15	
其他杂树	胸径 3 厘米以下	元 / 株	2	
	胸径 3—5 厘米	元 / 株	6	
	胸径 6—12 厘米	元 / 株	10	
	胸径 13—18 厘米	元 / 株	35	
	胸径 19—25 厘米	元 / 株	50	
	胸径 26—30 厘米	元 / 株	65	
	胸径 31—35 厘米	元 / 株	80	
	胸径 36 厘米以上	元 / 株	100	

说明：1. 造林成本：包括上一年度单位面积工程造林所需费用及抚育、管护全部投资，计 550 元 / 亩，实施过程中特殊情况个案处理。2. 退耕还林地的林木补偿按国家及贵州省有关规定执行。3. 木材产值：(1) 马尾松 550 元 / 立方米；(2) 杉木 680 元 / 立方米；(3) 杂木（柏木、阔叶树）600 元 / 立方米。4. 竹笋按 10 元 / 公斤计算

表 2-9　杭瑞高速公路（德江段）古大珍稀费用一览表

单位：年、棵、厘米、米、立方米、元

编号	起止桩号	县(区)	乡(镇)	村(社区)	小地名	中文名	类别	珍稀树保护级别	起源	林木权属	年龄	株数	腹径	树高	轮识	补偿依据	补偿单价	补偿费用	说明
26	AK0+394	德江	煎茶	川岩	大山	红豆杉	珍稀树	一级	天然	个人	22	1	14.3	7.8	0.1	木材产值的 4 倍	2400.00	240.00	按面积补偿
27	K184+200	德江	煎茶	川岩	窝沟	红豆杉	珍稀树	一级	天然	个人	10	1	6.0	6.0		零星林木补偿标准的 4 倍	40.00	40.00	按面积补偿
28	K190+686	德江	复兴	七星	妙龄	银杏	古树、珍稀树	一级	天然	个人	130	1	71.6	17.5	3.1	木材产值的 4 倍	2400.00	7440.00	按面积补偿
29	K190+666	德江	复兴	七星	妙龄	银杏	古树、珍稀树	一级	天然	个人	130	1	49.3	17.5	1.5	木材产值的 4 倍	2400.00	3800.00	按面积补偿
30	K190+660	德江	复兴	七星	妙龄	石楠	古树、珍稀树		天然	个人	260	1	104.0	16.5	5.9	木材产值的 4 倍	2400.00	14160.00	按面积补偿
31	K190+632	德江	复兴	七星	妙龄	野柿	古树、珍稀树		天然	个人	110	1	35.8	15.5	0.7	木材产值的 4 倍	2400.00	1680.00	按面积补偿
32	K190+670	德江	复兴	七星	妙龄	银杏	古树、珍稀树	一级	天然	个人	200	1	51.6	18.5	1.7	木材产值的 4 倍	2400.00	4080.00	按面积补偿

续表 2-9　　单位：年、棵、厘米、米、立方米、元

编号	起止桩号	县(区)	乡(镇)	村(社区)	小地名	中文名	类别	珍稀树保护级别	起源	林木权属	年龄	株数	腹径	树高	轮识	补偿依据	补偿单价	补偿费用	说明
33	K190+670	德江	复兴	七星	妙龄	银杏	古树、珍稀树	一级	天然	个人	200	1	45.9	18.0	1.4	木材产值的4倍	2400.00	3350.00	按面积补偿
41	K190+670	德江	复兴	七星	妙龄	银杏	古树、珍稀树	一级	天然	个人	200	1	53.4	18.5	1.9	木材产值的4倍	2400.00	4560.00	按面积补偿
35	K192+316	德江	复兴	沙滩	李家沟	楠木	珍稀树	二级	天然	个人	30	1	16.0	11.4	0.1	木材产值的4倍	2400.00	240.00	按面积补偿
39	AK0+118	德江	煎茶	煎茶	伍家坨	香果树	珍稀树	二级	天然	个人	10	1	6.8	6.3		零星林木补偿标准的4倍	40.00	40.00	按株积补偿
40	AK0+110	德江	煎茶	煎茶	伍家坨	香果树	珍稀树	二级	天然	个人	9	1	3.1	4.0		零星林木补偿标准的4倍	24.00	24.00	按株积补偿
41	AK0+100	德江	煎茶	煎茶	伍家坨	香果树	珍稀树	二级	天然	个人	20	1	12.4	6.5		零星林木补偿标准的4倍	140.00	140.00	按株积补偿
42	AK0+20	德江	煎茶	煎茶	伍家坨	香果树	珍稀树	二级	天然	个人	3	1	1.5	1.3		零星林木补偿标准的4倍	8.00	8.00	按株积补偿
43	AK0+164	德江	煎茶	川岩	伍家坨	红豆杉	珍稀树	一级	天然	个人	8	1	3.1	3.1		零星林木补偿标准的4倍	24.00	24.00	按株积补偿
44	AK0+614	德江	煎茶	煎茶	伍家坨	桂花	古树		天然	集体	108	1	65.5	8.7	13	木材产值的4倍	2400.00	3120.00	按株积补偿

四、坟墓搬迁补偿

搬迁范围：含杭瑞高速公路（德江段）正线内，在《县政府公告》发布前建（塑）造的各种坟墓。补偿标准：根据铜署办发〔2010〕3号文件规定执行。即：(1) 有碑料石坟（指已团好的有碑文）1200元/座；(2) 有碑毛石坟（指有碑未团的坟）1000—1100元/座（其中砚台碑1000元/座、三厢碑1020元/座、五厢碑1040元/座、七厢碑1060元/座、九厢碑1080元/座、牌坊碑1100元/座）；其他坟800元/座。原坟地面积补偿后，新的搬迁选址占地不再另行补偿，由坟地搬迁人自行承担。

五、涉农补偿

(1) 高速公路建设中，如有人行通道、生产便道、机耕道、灌溉沟渠等设施被截断后，严重影响当地排洪和人畜饮水，需增设的涵洞、灌渠、排水沟、管道、人行天桥等具体项目，由所在乡镇指挥部在高速公路划正线时起，30日内向县指挥部写出专题报告，指挥部核实后，将规划方案汇编成册，并与项目业主方协商解决。(2) 距离正线200米以内所有建筑物和设施，由指挥部与施工方逐一现场核实、拍照、造册登记备查，费用由施工方负责。凡因施工炮损造成

周围房屋及其设施损坏的，县、乡两级指挥部配合施工单位按照省政府批准的炮损补偿标准进行补偿，其补偿费用由施工方单位承担；造成人畜伤亡的，按照相关法律法规处理。对炮损程度和炮损补偿有争议的，由房屋质监或有资质的鉴定部门进行鉴定，最后确定补偿金额。(3) 对因施工造成田、土无法复耕的，县、乡指挥部要积极配合建设单位做好协调补偿工作。

表 2–10　炮损补偿指导标准表

类别	名称	单价	备注
一、砖瓦房	屋顶表面受损裂缝采取二布三油处理方法	40 元 / 平方米	
	屋内顶面受损补缺刷浆	18 元 / 平方米	
	室内外墙身轻微裂缝维缮刷浆	20 元 / 平方米	
	主体墙身受损裂缝	200—300 元 / 平方米	
二、砖木结构瓦面房	大波形石棉瓦 1.8 × 0.6 米	40 元 / 张	
	小波形石棉瓦 1.8 × 0.6 米	35 元 / 张	
	小青瓦受损补漏	40 元 / 平方米	
	普通水泥瓦	40 元 / 平方米	
	檩子受损更换	90 元 / 根	
	椽皮断损更换	30 元 / 块	
	木楼板受损更换	60 元 / 平方米	
三、砖木结构草面房	更换檩子	1.9 元 / 根	
	更换椽阁	30 元 / 块	
	换草补洞	30 元 / 平方米	
四、土墙瓦面房、土墙草面房	土墙身裂缝（含双面）修缮	40 元 / 平方米	
	补修墙身（含双面）粉刷石灰浆	50 元 / 平方米	
	瓦、檩子、椽阁等参照第二、三款执行		
五、石墙瓦面、草面房	补墙身裂缝	70 元 / 米	含室内粉刷，其他参照第二、三款执行
六、普通照明线	进线 4 平方毫米双线（铝芯）	7 元 / 米	
	进线 6 平方毫米双线（铝芯）	10 元 / 米	
	进线 10 平方毫米双线（铝芯）	12 元 / 米	
	进线 15 平方毫米双线（铝芯）	16 元 / 米	
	进线 25 平方毫米双线（铝芯）	18 元 / 米	
	更换木杆	150 元 / 根	
	更换水泥电线杆	400 元 / 根	

续表 2-10

类别	名称	单价	备注
七、供水设施	6分镀锌管	20元/米(含配件)	
	4分镀锌管	15元/米(含配件)	
八、畜厩厕所补偿参照上述同类住宅等级，补偿费下浮30%执行			
九、各类构造物补偿	室内外水泥地面裂缝	20元/平方米	
	住宅标准门	带风窗的每樘140元，不带风窗的每樘100元	
	标准窗子	70元/平方米(含玻璃、油漆)	
	门窗玻璃	15元/平方米	
	铝合金	120元/平方米	

说明：1.上述各类线、杆的赔补含配件在内。2.炮损补偿在路基工程施工基本结束前处理完善

第二节 沿德高速公路德江段安置补偿标准

沿德高速公路征地拆迁安置补偿标准统一执行《铜仁市人民政府办公室关于印发江口至瓮安（铜仁段）松桃至铜仁沿河至德江高速公路征地补偿方案的通知》(铜府办发〔2013〕160号)、《铜仁市人民政府关于铜仁市松铜沿德江瓮（铜仁段）高速公路建设项目拆迁补偿标准安置方案的通知》(铜府发〔2013〕33号）等文件规定的标准。

表 2-11 房屋拆迁补偿指导标准表

单位：元/平方米

序号	补偿类别	补偿标准	
		划地安置	货币安置
1	框架结构	680—780	780—880
2	砖混结构	540—640	640—740
3	砖木结构	440—540	540—640
4	石砌结构现浇板屋面	400—500	500—600
5	石砌结构青瓦屋面	340—440	480—580
6	木瓦结构	350—450	450—550
7	土木结构	320—380	420—480
8	简易房	120—200	220—300
9	简易棚	50—80	80—150

说明：1.以上框架、砖混结构房屋基准价格包括外墙一面贴砖、三面搓沙、女儿墙及木门

窗。2.营业房：(1)营业房的认定：需系临街第一个自然开间并具备规划许可证、土地使用证、营业执照、税务登记证或房屋产权证等合法证件和手续为依据综合认定；(2)对营业房，按上述相应房屋类别补偿标准进行拆迁补偿，对其经营停产、停业补偿、按经营场所面积8元/平方米/月计算，共计6个月。3.生产、办公、库房等非住宅房屋参照房屋补偿标准执行

表2-12　房屋附属设施补偿指导标准表

序号	单位	补偿标准
1	座机电话（不含分机）	130元/部
2	宽带移户费	130元/户
3	有线电视	300元/户
4	水户头	700元/户
5	电户头	550元/户
6	空调拆装费	350元/台
7	电热水器	500元/套
8	太阳能热水器	800元/套

表2-13　搬迁周转临时过渡补助费指导标准表

<table>
<tr><th colspan="2">类别</th><th colspan="2">补偿标准</th><th>备注</th></tr>
<tr><td rowspan="3">搬迁补偿费</td><td>住宅房</td><td colspan="2">6—12元/平方米</td><td rowspan="3">每户累计不足600元的按600元计算，超过600元的据实补偿</td></tr>
<tr><td>营业房</td><td colspan="2">12—24元/平方米</td></tr>
<tr><td>生产用房、库房、办公用房</td><td colspan="2">12—18元/米</td></tr>
<tr><td colspan="2" rowspan="4">临时周转过渡费</td><td>住宅房</td><td>5—6元/平方米/月</td><td rowspan="4">集中安置的周转过渡期限为拆迁房屋之日起至“三通一平”完成供地后6个月；划地分散安置的，周转过渡期限为房屋拆迁之宅基地确定之后10个月</td></tr>
<tr><td>营业房</td><td>15元/平方米/月</td></tr>
<tr><td>生产用房、库房、办公用房</td><td>12元/平方米/月</td></tr>
<tr><td>畜圈</td><td>3元/平方米/月</td></tr>
<tr><td rowspan="2">搬迁奖</td><td>从协议签字之日起15日内搬迁完毕</td><td colspan="2">3000元/户</td><td></td></tr>
<tr><td>从协议签字之日起15—30日内搬迁完毕</td><td colspan="2">2000元/户</td><td></td></tr>
<tr><td colspan="2">划地安置建房补助费</td><td colspan="2">2300元/户</td><td>“五通一平”等</td></tr>
</table>

表 2–14 房屋装饰装修补偿指导标准表

类别	名称	单价
一、门窗类	入户防盗门	500—700 元 / 扇
	自制不锈钢防盗门	480 元 / 平方米
	自制普通铁门	180 元 / 平方米
	卷闸门	120 元 / 平方米
	造型包门	300—500 元 / 扇
	成品门	140—200 元 / 扇
	门套	30 元 / 米
	铝合金门窗（与木门窗差价）	140 元 / 平方米（50 元 / 平方米）
	纱窗	60 元 / 扇或 30 元 / 平方米
	防盗网（钢条）	80 元 / 平方米
	防盗网（不锈钢、彩钢）	90 元 / 平方米
	窗套	25 元 / 米
	实木大门	90—120 元 / 平方米
	三合、椴木门套	140 元 / 道
二、室外装饰装修	罗马柱（与砖砌墙体差价）	22 元 / 根（5 元 / 根）
	外墙墙砖	60 元 / 平方米
	外墙漆	35 元 / 平方米
	水泥清光	20 元 / 平方米
	琉璃瓦	80 元 / 平方米
三、照明电线	暗线（按房屋建筑面积计算）	15 元 / 平方米
	明线	5 元 / 平方米
四、扶手护栏	楼梯扶手（圆钢）	120 元 / 米
	楼梯扶手（不锈钢）	160 元 / 米
	木质	30 元 / 米
	钢条	25 元 / 米
	不锈钢	50 元 / 米
	铁艺	120 元 / 米
五、室内装饰装修	塑料扣板吊顶	35 元 / 平方米
	木结构吊顶	60 元 / 平方米
	塑钢、铝塑扣板吊顶	70 元 / 平方米
	石膏线	6 元 / 米
	石膏板吊顶	35 元 / 平方米

续表 2-14

类别	名称	单价
五、室内装饰装修	地砖 80×80 厘米	70—90 元 / 平方米
	地砖 60×60 厘米	50—70 元 / 平方米
	地砖 50×50 厘米	45—55 元 / 平方米
	地砖 30×30 厘米	35—40 元 / 平方米
	地砖 25×25 厘米	30—35 元 / 平方米
	大理石、花岗石	120—170 元 / 平方米
	耐磨地板砖、水磨石	70 元 / 平方米
	耐磨抛光地板砖	70—80 元 / 平方米
	墙砖（卫生间）	25 元 / 平方米
	竹、实木地板	80—140 元 / 平方米
	拼花木地板	140—160 元 / 平方米
	强化、复合木地板	60—80 元 / 平方米
	踢脚线	7—15 元 / 平方米
	木墙裙（高 1 米左右）	50 元 / 平方米
	瓷砖墙裙（高 1 米左右）	30 元 / 平方米
	电视背景墙	70 元 / 平方米
六、固定柜	壁柜	170 元 / 米
	吊柜（高 70 厘米）以内	80 元 / 米
	装饰柜	120 元 / 米
	整体橱柜（不含吊柜）	1300 元 / 米（1000 元 / 米）
七、雕花玻璃	厚度 8 毫米以下（含 8 毫米）	140 元 / 平方米
	厚度 8 毫米以上	190 元 / 平方米
八、卫生洁具	台式面盆	300 元 / 套
	浴缸	460 元 / 套
	蹲式大便器	60 元 / 个
	坐式大便器	240 元 / 个
	铝合金洗菜盆（双眼）	290 元 / 个
	花岗石洗脸台	120 元 / 米
	瓷砖面洗手池	360 元 / 平方米
	陶瓷脸盆	140 元 / 个
	不锈钢面盆	120 元 / 套
	不锈钢洗菜盆（双眼）	130 元 / 套

续表 2-14

类别	名称	单价
九、室内墙面	仿瓷	6 元 / 平方米
	乳胶漆	12 元 / 平方米
	墙纸	15 元 / 平方米

表 2-15 构筑物补偿指导标准表

类别	补偿名称	单位	补偿标准	备注
一、堡坎	浆砌堡坎	元 / 平方米	120—190	
	干砌堡坎	元 / 平方米	90—120	
	混凝土挡土墙	元 / 平方米	360—440	
二、围墙	实心砖砌围墙	元 / 平方米	180—260	
	空心砖砌围墙	元 / 平方米	160—200	
	浆砌石围墙	元 / 平方米	120—160	
	片石干砌土质围墙	元 / 平方米	70—100	
	简易式围墙	元 / 平方米	30—35	
三、炉灶	瓷砖面炉灶	元 / 眼	200—250	
	水泥面炉灶	元 / 眼	130—180	
	瓷砖面组合灶	元 / 米	240—300	
	水泥面组合灶	元 / 米	190—250	
四、水池、水窖、粪池、沼气	蓄水池（盖板）	元 / 平方米	260—300（360）	以容积计算
	石板粪池	元 / 平方米	90—120	
	水泥粪池	元 / 平方米	100—180	
	土质粪池	元 / 平方米	30	
	化粪池	户、元 / 平方米	2600、480	
	沼气	户、元 / 平方米	460、480	
五、苕坑	苕坑（砖砌）	元 / 个	600—800	
	苕坑（土）	元 / 个	300—400	
六、水井	地下水井	元 / 口	1600—2000	
	水井	元 / 口	300—400	
七、晒坝	混凝土晒坝	元 / 平方米	40—50	
	青石晒坝	元 / 平方米	45—70	
	简易水泥地坪晒坝	元 / 平方米	25—35	
	土质晒坝	元 / 平方米	8—12	

续表 2-15

类别	补偿名称	单位	补偿标准	备注
八、道路	料石道路	元 / 平方米	45—70	
	混凝土道路	元 / 平方米	45—60	此项为自建通户道路（含底基层）
	沥青道路	元 / 平方米	45—60	
	铺砖、铺石道路	元 / 平方米	18—25	
	土质道路	元 / 平方米	7—12	
九、沟渠	水泥石灰浆砌石沟渠	元 / 平方米	180—210	以砌体计算
	片石干砌	元 / 平方米	100—120	
	土质沟渠	元 / 平方米	20	以挖方体积计算
	毛石涵洞（暗沟）	元 / 平方米	220	
十、大棚	木、竹架、薄膜棚顶	元 / 平方米	20	
	金属架、薄膜棚顶	元 / 平方米	80	
	金属架、玻璃棚顶	元 / 平方米	160	
十一、喷灌设施	胶管	元 / 米	8	
	金属管	元 / 米	15	
十二、圈舍、厕所、煤棚、烤房	砖混结构	元 / 平方米	350—400	
	砖木结构	元 / 平方米	250—300	
	木结构	元 / 平方米	230—280	
	土木结构	元 / 平方米	180—230	
	简易结构	元 / 平方米	130—150	
	烤烟烘房	元 / 平方米	300	
十三、其他	水泥抹面独立砖柱砌体	元 / 平方米	300	
	水泥梯步	元 / 米	30	
	石板梯步	元 / 米	50	
	阶檐（水泥）	元 / 米	25	
	阶檐（石板）	元 / 平方米	50	
	砖瓦窑	元 / 个	6000	
	石灰窑	元 / 个	4000	
	卫星地面接收器	元 / 个	200	
	碓、石磨	元 / 个	200	
	仓房	元 / 平方米	300	
	家庭三相动力	元 / 套	3000	
	雨棚	元 / 米	80	

表 2-16 成片林木补偿指导标准表

单位：元 / 立方米

林种	林龄（组）	树种	补偿标准				
			林木蓄积产值	造林抚育管护费用	补偿倍数	补偿单价	补偿费用
用材林	未成林造林地			600	1 倍	600	单价 × 面积
	幼龄林			600	2 倍	1200	单价 × 面积
	中熟林、近熟林	马尾松、软阔类	550		1 倍	550	补偿单价 × 林木蓄积量
		杉木、柏木、硬阔类	680			680	
	成熟林、过熟林	马尾松、软阔类	1100		0.5 倍	550	
		杉木、柏木、硬阔类	1360			680	
特种用途林、防护林	未成林造林地			600	1 倍	600	单价 × 面积
	幼龄林			600	2 倍	1200	单价 × 面积
	中熟林、近熟林	马尾松、软阔类	550		2 倍	1100	补偿单价 × 林木蓄积量
		杉柏、硬阔类	680			1360	
	成熟林、过熟林	马尾松、软阔类	1100		1 倍	1100	
		杉木、柏木、硬阔类	1360			1360	
薪炭林灌木林				600	1 倍	600	单价 × 面积

说明：1. 成片林木指面积大于或等于 1 亩并达到相关标准的树木；其他按零星树木对待。2. 造林成本包括上一年度单位面积工程造林所需费用及抚育、管护全部投资，计 600 元 / 亩。实施过程中特殊情况个案处理。3. 有林木蓄积的幼龄林要参照中龄林的林木蓄积量补偿标准计算，按照就高不就低原则执行。4. 退耕还林地的林木按国家及贵州省的有关规定执行。5. 木材产值：(1) 马尾松、软阔类 550 元 / 立方米；(2) 杉木、柏木、硬阔类 680 元 / 立方米

表 2-17 经济林补偿指导标准表

单位：元 / 亩

树种	产期	疏密度	补偿标准	备注
板栗、核桃	产前期	疏	1500	定植第二年后至初挂果
		中	1800	
		密	2200	

续表 2-17

单位：元 / 亩

树种	产期	疏密度	补偿标准	备注
板栗、核桃	初产期、衰产期	疏	3500	
		中	4000	
		密	4500	
	盛产期	疏	10000	
		中	11000	
		密	13000	
苹果、梨子、桃、花红、杏、拐枣、枣、石榴、李子、柿子、樱桃等	产前期	疏	1500	定植第二年后至初挂果
		中	1800	
		密	2000	
	初产期、衰产期	疏	4500	
		中	4800	
		密	5000	
	盛产期	疏	10000	
		中	11000	
		密	12000	
柑、橘、橙、柚类	产前期	疏	1500	定植第二年后至初挂果
		中	1800	
		密	2000	
	初产期、衰产期	疏	3500	
		中	3800	
		密	4000	
	盛产期	疏	8000	
		中	9000	
		密	10000	
杨梅、枇杷	产前期	疏	3000	定植第二年后至初挂果
		中	3500	
		密	4000	
	初产期、衰产期	疏	5000	
		中	6000	
		密	7000	
	盛产期	疏	11000	
		中	12000	
		密	13000	

续表 2-17　　单位：元 / 亩

树种	产期	疏密度	补偿标准	备注
葡萄、猕猴桃（含架子费用）	产前期	疏	3000	定植第二年后至初挂果
		中	3500	
		密	4000	
	初产期、衰产期	疏	5000	
		中	6000	
		密	7000	
	盛产期	疏	11000	
		中	12000	
		密	13000	
油茶、油桐、乌桕、棕榈、漆树、花椒、吴萸、杜仲、黄柏、厚朴、八角	产前期	疏	1500	定植第二年后至初挂果
		中	1800	
		密	2000	
	初产期、衰产期	疏	3500	
		中	3800	
		密	4000	
	盛产期	疏	8000	
		中	9000	
		密	10000	
楠竹、金竹、雷竹、撑绿竹	产前期	疏	1500	
		中	1800	
		密	2000	
	初产期、衰产期	疏	3500	
		中	3800	
		密	4000	
	盛产期	疏	8000	
		中	9000	
		密	10000	
麻竹、白夹竹、水竹、慈竹、帛竹	产前期	疏	1500	
		中	1800	
		密	2000	
	初产期、衰产期	疏	2500	
		中	2800	
		密	3000	

续表 2-17

单位：元 / 亩

树种	产期	疏密度	补偿标准	备注
麻竹、白夹竹、水竹、慈竹、帛竹	盛产期	疏	6000	
		中	7000	
		密	800	
其他杂竹	产前期	疏	1000	
		中	1300	
		密	1500	
	初产期、衰产期	疏	2000	
		中	2300	
		密	2500	
	盛产期	疏	5000	
		中	6000	
		密	7000	
茶叶	产前期	疏	4000	
		中	4500	
		密	5000	
	初产期、衰产期	疏	6000	
		中	6300	
		密	6500	
	盛产期	疏	14000	
		中	15000	
		密	16000	
刺梨、无花果、金银花	产前期	疏	1500	
		中	1800	
		密	2000	
	初产期、衰产期	疏	2500	
		中	2800	
		密	3000	
	盛产期	疏	6500	
		中	7000	
		密	7500	
桑园	产前期	疏	1500	
		中	1800	
		密	2000	

续表 2-17

单位：元 / 亩

树种	产期	疏密度	补偿标准	备注
桑园	初产期、衰产期	疏	2500	
		中	2800	
		密	3000	
	盛产期	疏	4500	
		中	4800	
		密	5000	
脐橙、沿河空心李	产前期	疏	4000	
		中	5000	
		密	6000	
	初产期、衰产期	疏	6000	
		中	7000	
		密	8000	
	盛产期	疏	17000	
		中	18000	
		密	19000	

说明：未成林造林地或初植期补偿标准按初产期补偿标准 50% 计算

表 2-18 零星林木补偿指导标准表

补偿类别		计量单位	补偿标准	备注
马尾松、软阔类、其他杂木	胸径≤ 5 厘米，高度≥ 1.5 米	元 / 株	5	胸径≤ 5 厘米，高度≤ 1.5 米不补
	胸径 5—10 厘米	元 / 株	15	
	胸径 11—15 厘米	元 / 株	30	
	胸径 16—20 厘米	元 / 株	50	
	胸径 21—30 厘米	元 / 株	70	
	胸径≥ 31 厘米	元 / 株	80	
杉木、柏木、硬阔类	胸径≤ 5 厘米，高度≥ 1.5 米	元 / 株	10	胸径≤ 5 厘米，高度≤ 1.5 米不补
	胸径 5—10 厘米	元 / 株	30	
	胸径 11—15 厘米	元 / 株	50	
	胸径 16—20 厘米	元 / 株	80	
	胸径 21—30 厘米	元 / 株	100	
	胸径≥ 31 厘米	元 / 株	120	

续表 2-18

补偿类别		计量单位	补偿标准	备注
板栗、核桃	缓苗期	元 / 株	10	
	产前期	元 / 株	50	
	初产期、衰产期	元 / 株	100	
	盛产期	元 / 株	250	
拐枣、柿子、苹果、花红、杏、石榴、樱桃、梨、桃、李、枣等	缓苗期	元 / 株	10	
	产前期	元 / 株	40	
	初产期、衰产期	元 / 株	100	
	盛产期	元 / 株	200	
柑、橘、橙、柚类	缓苗期	元 / 株	10	
	产前期	元 / 株	40	
	初产期、衰产期	元 / 株	100	
	盛产期	元 / 株	250	
杨梅、枇杷等	缓苗期	元 / 株	10	
	产前期	元 / 株	40	
	初产期、衰产期	元 / 株	150	
	盛产期	元 / 株	250	
葡萄、猕猴桃（含架子费用）	缓苗期	元 / 株	10	
	产前期	元 / 株	50	
	初产期、衰产期	元 / 株	100	
	盛产期	元 / 株	200	
油茶、油桐、乌桕、棕榈、漆树、花椒、吴萸、杜仲、黄柏、厚朴、八角	缓苗期	元 / 株	10	
	产前期	元 / 株	30	
	初产期、衰产期	元 / 株	70	
	盛产期	元 / 株	150	
茶叶	缓苗期	元 / 株	5	
	产前期	元 / 笼	20	
	初产期、衰产期	元 / 笼	35	
	盛产期	元 / 笼	50	
刺梨、无花果、金银花	缓苗期	元 / 株	5	
	产前期	元 / 株	20	
	初产期、衰产期	元 / 株	40	
	盛产期	元 / 株	80	

续表 2-18

补偿类别		计量单位	补偿标准	备注
楠竹、金竹、雷竹、撑绿竹	胸径小于 2.5 厘米	元 / 株	1	
	胸径 2.5—15 厘米	元 / 株	4—13	
	胸径≥ 16 厘米	元 / 株	20	
其他竹类	胸径小于 2.5 厘米	元 / 株	1	
	胸径 2.5—15 厘米	元 / 株	3—10	
	胸径≥ 16 厘米	元 / 株	15	
珍稀树木（列入省级以上保护的林木）	胸径≤ 5 厘米	元 / 株	15	
	胸径 5—10 厘米	元 / 株	30	
	胸径 11—15 厘米	元 / 株	100	
	胸径 16—20 厘米	元 / 株	250	
	胸径 21—30 厘米	元 / 株	400	
	胸径≥ 31 厘米	元 / 立方米	1300	
古大树木	马尾松及软阔类等	元 / 立方米	1000	
	杉、柏、樟、楠及硬阔类等	元 / 立方米	1500	

说明：缓苗期指苗木定植后一个生产年内

表 2-19 绿化苗木补偿指导标准表

补偿类别			计量单位	补偿标准
金丝草			元 / 平方米	30
茶花、冬青、三角梅、千头柏、花孝顺竹、凤尾竹、芙蓉、石榴、四季桂、黄花槐、栀子	冠幅≤ 20 厘米		元 / 株（丛、盆）	8
	冠幅 21—49 厘米		元 / 株（丛、盆）	20
	冠幅 50—99 厘米		元 / 株（丛、盆）	70
	冠幅≥ 100 厘米		元 / 株（丛、盆）	140
夹竹桃、剑麻、洒金柏、六月雪	冠幅≤ 20 厘米		元 / 株（丛、盆）	4
	冠幅 21—49 厘米		元 / 株（丛、盆）	10
	冠幅 50—99 厘米		元 / 株（丛、盆）	40
	冠幅≥ 100 厘米		元 / 株（丛、盆）	100
女贞、小檗、檵木、海桐、黄杨、丁香、结香、木槿、铺地柏、迎春、月季、蔷薇、紫藤、爬山虎	冠幅≤ 20 厘米		元 / 株（丛、盆）	5
	冠幅 21—49 厘米		元 / 株（丛、盆）	10
	冠幅 50—99 厘米		元 / 株（丛、盆）	50
	冠幅≥ 100 厘米		元 / 株（丛、盆）	120

续表 2–19

补偿类别			计量单位	补偿标准
苏铁	地径≤ 5 厘米		元 / 株	10
	地径 5.0—9.9 厘米		元 / 株	20
	地径 10—15.9 厘米		元 / 株	50
	地径 16—21.9 厘米		元 / 株	100
	地径 22—25.9 厘米		元 / 株	150
	地径 26—27.9 厘米		元 / 株	200
	地径 28—30 厘米		元 / 株	250
香樟类、玉兰类、含笑类、樱花、女贞、木莲、栾树、黄葛榕、水杉、垂柳、龙爪槐、柏类、石楠类	地径 1—2 厘米		元 / 株	2
	地径 3—5 厘米		元 / 株	10
	地径 6—10 厘米		元 / 株	50
	地径≥ 11 厘米		元 / 株	200
	米径 10—20 厘米	高≥ 6 米	元 / 株	800
	米径 21—30 厘米	高≥ 8 厘米	元 / 株	2000
	米径≥ 31 厘米	高≥ 10 米	元 / 株	5000
楠木类、雪松、银杏、紫薇、紫荆、红豆杉、台湾杉、乌柿	地径 1—2 厘米		元 / 株	5
	地径 3—5 厘米		元 / 株	50
	地径 6—10 厘米		元 / 株	200
	地径≥ 11 厘米		元 / 株	500
	米径 10—20 厘米	苗高≤ 6 米	元 / 株	1000
	米径 21—30 厘米	苗高≥ 8 厘米	元 / 株	5000
	米径≥ 31 厘米	苗高≥ 10 米	元 / 株	10000
桂花、罗汉松、珙桐	地径 1—2 厘米		元 / 株	10
	地径 3—5 厘米		元 / 株	100
	地径 6—10 厘米		元 / 株	300
	地径≥ 11 厘米		元 / 株	1000
	米径 10—20 厘米	苗高≤ 6 米	元 / 株	2000
	米径 21—30 厘米	苗高≥ 7 厘米	元 / 株	10000
	米径≥ 31 厘米	苗高≤ 8 米	元 / 株	20000

说明：以上绿化苗木有物价、林业部门制定的最新最高限价标准的，按其标准执行，不得执行本表标准

表 2-20　炮损补偿指导标准表

类别	名称	单价	备注
一、砖瓦房	屋顶表面受损裂缝采取二布三油处理方法	40 元 / 平方米	
	屋内顶面受损补缺刷浆	18 元 / 平方米	
	室内外墙身轻微裂缝维缮刷浆	20 元 / 平方米	
	主体墙身受损裂缝	200—300 元 / 平方米	
二、砖木结构瓦面房	大波形石棉瓦 1.8 × 0.6 米	40 元 / 张	
	小波形石棉瓦 1.8 × 0.6 米	35 元 / 张	
	小青瓦受损补漏	40 元 / 平方米	
	普通水泥瓦	40 元 / 平方米	
	檩子受损更换	90 元 / 根	
	椽皮断损更换	30 元 / 块	
	木楼板受损更换	60 元 / 平方米	
三、砖木结构草面房	更换檩子	1.9 元 / 根	
	更换椽阁	30 元 / 块	
	换草补洞	30 元 / 平方米	
四、土墙瓦面房、土墙草面房	土墙身裂缝（含双面）修缮	40 元 / 平方米	
	补修墙身（含双面）粉刷石灰浆	50 元 / 平方米	
	瓦、檩子、椽阁等参照第二、三款执行		
五、石墙瓦面、草面房	补墙身裂缝	70 元 / 米	含室内粉刷，其他参照第二、三款执行
六、普通照明线	进线 4 平方毫米双线（铝芯）	7 元 / 米	
	进线 6 平方毫米双线（铝芯）	10 元 / 米	
	进线 10 平方毫米双线（铝芯）	12 元 / 米	
	进线 15 平方毫米双线（铝芯）	16 元 / 米	
	进线 25 平方毫米双线（铝芯）	8 元 / 米	
	更换木杆	150 元 / 根	
	更换水泥电线杆	400 元 / 根	
七、供水设施	6 分镀锌管	20 元 / 米（含配件）	
	4 分镀锌管	15 元 / 米（含配件）	
八、畜厩厕所补偿参照上述同类住宅等级，补偿费下浮 30% 执行			
九、各类构造物补偿	室内外水泥地面裂缝	20 元 / 平方米	
	住宅标准门	带风窗的每樘 140 元，不带风窗的每樘 100 元	

续表 2-20

类别	名称	单价	备注
九、各类构造物补偿	室内外水泥地面裂缝	20 元 / 平方米	
	住宅标准门	带风窗的每樘 140 元，不带风窗的每樘 100 元	
	标准窗子	70 元 / 平方米（含玻璃、油漆）	
	门窗玻璃	15 元 / 平方米	
	铝合金	120 元 / 平方米	

说明：1. 上述各类线、杆的赔补含配件在内。2. 炮损补偿在路基工程施工基本结束前处理完善

表 2-21　征地补偿指导标准表

单位：元 / 亩

区域编号	区域范围	统一年产值标准	征地补偿标准				
			耕地	园地	其他农用地（含林、牧草地）	建设用地	未利用地
520627101	沿河自治县和平镇迎将桥社区、司马村，沙子镇南庄村，淇滩镇严桥村	1612	40300	22568	19344	37076	6448
520627102	沿河自治县和平镇谢家村，沙子镇十二盘村、大漆村、明星村、黄金村，淇滩镇三壶瓶村、水银洞村、花园村、茶村、艾坝村、柳池村，官舟镇黑水乡	1493	37325	20902	17916	34339	5972
520627103	沿河自治县土地坳镇	1379	34476	19306	16548	31717	5516
520626101	德江县青龙镇	1702	40848	23828	20424	37444	6808
520626102	德江县合兴镇、堰塘乡、钱家乡、龙泉乡、荆角乡	1592	38208	22288	19104	35024	6368

说明：1. 本表征地补偿标准只包含土地补偿和安置补助费，不含青苗和地上附着物补偿费；2. 地上青苗补偿标准按照统一年产值的 1 倍计算；3. 地上附着物补偿标准，由县人民政府参照拆迁补偿安置方案制定

表 2-22　坟墓搬迁补偿指导标准表

类别		补偿标准（元 / 座）	备注
有碑毛石坟	砚台碑	1000	凡属合墓的另加 800 元 / 座
	三厢碑	1200	
	五厢碑	1400	
	七厢碑	1600	
	九厢碑	1800	
	牌坊碑	2000	

续表 2-22

类别	补偿标准（元 / 座）	备注
有碑料石坟	2500	凡属合墓的另加 800 元 / 座
其他坟（土堆坟）	800	

第三节 德务高速公路德江段安置补偿标准

一、征地补偿标准

玉水街道（原青龙镇）为一类年产值标准，耕地补偿标准按 24 倍计算，钱家乡、龙泉乡为二类年产值标准，耕地补偿标准按 24 倍计算，沙溪乡、楠杆乡为三类年产值标准，耕地补偿标准按 23 倍计算。

表 2-23 征地补偿指导标准表

单位：元 / 亩

区域编号	区域范围	统一年产值标准	征地补偿标准				
			耕地	园地	其他农用地（含林地、牧草地）	建设用地	未利用地
520526101	德江县玉水街道	1702	40848	23828	20424	37444	6808
520526102	德江县龙泉钱家乡	1592	38208	22288	19104	35024	6368
520526103	沙溪乡、楠杆乡	1532	35236	19916	16852	30640	6128

说明：1. 本表征地补偿标准只包含土地补偿和安置补助费，不含青苗和地上附着物补偿费；2. 地上背茵补偿标准按照统一年产值的 1 倍计算；3. 地上附着物补偿标准，由县人民政府参照拆迁补偿安置方案制定

二、房屋拆迁补偿标准

表 2-24 房屋拆迁补偿指导标准表

单位：元 / 平方米

序号	补偿类别	补偿标准	
		划地安置	货币安置
1	框架结构	760	860
2	砖混结构	620	720

续表 2-24　　　　单位：元 / 平方米

序号	补偿类别	补偿标准	
		划地安置	货币安置
3	砖木结构	530	630
4	石砌结构现浇板屋面	480	580
5	石砌结构青瓦屋面	420	560
6	木瓦结构	450	550
7	土木结构	380	480
8	简易房	200	300
9	简易棚	80	150

说明：1. 上述 1 ~ 5 项房屋基准价格主体墙为毛坯房，同时包括女儿墙及木门木窗、木门带窗；2. 营业房：(1) 营业房的认定：需系临街第一个自然开间并具备规划许可证、土地使用证、营业执照、税务登记证或房屋产权证等合法证件和手续为依据综合认定。(2) 对营业房，按上述相应房屋类别补偿标准进行拆迁补偿，对其经营停产、停业补偿，按经营场所面积 8 元 / 平方米 / 月计算，共计 6 个月；3. 生产、办公、库房等非住宅房屋参照房屋补偿标准执行

表 2-25　房屋附属设施补偿指导标准表

序号	单位	补偿标准
1	座机电话（不含分机）	130 元 / 部
2	宽带移户费	130 元 / 户
3	有线电视	300 元 / 户
4	水户头	700 元 / 户
5	电户头	550 元 / 户
6	空调拆装费	350 元 / 台
7	电热水器	500 元 / 套
8	太阳能热水器	800 元 / 套

表 2-26　搬迁周转临时过渡补助费指导标准表

类别		补偿标准	备注
搬迁补偿费	住宅房	6—12 元 / 平方米	每户累计不足 600 元的按 600 元计算，超过 600 元的据实补偿
	营业房	12—24 元 / 平方米	
	生产用房、库房、办公用房	12—18 元 / 平方米	

续表 2-26

类别		补偿标准		备注
临时周转过渡费		住宅房	5—6 元 / 平方米 / 月	周转过渡期限为房屋拆迁协议签订之日起 10 个月内
		营业房	15 元 / 平方米 / 月	
		生产用房、库房、办公用	12 元 / 平方米 / 月	
		畜圈	3 元 / 平方米 / 月	
搬迁奖励	从协议签字之日起 15 日内搬迁完毕	3000 元 / 户		
	从协议签字之日起 15—30 日内搬迁完毕	2000 元 / 户		
划地安置建房补助费		2300 元 / 户		“五通一平”等

说明：不需要周转过渡的不予支付临时周转过渡费用

表 2-27　房屋装饰装修补偿指导标准表

类别	名称	单价
一、门窗类	入户防盗门	500—700 元 / 扇
	自制不锈钢防盗门	480 元 / 平方米
	自制普通铁门	180 元 / 平方米
	卷闸门	120 元 / 平方米
	造型包门	300—500 元 / 扇
	成品门	140—200 元 / 扇
	门套	30 元 / 米
	铝合金门窗	140 元 / 平方米
	纱窗	60 元 / 扇或 30 元 / 平方米
	防盗网（钢条）	80 元 / 平方米
	防盗网（不锈钢、彩钢）	90 元 / 平方米
	窗套	25 元 / 米
二、室外装饰装修	罗马柱（与砖砌墙体差价）	22 元 / 米
	外墙墙砖	60 元 / 平方米
	外墙漆	35 元 / 平方米
	内墙水泥清光	20 元 / 平方米
	外墙水泥清光	30 元 / 平方米
	琉璃瓦	80 元 / 平方米
三、照明电线	暗线（按房屋面积计算）	15 元 / 平方米
	明线（按房屋面积计算）	5 元 / 平方米

续表 2–27

类别	名称	单价
四、扶手护栏	圆钢	120 元 / 米
	不锈钢	160 元 / 米
	木质	80 元 / 米
	钢条	50 元 / 米
	瓷柱栏杆	120 元 / 米
五、室内装饰装修	塑料扣板吊顶	35 元 / 平方米
	木结构吊顶	60 元 / 平方米
	塑钢、铝塑扣板吊顶	70 元 / 平方米
	石膏线	6 元 / 米
	石膏板吊顶	35 元 / 平方米
	地砖 80 × 80 厘米	70—90 元 / 平方米
	地砖 60 × 60 厘米	50—70 元 / 平方米
	地砖 50 × 50 厘米	45—55 元 / 平方米
	地砖 30 × 30 厘米	35—40 元 / 平方米
	地砖 25 × 25 厘米	30—35 元 / 平方米
	大理石、花岗石	120—170 元 / 平方米
	耐磨地板砖、水磨石	70 元 / 平方米
	耐磨抛光地板砖	70—80 元 / 平方米
	墙砖（卫生间）	25 元 / 平方米
	竹、实木地板	80—140 元 / 平方米
	拼花木地板	140—160 元 / 平方米
	强化、复合木地板	60—80 元 / 平方米
	地脚线	7—15 元 / 平方米
	木墙裙（高 1 米左右）	50 元 / 平方米
	瓷砖墙裙（高 1 米左右）	30 元 / 平方米
	电视背景墙	150 元 / 平方米
六、固定柜	壁柜（按面积计算）	170 元 / 平方米
	吊柜（高 70 厘米）以内	80 元 / 米
	装饰柜（按面积计算）	120 元 / 平方米
	整体橱柜（不含吊柜）	1300 元 / 米（1000 元 / 米）
七、雕花玻璃	厚度 8 毫米以下（含 8 毫米）	140 元 / 平方米
	厚度 8 毫米以上	190 元 / 平方米

续表 2-27

类别	名称	单价
八、卫生洁具	台式面盆	300 元 / 套
	浴缸	460 元 / 套
	蹲式大便器	60 元 / 个
	坐式大便器	240 元 / 个
	铝合金洗菜盆（双眼）	290 元 / 个
	花岗石洗脸台	120 元 / 米
	瓷砖面洗手池	360 元 / 米
	陶瓷脸盆	140 元 / 个
	不锈钢面盆	120 元 / 套
	不锈钢洗菜盆（双眼）	130 元 / 套
九、室内墙面	仿瓷	10 元 / 平方米
	乳胶漆	12 元 / 平方米
	墙纸	15 元 / 平方米
	107	4 元 / 平方米

表 2-28 构筑物补偿指导标准表

类别	补偿名称	单位	补偿标准	备注
一、堡坎	浆砌堡坎	元 / 平方米	190—240	
	干砌堡坎	元 / 平方米	120—170	
	混凝土挡土墙	元 / 平方米	360—440	
二、围墙	实心砖砌围墙	元 / 平方米	260—320	
	空心砖砌围墙	元 / 平方米	200—260	
	浆砌石围墙	元 / 平方米	160—200	
	片石干砌土质围墙	元 / 平方米	70—100	
	简易式围墙	元 / 平方米	30—35	
三、炉灶	瓷砖面炉灶	元 / 眼	200—250	
	水泥面炉灶	元 / 眼	130—180	
	瓷砖面组合灶	元 / 米	240—300	
	水泥面组合灶	元 / 米	190—250	

续表 2-28

类别	补偿名称	单位	补偿标准	备注
四、水池、水窖、粪池、沼气	蓄水池（盖板、墙体60厘米厚）	元/平方米	260—300	以容积计算
	石板水（粪）池	元/平方米	120—170	
	水泥水（粪）池	元/平方米	180—240	
	土质水（粪）池	元/平方米	30	
	化粪池	元/平方米	300	
	沼气	元/平方米	480	
五、苕坑	苕坑（砖砌）	元/个	600—800	
	苕坑（土）	元/个	300—400	
六、水井	地下水井	元/口	1600—2000	
	水井	元/口	300—400	
七、晒坝	混凝土晒坝	元/平方米	40—50	
	青石晒坝	元/平方米	45—70	
	简易水泥地坪晒坝	元/平方米	25—35	
	土质晒坝	元/平方米	8—12	
八、道路	料石道路	元/平方米	45—70	
	混凝土道路	元/平方米	45—60	此项未能自建混道路（含底基层）
	沥青道路	元/平方米	45—60	
	铺砖、铺石道路	元/平方米	18—25	
	土质道路	元/平方米	7—12	
九、沟渠	水泥石灰浆砌石沟渠	元/平方米	180—210	以砌体计算
	片室干砌	元/平方米	100—120	
	土质沟渠	元/平方米	20	以挖方体积计算
	毛石涵洞（暗沟）	元/平方米	220	
十、大棚	木、竹架、薄膜棚顶	元/平方米	20	
	金属架　薄膜棚顶	元/平方米	80	
	金属架、玻璃棚顶	元/平方米	160	
十一、喷灌设施	胶管	元/米	8	按长度计算
	金属管	元/米	15	
十二、圈舍、厕所、煤棚、烤房	砖混结构	元/平方米	400—500	
	砖木结构	元/平方米	300—400	
	木结构	元/平方米	250—300	

续表 2-28

类别	补偿名称	单位	补偿标准	备注
十二、圈舍、厕所、煤棚、烤房	土木结构	元 / 平方米	200—300	
	简易结构	元 / 平方米	150—250	
	烤烟烘房	元 / 平方米	400	
十三、钢架铁皮顶	钢架铁皮顶（无围护）	元 / 平方米	150	
	砖砌体钢架铁皮顶	元 / 平方米	500	
十四、其他	水泥抹面独立砖柱砌体	元 / 平方米	300	
	水泥梯步	元 / 平方米	50	
	石板梯步	元 / 平方米	60	
	阶檐（水泥）	元 / 平方米	50	
	阶檐（石板）	元 / 平方米	60	
	砖瓦窑	元 / 个	6000	
	石灰窑	元 / 个	4000	
	卫星地面接收器	元 / 个	200	
	碓、石磨	元 / 个	200	
	仓房	元 / 平方米	300	
	家庭三相动力	元 / 套	3000	
	雨棚	元 / 平方米	80	

三、林木补偿指导标准

表 2-29　成片林木补偿指导标准表

单位：元 / 平方米

林种	林龄（组）	树种	补偿标准				
			林木蓄积产值	造林抚育管护费用	补偿倍数	补偿单价	补偿费用
用材林	未成林造林地			600	1	600	单价 × 面积
	幼龄林			600	2	1200	单价 × 面积
	中熟林、近熟林	马尾松、软阔类	550		1	550	补偿单价 × 林木蓄积量
		杉木、柏木、硬阔类	680			680	
	成熟林、过熟林	马尾松、软阔类	1100		0.5	550	
		杉木、柏木、硬阔类	1360			680	

续表 2-29

单位：元 / 平方米

林种	林龄（组）	树种	补偿标准				
			林木蓄积产值	造林抚育管护费用	补偿倍数	补偿单价	补偿费用
特种用途林、防护林	未成林造林地			600	1	600	单价 × 面积
	幼龄林			600	2	1200	单价 × 面积
	中熟林、近熟林	马尾松、软阔类	550		2	1100	补偿单价 × 林木蓄积量
		杉木、柏木、硬阔类	680			1360	
	成熟林、过熟林	马尾松、软阔类	1100		1	1100	
		杉木、柏木、硬阔类	1360			1360	
薪炭林、灌木林				600	1	600	单价 × 面积

说明：1. 成片林木指面积大于或等于 1 亩并达到相关标准的林木；其他按零星林木对待。2. 造林成本：包括上一年度单位面积工程造林所需费用及抚育、管护全部投资，计 600 元 / 亩。实施过程中特殊情况个案处理。3. 有林木蓄积的幼龄林要参照中龄林的林木蓄积量补偿标准计算，按就高不就低原则执行。4. 退耕还林的林木按国家及贵州的有关规定执行。5. 木材产值：(1) 马尾松、软阔类 550 元 / 立方米；(2) 杉木、柏木、硬阔类 680 元 / 立方米

表 2-30　经济林补偿指导标准表

单位：元 / 亩

树种	产期	疏密度	补偿标准	备注
板栗、核桃	产前期	疏	1500	定植第二年后至初挂果
		中	1800	
		密	2200	
	初产期、衰产期	疏	3500	
		中	4000	
		密	4500	
	盛产期	疏	10000	
		中	11000	
		密	13000	
苹果、梨子、桃、花红、杏、拐枣、枣、石榴、李子、柿子、樱桃等	产前期	疏	1500	定植第二年后至初挂果
		中	1800	
		密	2000	
	初产期、衰产期	疏	4500	
		中	4800	
		密	5000	

续表 2-30　　单位：元 / 亩

树种	产期	疏密度	补偿标准	备注
苹果、梨子、桃、花红、杏、拐枣、枣、石榴、李子、柿子、樱桃等	盛产期	疏	10000	
		中	11000	
		密	12000	
柑、橘、橙、柚类	产前期	疏	1500	定植第二年后至初挂果
		中	1800	
		密	2000	
	初产期、衰产期	疏	3500	
		中	3800	
		密	4000	
	盛产期	疏	8000	
		中	9000	
		密	10000	
杨梅、枇杷	产前期	疏	3000	定植第二年后至初挂果
		中	3500	
		密	4000	
	初产期、衰产期	疏	5000	
		中	6000	
		密	7000	
	盛产期	疏	11000	
		中	12000	
		密	13000	
葡萄、猕猴桃（含架子费用）	产前期	疏	3000	定植第二年后至初桂果
		中	3500	
		密	4000	
	初产期、衰产期	疏	5000	
		中	6000	
		密	7000	
	盛产期	疏	11000	
		中	12000	
		密	13000	
油茶、油桐、乌桕棕榈、漆树、花椒、吴茱萸、杜仲、黄柏、厚朴、八角	产前期	疏	1500	定植第二年后至初挂果
		中	1800	
		密	2000	

续表 2–30　　单位：元 / 亩

树种	产期	疏密度	补偿标准	备注
油茶、油桐、乌桕棕榈、漆树、花椒、吴萸、杜仲、黄柏、厚朴、八角	初产期、衰产期	疏	3500	
		中	3800	
		密	4000	
	盛产期	疏	8000	
		中	9000	
		密	10000	
楠竹、金竹、雷竹、撑绿竹	产前期	疏	1500	
		中	1800	
		密	2000	
	初产期、衰产期	疏	3500	
		中	3800	
		密	4000	
	盛产期	疏	8000	
		中	9000	
		密	10000	
麻竹、白夹竹、水竹、慈竹、绵竹	产前期	疏	1500	
		中	1800	
		密	2000	
	初产期、衰产期	疏	2500	
		中	2800	
		密	3000	
	盛产期	疏	6000	
		中	7000	
		密	8000	
其他杂竹	产前期	疏	1000	
		中	1300	
		密	1500	
	初产期、衰产期	疏	2000	
		中	2300	
		密	2500	
	盛产期	疏	5000	
		中	6000	
		密	7000	

续表 2–30

单位：元 / 亩

树种	产期	疏密度	补偿标准	备注
茶叶	产前期	疏	4000	
		中	4500	
		密	5000	
	初产期、衰产期	疏	6000	
		中	6300	
		密	6500	
	盛产期	疏	14000	
		中	15000	
		密	16000	
刺梨、无花果、金银花	产前期	疏	1500	
		中	1800	
		密	2000	
	初产期、衰产期	疏	2500	
		中	2800	
		密	3000	
	盛产期	疏	6500	
		中	7000	
		密	7500	
桑园	产前期	疏	1500	
		中	1800	
		密	2000	
	初产期、衰产期	疏	2500	
		中	2800	
		密	3000	
	盛产期	疏	4500	
		中	4800	
		密	5000	
脐橙、沿河空心李	产前期	疏	4000	
		中	5000	
		密	6000	
	初产期、衰产期	疏	6000	
		中	7000	
		密	8000	

续表 2-30 单位：元 / 亩

树种	产期	疏密度	补偿标准	备注
脐橙、沿河空心李	盛产期	疏	17000	
		中	18000	
		密	19000	

说明：未成林造林地或初植期补偿标准按初产期补偿标准 50% 计算

表 2-31　零星林木补偿指导标准表

补偿类别		计量单位	补偿标准	备注
马尾松、软阔类、其他杂木	胸径≤ 5 厘米，高度≥ 1.5 米	元 / 株	5	胸径≤ 5 厘米，高度≤ 1.5 米不予补偿
	胸径 5—10 厘米	元 / 株	15	
	胸径 11—15 厘米	元 / 株	30	
	胸径 16—20 厘米	元 / 株	50	
	胸径 21—30 厘米	元 / 株	70	
	胸径≥ 31 厘米	元 / 株	100	
杉木、柏木、硬阔类	胸径≤ 5 厘米，高度≥ 1.5 米	元 / 株	10	胸径≤ 5 厘米，高度≤ 1.5 米不予补偿
	胸径 5—10 厘米	元 / 株	30	
	胸径 11—15 厘米	元 / 株	50	
	胸径 16—20 厘米	元 / 株	80	
	胸径 21—30 厘米	元 / 株	100	
	胸径≥ 31 厘米	元 / 株	120	
板栗、核桃	缓苗期	元 / 株	10	
	产前期	元 / 株	50	
	初产期、衰产期	元 / 株	100	
	盛产期	元 / 株	250	
拐枣、柿子、苹果、花红、杏、石榴、樱桃、梨、桃、李、枣等	缓苗期	元 / 株	10	
	产前期	元 / 株	40	
	初产期、衰产期	元 / 株	100	
	盛产期	元 / 株	200	
柑、橘、橙、柚类	缓苗期	元 / 株	10	
	产前期	元 / 株	40	
	初产期、衰产期	元 / 株	100	
	盛产期	元 / 株	250	

续表 2-31

补偿类别		计量单位	补偿标准	备注
杨梅、枇杷等	缓苗期	元 / 株	10	
	产前期	元 / 株	40	
	初产期、衰产期	元 / 株	150	
	盛产期	元 / 株	250	
葡萄、猕猴桃（含架子费用）	缓苗期	元 / 株	10	
	产前期	元 / 株	50	
	初产期、衰产期	元 / 株	100	
	盛产期	元 / 株	200	
油茶、油桐、乌柏、棕榈、漆树、花椒、吴萸、杜仲、黄柏、厚朴、八角	缓苗期	元 / 株	10	
	产前期	元 / 株	30	
	初产期、衰产期	元 / 株	70	
	盛产期	元 / 株	150	
茶叶	缓苗期	元 / 株	5	
	产前期	元 / 笼	20	
	初产期、衰产期	元 / 笼	35	
	盛产期	元 / 笼	50	
刺梨、无花果、金银花	缓苗期	元 / 株	5	
	产前期	元 / 株	20	
	初产期、衰产期	元 / 株	40	
	盛产期	元 / 株	80	
楠竹、金竹、雷竹、撑绿竹	胸径 2.5 厘米	元 / 株	2	
	胸径 2.5—5.9 厘米	元 / 株	5	
	胸径 6—15 厘米	元 / 株	10	
	胸径≥ 16 厘米	元 / 株	20	
其他竹类	胸径 2.5 厘米	元 / 株	2	
	胸径 2.5—5.9 厘米	元 / 株	4	
	胸径 6—15 厘米	元 / 株	8	
	胸径≥ 16 厘米	元 / 株	15	
珍稀树木（列入省级以上保护的林木）	胸径< 5 厘米	元 / 株	15	
	胸径 5—10 厘米	元 / 株	30	
	胸径 11—15 厘米	元 / 株	100	
	胸径 16—20 厘米	元 / 株	250	

续表 2-31

补偿类别		计量单位	补偿标准	备注
珍稀树木（列入省级以上保护的林木）	胸径 21—30 厘米	元 / 株	400	
	胸径≥ 31 厘米	元 / 立方米	1300	
古大树木	马尾松及软阔类等	元 / 立方米	1000	
	杉、柏、樟、楠及硬阔类等	元 / 立方米	1500	

说明：缓苗期指苗木定植后一个生产年内

表 2-32　绿化苗木补偿指导标准表

补偿类别			计量单位	补偿标准
金丝草			元 / 平方米	30
茶花、冬青、三角梅、千头柏、花孝顺竹、凤尾竹、芙蓉、石榴、四季桂、黄花槐、栀子	冠幅≤ 20 厘米		元 / 株（丛、盆）	8
	冠幅 21—49 厘米		元 / 株（丛、盆）	20
	冠幅 50—99 厘米		元 / 株（丛、盆）	70
	冠幅≥ 100 厘米		元 / 株（丛、盆）	140
夹竹桃、剑麻、洒金柏、六月雪	冠幅≤ 20 厘米		元 / 株（丛、盆）	4
	冠幅 21—49 厘米		元 / 株（丛、盆）	10
	冠幅 50—99 厘米		元 / 株（丛、盆）	40
	冠幅≥ 100 厘米		元 / 株（丛、盆）	100
女贞类、小檗类、檵木类、海桐类、黄杨类、丁香类、结香、木槿、铺地柏、迎春、月季、蔷薇、紫藤、爬山虎、牡丹	冠幅≤ 20 厘米		元 / 株（丛、盆）	5
	冠幅 21—49.9 厘米		元 / 株（丛、盆）	10
	冠幅 50—99.9 厘米		元 / 株（丛、盆）	50
	冠幅≥ 100 厘米		元 / 株（丛、盆）	120
苏铁	地径≤ 5 厘米		元 / 株	10
	地径 6—9.9 厘米		元 / 株	20
	地径 10—15.9 厘米		元 / 株	50
	地径 16—21.9 厘米		元 / 株	100
	地径 22—25.9 厘米		元 / 株	150
	地径 26—27.9 厘米		元 / 株	200
	地径 28—30 厘米		元 / 株	250
香樟类、玉兰类、含笑类、樱花、女贞、木莲、栾树、黄葛榕、水杉、垂柳、龙爪槐、柏类、石楠类	地径≤ 1.0 厘米		元 / 株	1
	地径 1—1.9 厘米		元 / 株	2
	地径 2—2.9 厘米		元 / 株	5
	地径 3—4.9 厘米		元 / 株	10

续表 2-32

补偿类别			计量单位	补偿标准
香樟类、玉兰类、含笑类、樱花、女贞、木莲、栾树、黄葛榕、水杉、垂柳、龙爪槐、柏类、石楠类	地径 5—5.9 厘米		元 / 株	30
	地径 6—8.9 厘米		元 / 株	50
	地径 9—10.9 厘米		元 / 株	100
	地径≥ 11 厘米		元 / 株	200
	米径 5—7.9 厘米	树高≥ 4 米	元 / 株	200
	米径 8—9.9 厘米	树高≥ 5 米	元 / 株	500
	米径 10—20.9 厘米	树高≥ 6 米	元 / 株	800
	米径 21—30.9 厘米	树高≥ 8 米	元 / 株	2000
	米径≥ 31 厘米	树高≥ 10 米	元 / 株	5000
楠木类、雪松、银杏、紫薇、紫荆、红豆杉、台湾杉、乌柿	地径≤ 1 厘米	苗高≤ 0.3 米	元 / 株	1
	地径≤ 1 厘米	0.3 米≤苗高≥ 0.5 米	元 / 株	2
	地径≤ 1 厘米	苗高≥ 0.5 米	元 / 株	3
	地径 1—1.9 厘米		元 / 株	5
	地径 2—2.9 厘米		元 / 株	20
	地径 3—4.9 厘米		元 / 株	50
	地径 5—6.9 厘米		元 / 株	100
	地径 7—8.9 厘米		元 / 株	200
	地径 9—10.9 厘米		元 / 株	300
	地径≥ 11 厘米		元 / 株	500
	米径 5—7.9 厘米	苗高≥ 4 米	元 / 株	500
	米径 8—9.9 厘米	苗高≥ 5 米	元 / 株	800
	米径 10—20.9 厘米	苗高≥ 6 米	元 / 株	1000
	米径 21—30.9 厘米	苗高≥ 8 厘米	元 / 株	5000
桂花、罗汉松、珙桐	米径≥ 31 厘米	苗高≥ 10 米	元 / 株	10000
	地径≤ 1 厘米	苗高≤ 0.3 厘米	元 / 株	2
	地径≤ 1 厘米	0.3 米≤苗高≥ 0.5 米	元 / 株	4
	地径≤ 1 厘米	苗高≥ 0.5 米	元 / 株	6
	地径 1—1.9 厘米		元 / 株	10
	地径 2—2.9 厘米		元 / 株	50
	地径 3—4.9 厘米		元 / 株	100
	地径 5—6.9 厘米		元 / 株	150
	地径 7—8.9 厘米		元 / 株	300

续表 2-32

补偿类别			计量单位	补偿标准
桂花、罗汉松、珙桐	地径 9—10.9 厘米		元 / 株	500
	地径≥ 11 厘米		元 / 株	1000
	米径 5—7.9 厘米	苗高≥ 4 米	元 / 株	1000
	米径 8—9.9 厘米	苗高≥ 5 米	元 / 株	1500
	米径 10—20.9 厘米	苗高≥ 6 米	元 / 株	2000
	米径 21—30.9 厘米	苗高≥ 7 厘米	元 / 株	10000
	米径≥ 31 厘米	苗高≥ 8 米	元 / 株	20000
太子参			元 / 亩	7000

说明：以上绿化苗木有物价、林业部门制定的最新最高限价标准的，按其标准执行；不得执行本表标准

四、炮损补偿标准

表 2-33 炮损补偿指导标准表

类别	名称	单价	备注
一、砖瓦房	屋顶表面受损裂缝采取二布三油处理方法	40 元 / 平方米	
	屋内顶面受损补缺刷浆	18 元 / 平方米	
	室内外墙身轻微裂缝维缮刷浆	20 元 / 平方米	
	主体墙身受损裂缝	200—300 元 / 平方米	
二、砖木结构瓦面房	大波形石棉瓦 1.8 × 0.6 米	40 元 / 张	
	小波形石棉瓦 1.8 × 0.6 米	35 元 / 张	
	小青瓦受损补漏	40 元 / 平方米	
	普通水泥瓦	40 元 / 平方米	
	檩子受损更换	90 元 / 根	
	橡皮断损更换	30 元 / 块	
	木楼板受损更换	60 元 / 平方米	
三、砖木结构草面房	更换檩子	1.9 元 / 根	
	更换椽阁	30 元 / 块	
	换草补洞	30 元 / 平方米	
四、土墙瓦面房、土墙草面房	土墙身裂缝（含双面）修缮	40 元 / 平方米	
	补修墙身（含双面）粉刷石灰浆	50 元 / 平方米	
	瓦、檩子、椽阁等参照第二、三款执行		

续表 2-33

类别	名称	单价	备注
五、石墙瓦面、草面房	补墙身裂缝	70 元 / 米	含室内粉刷，其他参照第二、三款执行
六、普通照明线	进线 4 平方毫米双线（铝芯）	7 元 / 米	
	进线 6 平方毫米双线（铝芯）	10 元 / 米	
	进线 10 平方毫米双线（铝芯）	12 元 / 米	
	进线 15 平方毫米双线（铝芯）	16 元 / 米	
	进线 25 平方毫米双线（铝芯）	8 元 / 米	
	更换木杆	150 元 / 根	
	更换水泥电线杆	400 元 / 根	
七、供水设施	6 分镀锌管	20 元 / 米（含配件）	
	4 分镀锌管	15 元 / 米（含配件）	
八、畜厩厕所补偿参照上述同类住宅等级，补偿费下浮 30% 执行			
九、各类构造物补偿	室内外水泥地面裂缝	20 元 / 平方米	
	住宅标准门	带风窗的每樘 140 元，不带风窗的每樘 100 元	
	标准窗子	70 元 / 平方米（含玻璃、油漆）	
	门窗玻璃	15 元 / 平方米	
	铝合金	120 元 / 平方米	

说明：1. 上述各类线、杆的赔补含配件在内。2. 炮损补偿在路基工程施工基本结束前处理完善

五、坟墓搬迁补偿标准

表 2-34 坟墓搬迁补偿标准表

类别		补偿标准（元 / 座）	备注
有碑毛石坟	砚台碑	1000	凡属合墓的另加 800 元 / 座
	三厢碑	1200	
	五厢碑	1400	
	七厢碑	1600	
	九厢碑	1800	
	牌坊碑	2000	

续表 2–34

类别	补偿标准（元 / 座）	备注
有碑料石坟	2500	凡属合墓的另加 800 元 / 座
其他坟（土堆坟）	800	

第四节　德余高速公路德江段安置补偿标准

根据德江县人民政府办公室文件德府办发〔2021〕3 号，德江至余庆高速公路（德江段）征地拆迁安置补偿标准：（一）按照《铜仁市人民政府关于实施铜仁市征地区片综合地价标准的通知》（铜府办函〔2020〕90 号）文件执行。（二）地上附属物、构筑物补偿标准。按照《德江县人民政府关于调整征收土地地上附着物补偿标准的通知》（德府发〔2019〕5 号）文件执行。

表 2–35　德江县征收土地成片林木补偿标准表

单位：元 / 立方米、亩、元 / 株、元

林种	林龄	树种	补偿标准		规格	补偿标准		备注
			单价	补偿费		单价	补偿费	
用材林、防护林、特种用途林	未成林造林地	—	600	单价 × 面积	—	—	—	当年栽当年补偿
	幼龄林	—	1000	单价 × 面积				栽种 1—3 年
	中、近、成、过熟林	马尾松	500	补偿单价 × 林木蓄积量	胸径＜5 厘米，高度＞1.5 米	5	补偿单价 × 林木株树	胸径＜5 厘米，高度＜1.5 米不予补偿
					胸径 5—10 厘米	15		
					胸径 11—15 厘米	30		
					胸径 16—20 厘米	50		
					胸径 21—30 厘米	70		
					胸径≥31 厘米	100		
	中、近、成、过熟林	杉木 柏木	680	补偿单价 × 林木蓄积量	胸径＜5 厘米，高度＞1.5 米	10	补偿单价 × 林木株树	胸径＜5 厘米，高度＜1.5 米不予补偿
					胸径 5—10 厘米	30		
					胸径 11—15 厘米	50		
					胸径 16—20 厘米	80		
					胸径 21—30 厘米	100		
					胸径≥31 厘米	120		

续表 2-35

单位：元 / 立方米、亩、元 / 株、元

林种	林龄	树种	补偿标准		规格	补偿标准		备注
			单价	补偿费		单价	补偿费	
	中、近、成、过熟林	杂木类（软、硬阔）	500	补偿单价 × 林木蓄积量	胸径＜ 5 厘米，高度＞ 1.5 米	5	补偿单价 × 林木株树	胸径＜ 5 厘米，高度＜ 1.5 米不予补偿
					胸径 5—10 厘米	10		
					胸径 11—15 厘米	25		
					胸径 16—20 厘米	40		
					胸径 21—30 厘米	50		
					胸径≥ 31 厘米	80		
薪炭林灌木林	—	—	600	单价 × 面积	—	—	—	

表 2-36 德江县征收经济林补偿标准表

单位：元 / 亩、株 / 亩

林种	树种	成片林木				零星林木	
		产期	疏密度	补偿标准（元 / 亩）	备注	产期	补偿标准（元 / 亩）
经济林	板栗、油茶	缓苗期	疏	230	标准密度为 74 株 / 亩； 15 株＜疏≤ 30 株； 30 株＜中≤ 63 株； 密＞ 63 株以上； 15 株以下按零星林木测算	缓苗期	10
			中	470			
			密	740			
		产前期	疏	920		产前期	40
			中	1600			
			密	2600			
		初产期、衰产期	疏	1800		初产期、衰产期	80
			中	3200			
			密	5000			
		盛产期	疏	4000		盛产期	200
			中	9000			
			密	12000			

续表 2-36

单位：元 / 亩、株 / 亩

林种	树种	成片林木				零星林木	
		产期	疏密度	补偿标准（元 / 亩）	备注	产期	补偿标准（元 / 亩）
经济林	核桃	缓苗期	疏	240	标准密度为 33 株 / 亩；7 株＜疏≤ 22 株；22 株＜中≤ 28 株；密＞ 28 株以上；7 株以下按零星林木测算	缓苗期	16
			中	408			
			密	528			
		产前期	疏	1000		产前期	70
			中	1500			
			密	2000			
		初产期、衰产期	疏	2200		初产期、衰产期	100
			中	3600			
			密	4200			
		盛产期	疏	5000		盛产期	250
			中	9000			
			密	12000			
经济林	花椒	缓苗期	疏	235	青椒标准密 110 株 / 亩；22 株＜疏≤ 44 株；44 株＜中≤ 94 株；密＞ 94 株以上；22 株以下按零星林木测算。红椒标准密度 89 株 / 亩；18 株＜疏≤ 36 株；36 株＜中≤ 76 株；密＞ 76 株	缓苗期	5
			中	450			
			密	700			
		产前期	疏	600		产前期	15
			中	1200			
			密	2000			
		初产期、衰产期	疏	1500		初产期、衰产期	40
			中	3200			
			密	5000			
		盛产期	疏	4000		盛产期	100
			中	7800			
			密	13000			
经济林	油桐、乌桕、吴萸、漆树、棕树	缓苗期	疏	85	标准密度为 56 株 / 亩；11 株＜疏≤ 22 株；22 株＜中≤ 48 株；密＞ 48 株以上；11 株以下按零星林木测算	缓苗期	5
			中	170			
			密	280			
		产前期	疏	250		产前期	15
			中	500			
			密	800			

续表 2-36

单位：元 / 亩、株 / 亩

林种	树种	成片林木				零星林木	
		产期	疏密度	补偿标准（元 / 亩）	备注	产期	补偿标准（元 / 亩）
经济林	油桐、乌桕、吴茰、漆树、棕树	初产期、衰产期	疏	340	标准密度为 56 株 / 亩；11 株＜疏≤ 22 株；22 株＜中≤ 48 株；密＞ 48 株以上；11 株以下按零星林木测算	初产期、衰产期	20
			中	700			
			密	1100			
		盛产期	疏	700		盛产期	30
			中	1100			
			密	1500			
经济林	茶叶	缓苗期	疏	841		缓苗期	1
			中	1700			
			密	3000			
		产前期	疏	2300		产前期	3
			中	5000			
			密	7000			
		初产期、衰产期	疏	2800		初产期、衰产期	4
			中	6800			
			密	10000			
		盛产期	中	9500		盛产期	6
			密	16000			
经济林	柑、柚、橙、橘	缓苗期	疏	280	密度 56 株 / 亩；11 株＜疏≤ 22 株；22 株＜中≤ 48 株；密＞ 48 株以上；11 株以下按零星林木测算	缓苗期	17
			中	600			
			密	900			
		产前期	疏	800		产前期	50
			中	1600			
			密	2800			
		初产期、衰产期	疏	1700		初产期、衰产期	100
			中	3500			
			密	5000			
		盛产期	中	4200		盛产期	220
			密	8500			
			疏	13000			

续表 2-36

单位：元/亩、株/亩

林种	树种	成片林木				零星林木	
		产期	疏密度	补偿标准（元/亩）	备注	产期	补偿标准（元/亩）
经济林	杨梅、枇杷	缓苗期	疏	255	密度 56 株/亩；11 株＜疏≤ 22 株；22 株＜中≤ 48 株；密＞ 48 株以上； 11 株以下按零星林木测算	缓苗期	15
			中	533			
			密	840			
		产前期	疏	850		产前期	50

表 2-37　德江县征收土地上的绿化树苗补偿标准表

单位：厘米、株、元/亩、元/株

类型	树种	成片林木						零星林木				
		规格（质量指标）			密度大于（株）	计量单位	补偿标准（元/亩）	规格（质量指标）			计量单位	补偿标准（元/亩）
		地径	冠幅	苗高				地径	冠幅	苗高		
绿化苗木	红花檵木、红叶石楠、茶梅、冬青、凤尾竹、芙蓉、石榴、黄花槐、海桐、黄杨	—	冠幅≤ 20 厘米	苗高≥ 20 厘米	3127	元/亩	15635	—	冠幅≤ 20 厘米	苗高≥ 20 厘米	元/株	5
		—	冠幅 21—49 厘米	苗高≥ 40 厘米	1390	元/亩	27800	—	冠幅 21—49 厘米	苗高≥ 40 厘米	元/株	20
		—	冠幅 50—99 厘米	苗高≥ 50 厘米	372	元/亩	26000	—	冠幅 50—99 厘米	苗高≥ 50 厘米	元/株	70
		—	冠幅＞ 100 厘米	苗高≥ 80 厘米	255	元/亩	35700	—	冠幅＞ 100 厘米	苗高≥ 80 厘米	元/株	140
绿化苗木	夹竹桃、洒金柏、六月雪、四季桂、栀子	—	冠幅≤ 20 厘米	苗高≥ 20 厘米	7400	元/亩	22200	—	冠幅≤ 20 厘米	苗高≥ 20 厘米	元/株	3
		—	冠幅 21—49 厘米	苗高≥ 40 厘米	2600	元/亩	26000	—	冠幅 21—49 厘米	苗高≥ 40 厘米	元/株	10
		—	冠幅 50—99 厘米	苗高≥ 50 厘米	600	元/亩	24000	—	冠幅 50—99 厘米	苗高≥ 50 厘米	元/株	40
		—	冠幅＞ 100 厘米	苗高≥ 80 厘米	255	元/亩	30600	—	冠幅＞ 100 厘米	苗高≥ 80 厘米	元/株	120
绿化苗木	玉兰类、含笑类、女贞、木莲、龙爪槐、柏类、紫荆	地径＜ 1.0 厘米	—	苗高≤ 30 厘米	12500	元/亩	12500	地径＜ 1. 厘米	—	苗高≤ 30 厘米	元/株	1
		地径 1.0—1.9 厘米	—	30 厘米＜苗高＞ 50 厘米	5558	元/亩	11116	地径 1.0—1.9 厘米	—	30 厘米＜苗高＞ 50 厘米	元/株	2
		地径 2.0—2.9 厘米	—	苗高＞ 100 厘米	2500	元/亩	37500	地径 2.0—2.9 厘米	—	苗高＞ 100 厘米	元/株	15
		地径 3.0—3.9 厘米	—	苗高＞ 150 厘米	1389	元/亩	41670	地径 3.0—3.9 厘米	—	苗高＞ 150 厘米	元/株	30
		米径 3.0—3.9 厘米	—	苗高＞ 150 厘米	1040	元/亩	52000	米径 3.0—3.9 厘米	—	苗高＞ 150 厘米	元/株	50
		米径 4.0—4.9 厘米	冠幅≥ 50 厘米	苗高＞ 200 厘米	780	元/亩	46920	米径 4.0—4.9 厘米	冠幅≥ 50 厘米	苗高＞ 200 厘米	元/株	60

续表 2-37

单位：厘米、株、元 / 亩、元 / 株

类型	树种	成片林木						零星林木				
		规格（质量指标）			密度大于（株）	计量单位	补偿标准（元 / 亩）	规格（质量指标）			计量单位	补偿标准（元 / 亩）
		地径	冠幅	苗高				地径	冠幅	苗高		
绿化苗木	玉兰类、含笑类、女贞、木莲、龙爪槐、柏类、紫荆	米径 5.0—5.9 厘米	冠幅 ≥ 100 厘米	苗高 > 250 厘米	334	元 / 亩	40080	米径 5.0—5.9 厘米	冠幅 ≥ 100 厘米	苗高 > 250 厘米	元 / 株	120
		米径 6.0—7.9 厘米	冠幅 ≥ 150 厘米	苗高 > 250 厘米	167	元 / 亩	40080	米径 6.0—7.9 厘米	冠幅 ≥ 150 厘米	苗高 > 250 厘米	元 / 株	240
		米径 8.0—9.9 厘米	冠幅 ≥ 200 厘米	苗高 > 300 厘米	111	元 / 亩	39960	米径 8.0—9.9 厘米	冠幅 ≥ 200 厘米	苗高 > 300 厘米	元 / 株	360
		—	—	—	—	—	—	米径 10.0—15.9 厘米	冠幅 ≥ 200 厘米	树高 > 400 厘米	元 / 株	600
		—	—	—	—	—	—	米径 16.0—20.9 厘米	冠幅 ≥ 350 厘米	树高 > 600 厘米	元 / 株	1000
		—	—	—	—	—	—	米径 21 厘米以上	冠幅 ≥ 400 厘米	树高 > 800 厘米	元 / 株	1600
绿化苗木	女贞类、小檗类、丁香类、木槿、铺地柏、迎春、蔷薇、紫藤、牡丹	—	冠幅 ≤ 20 厘米	苗高 ≥ 20 厘米	7400	元 / 亩	29600	—	冠幅 ≤ 20 厘米	苗高 ≥ 20 厘米	元 / 株	4
		—	冠幅 21—49 厘米	苗高 ≥ 40 厘米	2600	元 / 亩	26000	—	冠幅 21—49 厘米	苗高 ≥ 40 厘米	元 / 株	10
		—	冠幅 50—99 厘米	苗高 ≥ 50 厘米	600	元 / 亩	30000	—	冠幅 50—99 厘米	苗高 ≥ 50 厘米	元 / 株	50
		—	冠幅 > 100 厘米	苗高 ≥ 80 厘米	390	元 / 亩	39000	—	冠幅 > 100 厘米	苗高 ≥ 80 厘米	元 / 株	100
绿化苗木	苏铁	地径 ≤ 5.0 厘米	冠幅 ≥ 30 厘米	苗高 ≥ 20 厘米	3127	元 / 亩	31270	地径 ≤ 5.0 厘米	冠幅 ≥ 30 厘米	苗高 ≥ 20 厘米	元 / 株	10
		地径 6.0—9.9 厘米	冠幅 ≥ 50 厘米	苗高 ≥ 25 厘米	1390	元 / 亩	27800	地径 6.0—9.9 厘米	冠幅 ≥ 50 厘米	苗高 ≥ 25 厘米	元 / 株	20
		地径 10.0—15.9 厘米	冠幅 ≥ 60 厘米	苗高 ≥ 40 厘米	782	元 / 亩	39100	地径 10.0—15.9 厘米	冠幅 ≥ 60 厘米	苗高 ≥ 40 厘米	元 / 株	50
		地径 16.0—21.9 厘米	冠幅 ≥ 80 厘米	苗高 ≥ 50 厘米	347	元 / 亩	34700	地径 16.0—21.9 厘米	冠幅 ≥ 80 厘米	苗高 ≥ 50 厘米	元 / 株	100
		地径 22.0—25.9 厘米	冠幅 ≥ 100 厘米	苗高 ≥ 60 厘米	222	元 / 亩	33300	地径 22.0—25.9 厘米	冠幅 ≥ 100 厘米	苗高 ≥ 60 厘米	元 / 株	150
		地径 26.0—27.9 厘米	冠幅 ≥ 120 厘米	苗高 ≥ 70 厘米	167	元 / 亩	33400	地径 26.0—27.9 厘米	冠幅 ≥ 120 厘米	苗高 ≥ 70 厘米	元 / 株	200
		地径 28 厘米以上	冠幅 ≥ 150 厘米	苗高 ≥ 80 厘米	111	元 / 亩	27750	地径 28 厘米以上	冠幅 ≥ 150 厘米	苗高 ≥ 80 厘米	元 / 株	250
绿化苗木	雪松、紫薇、樱花、水杉、红枫	地径 < 1.0 厘米	—	苗高 ≤ 30 厘米	16000	元 / 亩	16000	地径 < 1.0 厘米	—	苗高 ≤ 30 厘米	元 / 株	1
		地径 < 1.0 厘米	—	30 厘米 < 苗高 > 50 厘米	12500	元 / 亩	18750	地径 < 1.0 厘米	—	30 厘米 < 苗高 > 50 厘米	元 / 株	1.5
		地径 < 1.0 厘米	—	苗高 ≥ 50 厘米	8340	元 / 亩	20850	地径 < 1.0 厘米	—	苗高 ≥ 50 厘米	元 / 株	2.5
		地径 1.0—1.9 厘米	—	苗高 ≥ 100 厘米	3127	元 / 亩	31270	地径 1.0—1.9 厘米	—	苗高 ≥ 100 厘米	元 / 株	10

续表 2-37

单位：厘米、株、元 / 亩、元 / 株

类型	树种	成片林木						零星林木				
		规格（质量指标）			密度大于（株）	计量单位	补偿标准（元 / 亩）	规格（质量指标）			计量单位	补偿标准（元 / 亩）
		地径	冠幅	苗高				地径	冠幅	苗高		
绿化苗木	雪松、紫薇、樱花、水杉、红枫	地径 2.0—2.9 厘米	—	苗高 ≥ 150 厘米	2000	元 / 亩	40000	地径 2.0—2.9 厘米	—	苗高 ≥ 150 厘米	元 / 株	20
		地径 3.0—3.9 厘米	—	苗高 > 200 厘米	1300	元 / 亩	41700	地径 3.0—3.9 厘米	—	苗高 > 200 厘米	元 / 株	30
		米径 3.0—3.9 厘米	冠幅 ≥ 50 厘米	苗高 > 200 厘米	628	元 / 亩	50000	米径 3.0—3.9 厘米	冠幅 ≥ 50 厘米	苗高 > 200 厘米	元 / 株	80
		米径 4.0—5.9 厘米	冠幅 ≥ 100 厘米	苗高 > 250 厘米	334	元 / 亩	40080	米径 4.0—5.9 厘米	冠幅 ≥ 100 厘米	苗高 > 250 厘米	元 / 株	120
		米径 6.0—7.9 厘米	冠幅 ≥ 150 厘米	苗高 > 250 厘米	167	元 / 亩	46760	米径 6.0—7.9 厘米	冠幅 ≥ 150 厘米	苗高 > 250 厘米	元 / 株	280
		米径 8.0—9.9 厘米	冠幅 ≥ 200 厘米	苗高 > 300 厘米	125	元 / 亩	47500	米径 8.0—9.9 厘米	冠幅 ≥ 200 厘米	苗高 > 300 厘米	元 / 株	380
		—	—	—	—	—	—	米径 10.0—15.9 厘米	冠幅 ≥ 200 厘米	苗高 > 400 厘米	元 / 株	880
		—	—	—	—	—	—	米径 16 厘米以上	冠幅 ≥ 350 厘米	苗高 > 600 厘米	元 / 株	1200
绿化苗木	罗汉松、楠木、红豆杉、银杏	地径 < 1.0 厘米	—	苗高 > 50 厘米	12500	元 / 亩	25000	地径 < 1.0 厘米	—	苗高 > 50 厘米	元 / 株	2
		地径 1.0—1.9 厘米	—	苗高 > 100 厘米	3127	元 / 亩	31270	地径 1.0—1.9 厘米	—	苗高 > 100 厘米	元 / 株	10
		地径 2.0—2.9 厘米	—	苗高 > 150 厘米	2000	元 / 亩	30000	地径 2.0—2.9 厘米	—	苗高 > 150 厘米	元 / 株	15
		地径 3.0—3.9 厘米	冠幅 ≥ 30 厘米	苗高 > 150 厘米	1390	元 / 亩	41700	地径 3.0—3.9 厘米	冠幅 ≥ 30 厘米	苗高 > 150 厘米	元 / 株	30
		米径 3.0—3.9 厘米	冠幅 ≥ 60 厘米	苗高 > 200 厘米	782	元 / 亩	46920	米径 3.0—3.9 厘米	冠幅 ≥ 60 厘米	苗高 > 200 厘米	元 / 株	60
		米径 4.0—4.9 厘米	冠幅 ≥ 80 厘米	苗高 > 200 厘米	500	元 / 亩	50000	米径 4.0—4.9 厘米	冠幅 ≥ 80 厘米	苗高 > 200 厘米	元 / 株	100
		米径 5.0—5.9 厘米	冠幅 ≥ 100 厘米	苗高 > 250 厘米	334	元 / 亩	40080	米径 5.0—5.9 厘米	冠幅 ≥ 100 厘米	苗高 > 250 厘米	元 / 株	120
		米径 6.0—7.9 厘米	冠幅 ≥ 150 厘米	苗高 > 250 厘米	167	元 / 亩	33400	米径 6.0—7.9 厘米	冠幅 ≥ 150 厘米	苗高 > 250 厘米	元 / 株	200
		米径 8.0—9.9 厘米	冠幅 ≥ 250 厘米	苗高 > 300 厘米	111	元 / 亩	44400	米径 8.0—9.9 厘米	冠幅 ≥ 250 厘米	苗高 > 300 厘米	元 / 株	400
		—	—	—	—	—	—	米径 10.0—11.9 厘米	冠幅 ≥ 250 厘米	苗高 > 300 厘米	元 / 株	800
		—	—	—	—	—	—	米径 12.0—15.9 厘米	冠幅 ≥ 250 厘米	苗高 > 350 厘米	元 / 株	1200
		—	—	—	—	—	—	米径 16 厘米以上	冠幅 ≥ 300 厘米	苗高 > 400 厘米	元 / 株	1800

续表 2-37　　单位：厘米、株、元 / 亩、元 / 株

类型	树种	成片林木						零星林木				
		规格（质量指标）			密度大于（株）	计量单位	补偿标准（元 / 亩）	规格（质量指标）			计量单位	补偿标准（元 / 亩）
		地径	冠幅	苗高				地径	冠幅	苗高		
绿化苗木	香樟、桂花、红叶石楠	地径＜ 1.0 厘米	—	苗高＞ 50 厘米	50000	元 / 亩	25000	地径＜ 1.0 厘米	—	苗高＞ 50 厘米	元 / 株	0.5
		地径 1.0—1.9 厘米	—	苗高＞ 100 厘米	5558	元 / 亩	22232	地径 1.0—1.9 厘米	—	苗高＞ 100 厘米	元 / 株	4
		米径 2.0—2.9 厘米	冠幅≥ 30 厘米	苗高＞ 150 厘米	2000	元 / 亩	30000	米径 2.0—2.9 厘米	冠幅≥ 30 厘米	苗高＞ 150 厘米	元 / 株	15
		米径 3.0—3.9 厘米	冠幅≥ 60 厘米	苗高＞ 200 厘米	1000	元 / 亩	30000	米径 3.0—3.9 厘米	冠幅≥ 60 厘米	苗高＞ 200 厘米	元 / 株	30
		米径 4.0—4.9 厘米	冠幅≥ 80 厘米	苗高＞ 200 厘米	667	元 / 亩	26680	米径 4.0—4.9 厘米	冠幅≥ 80 厘米	苗高＞ 200 厘米	元 / 株	50
		米径 5.0—5.9 厘米	冠幅≥ 100 厘米	苗高＞ 250 厘米	222	元 / 亩	24420	米径 5.0—5.9 厘米	冠幅≥ 100 厘米	苗高＞ 250 厘米	元 / 株	110
		米径 6.0—7.9 厘米	冠幅≥ 150 厘米	苗高＞ 250 厘米	167	元 / 亩	30060	米径 6.0—7.9 厘米	冠幅≥ 150 厘米	苗高＞ 250 厘米	元 / 株	180
		米径 8.0—9.9 厘米	冠幅≥ 250 厘米	苗高＞ 300 厘米	111	元 / 亩	39960	米径 8.0—9.9 厘米	冠幅≥ 250 厘米	苗高＞ 300 厘米	元 / 株	360
		—	—	—	—	—	—	米径 10.0—11.9 厘米	冠幅≥ 250 厘米	苗高＞ 350 厘米	元 / 株	500
		—	—	—	—	—	—	米径 12.0—15.9 厘米	冠幅≥ 250 厘米	苗高＞ 350 厘米	元 / 株	800
		—	—	—	—	—	—	米径 16.0—19.9 厘米	冠幅≥ 300 厘米	苗高＞ 400 厘米	元 / 株	1200
		—	—	—	—	—	—	米径 20 厘米以上	冠幅≥ 350 厘米	苗高＞ 500 厘米	元 / 株	1500
绿化苗木	柳树	地径 1.0—1.9 厘米	—	苗高＞ 100 厘米	2600	元 / 亩	2600	地径 1.0—1.9 厘米	—	苗高＞ 100 厘米	元 / 株	1
		地径 2.0—2.9 厘米	—	苗高＞ 200 厘米	1040	元 / 亩	10400	地径 2.0—2.9 厘米	—	苗高＞ 200 厘米	元 / 株	10
		米径 3.0—3.9 厘米	冠幅＞ 60 厘米	苗高＞ 200 厘米	667	元 / 亩	13340	米径 3.0—3.9 厘米	冠幅＞ 60 厘米	苗高＞ 200 厘米	元 / 株	20
		米径 4.0—4.9 厘米	冠幅＞ 80 厘米	苗高＞ 200 厘米	445	元 / 亩	17800	米径 4.0—4.9 厘米	冠幅＞ 80 厘米	苗高＞ 200 厘米	元 / 株	40
		米径 5.0—7.9 厘米	冠幅＞ 100 厘米	苗高＞ 300 厘米	222	元 / 亩	17760	米径 5.0—7.9 厘米	冠幅＞ 100 厘米	苗高＞ 300 厘米	元 / 株	80
		米径 8.0—9.9 厘米	冠幅＞ 200 厘米	苗高＞ 400 厘米	167	元 / 亩	25050	米径 8.0—9.9 厘米	冠幅＞ 200 厘米	苗高＞ 400 厘米	元 / 株	150
		米径 10.0—11.9 厘米	冠幅＞ 250 厘米	苗高＞ 400 厘米	107	元 / 亩	21400	米径 10.0—11.9 厘米	冠幅＞ 250 厘米	苗高＞ 400 厘米	元 / 株	200
		米径 12.0—13.9 厘米	冠幅＞ 300 厘米	苗高＞ 600 厘米	74	元 / 亩	22200	米径 12.0—13.9 厘米	冠幅＞ 300 厘米	苗高＞ 600 厘米	元 / 株	300
		米径 14.0—15.9 厘米	冠幅＞ 350 厘米	苗高＞ 700 厘米	54	元 / 亩	21600	米径 14.0—15.9 厘米	冠幅＞ 350 厘米	苗高＞ 700 厘米	元 / 株	400

续表 2–37

单位：厘米、株、元 / 亩、元 / 株

类型	树种	成片林木						零星林木				
		规格（质量指标）			密度大于（株）	计量单位	补偿标准（元 / 亩）	规格（质量指标）			计量单位	补偿标准（元 / 亩）
		地径	冠幅	苗高				地径	冠幅	苗高		
绿化苗木	柳树	米径 16.0—19.9 厘米	冠幅 > 400 厘米	苗高 > 800 厘米	42	元 / 亩	21000	米径 16.0—19.9 厘米	冠幅 > 400 厘米	苗高 > 800 厘米	元 / 株	500
		米径 20 厘米以上	冠幅 > 500 厘米	苗高 > 800 厘米	27	元 / 亩	16200	米径 20 厘米以上	冠幅 > 500 厘米	苗高 > 800 厘米	元 / 株	600
绿化苗木	栾树	地径 < 1.0 厘米	—	苗高 > 50 厘米	40000	元 / 亩	20000	地径 < 1.0 厘米	—	苗高 > 50 厘米	元 / 株	0.5
		地径 1.0—1.9 厘米	—	苗高 > 100 厘米	15000	元 / 亩	22500	地径 1.0—1.9 厘米	—	苗高 > 100 厘米	元 / 株	1.5
		米径 2.0—2.9 厘米	—	苗高 > 150 厘米	7000	元 / 亩	21000	米径 2.0—2.9 厘米	—	苗高 > 150 厘米	元 / 株	3
		米径 3.0—3.9 厘米	—	苗高 > 200 厘米	1800	元 / 亩	21600	米径 3.0—3.9 厘米	—	苗高 > 200 厘米	元 / 株	12
		米径 4.0—4.9 厘米	—	苗高 > 200 厘米	1000	元 / 亩	15000	米径 4.0—4.9 厘米	—	苗高 > 200 厘米	元 / 株	15
		米径 5.0—5.9 厘米	冠幅 > 100 厘米	苗高 > 250 厘米	500	元 / 亩	15000	米径 5.0—5.9 厘米	冠幅 > 100 厘米	苗高 > 250 厘米	元 / 株	30
		米径 6.0—7.9 厘米	冠幅 > 150 厘米	苗高 > 250 厘米	170	元 / 亩	10200	米径 6.0—7.9 厘米	冠幅 > 150 厘米	苗高 > 250 厘米	元 / 株	60
		米径 8.0—9.9 厘米	冠幅 > 200 厘米	苗高 > 300 厘米	110	元 / 亩	8800	米径 8.0—9.9 厘米	冠幅 > 200 厘米	苗高 > 300 厘米	元 / 株	80
		—	—	—	—	—	—	米径 10.0—11.9 厘米	冠幅 ≥ 250 厘米	苗高 > 350 厘米	元 / 株	180
		—	—	—	—	—	—	米径 12.0—15.9 厘米	冠幅 ≥ 250 厘米	苗高 > 350 厘米	元 / 株	300
		—	—	—	—	—	—	米径 16.0—19.9 厘米	冠幅 ≥ 300 厘米	苗高 > 400 厘米	元 / 株	400
		—	—	—	—	—	—	米径 20 厘米以上	冠幅 ≥ 350 厘米	苗高 > 500 厘米	元 / 株	500

说明：绿化苗木米径是指树干离地面 1 米处的直径。以上各类苗木每亩种植株树大于或等于时按亩计算，小于时按零星苗木计算

表 2–38　德江县征收土地上的构筑物补偿标准表

序号	类别	构筑物名称	单位	补偿标准	备注
1	堡坎	浆砌堡坎	元 / 立方米	250	
		干砌堡坎	元 / 立方米	180	田土坎不补偿
		混凝土挡土墙	元 / 立方米	320	

续表 2-38

序号	类别	构筑物名称	单位	补偿标准	备注
2	围墙	实心砖砌围墙	元 / 立方米	300	
		空心砖砌围墙	元 / 立方米	260	
		浆砌石围墙	元 / 立方米	280	
		片石干砌土质围墙	元 / 米	120	
3	炉灶	瓷砖面炉灶	元 / 眼	250	
		水泥面炉灶	元 / 眼	180	
		瓷砖面组合灶	元 / 米	1800	
		水泥面组合灶	元 / 米	150	
4	水池、水窖、粪池、沼气	蓄水池（盖板、墙体 60 厘米厚）	元 / 立方米	300	以容积计算
		石板水（粪）池	元 / 立方米	170	
		水泥水（粪）池	元 / 立方米	200	以容积计算
		土质水（粪）池	元 / 立方米	50	
		化粪池	元 / 立方米	200	
		沼气	元 / 个	2200	
5	茗坑	茗坑（砖砌）	元 / 个	600	
		茗坑（土）	元 / 个	300	
6	水井	地下水井	元 / 口	1500	
		水井	元 / 口	400	
7	晒坝	青石晒坝	元 / 平方米	70	
		简易水泥地坪晒坝	元 / 平方米	35	
8	沟渠	混凝土三厢	元 / 立方米	300	
		毛石涵洞（暗沟）	元 / 立方米	200	
9	大棚	木、竹架、薄膜棚顶	元 / 平方米	20	
		金属架、薄膜棚顶	元 / 平方米	80	
		金属架、玻璃棚顶	元 / 平方米	160	
10	喷灌设施	胶管	元 / 米	5	按长度计算
		金属管	元 / 米	20	
11	圈舍、厕所、煤棚、烤房	砖混结构	元 / 平方米	400	
		砖木结构	元 / 平方米	300	
		木结构	元 / 平方米	180	
		简易结构	元 / 平方米	100	
		烤烟烘房	元 / 个	3000	

续表 2-38

序号	类别	构筑物名称	单位	补偿标准	备注
12	钢架铁皮顶	钢架铁皮顶（无围护）	元 / 平方米	120	
		砖砌体钢架铁皮顶	元 / 平方米	360	
13	其他	水泥梯步	元 / 平方米	35	
		石板梯步	元 / 平方米	60	
		阶檐（混凝土）	元 / 平方米	35	
		阶檐（石板）	元 / 平方米	60	
		卫星地面接收器	元 / 个	200	
		碓、石磨	元 / 个	200	
		粮仓	元 / 个	500	
		家庭三相动力机	元 / 套	3000	

第三章　安置补偿机构和程序

第一节　征地拆迁安置补偿机构

征地拆迁安置补偿工作由县高速公路建设协调指挥部负责统筹组织，指导协调乡镇开展该项工作，实行依法征地、依法拆迁。1. 县人民政府成立征地拆迁安置补偿指导小组，负责对该项工作的指导与监督。2. 各乡镇（街道）成立工作领导小组，加强对该项工作的领导，从乡镇机关抽出一名能坚持原则、公道正派、吃苦耐劳、善于做群众工作的人员专抓该项工作，在县高速公路指挥部的指导下，做好高速公路相关工作。3. 县监察、公安、交通、农牧科技、国土、住建、林业、水务、文体广电、人社、民政、供电、通信等部门要积极配合，共同做好征地拆迁安置补偿工作，确保德江县境内征地拆迁安置补偿工作顺利完成。所涉乡镇分别组建征地、林业清点两个勘测工作组，工作组由乡镇分管领导带队负总责，指挥部派驻该乡干部做业务指导，共同抓好该项工作。4. 县指挥部统一组建房屋拆迁勘测工作组，负责房屋拆迁勘测工作，工作组每到一个乡镇，由该乡镇派人参加并对勘测表册签字确认。5. 三电迁改由产权单位以成本价据实提出迁改方案，指挥部、项目业主及施工单位审查批准后实施。

第二节　征地拆迁安置补偿程序

一、杭瑞高速公路征地拆迁安置补偿程序

按照德江县人民政府德府办发〔2010〕95号文件精神，杭瑞高速公路安置补偿分五部分。即征地补偿、房屋拆迁补偿、林木补偿、坟墓搬迁补偿和涉农设施补偿等。其工作程序：组建工作机构，召开听证会，做好征拆前期公示，制定征地拆迁方案，界定征地拆迁补偿范围和标准，明确相关问题和原则，公开程序和办法。1. 进行征地拆迁工作业务培训，明确任务和职责，统一尺度和标准，确保质量和进度；2. 做好外业勘丈，及时张榜公布；3. 数据录入汇总，定期完成复核；4. 严肃资料管理，勘丈数据及时封存，接受社会监督；5. 补偿费用公开，以村组为单位统一公示；6. 签订补偿协议，及时兑现资金。

二、沿德高速公路安置补偿程序

（一）宣传动员

1. 召开征地拆迁工作动员会议。学习沿德高速公路征地拆迁安置补偿方案，利用各种宣传形式，印发征地拆迁文件让征地拆迁户对征地拆迁政策家喻户晓，认真组织和动员广大干部群众积极参与支持高速公路建设。2. 组织征地、拆迁工作业务培训。明确工作任务和职责，统一外业勘测内容、标准、方法、程序、完成时间，掌握调查要领，确保质量和进度。

（二）外业勘测

1. 外业勘测征地统一采用 GPS 仪器测量，其他勘测均用皮尺、围尺、卷尺等测量仪器。实行县指挥部、乡（镇）、村、组、农户、项目业主（施工单位）、丈量人员及记录人员八方共同到场，据实勘测，如实记录，现场签字，当场密封，专人保管，勘测原始资料必须当日送县指挥部补偿科拆封清收，严禁传递和代交。农户因故不能到场的必须具有书面委托，勘测结果如有异议的必须当场提出，签字确认后不得变更。2. 县指挥部补偿科将原始勘测表复印一式三份，原件存档，三份复印件分别送指挥部相关科室作内业汇总、村民组张贴公示及告知农户确认。

（三）内业测算汇总

1. 由各工作组根据各自外业勘测资料集中测算汇总成册交县指挥部补偿科清收。2. 县指挥部将测算结果以村为单位进行集中公示。3. 被征拆户对公示数据签字确认。4. 签订征地、拆迁补偿协议，其中征地与村委会签订；房屋与产权人签订。两项均需乡镇人民政府盖章见证，坟墓搬迁以县人民政府发布公告时限搬迁结束。

（四）兑现补偿资金

1. 由乡镇人民政府对征地拆迁实物进行据实验收并出具验收证明。2. 补偿科凭乡镇实物拆迁验收证明、拆迁户提供的身份证（户口簿）、银行一卡通复印件、拆迁房还应提供拆迁安置补偿协议出具兑现补偿通知单。3. 指定银行凭兑现补偿通知单、农户身份证、一卡通兑现补偿资金。

三、德务高速公路安置补偿程序

德务高速公路安置补偿程序与沿德高速公路安置补偿程序相同。

四、德余高速公路征地拆迁安置补偿工作程序

（一）宣传动员

1. 县人民政府依法发布《德江至余庆高速公路（德江段）征地拆迁公告》。2. 县高速公路指挥部负责，召集县直相关部门、合兴镇负责人，召开征地拆迁工作动员暨业务培训会，认真学

习《德江至余庆高速公路（德江段）征地拆迁安置补偿实施方案》，明确工作职责和工作任务，统一外业勘测内容、标准、方法、程序、完成时间，掌握调查要领，确保质量和进度。3. 加大宣传力度，充分利用各种座谈会、院坝会或印发征地拆迁相关补偿文件等宣传方式，加大宣传力度，认真组织和动员广大干部群众积极参与支持德余高速公路建设，为德余高速公路建设营造良好的社会环境。

（二）外业勘测

1. 土地房屋勘测，由县高速公路指挥部委托专业测绘机构人员勘测。2. 林木清点，由县高速公路指挥部委托县林业部门负责勘测。3. 外业勘测资料，由县高速公路指挥部、镇、村、组、农户、项目业主、丈量人员及记录人员等八方共同到场，据实勘测、如实记录、现场签字、当场密封、专人保管，勘测原始资料由县高速公路指挥部补偿科收存。农户因故不能到场的必须具有书面委托，勘测结果如有异议的必须现场提出，签字确认后不得随意更改。4. 县高速公路指挥部负责汇总原始勘测表，在村民组人员集中地进行张贴公示（第一榜公示）。

（三）内业测算

1. 外业勘测结束后由县高速公路指挥部汇总。2. 将测算结果以村为单位进行集中张贴公示即（第二榜公示）。3. 农户对公示数据确认、签字后，再进行张贴公示（第三榜公示）。4. 县高速公路指挥部负责，合兴镇负责人参与，签订征地、房屋拆迁补偿协议，其中土地与村委会签订，房屋与房屋产权人签订。5. 坟墓搬迁按县人民政府发布的《德江至余庆高速公路（德江段）征地拆迁公告》时限完成搬迁。

（四）兑现补偿资金

1. 合兴镇负责人负责，对征地拆迁实物进行拆除验收并出具验收证明。2. 县高速公路指挥部负责，根据合兴镇实物拆迁验收证明、农户身份证或户口簿、银行一卡通复印件等有效证件（拆迁房屋的，需提供拆迁安置补偿协议），出具《兑现补偿通知单》。3. 农户凭《兑现补偿通知单》、农户身份证、一卡通等证件，到指定银行办理补偿资金。

第四章　有关问题明确

一、征收土地类

1. 权属认定：土地使用权证、土地承包合同、林权证、房屋产权证（或买卖合同）等有效证件是确认权属的依据。自留地（山）、饲料地等耕地以“尊重历史，依据事实，耕管原则”予以确认；若有权属争议的，要现场处理，一时难以确认的仍要做好现场勘丈记录，乡、村级有争议的双方或多方现场签字，再按管理权限处理，直至向人民法院诉讼，待获得法院判决后再兑现补偿。任何组织和个人均不得以权属争议为由而影响征拆工作进度，对争议的纠纷尚未处理前，一律不予兑现补偿。

2. 地类认定：地类现状的认定以2011年5月5日《德江县人民政府公告》发布时土地现状为准，之后开垦的土地，按以前的地类进行认定。

3. 因征地导致余下边角地带且面积少于20（含等于）平方米的或因建设损坏专项设施确认无法耕种的土地，待工程建设后期由指挥部负责人现场确认，并按红线补偿标准补偿，列只补不征类统计。

4. 一米以内的田埂（菜地、鱼塘）、土坎按耕地进行勘丈，一米以外的土地按其他农用地确认予以勘丈。

5. 属梯田（梯土）的，勘丈至田埂（土坎）外沿。

6. 耕地中的石旮旯的岩石裸露占地在10%以内的全部按耕地勘丈，占地超过10%的部分按未利用地进行勘丈，对岩石裸露部分可采取现场评估协商或据实勘丈确认。

7. 红线内机耕道、人行通道、公共沟渠等土地因还需另行征地恢复，故一律不予勘丈补偿。

8. 农村宅基地、正、偏房和简易房屋所围的土地面积，按建设用地进行勘丈，拆迁红线以外的建筑所占土地不予勘丈征收。

9. 河流、滩涂、矿产、沼泽等属于国有，未经县人民政府批准不许随意勘丈给单位或个人。

10. 耕地内的小坑不属于耕地，故不予勘丈。

11. 施工单位因建设需要临时使用土地，如项目部驻地、施工便道、取料场、弃土场等，不能恢复的要按红线用地标准计算补偿，实行一次性永久征收，列入只补不征类统计，工程竣工后由乡镇人民政府依据土地利用规划，依法管理。

12. 农村非法买卖土地的行为一律不予承认。

13. 征收农村集体土地，其补偿费纳入村级管理。原则上，土地应用于农村集体公益事业建设。

14. 经过法定程序即招、拍、挂，取得土地使用权的补偿费用，按个案处理。

15. 占用国有土地的，按相关规定进行补偿。

16. 坟地按照其权属和相邻地类认定，红线内坟地勘丈补偿后，迁入占地由坟主自行承担。

17. 征收土地时其地上附着物按其现状和类别进行确认补偿，凡已有补偿标准的按其补偿标准计算补偿，没有补偿标准的按个案处理。征收规定时有青苗的只给一季青苗补偿，空闲地、弃荒地一律不予青苗补偿。

18. 严格控制用地规模，原则上不得突破用地指标，拆迁安置用地和专项设施迁建，要按照节约用地原则尽量少占良田好土。

二、房屋拆迁类

1. 房屋拆迁安置原则上以就近分散安置为主，集中安置为辅，拆迁户自行选择。具体方式为：(1) 货币补偿自行安置，实行货币补偿后不予支付临时周转过渡费，也不得另行划地安置。(2) 分散划地自建安置，其用地标准为每户 130 平方米，土地由乡镇统一调剂或征用，另补助每户“五通一平”经费 2300 元。(3) 集中划地自建安置，由乡镇统一规划、统一征地、建好“五通一平”后将宅基地划给拆迁户自己建设。集中安置点的选择可充分利用高速公路德江段互通连接线或人口居住集中等优势条件，根据大多数拆迁户的意愿选定，安置规模户数必须达到 20 户以上，户均划地面积根据安置点整体规划而定，其“五通一平”经费由县人民政府整合农村危房改造、新农村建设和国家生态移民等项目资金统筹解决，拆迁户不得跨乡镇安置，在本乡镇行政管辖内可实行跨组、跨村安置。任何人一律不得借安置之机买、卖土地。具体程序：由拆迁户写出申请，乡镇提出集中安置实施方案报县人民政府批准后实施。

2. 被拆迁安置户的建房相关手续由有关部门从简从快审批，凡属于地方行政事业性收费项目的予以免除。

3. 一层房屋以房檐滴水线计算房屋建筑面积。

4. 两层以上（含两层）的房屋除底层按屋檐滴水线计算房屋建筑面积外，其余楼层按墙体包边尺寸计算建筑面积。

5. 老式斜顶房屋，以房檐滴水为界计算房屋面积，无天花板的，只按一层建筑面积计算；有天花板且天花板与屋外檐间高差达到 1.2 米及以上的，据实计算建筑面积。

6. 只完成房屋基础的，按基础体积测算予以补偿。

7. 房屋外的石砌踏步及堡坎，按建筑体积予以补偿。

8. 每勘丈一户附上所拆迁建筑物、构筑物、附着物的种类、数量并与户主现场拍照，以存档备查，要求照片清晰，数据翔实。

9. 拆迁奖惩：红线内拆迁住房以户为单位，在拆迁通告发布之后 15 日内签订拆迁安置协议并在协议时间 15 日内拆迁完毕的，由指挥部发给拆迁奖励 3000 元 / 户，在 15 日至 30 日内签订协议并拆迁完毕的，奖励 2000 元 / 户，超过 30 天的，将按程序强制拆除，不予奖励。只拆迁附属设施的一律不予奖励，同时必须限期拆除。

10. 红线内所拆迁房屋补偿后原则上由施工单位拆除，如拆迁户要求自行拆除的，在确保施工进度与安全的前提下，可由拆迁户提出书面申请，与指挥部签订自行拆除协议后，方可自行拆除，并以料抵工而不再补偿拆除费用。

三、林木清点类

1. 林木清点测算方法：(1) 成片林木。①用材林和防护林：中龄林、近熟林和成熟林分树种按蓄积补偿，即分树种每亩检尺调查，在树高 1.3 米处实测胸径，测算蓄积量，按立木蓄积量补偿。②薪炭林、灌木林、未成林造林地的林木，用 GPS 实测林地面积，按面积测算补偿。(2) 零星树木：经济林木分产期按株测算补偿，非经济林木实测每亩胸径按株补偿，古、大、珍稀树木实测胸径按株补偿。(3) 经济林：分树种按面积进行补偿，树种为混交的要根据树种混交比例大小分类进行测算补偿。(4) 绿化苗木：分树种实测冠幅、地径 (或米径) 按株 (丛盆) 进行补偿。

2. 成片林木：指面积等于或大于 1 亩并达到相关标准的林木；其他林木按零星林木进行补偿。

3. 林分林木起测径阶为 5 厘米，零星树木小于 5 厘米、高度不足 1.5 米的树木不予以登记补偿。

4. 具有林木积蓄的幼龄林参照中龄林的林木积蓄量补偿标准积蓄补偿。

5. 退耕还林地的林木按国家及贵州省的有关规定执行。

6. 经济林初植期补偿标准按初产期补偿标准的 50% 计算。

7. 林种：以林权证登记的林种为准。

8. 林龄 (组)、经济林生产期和疏密度：生产期按《贵州省森林资源规划设计调查技术操作细则》技术规定标准进行确认，疏密度以保存株数占设计栽植株数的 20% 以下为“疏”，20% 至 70% 为“中”，大于 70% 为“密”。

9. 树木在 1.3 米以下分权进行检尺时按两株树木进行检尺登记测算。

10. 林分林木蓄积量查算表为一元材积表。

11. 零星树木在补偿标准中没有补偿标准时，量少则参照相似树种的补偿标准，量大作个案另行协调处理。

12. 古、大、珍稀树木补偿后，一律不准砍伐，由县指挥部按省林勘院设计要求进行移植。

四、坟墓搬迁类

1. 原坟地占面积补偿后，新的变迁选址占地不另行补偿，由坟墓搬迁人自行承担。

2. 坟墓搬迁时如遇尸体未腐烂需要再次进行深埋火化的，采取个案处理。其处理程序：由坟墓搬迁人及时向指挥部报告，由指挥部派人现场审核确认后，另行处理。

3. 无主坟不予搬迁补偿，就地处置。

五、涉农设施类

1. 高速公路建设中，如有人行通道、生产便道、机耕道、灌溉沟渠等设施被截断后，严重影响当地排洪和人畜饮水，需增设的涵洞、灌渠、排水沟、管道、人行天桥等具体项目，由所在乡镇指挥部在征地拆迁工作完成后，30 日内向县指挥部写出专题报告，由指挥部核实后，汇编成《德江县 ×× 乡（镇）× 村涉农设施规划方案》，与项目业主协商解决。

2. 施工炮损赔付：距离正线 200 米以内所有建筑物和设施，由指挥部与施工方逐一现场核实、拍照、造册登记备查，其费用由施工方负责。施工期间凡因施工炮损造成周围房屋及其设施损坏的，县、乡两级指挥部、施工单位按照《贵州省交通运输厅关于全省高速公路施工炮损赔付处理的指导意见》黔交建设发〔2013〕22 号相关要求执行，造成人畜伤亡的，按照相关法律法规办理，施工炮损赔付所需资金由施工单位承担。施工期间距高速公路边缘 200 米以内一律暂停修建改造建筑物。否则，凡因高速公路施工放炮造成的损坏一律不予炮损赔付，责任由自己承担。对炮损程度和炮损补偿有争议的，由具有炮损资质机构鉴定或当地人民法院裁定，最后确定补偿金额。

3. 对项目设计通信、广电网络、电力、学校、企事业单位设施改迁的，由县指挥部会同产权单位按照成本价改迁的原则协商改迁，费用从指挥部拆迁费用中列支。

4. 所有涉农设施必须坚持先建后损的原则，对一时确认难以解决的，由县指挥部会同项目业主、施工方现场对标的物和所勘丈数据予以签字确认，由施工方按其有关规定赔偿损失。

5. 施工单位建设施工便道利用原乡、村、组道路的，其土地不予补偿。需要加宽改造的，其加宽部分土地按照高速公路红线永久性标准一次性补偿，列入乡村道路建设用地类处理。施工期间由施工单位保洁保畅，施工结束后仍由施工单位按不低于原道路标准重新整修后移交，具体事项由县指挥部召集双方协商签订合同后实施。

其用地标准：

宅基地实行一户一宅，其用地标准按《贵州省土地管理条例》的相关规定执行。范围拆除（拆迁）户与指挥部签订安置补偿协议后，由指挥部组织拆迁，如被拆迁户自愿自己拆除的，在确保施工安全的前提下，可实行以工抵料的办法，但必须与指挥部签订拆除协议。多子女户住房有困难需要划地另行安置的，可根据具体情况，由拆迁户写出用地书面申请，所在乡镇指挥部签出意见，报指挥部研究后按程序办理。

（该措施适用于思遵、沿德、德务、德余 4 条高速征地拆迁工作要求）

第五章　征地拆迁安置工作措施

第一节　思遵高速德江段征地拆迁安置工作措施

一、时间安排

2010年4月12—18日，组建高速公路建设协调指挥部，定岗定员、定科室，并进行岗前培训。2010年4月19—30日，完成征地拆迁工作方案制定。2010年5月1—16日，进行征地、拆迁工作业务培训。明确工作任务和职责，统一调查内容、标准、方法、程序、完成任务时间，掌握调查要领，确保征拆质量和进度。同时，各乡镇在此期间要告知被征拆地在外务工农户，以便届时参与勘丈。2010年5月17日至6月17日，完成外业勘丈。2010年6月17—20日，进行第二榜公示（被征土地权属、类别、面积）。2010年6月21—30日，完成数据录入、内业计算汇总。2010年7月1—10日，完成征地、房屋勘丈、林业清点的复核；同时，完成第三榜公布（分别公示村、组、户补偿金额）。

二、工作目标

征地、拆迁、林业清点和涉农设施等工作均要达到操作规范、数据翔实、图册清楚，手续齐备、表表相符，按时完成。做到精心组织，让业主满意；创优环境，让施工方满意；坚持“三公”即公平、公开、公正，让群众满意；努力实现“三零”即零阻工、零上访、零案件（治安、刑事、违纪案件）目标。

三、纪律要求

严格执行本方案。

严格禁止优亲厚友、徇私舞弊。

严格坚持实事求是和“公平、公正、公开”原则。

严格要求必须深入现场勘丈，严禁闭门造车。

严格工作程序，做好群众思想工作，防止群众上访。凡因工作原因，造成不良后果的，要严肃追究相关责任人的责任。

涉及通信、广电、电力、学校、企事业等设施改迁的，由县主管部门按照有关规定标准提出方案，报县指挥部，由指挥部会同建设业主协商解决。

被征拆农户达不到人均占有耕地标准，需要进行社保安置的，待地区相关文件下发后，结合德江县实际制定具体安置办法。

征拆工作在县指挥部的统一组织、指导下开展工作。县指挥部派驻指导员，负责指导、协调、帮助联系和工作程序监督；同时，还要接受建设业主单位、纪检监察等部门，乡镇、村组及广大人民群众的监督。禁止施工单位避开指挥部或有关部门和涉及乡镇直接与土地使用权人或所有权人签订临时用地（或拆迁）协议，支付临时用地（或拆迁）补偿费用，否则，一经查实将依法追究责任。

四、补偿费用公示及兑现

在兑现补偿前，各乡镇要以村、组为单位，将补偿金额在同一地方进行公示。

对补偿无异议的，指挥部要与被征拆户（集体经济组织）签订补偿协议。

征拆补偿费用统一由指挥部补偿兑现科负责，按其征、拆、建进度分期支付补偿金，实行专户专存、专款专用、封闭运行。一律不准用征拆补偿费抵扣各类债务。

被征拆补偿农户的身份证、户口证、林权证、土地承包合同、退耕还林清册和“一卡通”账户等证件使用的名字由补偿兑现科核实相符后，方能兑现补偿。

杭瑞高速公路思遵段德江境红线征地拆迁工作从2010年5月开始，2013年12月底全部结束。红线内共发征地拆迁资金15646万元，其中征地资金8497万元、拆迁资金7149万元。

五、档案管理

野外勘丈基础表格填制完毕后，当日当场密封交到指挥部补偿兑现科，由专人拆封签名签收保管；复印3份作为征拆组内业和补偿兑现科建档使用，另一份交给被征拆户，以便核对；原始表册一律实行封存保管。

登记汇总工作结束后，指挥部对勘丈结果进行抽样复查、核实，确认准确无误后，工作组以村民组为单位，按村、乡（镇）为类别进行逐级汇总，并与建设业主查对，对无误的勘丈登记结果进行共同签章确认；同时以村为单位，将汇总结果在村驻地和被征拆户集中的村寨进行公示，接受被征拆农村集体经济组织和农户的监督。

资料整理归档工作从2014年7月开始，现已基本完成资料收集整理组卷工作，共计整理归档320卷。其中红线内征地资料80卷、房屋拆迁资料22卷、林木资料22卷、红线内房屋拆迁户集中安置点和涉农设施恢复项目资料45卷、会计资料80卷、综合资料19卷（本）、坟墓搬迁资料9卷、三电迁改资料4卷。红线外征拆资料共39卷，其中施工临时用地资料21卷、炮损赔付资料18卷。

第二节　沿德高速德江段征地拆迁安置工作措施

一、工作步骤

征地拆迁安置补偿工作分为4个阶段：

第一阶段：前期准备阶段，2013年7月30日前。主要任务：入户宣传动员、组建工作机构、开展前期摸底调查、拟定征地拆迁安置补偿方案。

第二阶段：征地拆迁准备阶段，自2013年8月1—25日。主要任务：完善征地拆迁方案、征地拆迁工作人员培训、发布征地公告、落实各项补偿资金，同时做好安置点选址、规划及上报等安置前期工作。

第三阶段：实施征地拆迁阶段，自2013年8月26日至9月30日。主要任务：外业勘测、内业汇总、三榜公示补偿资金、征拆户签订《征地拆迁补偿安置协议》、兑付补偿资金、妥善安置征拆户、做好征拆户的生活过渡安置、拆除被征地上所有建筑物、构筑物和附着物，移交红线用地。

第四阶段：安置阶段，自2013年10月1日至2014年8月30日。主要任务：做好安置点规划及“三通一平”、宅基地划分等安置建设工作，确保被征收户早日安居乐业。

二、工作目标及任务

征地拆迁工作实行“一册、两证、三公开”，即印发《沿德高速公路征地拆迁安置补偿政策宣传手册》；征地拆迁工作人员佩戴上岗证、拆迁房屋验收证；标准公开、程序公开、结果公开。

征地、拆迁、林木清点、坟墓搬迁及三电迁改等工作要做到数据翔实、图册清楚、表表相符，资料完善，按时完成。

认真抓好外业勘测，确保数据准确，真实可靠。

登记工作结束后，认真抓好内业汇总，确保数据不重、不漏不错，汇总以村民组为单位，按村、乡（镇）进行逐级汇总，并与建设业主核对，签章确认；同时以村为单位，将汇总结果在村驻地和被征地农户集中的村寨进行公示，并由农户签字确认后方能进行兑现补偿。

对补偿无异议的，指挥部要与被征拆户（集体经济组织）签订补偿协议。

征地、拆迁补偿费用统一由指挥部补偿兑现科负责，实行专户储存、专款专用、封闭运行、直补农户的原则，一律不准用征地补偿费抵扣各类债务。

征地拆迁户的身份证、户口证、林权证、土地承包合同、退耕还林清册等证件的名字由补偿兑现科核实相符后，方能兑现补偿。

三、纪律要求

严格执行本方案。

严格禁止优亲厚友、徇私舞弊。

严格坚持实事求是和“公平、公正、公开”原则。

严格要求必须深入现场勘丈，严禁闭门造车。

严禁向征拆户吃、拿、卡、要。

严格工作程序，做好群众思想工作，凡因工作原因，造成不良后果的，要严肃追究相关责任人的责任。

禁止施工单位避开指挥部或有关部门和涉及乡镇直接与土地使用权人或所有权人签订临时用地（或拆迁）协议，支付临时用地（或拆迁）补偿费用，否则，一经查实将依法追究责任。

通信、广电、电力、公安、消防、物资供应等各职能单位，要从讲政治、顾大局的高度认真履职，为高速公路建设提供必要的支持，确保项目建设的顺利实施。

第三节　德务高速德江段征地拆迁安置工作措施

一、工作步骤

德务高速公路德江段征地拆迁安置工作分为4个阶段：

第一阶段：前期准备阶段，2015年4月30日前。主要任务：入户宣传动员、组建工作机构、开展前期摸底调查、拟定征地拆迁安置补偿方案。

第二阶段：征地拆迁准备阶段，自2015年5月1日至30日。主要任务：完善征地拆迁方案、征地拆迁工作人员培训、发布征地公告、落实各项补偿资金，同时做好安置点选址、规划及上报等安置前期工作。

第三阶段：实施征地拆迁阶段，自2015年6月1日至7月31日。主要任务：外业勘测，内业汇总，三榜公示补偿资金，征拆户签字确认，与征拆户签订《征地拆迁补偿安置协议》，兑付补偿资金，妥善安置征拆户，做好征拆户的生活过渡安置，拆除被征地上所有建筑物、构筑物和附着物，移交红线用地。

第四阶段：安置阶段，自2015年8月1日至2016年6月30日。主要任务：做好安置点规划及“三通一平”、宅基地划分等安置建设工作，确保被征收户早日安居乐业。

二、工作目标任务

征地拆迁工作实行“一册、两证、三公开”，即印发《沿德高速公路征地拆迁安置补偿政策宣传手册》；征地拆迁工作人员佩戴上岗证、拆迁房屋验收证；标准公开、程序公开、结果公开。一是征地、拆迁、林木清点、坟墓搬迁及三电迁改等工作要做到数据翔实、图册清楚、表表相符，资料完善，按时完成。二是认真抓好外业勘测，确保数据准确，真实可靠。三是登记工作结束后，认真抓好内业汇总，确保数据不重、不漏、不错，汇总以村民组为单位，按村、乡镇（街道）进行逐级汇总，并与建设业主核对，签章确认；同时以村为单位，将汇总结果在村驻地和被征地农户集中的村寨进行公示，并由农户签字确认后方能进行兑现补偿。四是对补偿无异议的，指挥部要与被征拆户（集体经济组织）签订补偿协议。五是征地、拆迁补偿费用统一由指挥部补偿兑现科负责，实行专户储存、专款专用、封闭运行、直补农户的原则，一律不准用征地补偿费抵扣各类债务。六是征地拆迁户的身份证、户口证、林权证、土地承包合同、退耕还林清册等证件的名字由补偿兑现科核实相符后，方能兑现补偿。

三、纪律要求

一是严格执行本方案。二是严格禁止优亲厚友、徇私舞弊。三是严格坚持实事求是，做到“公平、公正、公开”。四是严格要求必须深入现场勘丈，严禁闭门造车。五是严禁向征拆户吃、拿、卡、要。六是严格工作程序，做好群众思想工作，凡因工作原因，造成不良后果的，要严肃追究相关责任人的责任。七是禁止施工单位避开指挥部或有关部门和涉及乡镇直接与土地使用权人或所有权人签订临时用地（或拆迁）协议，支付临时用地（或拆迁）补偿费用，否则，一经查实将依法追究责任。八是通信、广电、电力、公安、消防、物资供应等各职能单位，要从讲政治、顾大局的高度认真履职，为高速公路建设提供必要的支持，确保项目建设的顺利实施。

第四篇　工程建设

为切实抓好德江过境段高速公路建设，德江县委、县人民政府根据省人民政府指示精神，按照省交通厅的具体要求，结合高速公路建设可行性报告批复意见，积极投入高速公路建设前期准备工作中。主要抓好以下几个方面建设工作：

超前完成高速公路施工便道建设，为高速公路建设铺好路。德江县高速公路建设施工便道主要由县交通局按照农村公路建设的标准及要求组织实施，2010 年 1 月底 12 条施工便道全部完工。

抓好组织建设，组建县、乡两级指挥部。组建的县、乡两级高速公路建设协调指挥机构始终秉承“以维护群众利益为宗旨，以提高服务高速公路建设水平为目的，以营造良好的施工环境为中心”，分别代表县、乡两级党委、政府具体负责高速公路建设征地、拆迁、安置、补偿和各类矛盾调解等日常事务工作，保证高速公路建设顺利组织实施。

完善制度建设，讨论制定 3 个方案。一是《征地拆迁安置补偿方案》，按照省的拆迁补偿安置方案精神结合“仁怀模式”和德江县过境乡镇实际而制定；二是《征拆工作野外作业工作方案》，该方案确定了征地拆迁工作操作流程，易学、易懂、易掌握，具有很好的可操作性；三是制定了三条高速公路德江段《征拆野外勘丈资料内业汇总实施方案》，从实地勘丈、数据收集、内业汇总都做了明确要求。3 个方案从起草到定稿，先后组织县里有关领导和相关专业人员共经历 12 次讨论和修改，既符合政策，又顺乎民意。

开展全员业务培训，力求达到“三个满意”。通过全员培训，强化操作人员业务技能，提高工作人员业务水平，确保高速征拆工作有序开展，提高工作效益，达到“三个满意，实现三零目标”。

在十年的高速公路建设协调建设过程中，指挥部还坚持把涉农设施建设放在主要位置来抓，本着群众利益无小事，采取边占边建或新建后赔损的方式，让百姓放心，努力实现资金补偿、涉农设施修复、施工炮损勘赔、临时用地复绿“四个百分之百”。

第一章　控制性工程开工

第一节　思遵高速德江段控制性工程开工

2010年8月24日上午，思遵高速德江段控制性工程开工，一台挖掘机正舞动着“手臂”，一辆辆推土机开始平整场地。杭瑞高速公路过境德江县段涉及复兴、煎茶、合兴3个乡镇，10个行政村，全长27.025千米。该段设计有龙溪、沙滩、天池1号和2号4座大桥，天池2号大桥长度超过1.1千米，属于特大桥，龙溪隧道，煎茶和合兴2个匝道，复兴服务区。这8个工程均属控制性工程，分布在杭瑞高速公路思南至遵义段第一标段的第4、5、6、7、8合同段，分别由贵州省路桥集团、公路工程公司等4家单位承建，8个控制性工程全部破土动工。

第二节　沿德高速德江段毛家寨隧道破土动工

2012年12月18日，沿德高速德江段毛家寨隧道破土开工，毛家寨隧道施工现场，鞭炮齐鸣，大型机械整装待发，一群穿着工作服、戴着安全帽的施工队员正在紧张地做着施工前的准备工作，这标志着沿德高速荆角乡境内毛家寨隧道正式进入实质性的施工阶段。政协原主席、高速公路常务副指挥长张羽龙，沿德高速项目投资有限公司安质部部长栗超，沿德高速德江境第八合同段项目部经理宋振欣，荆角乡、钱家乡党政负责人出席当天的动工仪式，张羽龙下达开工令。毛家寨隧道是沿德高速德江县境内的第二个开工点。该隧道全长656.5米，分左右线双洞设计，设计时速80千米/小时，设计荷载为公路Ⅰ级，由中交集团一公局一公司负责承建，2014年4月完成。

第三节　德务高速德江枢纽互通站及德江隧道开工

2014年12月11日上午，德务高速公路德江段开工仪式在德江县钱家乡德务高速与沿德高速交会处举行。省高建办副主任、省公路局营运中心主任李松，铜仁市人大常委会副主任、铜仁市德务高速公路建设常务副指挥长张观涛，通达公司总经理赵黔义，德务高速公路项目总监办总工马白虎，铜仁市交通运输局调研员、市高建办副主任代新建，沿德高速项目投资有限公司副总经理周贵云，中共德江县委书记张珍强，县委副书记、德江县人民政府县长李云德，德江县人大常委会主任简宜山，县政协主席陈健，县政协原主席、县高速公路建设协调指挥部常务副指挥长张羽龙等领导以及县直相关单位部门和所涉乡镇（街道）、县高速公路建设协调指挥部全体人员参加了开工仪式。开工仪式由县委书记张珍强主持，县委副书记、县长李云德在开工仪式上讲话。省公路局营运中心主任李松在开工仪式上介绍德务高速公路建设的基本情况，德务高速公路是贵州省高速公路规划“678”网中第一条横线的第一段。该项目起于德江县玉水街道办事处新寨社区，与务川县正在建设的务正高速相接。全长40.66千米，德江县24.42千米，务川县16.24千米，总投资61.8755亿元，路基宽24.5米；设计时速为每小时80千米，双向四车道，有目前全省最大的互通——德江互通，有目前全省最长的隧道——德江隧道，2018年建成通车。9点30分，铜仁市德务高速公路建设常务副指挥长张观涛宣布德江至务川高速公路建设德江段开工号令，标志着德江县又一条高速公路——德江至务川高速公路进入正式施工阶段。

第二章　下达开工令

第一节　杭瑞高速德江段开工

2010年8月30日上午，杭瑞高速公路思南至遵义段德江境开工仪式在德江县合兴乡乌坪村拟建互通处举行。县四大班子负责人、乡镇人民政府、有关部门领导参加。县委副书记、县长张珍强讲话，政协铜仁地工委副主任、杭瑞高速铜仁段常务副指挥长帅朝刚宣布开工。思南至遵义高速公路段，线路起于思南县鹦鹉溪镇，经德江县合兴乡、煎茶镇、复兴乡10个行政村，过凤冈县、湄潭县，止于遵义县龙坑镇，与遵义至毕节高速公路起点相连，该项目长163.65千米，其中，铜仁地区思南和德江两县过境49千米。德江县自5月15日征地拆迁动员会以来，在各级各部门和当地群众的支持下，完成征地2614亩，搬迁坟墓665座，零星林木15万株，林木蓄积2400立方米，拆迁房屋268户。至8月22日，集中安置和货币安置已全部签订协议，征地、房屋拆迁、坟墓搬迁等全部结束，兑现补偿资金结束，兑付补偿资金6000余万元。“三电”迁改正有序进行，土地已交由项目业主方使用。杭瑞高速德江境全长27千米。该段设计有龙溪、沙滩、天池1号和2号4座大桥，天池2号大桥长度超过1.1千米，属于特大桥，龙溪隧道，煎茶和合兴2个匝道，复兴服务区。分别由贵州省路桥集团、公路工程公司等4家单位承建，承建单位于23日进场。5个标段均已按期进场施工。2013年8月28日正式通车营运。

第二节　沿德高速德江段开工

2012年12月8日，沿（河）德（江）高速公路开工仪式在德江境第11标段举行。贵州省交通厅原副厅长张群力在开工仪式上讲话，铜仁市副市长陈晏在开工典礼上讲话，德江县委书记张珍强代表德江县委、县政府在开工典礼上作表态发言，德江县政府县长李云德在开工仪式上讲话。2013年11月1日正式开工建设，沿德高速是黔东北地区北上重庆市的重要交通要道。该条高速的开通，铸就了贵州省“县县通高速”的伟大工程。

第三节　德务高速开工

2016年4月27日，德江至务川高速公路建设正式开工。这标志着德江县又一条高速公路——德江至务川高速公路进入正式施工阶段。

第四节　德余高速开工

2020年8月25日，德江（合兴）至余庆高速公路开工仪式在铜仁市思南县文家店镇沿沙村乌江特大桥南岸拱座施工场地德余土建六标施工现场举行。省交通运输厅副厅长龙平江宣布德余高速公路正式启动；铜仁市副市长邱祯国，省公路局副局长阮有力，省公路开发公司党委书记、董事长袁泉，党委委员、副总经理潘盛烈，铜仁市交通运输局局长杨雪峰等出席开工仪式，标志着德余高速建设正式启动。

第三章　设计与变更

第一节　德务高速钱家枢纽互通站设计变更

一、补偿谈判工作

根据德务高速钱家枢纽互通 B、D 匝道原初步设计方案，需要拆迁钱家乡再生纸厂和钱家绿色农庄水泥制品及园林绿化 4 个企业，施工放线后，指挥部及时启动拆迁补偿谈判工作，邀请相关资质单位进行资产调查评估。与德务业主办拆迁科及德江县政府有关部门负责人开会协商达成共识，提出了对上述企业的拆迁补偿综合原则方案，与企业债权人见面磋商。经过一个月 4 次不同层次的谈判做工作，均无结果，而施工又迫在眉睫。

德江县人民政府县长秦智坤带队现场踏勘调研后以德府函〔2016〕184 号《德江县人民政府关于德务高速公路项目建设德江互通区 B、D 匝道变更改线》函告德务高速建设业主办。文件指出：德务高速公路德江互通位于德江县的钱家乡沙坝社区，属于城郊接合部，自 2016 年 4 月 27 日开工建设以来，互通区内征地拆迁工作有序推进。在规划的 B 匝道和 D 匝道线上分别要占用并拆除德江县绿色食品有限公司和钱家乡五行再生纸厂等部分企业的设施。具体情况是：B 匝道占用并拆除钱家乡五行再生纸厂办公用房、生活设施用房、成品库房以及部分露天原材料堆放场，共计红线占用 4619.027 平方米，经铜仁禾嘉资信房地产评估有限公司评估总价为人民币柒佰陆拾柒万柒仟陆佰元（7677600.00）。其中，红线内价值为 2272412.48 元，红线外价值为 4296559.48 元，生活、办公、库存活动用品价值为 1108658.81 元。最终经县有关部门汇总，德务业主办、县高指会商，确定赔偿总价为 600 万元，与再生纸厂负责人面谈征求意见。然而，纸厂通过律师事务所提出补偿金额为 2590 多万元。D 匝道线上需拆除的德江县深巴食品有限公司（同一场所内有德江县忠华农家乐、德江县奇石花木盆景园、德江县利民砖厂等 4 个企业）后面围墙及部分设施，共计占用面积不足 30 平方米，按正常测算补偿资金接近 40 万元。

以上两企业，县高速公路指挥部会同钱家乡人民政府从调查、收集企业相关手续着手，历时 3 个多月，开展多轮谈判协商，均无结果，特别是五行再生纸厂本身是一个亏损企业，是招商企业，其使用的土地是国有土地挂牌转让土地，可该厂却漫天要价，甚至要把停产预期利润损失按 40 年的年限予以补偿，仅此一项就得补偿高达 1200 万元；德江县绿色食品有限公司（同一场所内有德江县忠华农家乐、德江县奇石花木盆景园、德江县利民砖等 4 个企业）业主是当地一村支部书记，患病多年，不便开展思想工作。鉴于此种情况，县指挥部多次邀请德务业主办施工单位和设计单位现场踏勘，发现两企业被红线占用段都有优化设计变更调线的余地。为了尽快解决德江互通区这一棘手的难题，顺利推进工程项目建设，减少不必要的损失，县指挥部特函业主办，请协调设计部门对德务高速公路德江互通区内占用德江县绿色食品有限公司、钱家乡五行再生纸厂两个路段线路进行调线变更。变更后涉及原设计的方案中通往钱家乡的道路问题，可改从钱家乡人民政府经沿德高速公路洋塘塘大桥下B匝道引桥，连接德江县城北新区规划道路至德务高速公路德江收费站，拓宽改造经沿德高速公路洋塘塘大桥下进县城连接德务高速公路德江收费站。

贵州公路局德江至务川高速公路建设业主办公室以德务业主办呈〔2016〕15号呈文贵州省公路局高速公路建设管理办公室，建议对德务高速钱家枢纽互通B、D匝道及S2老路改移优化线路予以请示，建议指出：(一)对D匝DKO+000—DKO+400段进行优化，避开绿色食品公司围墙及部分设施的拆迁。(二)取消老路改移S2KO+540—KO+863.49段由该处沿德高速通道穿过通行，同时完善德江城北新区经沿德高速洋塘塘大桥下至钱家乡已有通村公路。对B匝道BK1+100—BK1+400段填方进行优化，最大限度减少占或不占用钱家乡再生纸厂。(三)建议对钱家枢纽互通B、D匝道及S2老路改移进行优化设计。就可在不降低原设计质量、不改变原设计功能的前提下，有效、快速解决上述两个难题，既大大节约了建设资金，也能保证2016年10月德务高速钱家互通建成通车的要求。

二、变更方案审查

2016年9月9日，德江至务川高速公路建设业主办公室邀请专家对钱家枢纽互通B匝道变更方案进行审查，省公路局高速公路建设运营中心、德务高速项目办、设计单位、驻地办及施工单位相关负责人参加会议。会议听取设计单位的设计方案情况汇报，施工单位作了补充说明，邀请专家提出审查意见及建议，参会单位负责人也提出了相关的建议和意见。并以德务业主办议〔2016〕7号形成会议纪要。

(一)钱家枢纽互通B匝道原设计概况：原设计的钱家枢纽互通D匝道的DK0+490—DK0+530段的右侧占用了德江县绿色食品有限公司的两栋管理用房，原设计的钱家枢纽互通B匝道BK1+254—BK1+340段路基右侧占用了造纸厂的仓库及两栋管理用房。

(二)钱家枢纽互通B匝道变更设计概况：将钱家枢纽互通原有的B匝道、D匝道、E匝道、G匝道的局部平面线位进行调整，以避让德江县绿色食品有限公司的管理用房以及钱家乡五行再生纸厂的仓库及管理用房。原ZB调整段落为BK1+028.476—BK1+586.000，该段调整之后的桩号范围为B1K1+026.891—B1K1+586.000，即在调整段落的起点有断链，调整段落的终点桩号一致；原ZD调整段落为BK0+200.000—DK0+751.926，该段调整之后的桩号范围为D1K0+200.000—D1K0+751.587，即在调整段落的起点桩号一致，调整段落的终点有断链；原ZE调整段落为EK0+000—EK0+201.283，该段调整的桩号范围为E1K0+000—E1K0+204.857，即在调整段落的起点桩号一致，调整段落的终点有断链；原ZG调整段落为GK0+440—GK0+653.303，该段调整之后的桩号范围为 G1K0+440.000—G1K0+749.130，即在调整段落的起点桩号一致，调整段落的终点有断链。零 S1 老路改移 S1K0+480 之后的工程不再实施，改为由原沿德高速的车行通道进行老路改移，以避开造纸厂。

方案调整之后将影响原 B 匝道的 0 号桥台及 1 ~ 3 号桥墩桩基，需要变更设计处理。另应地方政府及业主要求，需增加城北老路改移 S3，共 0.745864 千米。

第二节　小溪大桥 2 # 墩变更方案

2016 年 9 月 9 日，德江至务川高速公路建设业主办公室邀请的专家在审查钱家枢纽互通 B 匝道变更设计的同时还对小溪大桥 2 # 墩的变更方案进行审查。

一、原设计情况

小溪大桥左幅孔跨布置为 73 米 +135 米 +73 米预应力混凝土连续刚构，左幅 2 号墩主墩高 77 米，左幅 2 号主墩承台下存在堆积体，堆积体成分为白云质块石土，块径 200 ~ 500 毫米，含量 70% ~ 80%，余为黏土充填，松散 ~ 稍密，分布于务川岸 2 号主墩附近，堆积体厚度为 4.8 ~ 13.5 米，堆积体岩土物理学指标：黏聚力 C=5KPa，内摩擦力角 ϕ =30°。原设计防护方案为主墩下边坡设置 5 根 3.0 米 × 2.0 米抗滑桩，抗滑桩横桥向间距为 6 米。

二、变更设计依据

施工单位在下挖至承台底设计标高后，发现承台下边坡实测地面线与原设计地面线不符，不能按原设计的抗滑桩进行施工。

三、变更设计概况

承台整体下降 2 米 + 钢管桩 + 锚杆挂网喷射混凝土封闭防护。

会议进一步要求：1. 明确施工程序；2. 管桩锁定方案，控制钢管桩顶变形；3. 高度重视上边坡的稳定，上边坡若失稳将造成很大的破坏性，建议将框架锚索框架板锚索；4. 加强上边坡防护及钢管桩的桩顶整体连接的方法及质量控制。

根据 2016 年 9 月 9 日德务高速钱家枢纽互通 B 匝道桥梁变更及 BK1+332—BK1+340 右侧变更设计方案，专家组就施工设计提出意见：1.B 匝道 0# 桥台承台厚度宜加厚至 3 米，台帽可置于承台上，以减少开挖深度；2. 采用有效措施对沿德高速边坡加固，并兼有 0# 桥台承台开挖施工防护功能，施工完成后恢复边坡坡面，采取措施处理边坡房排水，确保边坡稳定；

3.BK1+332—BK1+340 右侧挡墙基础施工采用冷开，避让对已有建筑物的影响。

第三节　德务高速德江隧道施工变更

德江隧道是德务高速公路的控制性工程，也是在公路工程隧道建设领域施工难度和技术含量都很高的一条隧道。该隧道进口端位于德江县龙泉乡大石板村，出口端位于德江县沙溪乡大寨村，左洞全长 5505 米，最大埋深 534 米，右洞全长 5425 米，最大埋深 537 米；建设伊始为贵州省在建的最长公路隧道。该隧道出口一次穿越文新断层、长丰背斜、石朝向斜等地质构造。其中有 1050 米穿越石朝向斜汇水区，为高危路段，因向斜构造储水作用和底部泥岩对地下水的阻隔作用，德江隧道上方形成规模巨大的地下暗河系统，所以作了变更设计。该隧道于 2016 年 8 月开工建设。

第四节　沿德高速张家寨黄河溪隧道口变更

由于沿德高速德江境内堰塘乡关口村 326 国道提级改造与沿德高速公路张家寨隧道口出现交叉跨越。2015 年，沿德高速投资公司总工办对跨越立交桥作出设计变更。

第五节　德务高速钱家互通绿化工程设计变更

根据贵州省“多彩贵州 · 最美高速”创建联席会议办公室《关于印发〈2018 年“多彩贵州 · 最美高速”暨“平安高速”新增创建考核路段划分情况汇总表〉的通知》(黔高速美字〔2018〕9 号) 的要求，新增德江至务川高速公路德江段 K0—K0+880 (即钱家枢纽互通) 为创建路段，同时为了打造德江隧道出入口的景观效果，拟对钱家枢纽互通和德江隧道洞门的绿化工程进行提升。

按照变更设计管理办法的相关规定，2018 年 7 月 19 日，贵州省公路开发有限责任公司在贵阳组织召开了德务高速公路绿化工程设计变更方案审查会。参会单位有贵州省公路开发有限责任公司工程部、计划部、质安部，德务高速公路项目业主办和总监办，德江县指挥部，设计单位贵州省交通规划勘察设计研究院股份有限公司，贵州陆通工程管理咨询有限责任公司 (A 监办)、中佳环境建设工程集团有限公司 (绿化施工单位)、贵州路桥集团有限公司 (土建施工单位) 的相关人员及特邀专家。会议听取了设计单位关于德江隧道洞门绿化变更的方案、钱家枢纽互通区域绿化变更方案和钱家枢纽互通区域场地整平变更方案的汇报，施工、监理等单位进行补充说明，特邀专家和参会各方查阅了相关资料并进行询问和讨论，提出相关的意见和建议：1. 隧道出入口部分较宽的区域建议做微地形，以形成较好的景观。2. 植物配置方案建议常绿、落叶树种搭配，适当增加常绿乔木数量。建议考虑植物的季相，保证四季景观的观赏性。3. 植物建议选择生长良好的壮苗，地被选择以多年生草本花卉为主，可考虑选择野生观赏草作为补充景观。4. 设计单位应根据现场实际情况、会议精神等及时调整变更方案。

第六节　杭瑞高速思遵线增设复兴收费站

复兴镇位于德江县南端与遵义市凤冈县相接，盛产水稻、辣椒，生猪、牛、羊畜牧同步发展，市场日益活跃，地处杭瑞高速公路思南至遵义公路德江境内末端。2010 年开工时，按国家批准项目从规划、可研、初步设计方案，在该镇设置有服务区，没有设置收费站。2012 年，该镇群众有万人联名上诉，要求在复兴设置收费站。由于后续工作搁置，在 2013 年通车前夕，一些群众再次发起要求设置收费站，并阻工阻路，均被制止，该地设置收费站问题成了县、镇两级党委政府的一块心病。为了给德江县复兴、平原等乡镇近 10 万名群众出行带来便利，助力乡村振兴，2020 年，贵州公路开发有限责任公司、杭瑞高速贵州段铜仁大兴至遵义营运中心，通过党的“不忘初心、牢记使命”的主题教育活动，报请贵州省交通厅、贵州省人民政府批准同意而修建。收费站的开通是“一路多方”践行以人民为中心，服务地方经济社会的具体体现。

县高速公路建设协调指挥部，复兴镇党委、政府、村组干部和广大人民群众，积极作为，从规划设计到征地拆迁至开工建设，仅用 3 个月时间，于 2020 年 12 月 30 日，复兴简易收费站就正式开通运行。至此，德江县境内有德务高速德江收费站、楠杆收费站，沿德高速德江南收费站、德江北收费站、合兴收费站，杭瑞高速德江煎茶收费站、复兴收费站共 7 个收费站。

第四章　涉农补偿

第一节　设施恢复

涉农设施事关群众生产生活大事，与群众利益休戚相关。做好涉农设施修复工作，强基础、顺民意、稳民心。

德江高速公路指挥部县指挥部积极履行职能，勤勉务实，开拓创新，以维护群众利益为宗旨，以提高服务高速公路建设水平为目的，以营造良好的施工环境为中心，各项建设协调服务工作得到强势推进。在高速公路建设过程中，坚持群众利益无小事，涉农设施修复本着“民生优先，新建后损，标准不降”和坚持切实维护群众利益和国家利益兼顾的原则。做到不留死角，不留盲点。凡高速公路建设德江境红线内外相关的单位、学校、医院等的附属设施，乡村公路、通道、桥涵，村、组农户的通水，农田灌溉的沟渠、管网、水井等生产生活基础设施的损坏都属于涉农设施修复的范畴。涉农设施修复规划设计由县指挥部牵头，所在乡（镇）人民政府、村组或产权人、项目业主、项目部共同参加，现场踏勘确定规划设计方案，红线内的由所在标段项目经理部负责编制施工设计，报项目业主办批准后由项目经理部实施，红线外的现场议定施工方案，其中涉及较大的农用灌渠、乡村公路的需由县相关部门审查认定后再予实施。

涉农设施工程建设的验收分两部分进行，红线内由施工标段负责实施，红线外由县指挥部与项目业主现场确定施工单位。施工单位对工程进度、质量、安全负完全责任。完工后向县指挥部提出书面验收报告，由县指挥部牵头召集乡镇、相关产权单位参加验收，验收合格后在工程验收备案表上签字确认，形成工程验收会议纪要即为实施完工并交付使用。对因施工造成农灌沟渠设施难以恢复或因恢复成本较高的可以实行一次性水改旱的补偿方式予以解决；其补偿标准为每年 200 元 / 亩，补偿年限为 30 年；当年水稻改旱地作物的给予 300 元 / 亩的差价补偿；对涉农设施因修复不及时或因石山区施工放炮等造成当年无法耕种的按旱地 500 元 / 亩，水田 700 元 / 亩由施工单位予以补偿；对施工含红线内外，损坏群众利益的要照价赔偿；超占群众土地的应及时恢复，确因不能恢复的应按永久性征用标准补偿，其费用由施工单位承担。合理安排主线涵洞布局。本着过水涵不得人车共用、人车通道涵规格适度加大且位置应趋于合理的原则由施工标段根据设计方案进一步征求当地群众意见后实施。杭瑞、沿德、德务 3 条高速公路建设恢复涉农设施 300 余处，涉农设施修复率实现 100%。

第二节　炮损赔付

炮损勘验赔付是事关百姓切身利益，维护社会稳定的最基础工作，是高速公路建设能否稳步推进的重要因素。

德江县高速公路建设协调指挥部在炮损勘验赔付工作中提出三个确保，即：确保高速公路的快速推进，确保人民群众生命财产安全，确保受损户群众利益不受损失。结合铜仁市人民政府办公室关于印发《铜仁市松铜、沿德、江瓮高速公路建设项目征地拆迁补偿方案的通知》(铜办发)〔2013〕159号、〔2013〕160号和贵州省交通运输厅《关于全省高速公路施工炮损赔付处理的指导意见》(黔交设)〔2013〕22号文件精神，结合已经实施的杭瑞高速公路德江段炮损赔付工作出现的实际问题和当前物价总体水平，借鉴一些地方成功经验，并征得高速公路投资有限公司同意，指挥部制定了高速公路建设沿德高速德江段、德务高速德江段施工炮损勘测赔付方案。方案明确了工作原则和目标：坚持以人为本、客观公正、实事求是、赔付有据、兑现及时、自我修复的原则。实现受损赔付双方基本满意、工程进展不受影响、切实维护群众利益，快速推进高速公路建设，确保社会的和谐稳定；成立县炮损赔付工作勘测认定协调指导小组，具体指导协调乡镇炮损勘测认定业务；有关乡镇人民政府（街道办事处）相应成立沿德高速公路本行政辖区内施工炮损勘测赔付工作小组。由分管高速公路建设的领导任组长，乡镇村建所、司法所、社综办、村民委员会各派一名同志和所在标段项目部经理部派人参加，具体开展勘测赔付工作。县司法局公证处派人员参加实行全程跟踪现场监督。县高速公路建设协调指挥部统筹组织、指导、协调、监督。方案制定了炮损赔付执行标准及计算方法：县人民政府办公室印发的《关于印发沿德高速公路（德江段）征地拆迁安置补偿方案的通知》德府办发〔2013〕144号文件《炮损赔付指导标准》，已作出明确规定，以及贵州省交通厅《关于全省高速公路施工炮损赔付处理指导意见》黔交建设〔2013〕22号就高速公路建设施工放炮勘测赔付原则、程序和方法作了明确要求。炮损勘测赔付工作必须贯穿始终，严格遵照执行。

一、实际操作过程中，对方案中存在部分缺项和计算方法等问题的明确

（一）增加、缺项部分赔付指导标准

1. 木挑每匹200元。2. 小青瓦每块0.2元含人工搬运。3. 沼气池需维修的每口800元至1000元，报废的据实测算补偿。4. 门窗边缘裂缝或已松动的每个100元，未松动的酌情予以补偿。5. 室外墙身轻微裂缝修缮刷浆每平方30元含架子费。6. 未见事宜，由工作小组现场协商补偿。

（二）砖混房勘测计算方法

1. 屋顶表面受损裂缝按裂缝所在间四边墙体外延40厘米计算面积。2. 屋内外墙身裂缝按

所在墙面整个计算面积。3. 室内房顶受损补缺刷浆按所在墙之间整个计算面积。4. 墙身开裂已穿透的按上限补偿，反之按下限补偿，轻微裂缝地按轻微裂缝修缮刷浆补偿。

二、补充方案有关要求

（一）时间安排

原则上施工放炮作业结束后，施工单位必须及时启动炮损勘测赔付工作，具体时间由各施工合同段与所涉乡镇协商确定。一次性勘测赔付后原则上不得进行二次勘测赔付工作。

（二）科学界定炮损补偿范围

凡因沿德高速公路建设施工放炮造成的损失都属本次勘测赔付的范围。对照施工放炮前县指挥部组织乡镇及县司法局公证处对德江县境内五个施工合同段正线边缘向外延伸 200 米以内的房屋已实施现状调查，并记录在案的一律不予勘测赔付。新发生的开裂、破损、基础塌陷等，自然灾害除外，均视为本次炮损所致，本次应予勘测赔付。对于 200 米以外的在施工放炮作业时施工单位已当场查看拍照在案的一并纳入本次勘测赔偿。正常情况下距放炮作业点 200 米以外的住户坚持要求进行炮损勘测赔付的由本人向镇炮损勘测赔付工作小组提交炮损鉴定申请，待 200 米以内施工放炮作业基本结束后再由乡镇炮损工作小组重新现场察看确认。

（三）严格执行炮损赔付标准

凡参加炮损补偿工作人员，要认真学习和执行《炮损赔付指导标准》，按照公平、公正、公开的原则，严肃认真，阳光操作。

（四）注重工作方法，严格操作程序

1. 勘测赔付工作要逐户现场勘测核定，按照统一制作的《沿德高速公路建设施工放炮财产受损勘测赔付登记表》设置内容，逐项勘测统计计算，三方即受损户、施工单位、工作小组，当场签字确认。2. 炮损赔付金额一经签字确认，必须当场用现金兑现补偿，补偿后由炮损户自行修复。3. 对乡镇炮损勘测工作小组处理不服的，由受损人向县炮损补偿勘测认定协调指导小组申请协调处理，对县协调处理仍不服的，由不服方向乡镇（街道办）预交 5000 元至 10000 元的炮损鉴定费，施工单位同样按 1∶1 的比例向乡镇（街道办）炮损勘测工作小组提交相应的保证金，由炮损勘测工作小组协调双方共同委托向有资质的鉴定机构申请鉴定，其鉴定费以合同为准。鉴定结论为破损的，其鉴定费由施工单位承担，反之鉴定费由申请人承担。赔付费用按鉴定结论确定。对有资质鉴定的机构作出的鉴定仍不服的，按司法程序解决。4. 炮损房屋经鉴定属于危房的，县指挥部会同所涉乡镇人民政府、施工单位根据鉴定的危房等级另行研究解决办法。5. 炮损赔付资金由沿德项目公司先期垫支，每个标段第一期 10 万元，划转到县指挥部指定账户，以后视进度适时拨款，勘测赔付工作结束后由项目公司从该标段工程费用中一次性扣清。

（五）强化炮损赔付责任

按照谁损坏谁负责的原则，施工单位是承担炮损赔付主体责任人，要主动参与，密切配合，认真履职。资金赔付后，原受损房屋一律由房主自行修复。

（六）严肃炮损勘测赔付工作纪律

炮损勘测赔付工作人员在具体工作中要始终坚持“四统一、五严禁”。“四统一”：一是统一口径，逐户勘测；二是统一眼光，认真把握尺度；三是统一丈量，由指定的工作人员拉尺丈量登记，当场签字认可；四是统一标准，任何人不准擅自提高和降低补偿标准。“五严禁”：一是严禁优亲厚友，坚持一把尺子量到底；二是严禁弄虚作假，不准冒名造假；三是严禁徇私舞弊，不准徇私情从中牟利；四是严禁自作主张，不得随意表态，信口开河；五是严禁玩忽职守，损害群众利益。

（七）炮损勘测赔付工作经费

参照杭瑞高速思遵德江段赔付标准由炮损赔付主体责任单位，即施工单位，按照前期炮损调查实际户数，每户按200元标准由施工单位在启动炮损勘测赔付前一次性向县高速公路指挥部缴纳，专项用于开展炮损勘测赔付工作经费。三条高速公路建设单沿德高速公路建设炮损赔付达1600多户。由于责任明确，措施有力，工作仔细，方法得当，客观公正。在3条高速公路建设过程中，没有一户受损户上访，炮损勘验赔付达100%。

第三节　复绿治理

在武陵山区修建高速公路多数是逢山掘洞，遇河建桥。而施工造成的余泥渣土、收纳场、高边坡、取料弃土场及施工单位临时用地等多而杂，多而广，复垦、治理难度非常大，若不尽快做出工程治理，势必引起山体滑坡、泥石流等次生灾害，事关百姓群众生命财产的安危，德江县高速公路建设协调指挥部引起高度重视，始终将弃土场复绿治理列入工作的重点来抓。认真规划，制定标准，分层负责，明确责任，强化监督，狠抓落实，现场验收，交付管理。具体实施如下：

1. 弃土场复绿治理原则要求：专项整治、重点突破，复绿一片，成效一片。

2. 土地治理要进行土地挖填、裸石填埋、盖土20厘米以上。

3. 实施复绿恢复林业生产条件：（1）滑坡体、取（弃）土场边坡易滑地带重点栽种如刺槐类根系较发达的树种。（2）岩崖陡壁型石山地带栽种爬山虎、吊兰等易于在岩壁生长的藤蔓植物。（3）高速公路视线范围内和平整地带规划栽种如红叶石楠、塔柏、油茶等绿化树种，树干规格为红叶石楠、油茶地径5厘米以上，塔柏冠幅100厘米以上。（4）所有土地种上草种。（5）对裸石较多的地带植树前，还应采取克土措施，确保树木成活。

4. 施工设计方案委托贵州宏远达水土工程有限公司编制，部分由德江县海清园林绿化有限公司编制。由县指挥部牵头，组织林业、国土、环保、税务、安监等部门参加评审合格后实施。施工设计方案制作收费严格按照国家发改委、建设部《关于工程勘察设计收费标准（2002 年修订本）》规定执行。费用从县指挥部沿德高速项目建设工作经费中列支。对所有的临时用地包括建设所需的项目部驻地、施工便道、取料场、拌和站，施工遗留下来的弃土场，余泥渣土，以及部分乱石边坡无法复耕等，经认真治理、绿化验收合格后一并移交给所属乡镇、村管理。据统计，用于土地复绿工程治理经费达 1500 万余元，其中仅沿德高速德江境内用于复绿工程治理经费近 500 万元。从而，实现土场复绿治理面积 450 亩，治理达 100%。

第四节　资金兑现

杭瑞高速公路从 2010 年 5 月 17 日开始，德江县正式开展征地拆迁野外勘丈工作，由县高速公路建设协调指挥部统一组织实施。8 月 17 日集中征地拆迁工作全面结束。全线红线内共征地含设计变更扩增 3210 亩，共拆迁房屋及其附属设施 356 户，清点林木 23 万余株，搬迁坟墓 843 座。涉及征地资金 86146100.00 元，拆迁资金 77525875.45 元。沿德高速德江段于 2013 年 9 月正式启动红线内征地拆迁工作，2014 年元旦前集中征地拆迁工作全面结束。完成红线征地 4499.13 亩，共计补偿资金 15208.64 万元。拆迁房屋 343 户；清点林木 195697 株；搬迁砂场 2 个，搬迁加油站、炸药仓库各 1 个，搬迁坟墓 878 座，共兑现补偿资金 11721 万元。施工临时用地 1711.963 亩，清点临时用地林木 69752 株，补偿资金 5466.94 万元。“三电”（弱电部分）迁改光缆 90 千米，电力迁改 30 千米，共涉及改迁资金 2013 万元，炮损赔付 1600 余户。德习高速德务公路德江段正线征拆工作于 2015 年 10 月中旬全面启动，2016 年 1 月结束。截至 2016 年底，该项目建设红线征地共 2430.900 亩；红线内设计变更补征 333.764 亩；清点林木 172880 万株；登记、调查核准坟墓 351 座，已搬迁 351 座；勘测房屋 224 户，已搬迁 224 户。兑现各类补偿资金 1.4 亿余元。德习高速公路建设征用施工临时用地 1276.856 亩，其中耕地 814.896 亩，林地 457.627 亩，建设用地 0.320 亩，未利用地 4.013 亩，补偿金额 3811.77 万元；搬迁坟墓 29 座。林木补偿资金 180.92 万元。德余高速公路过境德江段只有 1.54 千米，涉及征地拆迁量小，明确征地拆迁工作由高速公路贵州中交德余项目公司完成，所以未列入统计内。

在德江县高速公路建设的 10 年时间内，德江县高速公路建设协调指挥部共承担了杭瑞、沿德、德务三条高速公路 100 千米项目建设，和圣溪坳至梅子坳提级改造以及德江县城至共和港口二级公路主线 100 千米项目建设征地拆迁及施工协调工作。共完成正线内征地 12835 亩，拆迁房屋及附属设施 1947 户，清点林木 71 万株，搬迁坟墓 2186 座，企业搬迁 8 个，征用施工临时用地 3833 亩，兑现各类补偿资金 6.537 亿元。项目补偿资金 1.16 亿元。新建 40 户以上安置点 5 个，安置房屋拆迁户 486 户。恢复涉农设施项目 300 余处，施工取（弃）土场复绿治理面积 450 亩。所有征地拆迁补偿资金、安置点建设所需资金、涉农项目恢复建设资金、炮损补偿资金、取（弃）土场复绿资金等一一兑现，且保证所有兑现资金支付零差错。同时，指挥部还对部分施工单位在建设过程中，存在的未征先用、少征多用等现象以及拖欠农民工工资现象，派专人或依托乡镇人民政府指挥部进行跟踪和清理，确保群众利益和农民工工资按时足额到位，各类资金补偿兑现率达到100%。

第五节 集中安置

集中安置是德江高速公路建设中的一大亮点，指挥部在集中安置点建设过程中严格贯彻“高起点规划，高标准建设”的要求，集中精力、竭尽全力、多方协作，着力打造改变农村面貌，改变农民居住环境的新的亮点，以抓好集中安置助推房屋拆迁工作。

杭瑞高速思遵公路德江段共建设一个集中安置点，即合兴大兴安置点，集中安置杭瑞高速拆迁户133户。该安置点位于合兴镇大兴集镇街后大兴河畔，于2010年国庆正式启动安置点的拆迁、规划、设计、征地工作，共征地84.575亩。计划安置230户，已建好并入住133户，正在建设中有50户。分两个阶段实施，即杭瑞高速为第一期，沿德高速为第二期。

沿德高速公路建设德江县境内共设钱家、玉水、堰塘、合兴4个集中安置点，计划安置拆迁户252户，实际安置228户，荆角乡划地安置7户。

德务高速公路项目建设德江县境内共有钱家观音滩、楠杆洋乐坝点、中坝点、楠杆集镇点、玉水井堡池5个集中安置点。到2016年年底，已列入安置户127户。沙溪乡2户拆迁户安置在沙溪集镇上。

3条高速公路建设共集中安置436户。安置建设本着以人为本，依托国家大项目的实施，改善群众居住环境，从而带动地方小城镇发展，实现资源共享的理念，按照“搬得出、住得下、稳得住”的原则和“高标准规划、高起点建设、拆迁自愿”的思路，实行“统一征地，统一规划，统一图纸，统一面积，统一外装饰，分户建设”的“五统一分”的模式予以建设，实现了一次性安置规模最大、建设速度最快、基础设施配套最齐、安置效果最好的拆迁集中安置示范工程，成为全省高速公路拆迁安置建设史上的“德江模式”。

第五章　通车庆典

第一节　杭瑞高速思遵公路龙溪隧道贯通庆典

杭瑞高速思遵段德江境龙溪隧道于2011年12月15日全线贯通，并于是日上午10点20分在隧道口举行贯通庆典仪式。德江县委、县人大、县政府、县政协主要领导，思遵高速公路项目办、总监办主要负责人以及县高速公路建设协调指挥部全体员工、所涉乡镇主要领导和分管领导到场祝贺。庆典仪式由县政协主席、县高速公路建设协调指挥部常务副指挥长张羽龙主持，县委副书记、代理县长李云德宣布了隧道顺利贯通。

龙溪隧道位于合兴乡鸟坪村与龙溪村的接合部，是思遵高速公路施工项目中的一项控制性工程，是一条分左右线双向4车道的隧道。全长815米，总投资7000万元，由中国路桥有限责任公司承建。2011年1月1日正式开工，历时325天，共开挖、载运土石方16500余立方米。施工中技术员采用新奥法、进口与出口同时掘进的工艺流程，实行三班倒的昼夜作业方式，克服了地质结构差、洞内渗水大、气候恶劣等各种自然不利因素，经过近300名工人和技术人员的日夜苦战，提前15天完成任务。

县委书记张珍强，县委副书记、代理县长李云德，思遵高速项目办主任余彪，副主任、书记覃海清，副主任、总监办总工甘睿，县人大主任简宜山，政协主席、县高速公路建设协调指挥部常务副指挥长张羽龙，副县长王英，副总工钟永炼为贯通庆典仪式剪彩并驱车进入隧道验洞。

第二节　酉榕高速沿德公路通车庆典

2015年12月30日10点58分，铜仁市人民政府在沿河县举行沿河至德江高速公路通车仪式。至此，沿河自治县结束无高速公路的历史，铜仁市也实现县县通高速公路的目标。该条高速公路的建成通车，标志着通过高速公路三年大会战，规划德江县的三条高速公路中的第二条高速公路正式通车营运。

沿德高速公路全长104千米，其中德江境48千米，涉及荆角、玉水街道、钱家、龙泉、堰塘、合兴6个乡（镇、街道办）、23个村（社区）。该高速公路设计路基宽度为21.5米，双向四车道，时速为 80 千米 / 小时，是全省第一条征地拆迁资金实行总包干的高速公路。起于沿河自治县沙子镇纸场坪西侧，终点在德江县合兴镇汤口湾接杭瑞高速公路思南至遵义段。它是《贵州省高速公路网规划》“678”网中从重庆酉阳经沿河、德江至榕江高速公路中一条纵线，该条高速公路的通车运行，对德江县的社会经济发展和创建黔东北交通枢纽城市起着极其重要的作用。

沿德高速公路建设德江段从 2013 年 9 月开始征地拆迁，随后施工单位先后相继进场施工，为了不影响建设进度，县指挥部及时调整工作思路和工作模式，实行边征拆边施工的双边工作模式，具体工作中又灵活机动采取先用先征、急用急征的办法，仅两个多月就实现了红线内土地交地，从而保证德江县境内 5 个施工标段的施工用地，顺利推进了高速公路建设。

第三节 德习高速德务公路德江收费站、楠杆收费站通车庆典

2017 年 3 月 18 日，德务高速德江枢纽互通德江县城至铜仁、贵阳、沿河高速公路正式通行。该项目从开工建设到通车运行，历时 11 个月。该工程由贵州路桥第四分公司承建，接受了德江县委、县政府的通车奖励资金 50 万元。

2018 年 9 月 28 日，德务高速楠杆至务川段建成通车，此次交工验收的德务高速楠杆至务川段建设里程 24 千米，起点为楠杆互通，经丰乐、龙灯，止于喻家湾枢纽互通。全线采用双向四车道高速公路标准建设，设计速度 80 千米 / 小时，路基宽度 24.5 米。届时，德务高速德江段仅剩下德江特长隧道右洞 5505 米，于 2016 年 6 月 13 日上午贯通。因左洞施工出现高压涌水，推迟至 2020 年 10 月 20 日实现双幅贯通。拟于 2021 年国庆节正式全线通车。

第五篇　综合管理

在思遵高速德江段、沿德高速德江段和德务高速德江段三段高速公路建设期间，德江县高速公路建设协调指挥部始终把思想建设放在一切工作的首位，坚持正确的舆论导向，通过各种途径加强宣传教育，引领高尚情操；加强安全教育，增强防范意识；开展劳动竞赛，提高劳动技能，注重安全保畅，提高社会效益。

特别是在庞大的征地拆迁工作过程中，主要坚持“五抓好、三加强”。强化主体责任，确保三条高速公路建设稳步推进。

1. 抓好征地拆迁操作流程管理，确保征地拆迁公平公正。

2. 抓好征地拆迁勘丈评估数据管理，做到让征地拆迁户心中有数。

3. 抓好征地拆迁补偿资金到位情况跟踪管理，管征地拆迁户心底踏实。

4. 抓好拆迁过渡安置管理建设和后续跟踪服务工作，保证拆迁安置户搬得出、住得下、稳得住。

5. 抓好在建工程审计管理和征地拆迁资金审计管理，确保资金流向清楚，使用合理，建账规范。

6. 加强涉农设施和弃土场复绿治理跟踪管理，确保涉农设施恢复完整和环境治理达标。

7. 加强宣传管理，彰显地方特色。

8. 加强档案建设管理，确保征拆资料完整、规范，所有资料翔实、无误。

同时，在高速公路建设协调过程中，把建设需要与地方特色有机地结合起来，既弘扬了地域文化，又赢得了社会效益。

第一章　精神文明建设

第一节　县领导深入一线慰问

一、县四大班子深入杭瑞高速思遵段慰问

2011年1月14日，德江县四大班子分成5个慰问组，带着全县50多万人民的深情厚谊，对德江县境内正在进行紧张施工的杭瑞高速思遵段5个合同段的施工单位、施工人员以及高速公路建设拆迁户代表进行慰问。

当天下午3时，5个慰问组分别由县委书记杨德华，副书记、县长张珍强，副书记商友江、纪委书记付君、组织部部长郑敏带队，在相关部门负责人的陪同下，带着慰问品前往各合同段项目部驻地，对全体员工进行慰问，并察看他们的办公和生活环境以及施工现场。

在项目部设在凤冈花坪镇第八合同段的路基填方工程现场，杨德华与正在施工的工人进行亲切交谈，了解他们取料、施工、生产和生活情况，当他得知该合同段在德江境工程段施工非常顺利时，他要求，要进一步创造良好的施工环境，确保施工安全、高效、有序。

高速公路的顺利施工，得益于沿线群众的大力支持和广大拆迁户的配合。杨德华一行对施工单位进行慰问后，又前往复兴乡贾村和客店村，分别对蒋永华和莫德强两户拆迁户进行慰问。

在第四合同段，张珍强听取项目经理的工作汇报后，对第四合同段先期进入德江县开工建设作出的不懈努力予以充分肯定，鼓励他们再接再厉，做出更好的成绩，祝福他们在新的一年里工作顺利，阖家幸福。张珍强还在相关人员的陪同下，察看了第四合同段匝道口的拌和场建设，还分别对张皇、胡袭东两户拆迁户代表进行了慰问。

下午5时，5个慰问组汇聚在煎茶镇境第六合同段经理部，副县长、县高速公路建设协调指挥部第一副指挥长周骥主持召开由四大班子在家领导及人武部、法检两院，县四办、公安局、交通局、国土局、林业产业办、住建局、财政局、民政局等主要负责人，所涉乡镇书记、乡镇长、思遵高速项目办和五个合同段主要负责人参加的杭瑞高速德江境建设工作汇报会。县高速公路建设协调指挥部播放专题片，汇报了前期征拆安置工作。会上杨德华代表县四大班子和全县人民，向各施工单位表示真诚的谢意，并介绍了德江县目前发展趋势。他指出，“十二五”规划期间，德江将抓住千载难逢的机遇，加快交通枢纽和区域中心城市建设步伐，同时真诚欢迎各施工单位积极参与到德江的建设中来，并表示全县人民将进一步营造良好的施工环境，同时

要求各施工单位在高速公路建设中，要抓质量、保平安、促进度、创精品。思遵高速项目办主任余彪在发言中对县四大班子在春节即将来临之际对他们的关心表示衷心的感谢。思遵高速能在德江全面开工建设，并且施工非常顺利，得益于德江县四大班子、指挥部、沿线乡镇党委、政府和群众的支持配合。

二、高速公路建设协调指挥部常务副指挥长慰问德江境拆迁户

2011年1月18日，县政协副主席、县高速公路建设协调指挥部常务副指挥长张羽龙率指挥部办公室相关负责人将7250公斤大米、220箱水果、1230公斤菜油和295床棉被分别送到煎茶、合兴、复兴3个乡镇，并组织3个乡镇负责人对杭瑞高速公路建设德江境拆迁户进行慰问。杭瑞高速公路建设共拆迁房屋295户，涉及110个村民组，面广、量大、问题多，指挥部严格遵循“以人为本，和谐拆迁，重在安置”的理念，文明工作，赢得了广大拆迁户的理解与支持，在整个征拆直至补偿兑现过程中，无一户提出异议，得到项目业主的充分肯定。

为了体现党和政府对广大拆迁户的关怀，同时也感谢广大拆迁户对高速公路建设的支持，县指挥部从有限的工作经费中拿出15万元购买慰问品对拆迁户进行慰问。1月19—20日下午，张羽龙在指挥部办公室和相关乡镇主要领导的陪同下，分别对煎茶、合兴、复兴三乡镇295户高速公路拆迁户进行逐一慰问，向他们致以节日的问候。拆迁户们都非常感动，纷纷表示要一如既往地支持高速公路建设。

三、高速公路建设协调指挥部常务副指挥长率相关单位负责人开展环境建设年活动调研

2011年3月25日，县政协主席、县高速公路建设协调指挥部常务副指挥长张羽龙率指挥部办公室、群工科、安保科相关负责人深入杭瑞高速公路德江境各施工标段，就开展环境建设年活动进行调研。张羽龙强调：要深入推进环境建设年活动，进一步优化施工环境，加快工程施工进度，确保工程如期通车。

在五标，一行人深入一、二、三、四工区，认真听取各施工队伍对德江县高速公路建设环境的意见。张羽龙指出：开展作风建设年、环境建设年、项目建设年是省委、省政府的重大决策，是德江县实现跨越发展的契机，一定要抓好、抓落实。并对为建设杭瑞高速公路德江境建设者付出的辛勤劳动表示真诚的感谢。

在七标，张羽龙一行人还深入工程项目部和工区食堂，了解他们的生活状况。

张羽龙最后强调：深入推进环境建设年活动，要做到不麻痹、不松懈、不厌倦，要抓典型，对无故阻挠施工，强拉强运的行为相关部门要严肃查处；指挥部群工科、安保科要协调工作，要加大排查群工矛盾的力度，化解群工纠纷，为高速公路的建设营造一个和谐、宽松的施工环境。县交通局运管所负责人陪同调研。

四、捐赠活动

2011年5月30日，中国路桥工程有限责任公司思遵高速公路第五合同段项目经理部党支部书记吕双玺一行，带着全体职工深情厚谊，前往合兴乡龙溪完小看望慰问全校师生，并在学校操场上举行了捐赠仪式。思遵高速公路项目办副主任覃海清，县政协主席、县高速公路建设协调指挥部常务副指挥长张羽龙，合兴乡乡长吴飞等参加活动。

龙溪完小地处思遵高速公路第五合同段辖区，全校共有6个年级6个班，有学生118人、教师8人。在"六一"儿童节到来之际，中国路桥工程有限责任公司思遵高速公路第五合同段项目经理部本着"奉献社会、回报社会"的宗旨，向该校捐赠乒乓球台1套，为全校学生每人送去1个书包、1双雨鞋、1个文具盒和本子等学习用品，并为全体教师每人送去500元慰问金。吕双玺在捐赠仪式上表示，思遵五标项目部的全体员工有信心、有能力克服诸多困难和不利因素，保证按时、按质、按量完成标段的工程施工任务。同时，也希望通过小小的捐赠能为孩子们带来欢笑和快乐，给小朋友们创造一个美好的学习环境和学习氛围。

五、杭瑞高速公路铜仁段建设指挥部常务副指挥长检查、督促高速公路建设工作

2011年6月13日，政协地工委常务副主任、地区杭瑞高速公路铜仁段建设指挥部常务副指挥长帅朝刚冒着沥沥细雨到德江县检查、督促高速公路建设工作。思遵高速项目办党支部书记、项目办副主任覃海清，地区高建办、地区杭瑞高速铜仁段建设指挥部相关负责人参加。

帅朝刚一行在县政协主席、县高速公路建设协调指挥部常务副指挥长张羽龙的陪同下，察看了杭瑞高速德江境4至8合同段的施工工地建设情况，重点检查了德江县七标、六标的控制性工程——大桥建设进度情况，并在县高速公路指挥部办公室对德江县高速公路建设作了指示。在七标段沙滩一号大桥，帅朝刚听取项目部经理赵习斌的工作汇报后，鼓励他们再接再厉，按时完成施工任务。同时还到项目部驻地，了解工人的生活状况，询问施工环境。

在县指挥部，帅朝刚认真听取张羽龙的近期工作汇报和建设工作中存在的问题后，指出：德江的高速公路建设工作，由于县委、县政府主要领导和分管领导的高度重视，上下联动，部门配合，不但征地拆迁工作中走在其他县的前面，拆迁安置工作更是以人为本，为拆迁户着想，做出了杭瑞高速拆迁安置的亮点。而且后期的协调工作也做得扎实，敢于创造性地开展工作，在施工临时用地中为全区探索出了一条经验，值得肯定。同时，也期望进一步加快建设进度，加快涉农设施的恢复与改迁的步伐，希望德江要做好施工炮损的赔付工作，并继续为全区探索一条好的炮损赔付经验。

六、送水活动

2011年7月31日，县政协主席、德江高速公路建设协调指挥部常务副指挥长张羽龙，带着消防大队官兵，用消防车为中国路桥工程有限责任公司思遵高速第五合同段龙溪隧道施工人

员送去了生活用水。

龙溪隧道是思遵高速施工项目中的一项控制性工程，全长820米。自动工以来，近300名工人分左右山掘进，三班倒24小时作业，工程有序推进，计划10月1日贯通并向国庆献礼。

由于高温干旱，水源枯涸，给隧道施工生产生活用水带来了困难。7月30日，该标段项目经理曹昌权向德江高速公路建设协调指挥部求援，请求解决施工人员生活用水难题。接到救援电话后，张羽龙立即协调消防大队，安排出动消防车支援。并于7月31日早上将水送到施工现场。当天，消防员共为龙溪隧道施工人员送去2车共12吨生活用水。在送水现场，项目经理曹昌权和全体施工人员表示，一定要战胜困难，保质保量按期完工，向德江人民交上一份满意的答卷，确保杭瑞高速思遵段早日建成通车。

第二节　慰问演出

一、“多彩贵州风”演出组慰问演出

2011年11月18日，为了深入贯彻中央十七届六中全会精神和落实省委十届十二次会议精神，加快杭瑞高速公路德江境的公路建设，县委、县人民政府邀请了由省文化厅党组成员、机关党委书记罗运琪带领的“多彩贵州风”演出组一行40余人到杭瑞高速公路思遵段德江境建设工地慰问演出。

为确保这次义演顺利进行，让建设者们欣赏“多彩贵州风”的精彩表演，感受高雅的文化风韵，县政协主席、县高速公路建设协调指挥部常务副指挥长张羽龙，副县长张勇对演出场地进行选址并指导场地布置。复兴乡政府，复兴乡中学，第四、第六、第七、第八合同段积极主动配合，组织人员到现场观看，当地群众扶老携幼，奔走相告；第七合同段更是以主人翁的姿态，满腔热情，为观看演出的群众提供饮用水和小胶凳，方便群众更好地领略演员们的艺术风采。

二、“中交贵州沿德高速庆中秋”文艺晚会

2016年9月14日晚，“中交贵州沿德高速庆中秋”文艺晚会在沿德公司羽毛球场举行。

晚会精彩上演22个节目，节目形式多样，内容丰富。不仅有炫酷的舞蹈、优美的音乐，更有精彩的小品和激动人心的趣味活动。公司员工兴高采烈，欢聚一堂。特别是晚会结束时，由全体职员带来的一曲《难忘今宵》更是为晚会增添一分浓重节日色彩。

三、“迎国庆·庆中秋”联欢晚会

2017年9月28日晚，德江中交贵州沿德高速联合高速交警举办“迎国庆·庆中秋”联欢晚

会在中交举行。

由中交贵州沿德高速联合高速交警管理分公司员工自编、自导、自演的节目，博得了现场观众的阵阵掌声，展现了积极向上、团结进取、朝气蓬勃的精神风貌，抒发了高速公路人为德江交通事业的创业情怀，为十九大顺利召开贡献力量。

中交一公局贵州沿德高速投资建设有限公司党支书总经理、财务总经理及副总经理，德江高速公路沿河路政及德江高速交警、德江路政大队、德江交警大队和黄埔石化等负责人，以及高速公路公司有关领导参加晚会。

第三节　交流学习

2012年8月15—17日，由省交通运输厅组织的全省高速公路征地拆迁协调服务经验交流会在毕节市大方县召开。

德江县政协原主席、县高速公路建设协调指挥部常务副指挥长张羽龙代表全省参会县除东道主外唯一大会交流发言县作了题为《以人为本，破解天下第一难事》的书面发言。

16日上午，在大方县公安局会议室举行的会议，由省交通厅基建处张晓忠处长主持，省交通厅原副厅长、巡视员陈骏，省交通厅副厅长罗强，省公路局高速公路建设营运中心主任李松，省公路局征拆部副部长章迪，省高速公路开发总公司副总经理汪金育，铜仁市政协原副主席、巡视员、市杭瑞高速公路常务副指挥长帅朝刚，毕节市政协副主席，大方县委书记等领导出席会议并在主席台就座。全省各县市区高速公路指挥部指挥长、办公室，省高速公路开发总公司及所属项目办，各参建公司负责人，大方县相关单位、乡镇负责人共220余人参加会议。

大方县委副书记、县长张瀚时即兴作的激情洋溢的欢迎辞，赢得热烈掌声，相关参建单位代表也在会上作了表态发言。省交通运输厅巡视员陈骏在会议总结时对德江县的征地拆迁工作给予了高度评价，特别是对集中安置工作予以充分肯定。

会后，帅朝刚还召集了铜仁市各县参会人员在住宿宾馆的会议室组织讨论，就铜仁市高速公路建设征地拆迁工作中所涉及的问题进行交流，张羽龙就德江县征地拆迁工作进一步作了详细汇报，并明确表示回去后要进一步做好高速公路建设的服务工作，努力营造良好的施工环境，为德江县高速公路建设做出新的贡献。

第二章 劳动安全管理

第一节 创优施工环境

一、营造良好施工环境

德江县高速公路建设协调指挥部坚持以民生优先、服务至上为宗旨，采取四项措施落实高速公路涉农设施修复，确保有良好的施工环境。认真处理好高速公路建设涉农设施是顺利实施高速公路工程的前提和保证，也是践行“三个建设年”的具体体现。

在杭瑞高速公路建设中，德江县高速公路建设协调指挥部具体以“高度重视，统筹安排，现场落实，跟踪督促”为主线，确保群众春耕生产不受影响，最大限度地减少矛盾纠纷，营造良好、宽松的施工环境。

（一）高度重视

在启动征拆工作的时候，指挥部就成立涉农设施调查统计组，专门负责德江县境内杭瑞高速公路红线内的涉农设施调查统计工作。在调查统计过程中，不但要有桩号、地名的统计，还要有照片、编号，然后装档归案备查。

（二）统筹安排

由于过境德江县的几个乡镇都属于主要产粮区，涉及的灌溉沟渠、人饮管道、机耕道相对较多，村寨居住相对密集。指挥部统筹合理安排，与群众、施工单位、项目业主紧密协作，做到既不影响施工，又要兼顾国家和群众利益。

（三）现场落实

随着春耕季节的到来，特别是2010年上半年德江县出现的春季雨量偏少、打田育秧困难的情况，一些灌溉沟渠、水管等涉农设施的恢复工程迫在眉睫。2011年4月27日、28日，县政协主席、县高速公路建设协调指挥部常务副指挥长张羽龙顶着烈日，率指挥部，相关乡镇、村、项目业主，采取“三堂会诊”现场落实方案的办法，逐一核对落实，每到一处，群工涉农科与原始调查资料进行核对，乡镇人民政府主管部门提出解决方案，项目业主审查，最后达成恢复方案措施的意见。一是落实恢复方案，二是落实资金，三是落实施工单位，四是落实完工时间。对暂时无法恢复的个别个案，则由乡镇提出临时解决的办法，施工单位承担费用的办法解决。跟踪督促。每落实结束一个乡镇，都要进行小结，并明确由指挥部派人专门对涉农设施恢复工作进行跟踪督促，确保涉农设施如期恢复，最大限度地营造一个良好的施工环境。通过两天的努力，所涉的村组人员、群众较为满意，基本上排除了因涉农设施而引起的群工纠纷，最大限度地将群工矛盾纠纷消灭在萌芽之中。

二、杭瑞高速公路建设第一次协调会议工作部署

2010 年 11 月 11 日，副县长、县高速公路建设协调指挥部第一副指挥长周骥在县高速公路建设协调指挥部会议室主持召开杭瑞高速公路建设第一次协调会议。会议对德江县高速公路建设以来指挥部、过境乡镇以及施工单位所做的大量工作予以充分肯定，会议根据石阡会议精神，结合德江县高速公路建设的实际，就高速公路建设中可能出现的问题进行认真的研究，对施工单位的工作制度提出明确的要求，对下步工作进行具体部署，会议议定：(一) 迅速在全县交通系统特别是在高速公路建设协调指挥部、过境乡镇和各施工单位掀起向石阡学习的高潮，以石阡为榜样。指挥部、过境乡镇要以修好高速公路为己任、全力服务好高速公路建设、营造良好的施工环境为目的，确保两年建成通车。(二) 为扎实有序地推进杭瑞高速公路德江境的建设工作，会议要求各施工单位必须遵守“八要八不准”工作制度。即：要坚持四项基本原则，不准在群众中散布和传播反动言论影响安定团结；要科学施工，不准无故拖延工期；要严格执行德江县人民政府办公室〔2010〕95 号文件精神，不准避开县、乡指挥部直接与土地、房屋使用权者签订用地或拆迁协议及其他民事协议；要爱护群众财物，不准侵占损害百姓的利益；要尊重地方乡风民俗，不准调戏侮辱妇女，打骂干部群众；要倡导公平交易，不准强买强卖；要自觉遵守指挥部协调会议制度，不准无故旷会和迟到；要安全文明施工，不准违章冒险作业。(三) 当前要抓的几项工作。1. 县直相关单位和过境乡镇要围绕施工方提出的建设与要求，有针对性地制定出方案，具体抓落实。2. 各施工单位要在 11 月 20 日前清理完正线内地上建筑物、附属物、构建物及林木，尤其要对各类砖混结构房屋残余等废料全部挖平，彻底消除各类安全隐患。3.11 月 30 日前将正线内施工便道打通。4. 各施工单位抓紧提出对弃土场、料场的选址方案，指挥部将组织县政府相关部门于 11 月 13 日到现场办公，审查落实。5. 抓紧做好“三电”迁改，房屋拆迁安置，古、大珍稀树木的移植相关工作。6. 严把安全责任关，各施工单位要把安全工作相关制度，人员名单报县指挥部、县安监局备案，所有施工人员必须进保，购买安全保险，做到文明施工、安全施工。

第二节　安全管理

一、检查、督促安全工作

2012年1月19日，县政协原主席、县高速公路建设协调指挥部常务副指挥长张羽龙率相关科室人员到杭瑞高速思遵段德江境4至8合同段检查、督促安全工作，所涉乡镇高速公路指挥部指挥长陪同检查。随着2012年春节的临近，德江县境内的高速公路建设施工合同段施工人员相继放假回乡，为了确保春节期间各施工合同段的安全，使之财产不受损失，县高速公路建设协调指挥部在2012年1月16日的杭瑞高速公路思遵段德江境第六次协调会议上要求各施工合同段认真做好春节期间的安全保卫工作，同时将各自安全保卫值班人员名单报县指挥部办公室。为了将高速公路建设在春节期间的安全保卫工作落到实处，检查各施工合同段对1月16日召开的第六次协调会议落实情况，张羽龙一行于1月19日下午对各施工合同段进行督促检查。在合兴镇境内的第四合同段，项目部了解了安全保卫安排情况，要求多备一些物资，谨防凝冻天气的发生。在第六合同段，张羽龙还特意前往炸药仓库，现场检查库房的安全保卫工作情况。在第七合同段，检查人员参加该部中层以上干部会议，与他们畅谈一年多来在德江县高速公路建设环境中的感受和安全工作体会。

二、思遵段德江境建设工作第八次协调会

2013年3月19日，杭瑞高速思遵段德江境建设工作第八次协调会在煎茶镇召开，会议对思遵高速公路德江境建设后期的工作进行部署。县政协原主席、高速公路建设协调指挥部常务副指挥长张羽龙主持了会议。合兴、煎茶、复兴镇主要负责人、分管负责人、派出所所长，县公安局分管负责人，杭瑞高速思遵段第四至第八施工合同段、1—4油面工程处、5—8油面工程处，思遵高速项目办领导、标段长、驻煎办事处，思遵高速公路德江境临时警务室全体人员，县高速公路建设协调指挥部办公室、群工科等相关人员参加会议。会议在充分听取各施工单位负责人就高速公路后期工程建设情况汇报后，就高速公路建设的一系列扫尾工作做出周密的部署。县委、县政府提出精心组织让业主满意、创优环境让施工方满意、坚持“三公”让群众满意的“三个满意”，实现了零阻工、零上访、零案件的“三零目标”，高速公路建设大部分工程已顺利完成。会议要求，继续做好思遵高速建设的后期工作，积极采取有力措施，营造良好的施工环境，做到“六个坚定不移”，即坚定不移地抓好施工环境、坚定不移地抓好涉农设施的恢复、坚定不移地抓好安全施工、坚定不移地抓好协调配合工作、坚定不移地抓好爆损赔偿工作和坚定不移地抓好征地拆迁的补偿工作，确保按时完工顺利通车。

三、德务高速德江隧道急流涌水紧急处置

2019 年 6 月 22 日，德务高速德江隧道施工急流涌水后，德江县闹水岩一、二级电站于 6 月 30 日因断水而同时停止发电。7 月 5 日，德江县人民政府副县长张文偕同县政协原主席、高速公路建设协调指挥部执行副指挥长张羽龙，率县直有关单位负责人，闹水岩一、二级电站负责人，会同德务业主办有关负责人进行现场察看，并召开会议就有关事宜进行明确，形成了德江县人民政府（德府纪要〔2019〕42 号）《专题会议纪要》。

（一）两个电站的运行情况

因天气等方面的因素，7 月以来，这两个电站断断续续运行。具体情况：7 月，一级电站发电上网量为 169680 千瓦时，上网收入为 37237.79 元，前三年当月平均值为 322219.54 元，减少了 284981.75 元；二级电站发电上网量为 127905 千瓦时，上网收入为 31899.51 元，前三年当月平均值为 104569.68 元，减少了 72670.17 元。8 月，从 8 月 8 日大暴雨后，8 月的运行与往年同期相比，趋于正常。一级电站发电上网量为 728840 千瓦时，上网收入为 159907.50 元，前三年当月平均值为 103374.48 元，增加 56533.02 元；二级电站发电上网量为 262575 千瓦时，上网收入为 65486.21 元，前三年当月平均值为 66062.32 元，趋于持平。

（二）初步处置意见

经与德务高速公路项目建设业主办公室商定：1. 只要不断水，厂房必须开机生产，最大限度地减小损失。2. 一旦断水不能生产，厂方要立即向指挥部报告，指挥部将按照德府纪要〔2019〕42 号议定，继续执行预拨 7 万元支付工人工资。目前，因 7 月停产时间长，损失较大，指挥部根据德江县人民政府纪要议定，已于当月将 7 万元资金预拨给两个电站。3. 待德务高速德江隧道施工堵水方案成型后，涉及补偿各方再洽谈损失补偿事宜，届时将请二级电站和闹水岩电站相关领导参与磋商。

第三节　安全保畅

保障公路完好、安全和畅通是公路管理的基本职责。随着交通流量的迅速增长，公路安全监管工作形势严峻。近几年来，公路部门依靠科技手段实行安全科技化管理，建立公路安全保障数据库，实行公路安全生产网格化管理。建立健全“重特大事故、自然灾害及突发性地质灾害应急处置”“防雨雪冰冻灾害应急处置”“公路隧道突发事件处置”等应急预案，印制《“三防”操作手册》《“三防”应急工作规程》和《应急管理工作手册》。通过每年开展实战式的应急演练，检验应急预案的科学性、可行性和可操作性，提高全系统抢险保畅和应对突发性事件的能力。在长期的工作中，总结提炼出一套已经实践验证的行之有效的经验：领导重视，落实责

任；未雨绸缪，以防为主；正确研判，有效应对；抢通为先，迅速重建；协同作战，科学调度；强化宣传，营造氛围。

沿德高速公路途经龙泉乡良家坝村共2.8千米，均为桥梁建设，隧道938米，设有搅拌站1座及沿德高速公路第九合同段项目经理部；涉及拆迁和征地群众达700余户、2000余人。针对该工程施工涉及群众多、治安隐患大、维稳任务重等特点，德江县龙泉乡派出所根据县3月20日高速公路环境专项整治工作会议精神，认真予以落实，把该辖区高速公路建设的环境整治、维稳工作，作为重大任务来抓。通过扎实做好当地群众思想发动、安全隐患消除、党群矛盾化解和违法犯罪打击等各项工作，确保了沿德高速公路建设在辖区内得以顺利进行。自建设沿德高速以来，未发生过重大群体性、个人极端性、舆论炒作性事件，赢得了沿德高速公路建设劳动竞赛动员大会在辖区内召开。截至2014年7月21日，该所共出动警力210人次，排查不规范使用民爆物品2起，责令整改2起，收集掌握各类涉稳情报信息10余条，有效调处涉征地致阻工纠纷100余起，处理施工队民工集体劳务纠纷2起、处置老百姓和民工因纠纷导致群众斗殴事件1起、配合县高速公路指挥部拆迁科处理纠纷房屋拆迁1起。其具体做法：

一、加强教育引导

提前宣传，做好征拆群众思想工作。在沿德高速工程启动前，该所专门组织民警利用户口清理整顿、入户走访、消防检查等基础工作，深入良家坝村700余户居民家中，大力宣传高速公路建设对德江县经济建设带来的好处，它不仅改善德江县交通落后状况，更主要的是为招商、引资创造了条件；宣传国家大项目建设对地方经济的带动效应。通过面对面的政策宣传、引导，赢得当地群众对拆迁、征地工作的理解、支持与配合。良家坝村冯某因不满自家房屋被沿德高速征用，加之补偿不及时，就组织全家老少多次进行阻工，经村组干部多次调解未果，导致5月21日该段正在进行桥孔混凝土灌浆时，冯某又组织全家人现场阻工。由于该灌浆量大，技术要求高，如不及时协调好，将要损失300万元。该所接报后，立即赶赴现场处置，将冯某的女婿张某请到县指挥部，县指挥长张羽龙主席和相关部门人员同他进行沟通，问题得到妥善解决，避免了损失。

二、强化组织，消除隐患

由于征地、拆迁涉及群众切身利益，极易引发激烈矛盾、尖锐冲突甚至极端个案事件。为此，该所以“矛盾要得以及时处理，不能拖延积累，群众的利益和合理诉求要得以解决”的原则，正确处理好“国家利益大于天，群众利益比天大”的关系，及时出警，主动和群众搭建好良好的干群关系，同时还主动加强了与高速指挥部等相关科室的沟通对接，确保遇有情况能快速反应、有效应对。一次，该所接到群众反映，高速路孔桩全部结束，但孔桩周围未采取任何的安全防范措施，周边群众在生产生活中人和牲畜随时都有可能掉进孔桩的危险，该所了解这一隐患后，第一时间召集施工队立即整改，消除了隐患。

三、法理结合，化解矛盾

自沿德高速施工建设以来，该所的民警时刻想着辖区群众与施工方的纠纷，多次及时化解阻工和其他影响高速公路建设的矛盾纠纷，为国家的工程建设保驾护航，维护了一方平安。2014年4月8日，良家坝村民伍某，因沿德高速第九标段施工放炮把他家的房屋震开裂，影响其人身安全问题为由进行阻工，且情绪激动，严重影响工程施工。4月8日9时许，所长王贵带领副所长张跃协调沿德高速第九标段主要负责人前往伍某家对该纠纷进行现场调解。经过长达数小时的情绪稳控，思想教育，时至8日下午2时许，伍某及其家人同意施工，并撤出现场。2014年7月14日晚上，当地送货司机开车撞坏施工方工人的长安车引发双方矛盾，之后上百人准备械斗。该所得知此情况后，立即组织全体警员赶赴现场。到现场后发现大量群众聚集，场面十分混乱。为防止事态进一步恶化，民警在双方之间作为中介进行劝解，经过4个多小时的努力，双方达成一致意见，得以和解。

第四节 劳动竞赛

一、沿德高速公路90天劳动竞赛总结表彰大会

2014年11月6日，沿德高速公路90天劳动竞赛总结表彰大会在德江县城金平酒店会议室召开。中交一公局工会办公室主任李建军到会指导，沿德项目投资有限公司总经理王铁红、副总经理周贵云、吴云、李秀明，沿德高速公路建设1至11标段项目经理、总工参加会议。沿河县、德江县高速公路建设协调指挥部常务副指挥长李世学、张羽龙应邀参加会议并在主席台就座。经过90天的劳动竞赛，评选出安全质量优胜奖3名；隧道光面爆破优秀奖4名；路基光面爆破优秀奖3名；高墩施工作业优秀奖4名；梁场标准化优秀奖3名；经营与财务管理优胜奖2名；特别进步奖4名；综合排名优胜奖6名。在德江县施工建设的TJ7至TJ11标分别获奖，其中TJ-11标段因成效突出荣获综合排名优胜奖一等奖，TJ-9标段、TJ-10标段分别获得综合排名优胜奖三等奖。

二、“决战100天，确保半幅贯通”劳动竞赛动员大会

2015年4月25日下午，沿德高速公路建设项目“决战100天，确保半幅贯通”劳动竞赛动员大会在德江召开。该会议的召开，标志着沿德高速公路2015年9月底全线半幅贯通战役打响。参加会议的有贵州省交通运输厅、省公路局工会主席万鸣，铜仁市人大常委会副主任张观涛，德江县政协主席陈健，沿河县常务副县长曹勇，中交一公局党委副书记、纪委书记、工会主席庞维新，沿德高速项目公司总经理、书记王铁红，德江县高速公路建设协调指挥部常务副

指挥长张羽龙，德江县副县长梅彬，沿河县高速公路建设协调指挥部李世学，中交一公局工会办公室主任李建军。会议由沿德项目公司副总经理周贵云主持。2015年，是贵州省高速公路建设三年大会战的收官之年，为了响应省委、省政府的号召，实现沿德高速公路2015年年底通车目标，在继2014年4—7月为期3个月的劳动竞赛后又一次劳动竞赛。旨在通过开展这种“比安全、比质量、比管理、比进度、比效益”五比的活动，达到激发员工潜力，再次掀起大干快上的施工高潮，实现企业增效和确保通车目标。沿德项目公司总经理、书记王铁红作动员讲话并与各施工单位代表签订了责任状。各参战施工单位代表在会上作表态发言。沿河县、德江县也分别在会上作了表态，将全力做好施工中的矛盾纠纷调处工作，进一步营造良好的施工环境，确保劳动竞赛的顺利进行。省交通运输厅工会主席万鸣、铜仁市高速公路指挥部张观涛分别在会上讲话。

第三章　收费站窗口文化

第一节　德江收费站楹联征集与制作

为了进一步完善沿德高速公路德江段收费站的基础设施建设，强化收费站对外宣传窗口功能，2016年2月26日下午，县政协原主席、县高速公路建设协调指挥部常务副指挥长张羽龙在县指挥部指挥长办公室主持召开会议，就沿德高速公路德江段收费站对联征集、书写、制作、安装等工程问题进行专题研究，县指挥部相关科室人员，德江县书画院、沿德高速公路建设房建标负责人参加了会议。根据沿德高速公路沿河县境内收费站楹联制作的价格、资金分担办法及制作标准，经过会议认真讨论，三方形成共识。

一、楹联制作及安装

鉴于高速公路收费站楹联的制作、安装工程已在房建标承建的合同中涵盖部分，为了更高标准制作好收费站楹联，更好地反映德江的风土人情和文化底蕴，接纳更好、更精的楹联展现在世人面前，同意将沿德高速公路德江段收费站及德江北、德江南、合兴站楹联的制作、安装以资金包干的形式由房建标、县指挥部共同发包给德江书画院，三方签订具体施工合同后实施。

二、楹联数量规格及要求

3个站每站各6副，共18副。规格为480厘米 ×50厘米 ×4厘米，弧形、木质、整块不拼接，黑底金色字，阴刻，雕刻深度为4～8毫米。

三、楹联制作资金包干及资金分摊和支付办法

1. 根据德江县书画院提供的《沿德高速公路德江段收费站楹联制作预算报告》，在总预算报价基础上下浮10%作为该项目的工程总包干价。合同总价包干范围和预算分项另见预算报告。
2. 根据房建标与沿河县高速公路指挥部签订的沿河县境内的合同协议：该楹联制作（不含征集、书写）、安装由房建标承担12万元外，剩余部分由沿河县指挥部自行承担的办法，虽然德江境

内18副楹联的制作规格和要求永远比沿河收费站要高，但房建标仍然只承担12万元，剩余部分由德江县指挥部承担，列沿德高速德江段征地拆迁包干经费中支付。3.签订合同后，房建标在合同签订后10日内将其应承担的12万元以工程发票的支付方式支付给德江县书画院，作为预付材料及施工费用，其余款项待工程竣工验收后由县指挥部一次性付清。4.该项目完工时限为2016年4月底，由合同三方共同验收，质保金为10%，一年后无质量问题再足额予以支付。

四、楹联的审核及书写

（一）楹联内容审核的范围

由德江书画院拟草以高速公路指挥部的名义广泛向社会征集，征集完毕由指挥部组织有关专家进行评审，最终确定32副对联。其中沿德高速公路德江段德江北6副、德江南6副、合兴站6副和德江站8副、楠杆站6副。其征集费每副500元，共16000元，列县高速公路指挥部工作经费支付。

（二）楹联内容的审核

由县书画院根据县四大班子主要领导审核签批的内容进一步汇总后送县高速公路指挥部召集相关人员审定。楹联书写以县高速公路指挥部名义，向社会公开征集，凡入选的按每副300元的标准给予酬费，列县高速公路指挥部工作经费支付。

第二节　德江收费站楹联作品

一、德江站（井堡池互通）

至德无形，大道通天，一路春风追国梦；
乌江有韵，青山似画，万重美景醉游人。

（福建李忠云）

枢纽交通　新兴产业　宜居生态　构建中心城市；
古韵傩戏　神草天麻　皇后奇石　铸就大美德江。

（德江张羽奉）

碧野犀山金龙图腾一方圣地奔眼底；
醉美傩乡银蛇舞动百里新城入梦来。

（德江张波）

井堡池边，枫香溪月，谁知奇石千般彩；
扶阳城里，傩戏乡音，我醉德江万古诗。

（广西黄江）

彩虹入画来，区域中心，一帘烟雨添明秀；
大道连云起，交通枢纽，百里山川任啸吟。

（湖北解云凤）

仰高山，倚天仗壁，美人峰下彩河涌；
望玉水，寄语临风，西麓阁边犀山情。

（德江安正所）

德江乌江联长江，万里江天万里画；
庸州费州通九州，九州云山九州情。

（德江吴国安）

醉美乌江，幸福土家，车行一路诗书画；
平安高速，文明远旅，梦振百年精气神。

（安徽汪星群）

二、德江南（关口站）

四季景明，出口投怀丰彩地；
八方平安，过关饱眼大犀山。

（德江安正所）

踞雄关，护佑江山无限；
登隘口，领略气象万千。

（德江李天伦）

中心城市，物有天麻戏有傩；
交通枢纽，北接巴渝东接杭。

（德江张连怀）

五彩高山悬玉水土家煎茶话共和；
红色枫溪舞青龙傩戏复兴庆长丰。

（湖北李孝荣）

慕名德江来，炸龙馈尽千重锦；
轻车武陵去，傩韵哼开一路春。

（德江张羽奉）

傩戏人类活化石名震海内外；
贵州东北新重镇地连水陆空。

（德江李胜陶）

三、德江北（荆角站）

山水清嘉，大道铺开荆角地；

风情浓郁，明珠升起马蹄河。

（四川马弘）

霭霭白雾绕秀水，官林山上贡茶绿。
粼粼碧波映青山，马蹄河里鲫鱼肥。

（德江吴国安）

洋山画境、奇石妙姿，聚此千重秀色；
傩戏余音、扶阳古韵，伴君一路顺风。

（福建黄斌）

客从远方来，饱览傩戏再上路；
车自武陵归，满载奇石好还乡。

（山东孔德喜）

乌江淌玉，翠岭流霞，生态画廊宜览胜；
高路穿云，长桥载梦，风情土寨更撩人。

（山西白晋锋）

乌江水道长，百里收来三峡胜；
傩戏源流远，千秋占尽武陵春。

（山东马瑞新）

四、合兴站（合兴）

扶阳古城通高速喜迎五洲宾客；
合兴新街建洋楼广招四海商家。

（贵州符强）

隋唐遗爱，一城景色千重画；
史海钩沉，满眼风光万里春。

（铜仁刘兴林）

合意之地，千年古城隋唐韵；
兴业之乡，万亩茶园芝兰芳。

（德江张贤春）

美景如诗，山清水秀，彩锦千重呈画卷；
古城流韵，赏心悦目，春风一路到扶阳。

（安顺肖波）

高速架成世纪虹，奔来画里；
轻车载着德江梦，驶向天边。

（思南赵安详）

德水迎春，桥桥链接四方合；

江山永固，路路畅通百业兴。

（山西韩崇文）

五、楠杆站（楠杆）

楠木甲天下，花花桥美；
贡漆誉中华，熬熬茶香。

（德江张羽奉）

大桥通天堑十重山弯成旧梦；
高路入云端千年古树换新颜。

（德江冯跃）

车行百里画廊，土家秀色尽情赏；
心醉千年傩韵，上古神风扑面来。

（湖南文会鹏）

玉带连南北迎来客商赏奇石品天麻；
彩虹贯东西会聚宾朋游扶阳住傩乡。

（德江冯胜彦）

客到楠杆，脚底春风频涌动；
人来胜境，胸中喜气渐生成。

（湖南王小波）

德惠万民，西部交通如锦绣；
江流千古，傩乡景色似画图。

（德江张连怀）

第三节 社会效益

在杭瑞高速、沿德高速、德务高速公路建设如期快速推进的同时，德江城市化发展呈现出惊人的“德江速度”。南由一片禾田嬗变为占地面积7平方千米的现代化城市会客厅，展示着德江后发赶超的活力、民族风情的魅力；城北则由一堆荒丘演变为后劲十足的县级经济开发区，进驻规模企业65家，实现年生产总值40亿元，成为实力德江的核心引擎。自城北工业园区建设以来，德江坚持“让大利、招大商、抓大项目、促大发展”，积极承接东部地区和毗邻重庆市的产业转移。

正是看中了德江逐渐显现的交通优势和发展潜力，重庆三诺机电决定在这里生根发芽。德江建设总投资30亿元、占地面积1050亩的黔东北机电产业园，由三诺科技牵头建设并负责至少引进15家相关企业入驻。杭瑞高速的建成通车，不仅结束了德江及沿线县没有高速公路的历史，同时降低了德江城北工业园区企业生产成本，拓宽了产品的销路。德江今日食品厂是该县通过招商引资入驻的企业，该厂生产的食品已根据订单配送到德江县及铜仁、贵阳、遵义等超市销售。同时，还为德江境内及沿河自治县土地坳等地1.7万名学生提供营养餐。杭瑞高速公路思遵段通车后，各种原材料都是用拖车直接运到德江，从遵义到德江仅需2个多小时，大大降低了运输成本，现在每吨原材料运输成本从以前的100元左右降到了80元。同时，以前有遵义、贵阳方向的订单都不敢接，由于326国道路况太差，运往遵义每件托运成本为3元，现在高速路通了，仅需1.5元。仅遵义、贵阳等外地订单也从每月的50万元增加到120万元以上。一个地方的经济发展水平往往从当地房价得以体现。德江的房价由2010年每平方米2000元难以出售的僵局一下变为4000元的新局，曾一度高出一些省、市城市，直至目前在全市位居前列。随着城市化的快速推进，德江教育、卫生、金融、物流等各行业也如雨后春笋同步推进、成效凸显，县第一中学完成整体搬迁后成功提升为省级示范性中学，贵州工程职业学院、乌江农林经济学院相继落户填补了全省县城所在地兴办大专院校的空白，为德江更加科学发展积蓄智力支持。德江还依托交通优势大力发展现代商贸物流产业，重点发展汽贸、建材、机电等物流园区，并引进大润发等大型商贸物流企业，引资建设总投资约8亿元、占地面积200多亩的温州商贸城。在培育新产业的同时，德江发展壮大传统特色产业，扶持壮大颐年春酒业、黔东油脂集团、亿源生态、洋山河生物科技、鸿泰茶业等农特产品加工企业。2012年以来，德江在拓宽工业园区承载力、发展力、支撑力上下功夫，在园区创建微型企业产业园。目前，已有115家微企入驻，形成轻纺加工、木器加工、铝材加工、特色食品四大主导产业，带动创业就业700余人。2013年，实现生产总值4000万余元，创税逾百万元。县人民医院、民族中医院扩迁并举纷纷实现二级甲等目标，正向更高水平迈进，全县人看病的问题正逐步缓解。在广大农村，德江特色天麻产业、现代烟草产业、生态茶产业、核桃重点产业、园区畜牧业等发展势头强劲，纷纷成为群众脱贫致富的强大支撑。德江城市面积从2010年的5平方千米拓展到20平方千米，人口从7万人增至18万人，城镇化率从25%提升到41%；地方生产总产值从25亿元增长到73亿元；财政收入1.71亿元增长到7.7亿元，固定资产投资从15.5亿元增长到91.6亿元，农民人均纯收入、城镇居民可支配收入，分别从2830元、1万元增长到5917元、19714元；更可喜的是县委、县政府还收储土地2万多亩，为打造建设黔东北教育中心、卫生中心、物流中心等预留了充足的发展空间。2013年，“德江城市经营模式”被省委、省政府作为典型经验在全省推广，被国家行政学院、人民网列入“全国新型城镇化”十大范例，开启了55万德江人全面建成小康社会的发展新篇。

2012年10月，过境合兴镇沿（河）德（江）高速开工建设，该镇又引导110余户搬迁农户集中安置至大兴安置点。两条高速公路的建设，把大兴集镇拓展建成一条长820米、宽20米的杭瑞民族风情街和沿德高速安置小区。让合兴镇政府所在的大兴集镇人口从4600余人增加到6500余人。2012年年底，合兴镇被市委、市政府列为13个示范小城镇之一进行扶持。该镇按照“先规划，后建设；先地下，后地上；先基础，后开发”的原则，建设注重传承保护与发展创新相结合，注重城镇建设与城镇管理相结合，注重完善功能与提升品位相结合，依托杭瑞、沿德两条高速公路的交通优势和扶阳古城的旅游资源，着力打造“交通枢纽、旅游休闲”的特色魅力小城镇。仅3年时间，再一次实现了城镇扩容0.5平方千米，集镇人口达8530余人，集镇面积达1.6平方千米。2015年，该镇挤进全省100个示范小城镇建设行列。在合兴镇集中安置点上，一条宽敞大道边绿树林立，两排统一高层、统一格式的建房彰显着土家人的民族风情，政府又配套建设的活动场所，让人格外舒心悦目。

2020年8月25日，德（江）余（庆）高速又开工建设，并将在该镇境内与杭速高速相接，同时将启动合兴集镇至堰塘宽7.5米、长12千米的城际道路工程，合兴的交通优势更加凸显。该镇党委、政府又提出“镇村联动”的发展思路，决定把邻近的板坪村与合兴集镇同步发展，计划投资1200万余元，拉通集镇至板坪村的3千米路网。同时，还聘请了贵州磊泰祥和开发公司，对塘上的126亩新区进行规划，将逐步适度开发，扩容增量。近年来，合兴集镇的总体发展思路主要以文化为支撑，突出小城镇建设地域性特点。已建成的杭瑞民俗风情街和沿德高速安置小区就已经形成独特的地域文化风情，规划待改建的老区继续按照民族特色风情一体化格局进行打造，沿德高速合兴匝道区域的新区建设则遵循现代化、信息化发展模式，这样“新老”结合，加之不断确保基础设施建设，在20年之内都不落后于集镇建设的步伐。

第四节　公路基本词汇

一、公路

公路是指连接城市、乡村和工矿基地之间，按照国家技术标准修建的，由公路主管部门验收认可，主要供汽车行驶并具备一定配套设施的道路。田间或农村自然形成的小道，不属于公路范畴。在中国，“公路”一词最早出现在《诗经》(魏风·汾沮洳)：“美无度，殊异乎公路。”这里的公路是指当时掌管路车（国君车辆）的官员称呼，而不是路。《新唐书·崔祐甫传》有“而元载用事，非贿谢不与官，划塞公路，纲纪大坏。”此处公路也不是指路，而是指官场晋升途经。可见中国为现代道路命名的“公路”一词，是国外引进的舶来品。1769年，法国人居纽创制世界上第一辆蒸汽机三轮汽车，这是孕育公路的开始。1815年，苏格兰人马克首创碎石路面，从此揭开了近代公路的历史。1854年，法国巴黎开始铺设沥青路面，开启公路发展的历史新阶段。1865年，英国开始修筑水泥路面。1886年，德国人卡尔·苯茨获得内燃机汽车发明专利，那一年被视为近代“汽车元年”。从此，世界各国开始大批量生产汽车，促进了公路事业的迅猛发展。中国最早的公路建于1908年，起于广西龙州（今崇左市龙州县）至鸭水滩（原计划修至那堪，因工程艰巨未果），全长17千米。该公路开创者是当时的广西提督苏元春。

二、道路公路

道路是供各种车辆（无轨）和行人通行的工程设施。按其使用特点分为城市道路、公路、厂矿道路、林区道路及乡村道路等，以其公共交通之路得名。其中，连接城市、乡村、工矿基地，主要供汽车行驶并具备一定技术标准和设施的道路称公路。

三、公路类型

公路按使用性质可分为国家级公路，省级公路，县级公路和乡、村级公路，以及专用公路5个行政等级。一般把国道和省道称为干线，县道以下称为支线。国道是指具有全国性政治、经济意义的主要干线公路，包括重要的国际公路、国防公路，连接首都与各省、自治区直辖市首府的公路，连接各大经济中心、港站枢纽商品生产基地和战略要地的公路。省道又称省级干线公路。在省公路网中，具有全省性的政治经济、国防意义，并经省、市、自治区统一规划确定为省级干线公路。省道由全省（自治区、直辖市）公路主管部门负责修建、养护和管理。国道中跨省的高速公路由交通部批准的专门机构负责修建、养护和管理。县道是指具有全县（县级市）政治、经济意义，连接县城和县内主要乡（镇）、主要商品生产和集散地的公路，以及不属于国道、省道的县际间公路。县道由县、市公路主管部门负责修建、养护和管理。乡道是指主要为乡（镇）村经济、文化、行政服务的公路，以及不属于县道以上公路的乡与乡之间及乡与外部联络的公路。乡道一般由当地人民政府负责修建、养护和管理。专用公路是指专供或主要供厂矿、林区、农场、油田、旅游区、军事要地等与外部联系的公路。专用公路由专用单位负责修建、养护和管理，也可委托当地公路部门修建、养护和管理。

四、公路网

公路网指一定区域内根据交通的需要，由各级公路组成的一个四通八达的相互联络、交织成网状分布的公路系统。它由不同道路功能和不同技术等级的公路组成，以适应该区域内城市和乡村之间，居民区、工业区、农业区和商业区之间，以及公路和其他运输方式（铁路、水运、航空、管道）之间，区域内与区域外之间，其他区域经过本区域的过境交通等的公路交通运输的需要。其中包括辐射公路、环形公路、绕行公路3种形态公路组成。辐射公路是指在公路网中，自某一中心向外呈辐射状伸展的公路。环形公路是指在公路网中，围绕某一中心呈环状的公路。绕行公路是指为使行驶车辆避开城镇或交通障碍路段而修建的分流公路。

五、高速公路

根据交通部《公路工程技术标准》，高速公路指“能适应年平均昼夜小客车交通量为25000辆以上、专供汽车分道高速行驶，并全部控制出入的公路”。一般来说，高速公路专指有四车道以上、两向分隔行驶、完全控制出入口、全部采用立体交叉、标志标线和信号及照明装置齐全、禁止行人和非机动车上路的公路。

六、公路等级

公路根据使用任务、功能和适应的交通量分为高速公路、一级公路、二级公路、三级公路、四级公路5个等级。其中，高速公路以外的其他公路称为普通公路。通过公共信息标识的指引，广大公路使用者可更方便地明确自己所在位置，确定自己的前进方向。高速公路为专供汽车分向、分车道行驶并全部控制出入的干线公路。四车道高速公路一般能适应按各种汽车折合成小客车的远景设计年限，年平均昼夜交通量（ADT）为2.5万~5.5万辆；六车道高速公路一般能适应按各种汽车折合小客车的远景设计年限，年平均昼夜交通量为4.5万~8万辆；八车道高速公路一般能适应按各种汽车折合成大客车的远景设计年限，年平均昼夜交通量为6万~10万辆。除高速公路以外的干线公路、集散公路、地方公路，分4个等级。一级公路为供汽车分向、分车道行驶的公路，一般能适应按各种汽车折合成小客车的远景设计年限，年平均昼夜交通量为15000~30000辆。二级公路一般能适应按各种车辆折合成中型载重汽车的远景设计年限，年平均昼夜交通量为3000~7500辆。三级公路一般能适应按各种车辆折合成中型载重汽车的远景设计年限，年平均昼夜交通量为1000~4000辆。四级公路一般能适应按各种车辆折合成中型载重汽车的远景设计年限，年平均昼夜交通量为：双车道1500辆以下，单车道200辆以下。选用公路等级应根据公路网的规划，从全局出发，按照公路的使用任务、功能和远景交通量综合确定。

七、公路远景设计年限

各级公路远景设计年限：高速公路和一级公路为20年，二级公路为15年，三级公路为10年，四级公路一般为10年，也可根据实际情况适当调整。对于不符合本标准规定的已有公路，应根据需要与可能的原则，按照公路网发展规划，有计划地进行改建，提高通行能力及使用质量，以达到相关等级公路标准的规定。采用分期修建的公路，必须进行总体设计，使前期工程在后期仍能充分利用。

八、公路主要技术指标

公路的主要技术指标：计算行车速度、行车道宽度、路基宽度、极限最小平曲线半径、停车视距、最大纵坡、桥涵设计车辆荷载及桥面车道数。计算行车速度：即设计车速，是表明公路等级与使用水平的控制性指标，是公路几何设计所采用的车速。行车道宽度：公路上供车辆行驶的路面面层的宽度，一般指行车道宽度。路基宽度：在一个横断面上两路肩外缘之间的宽度。极限最小平曲线半径：在平面线型中，路线转向处曲线的总称包括圆曲线和缓和曲线，称作平曲线。为保证车辆按设计车速安全行驶，对平曲线半径所规定的最小值。停车视距：汽车行驶时，驾驶员自看到前方障碍物时起，至到达障碍物前安全停止，所需的最短距离。最大纵坡：根据公路等级与自然条件等因素所限定的路线纵坡最大值。最大纵坡是公路纵断面设计的重要控制指标，直接影响到路线的长短、使用质量、运输成本和工程造价。桥涵设计车辆荷载：

由国家标准规定作为桥涵设计依据的若干等级标准车辆和车队。有计算荷载（汽车荷载）和验算荷载（履带车和平板挂车）。

九、公路主要组成部分

公路的主要组成部分有路基、路面、桥梁、涵洞、渡口码头、隧道、绿化、通信、照明等设置及其他沿线设施组成。

十、路面结构和主要功能

路面是用各种筑路材料分层铺筑在公路路基上供车辆行驶的层状构造物。其主要功能承受行车和各种自然因素如风、霜、雨、雪、日照等的共同作用，使之能有足够的强度、稳定性、平整度和粗糙度，以保证车辆在路上安全、舒适、快速行驶。

十一、公路用地范围规定

从公路边沟外缘起，没有边沟的，从公路坡脚线外缘起，国道不少于20米，省道不少于15米，县道不少于10米，乡道不少于5米的区域内公路建筑控制区范围。在上述范围内，除公路防护、养护需要和必要的农田设施建设外，禁止修建建筑物和构筑物；需要埋设管线、电缆等设施的，应当事先经交通主管部门批准。大中型公路桥梁和渡口周围200米，高路堤等特殊路段两侧200米，公路隧道上方和洞口外100米，公路两侧100米范围内，禁止挖砂、采石、采矿、倾倒废弃物，禁止进行爆破作业及其他危及公路、公路桥梁、公路隧道、公路渡口安全的活动。在上述桥梁、渡口、高路堤、隧道、洞口的范围内和公路两侧20米范围内禁止取土。

十二、公路桥梁分类

桥梁按使用性质分公路桥、公铁二用桥、人行桥、拖拉机桥、过水桥（渠道桥）等；按跨径大小和多跨总长分小桥、中桥、大桥；按行车道位置分上承式桥、中承式桥、下承式桥；按承重构件受力情况分桥梁、板桥、刚构桥、吊桥、组合体系桥（系杆拱桥、斜拉桥）；按使用年限分永久性桥、半永久性桥、临时性桥；按使用年限分泄洪桥（高水位桥）、浅水桥（低水位桥）、开启桥、浮桥；按材料性能分木桥、无拱桥、钢筋混凝土桥、预应力桥、钢桥。

十三、拱桥和双曲拱桥

拱桥与双曲拱桥均属拱桥体系的桥梁。拱桥在纵面内以拱作为上部结构的主要承重构件的桥梁；双曲拱桥是纵向由拱肋，横向由一个或多个拱波组成的拱桥，其外形在纵横两个方向均呈曲线形。

十四、上承式、中承式、下承式桥梁

主要根据行车道的位置来判断。当桥面系位于上部结构上部，则称上承式桥梁，如梁桥、拱桥；桥面系位于上部结构中部的桥梁称中承式桥梁；当桥面系位于上部结构下部，则称下承式桥，如系杆拱桥。随着公路等级的提高，除正交桥梁外，现常见的有斜桥、弯桥、坡桥。正桥——桥梁的纵轴线与其墩台轴线相垂直的桥梁。斜桥——桥梁纵轴线与其墩台轴线不相垂直的桥梁。弯桥——桥面中心线在平面上为曲线的桥梁，即位于平曲线上的桥梁。坡桥——位于路线纵坡上的桥梁。桥涵分类：特大桥 L ≥ 500，L0 ≥ 100 大桥，L ≥ 500L0 ≥ 40；中桥 30 < 100，20 ≤ L0 < 40；小桥 8 ≤ L ≤ 305 < 10，涵洞 L < 8L0 < 5L 为多孔跨径总长，单位米；L0 为单孔跨径，单位米。涵洞按建筑材料分砖涵、石涵、砼涵和钢筋砼涵；按涵洞断面形式分管涵、板涵、箱涵、拱涵。按涵顶填土情况可分为明涵、涵顶无填土和暗涵、涵顶填土大于 50 厘米；涵洞按水力性能分无压涵、半压力涵和压力涵。选择上述涵洞类型时先考虑净空断面的大小、地基的状况、施工条件及工程造价等。

十五、道路交叉类别

两条或两条以上道路交会称之为道路交叉。道路与道路交叉一般分为平面交叉与立体交叉两类。道路与道路在同一平面内的交叉简称平交；道路与道路在不同高度上的交叉叫立体交叉，简称立交。

十六、公路立体交叉及类型

公路立体交叉的主要规定：高速公路与其他各级公路交叉，应采用立体交叉。立体交叉分为简单立交，即分离式立交，上下层道路之间互不连通的交叉。上下层道路之间用匝道互相连通的交叉叫互通式立体交叉。互通式立体交叉又分为菱形交叉、喇叭形立交、环形立交、苜蓿叶形立交、定向立交。

十七、公路服务设施

公路服务设施包括公路（特别是高速公路）沿线必要的地点建立为行车服务的一般服务性设置，以便驾驶人员和旅行者获得旅行途中的休息、添加燃料及补充饮食等。

十八、护栏按受力特性分类

护栏按受力特性一般分为三类：一是刚性护栏，如砼或钢筋砼护栏；二是半刚性护栏，如波形梁护栏；三是柔性护栏，如缆索护栏。按其设置位置可分为路侧护栏、中央分隔带护栏、桥梁护栏。隔离栅是以金属网片绷紧在支撑结构上的栅栏。高速公路与一级汽车专用公路两侧均应设隔离栅，用以阻止人畜进入公路界，以及防止非法侵占公路用地。

十九、防眩设施

防眩设施是指设置在中央分隔带的构造物，它是防止夜间行车的驾驶人员不受对向来车前灯眩光干扰。

二十、常用交通标志类型

一般有警告标志、禁令标志、指示标志、指路标志、辅助标志、可变信息标志等。

二十一、路面标线

路面标线包括行车道中心线、车道分界线、车道边缘线、停车线、减速让行线、人行横道线、导流标线等。

二十二、公路建设与环境保护

汽车行驶时排出大量的废气及噪声，对环境造成污染，公路沿线要通过种树植草，以利吸收有毒废气，减少对环境的危害。边坡植草还能保护路基边坡土壤，减少水土流失，同时又能美化路容。

二十三、公路路线编号规则

公路路线编号由一位公路管理等级代码和三位数字构成。国道按首都放射线、北南纵线、东西横线分别顺序编号。以首都为中心的放射线由一位标识码“1”和两位路线顺序号构成，如G104；由北向南的纵线由一位标识码“2”和两位路线顺序号构成，如G201；由东向西的横线由一位标识码“3”和两位路线序号构成，如G330。省道在各省、自治区、直辖市界内按省会（首府）放射线、北南纵线、东西横线分别顺序编号。县、乡、专用公路及其他公路以各省、自治区、直辖市公路管理区域为基础分别顺序编制。均由三位路线顺序构成：顺序号不足三位数字时，在前位充“0”。编号区间：公路路线编号区间，国道为G101–G199、G201–G299、G301–G399；省道为S101–S199、S201–S299、S301–S399；县、乡、村、专用公路及其他公路的代码分别为X、Y、C、Z、Q。如X×××为县公路编号；Y×××为乡公路编号；C×××为村公路编号；Z×××为专用公路编号；Q×××为其他公路编号。

第六篇　人物事迹

第一章　指挥部岗位人员

第一节　事　迹

余晖洒满高速路
——记德江县政协原主席、县高速公路建设协调指挥部常务副指挥长张羽龙

王永舟

“你就是张主席呀，既然你老人家来了，我们这事儿就好办了，你说什么我都听……大伙就认你这个理。”这是在德江高速公路建设征地拆迁工作中经常遇到的一幕幕。说话铿锵有力，走路精神矍铄，办事雷厉风行，工作脚踏实地，人们称呼的老人家就是张羽龙，今年68岁，德江县政协原主席。从2010年4月德江县第一条高速杭瑞思遵线过境开工开始，就担任德江县高速公路建设协调指挥部常务副指挥长。十一年如一日，他的足迹走遍德江境内4条高速公路（累计101公里）和2条二级路（累计102公路）途经13个乡（镇街道办）项目建设中征地拆迁补偿安置工作的每一个角落，为德江高速公路建设作出了突出贡献，用智慧和行动创建了全省高速公路建设的“德江模式”。情满高速，夕阳增晖。2013年，被贵州省交通运输厅、贵州省人力资源和社会保障厅在全省三年高速公路建设大会战中评为全省五个县先进县级指挥部之一。

杭瑞高速公路是德江境内的首条高速公路。人们都知道，征地拆迁工作堪称古今“天下第一难事”，2010年，时年57岁的张羽龙一下子被县委、县政府班子讨论点将，全权负责德江高速公路建设协调指挥部全面工作。他深知责任重大，不能有一点喘息的机会。他借外出考察学习之机，亲自拟草工作方案，提出的“以人为本、和谐征拆、利益兼顾”的工作原则，“营造良好施工环境、服务高速公路建设”的工作思路和实现“三公三零四满意”的总体目标，得到了

县几大家班子领导的一致赞同。在具体工作中，他既是“指挥长”，更是“战斗员”。为使GPS仪器测量征地得到群众认可，他率领指挥部人员，邀请群众代表参与，选用同一地块，用皮尺和GPS反复试验对比，直到群众完全信服为止。率先在贵州省境内成功采用GPS征地，大大提高了工作效率，仅用30天征地3000亩，创造了全省高速公路建设征拆工作的“德江速度”。

人们普遍认为，集中安置就是集中矛盾，但是张羽龙不是这样看。他认为，集中安置是实现资源共享，能有利群众、提高资金使用效益、促进城镇建设和地方经济发展。围绕“拆得下、建得起、住得进”的思路，本着“高起点规划、高标准建设、高速度施工、拆迁户自愿”的原则，实行“五统一分”（即统一征地、统一规划、统一图纸、统一面积、统一划地，分户建设），安置模式规划建设了杭瑞高速思遵线、沿榕高速沿德高线和德习高速德务线德江境内合兴、堰塘、钱家、玉水4个集中安置点，让439户房屋拆迁户搬进了新居。这在全省高速公路建设史上，乃至大项目建设中实现一次性规模最大、建设速度最快、功能设施最齐全、建设效果最好的集中安置点。现在的合兴杭瑞风情街（大兴安置点），不仅是高速公路建设拆迁安置工作中一道亮丽风景，更是通过国家大项目带动地方城镇发展探索出的成功经验的具体体现，成了全省高速公路建设的集中安置的“样板工程”，被全省乃至全国多家新闻媒体采访报道。

2013年8月28日，杭瑞高速德江境27.025公里顺利建成通车后，恰逢60岁的他不遗余力，又马不停蹄地踏上了沿德高速公路德江段建设的征程。当年10月1日，又大规模地开展了沿德德江境48公里的征地拆迁安置工作。仅用3个月共完成征地4300多亩，拆迁房屋400户，搬迁坟墓700多座，三电迁改300余处，280余户拆迁户享受集中安置，确保了施工单位全面进场施工。

杭瑞、沿德、德务、德余4条高速公路德江境全长101公里，主要涉及12个乡镇（街道）70多个村（社区）近300个村民组7000余户村民。在此工作中，如何实现公平、公正、公开（三公）和“零阻工、零案件、零上访”（三零）目标，真正让“群众满意、业主满意、施工方满意、地方党委政府满意”是一个关键的问题。为实现这一目标，张羽龙做到注重面上安排，更注意点上工作的具体操作，对于涉及群众切身利益的个案和涉农设施问题，他都亲临现场处理。全县近80条涉农道路建设情况他都做到心中有数，并一条一条亲自落实。在协议搬迁荆角砂场、合兴加油站及桥湾炸药仓库过程中，他多次召集相关部门现场勘查协商处理，终使企业业主主动签订了搬迁协议并实现了顺利搬迁。为加强指挥部内部建设，他组织各科室制定了20多项工作制度，对于事关群众利益的补偿兑现流程、纪律和制度，他都逐一修正。在征地拆迁工作的资料管理上采取“当场读数、六方签字、现场密封、统一签收、及时公开”的方式，让群众真实体会到公平、公正、公开；在资金管理上实行了“封闭运行、专款专用、及时兑现”，确保资金使用安全，真正做到了让业主、群众、施工方和地方党委政府“四满意”。有他的身先士卒，德江境内过境4条高速公路施工进程如此顺利；有他的身体力行，德江境内4条高速公路实现征地拆迁补偿、涉农设施修复、施工临时用地治理、施工炮损勘赔4个百分之百。

为了彰显德江地域文化特色，他利用互通站窗口宣传德江，在德江境内德江、德江南、德江北、合兴、楠杆等收费站实现站台木刻楹联制作全覆盖。所用对联均系全国范围内征集，本地书法家书写，做工精，规格高。同时，他还特别注重资料的收集与整理。利用县指挥部有限的征地拆迁包干工作经费开办了《德江高速公路陈列室》，系统收集整理《德江县杭瑞、沿德、德务高速公路征地拆迁资料汇编》及德江境内4条高速公路征地拆迁财务资金支付《档案资料库》，建立了《电子档案数据库》，资料整理井然有序；还主持编写出版了《德江高速公路志》。

“老骥伏枥，志在千里”。2015年1月，张羽龙同志退休后没有选择清享晚年，而是一如既往服从县委、县政府的安排继续留在指挥部岗位上工作，体现了一个老共产党员、老干部的忠诚与担当。2021年10月，县委、县政府再次研究决定他继续负责高速公路指挥部工作，并在同年的市、县党委班子换届工作中，当选为德江县第十三次党代会代表和铜仁市第三次党代会代表，并出席县、市两级党代会。他将洒尽余热为德江高速公路建设、为德江事业发展续建功业，再写篇章。

协助得力 后勤保障

王永舟

2010年4月，县两办以（德办发〔2010〕33号）文件将我从县委党校抽调到德江县高速公路建设协调指挥部任办公室主任，直至2016年8月30日。

7年中，我除了认真抓好办公室的日常事务性工作外，还根据县指挥部的工作需要，经常陪同常务副指挥长张羽龙亲临施工现场，协助协调处理施工中的各种群工矛盾纠纷、涉农纠纷，有时还受张羽龙的委托深入工地，了解涉路民情，根据实际情况，积极向指挥长建言献策。三年中，共建言48条，被采纳11条，其中党委领导、政府主管、干部专抓的工作模式产生了较好的工作效应；陪同领导现场处理、协调各种群工矛盾纠纷近400件（次），起草、制作个案纪要364个；起草、制作各类通知、通告210余份；起草、制作各类请示、报告、汇报材料及情况介绍288个（次）。参与并主笔编制和完善了沿河至德江高速公路、德江至务川德江段高速公路的征地拆迁安置补偿实施方案。特别是沿河至德江高速公路建设征地拆迁实施方案的出台，得到了市指挥部和沿河县高速公路指挥部的充分认可，并以沿河县土家族自治县人民政府和德江县人民政府联合行文上报市人民政府批复同意实施。由于两个实施方案讨论缜密，法律依据得当、科学、客观，操作性强，使两条高速公路施工建设得到顺利开展，涉农设施得到快速恢复，涉路拆迁户得到妥善安置，创造了贵州省高速公路建设拆迁安置的“德江模式”，被省交通运输厅作为先进征地拆迁单位负责人推荐到全省高速公路征地拆迁大方会议作经验交流。

为了搞好后勤保障工作，一是虚心请教，学他人之长，补己之短，向县域内其他单位部门办公室请教，向同个项目县区指挥部办公室请教，学习他们的内部管理模式和办法。二是努力管理好指挥部食堂生活，亲力亲为，确保食品安全，本着节约、绿色、健康的原则，尽量让指挥部每个职工吃得放心，安心工作。三是积极工作，在指挥长的安排下，除及时完成办公室本职工作外，还保质保量完成领导交办的其他工作。

多措并举赔炮损

王松江

为客观、公正、快速做好高速公路施工过程中的炮损勘赔工作，县高速公路建设协调指挥部就炮损勘赔工作与县司法局达成合作协议，为此，县司法局成立高速公路建设炮损勘赔领导小组。公证、律师、法院、人民调解等站、股、室、所等人员为成员，全面参与，抓好沿德高速、德务高速以及城南二级路至共和、G352国道项目建设的炮损勘赔工作。在县指挥部的统筹协调下，利用司法的职能，多措并举开展炮损勘赔工作。

一是以乡（镇）为主体，整合综治、司法、交管、安监、国土、村建等部门资源，发挥各部门优势，群策群力。充分利用司法职能优势，不厌其烦宣传法律法规，不怕群众言语指责，坚持上门讲法说理，始终一张笑脸耐心做其群众思想工作。遇到矛盾纠纷，由律师、法律服务工作者、司法助理员现场调解，主动作为，最大限度地在第一时间处理各种矛盾纠纷，将其化解在基层、消灭在萌芽状态。几年来，共调处矛盾纠纷1000多件。做到了大事不出乡（镇）、小事不出村，为高速公路建设营造了良好的施工环境。切实维护了双方的权益和社会大局的稳定。司法公正全程介入炮前调查登记与炮后勘测赔付工作。一是炮前摸底调查。摸底调查是炮损工作的重要环节。根据德江县人民政府下发的炮损补偿指导标准及实施办法，由炮损工作组对爆破作业点200米影响范围内的房屋进行现状调查，对查出的问题逐一登记，按一户一册建档，受损方和参与调查人员共同签字确认后，报送一套资料到指挥部留存备案，作为后来炮损赔付的基础资料。工作中特别注意对建筑物已损坏开裂的部分做好标记、编号并拍照，必要时进行录像。照片或录像中尽量摄入可供参照的标尺，时间参照物体以及相关的人员。二是巡损、报损、定损。爆破作业结束后，施工单位及时巡视，查看破损情况。炮损工作组或施工单位接到炮损反映后，立即前往炮损现场，依据实施爆破作业前摸底调查的原始记载进行核实。炮损核实由施工单位、受损方、乡（镇）和司法局公证四方共同确认。无争议的炮损，施工单位按标准进行赔付并签订赔付协议。施工单位与受损方在炮损认定上发生争议的，由炮损工作组进行协商处理。若协商不能达成一致意见，双方可通过司法程序解决，但不得影响和干扰正常施工。三是赔付工作。爆破作业全面结束后，由施工单位向炮损工作组报告，再开展炮损赔付工作。在炮损赔付中，我们坚持阳光作业，做到让群众三明白，即：补偿政策明白、补偿标准明白、各项补偿费明白，解决了部分群众对炮损勘赔工作的困惑。同时在炮损现场，注重与炮前所勘测的证据对比，并减去炮后损坏部分，计算出赔付金额，由施工单位与炮损户签订赔付补偿协议，并在协议规定的期限内足额向受损方支付炮损赔偿费，确保了施工环境和群众的利益。

十年来，炮损共勘赔农户4929户，兑现到位资金799.98万元，平均每户达1623元，基本上做到了无一例因炮损问题未处理好而引起上访事件，这是全县上下领导高度重视、乡（镇）主动参与、部门积极作为的结果。作为炮损勘赔组组长，我的心里倍感踏实。

一个人的三个科室

——记赵健涛

周晓波

“好干部赵健涛，工作积极效率高；干事多回家少，这种干部难得找。”这是杭瑞高速公路大兴集中安置点群众自编自演夸赞赵健涛的一段快板。2000年6月，赵健涛从贵州省城乡建设学校工民建专业毕业后，先后参加了关岭至兴仁、清镇至黄果树、贵遵复线扎佐至南白高速公路建设。2005年分配到稳坪镇工作，因工作刻苦，深得领导们的信任与赏识，当上村建站站长。

当车辆一路奔驰至杭瑞高速与沿德高速交会处的合兴镇时，驾驶员们自然会情不自禁地放慢速度，乘客纷纷掏出手机，隔窗边拍摄边赞叹：“这里的房子真漂亮！”观光赏景的同时，大家也许会忘记曾付出艰辛的建设者们，是他们用青春和智慧，用辛勤汗水和心血凝结的硕果。赵健涛就是其中的典型代表。2010年4月，德江县高速公路指挥部组建，杭瑞高速公路过境合兴、煎茶、复兴三个乡镇，拆迁房屋340多栋，拆迁面积6万平方米，涉及搬迁人口近2000人。此时，还未满30岁的赵健涛抽调到指挥部工作，任规划建设安置科科长，担起了杭瑞高速公路大兴集中安置点130多户规划、建设、管理的重担。从此，赵健涛走上了这条“白加黑、五加二”的工作之路。白天到现场划线、督促施工进度，监督工程质量和施工安全，晚上设计图纸、工程预算、方案编制，查阅资料，攻克技术难题，每天他最多休息四五个小时，特别是安置点平场阶段，他住在安置点整整一个月没有回家，仅两个月时间完成了场平、宅基地划分认领工作。杭瑞高速公路大兴集中安置点是贵州高速公路建设史上一次性集中安置规模最大的安置点，各级有关领导非常重视，省、市交通部门领导曾多次实地调研指导，总担心出现这样那样的问题，引起不和谐因素。在赵健涛等人的努力下，仅两年时间，大兴集中安置点133户安置户欢喜满意地搬进了漂亮新房。交通厅党委书记陈志刚再次来此调研时认为，大兴集中安置点是贵州高速建设史上规模最大、效果最好、速度最快、基础设施配套最齐的集中安置点。从沿德高速公路俯视大兴安置点，错落有致的土家新居、青色的琉璃瓦、灰白相间的墙体分外显眼，黝黑的沥青路两旁绿树成荫，渠水清清穿村而过……如画般的仙境被誉为最美高速。各大媒体争相报道，又一个“德江经验”引来各地考察观摩。安置点的群众说起他们满意的居住环境，都竖起大拇指，用文中开头的一段快板夸赞赵健涛。

杭瑞高速安置刚结束，紧接着沿德高速集中安置启动，赵健涛又重复着昨天的工作，观音滩、新寨老水泥厂集中安置点还需做好涉农设施恢复和三电迁改等工作。他再次激起了更高的工作热情。赵健涛患有肾结石，前后做了4次手术，因工作任务繁重没顾及根治，疼痛的时候，他就利用中午时间去诊所打吊针，一打完马上又赶回拆迁安置现场，这样坚持带病工作半年。住院期间，接到高速公路指挥部领导电话，说第二天要召开推进会，需要有关人员讨论初案。手术后还有一条引流管未取出的赵健涛不顾医生和家属劝阻，赶回办公室继续工作，保证了第二天的会议顺利召开。2016年1月17日，一场不幸的灾难降临，一家4个亲人发生车祸均为重伤，他把亲人们安排抢救住院后已是凌晨1点。时值年关，德务高速公路钱家乡拆迁安置宅基地划分认领在即，领导原本已经安排第二天要召开拆迁安置户群众会和划分认领宅基地，当领导得知情况赶到医院看望后，准备将第二天的工作往后推两天，他义无反顾地说："拆迁户不容易，我们应该兑现我们的承诺，时间不能改，我会安排好时间晚上加班完成。"他连夜加班，当他把安置点规划图编号和安置房施工协议等资料弄完时天已经快亮了，顾不上休息和照看住院的亲人，他又赶到安置点施工现场，直至开完群众会和宅基地划分认领结束，下午六点多钟才回到医院照看家人。办公室主任王永舟说，像这样深夜加班，对赵健涛来说已是家常便饭。"所谓规划建设安置科，一直以来，其实就是赵健涛一个人。他既是指挥员又是战斗员，拆迁安置十分关键，如果他稍稍松懈，此项工作就会延误，影响所有工作进程。"德江县高速公路建设指挥部常务副指挥长张羽龙说，"看到他拼命地工作，我是既高兴又心疼，可是德江高速公路建设是千秋伟业，耽误不起啊！"赵健涛上有近 80 岁的父母，下有 7 岁多的小孩，每年在家陪亲人吃饭的时间不到 10 天。说到父母、妻子、孩子，这位工作硬汉眼中嵌满了泪花，觉得亏欠亲人的太多。有一种幸福叫成就感。当问及他是否后悔当初的选择时，他说："我放弃在外的高工资和优越条件选择回家就业，就是想用所学的专业知识为家乡的高速公路建设事业出一份力，我为当初的选择感到高兴。如今，德江通高速了，德江人民出行方便了，黔东北铁路交通枢纽和区域性中心城市目标正在变成现实，内心还真挺有成就感。"赵健涛六年如一日忘我工作，为杭瑞和沿德高速公路大兴、观音滩、新寨等 6 个集中安置点 427 户拆迁户的安家乐业作出了积极的贡献，把最美青春献给了最美高速。"雄关漫道真如铁，而今迈步从头越"。赵健涛说，高速公路安置工作完成后，他还想去机场、铁路建设指挥部，因为拆迁户不容易，能够为老百姓办好事、办实事更不容易。

高速公路的情怀

德江县八届政协委员　张江梅

2010 年 4 月，组建德江县高速公路建设协调指挥部，我从一个较为偏僻的乡镇抽调到德江县高速公路指挥部工作，具体负责财务报账和办公室的服务等工作。对于这项全新的工作，不懂就问就学，默默无闻地做好本职工作，不折不扣完成组织交办的各项任务。正是不懂就问就学的精神和顽强的工作毅力，始终把握好每一笔账，精打细算，精耕细作，已修建的三条高速公路征地拆迁、涉农设施修复、土地复绿工程治理等财务报账中，一分不差地完成了近 7 个亿资金的报账任务，并出色地完成了指挥部交给的各项工作。"作为一名女同志，工作是值得肯定的，十年来的各种辛勤付出值得同志们的认可。"这是高速公路协调指挥部常委副指挥长张羽龙对我的中肯评价。

细心工作，始终把工作当成一种事业来抓。"工作要干就要搞好干出成效"，这是我进入指挥部后给自己定的目标，是这样说的，也是这样做的，十年来，总是任劳任怨，对于一些不懂的业务知识，我就不断向懂行懂业务的同志请教，比如向县财政局的郑国江同志请教并得到支持，使我在报账领域的工作业务得到极大提升，工作能力不断提高。同时，为把工作做好做快，尽快熟悉工作流程，积极向县级和上级有关部门对接协调，熟悉工作人员和工作环境，为今后的快速有效工作打下坚实基础。对施工单位来指挥部对接工作的人员，我总是热情对接，虚心接受别人提出的建议、意见。在报账过程中，个别施工队因为工作忙没有及时来报账的，总是温馨提醒，建议他们及时到指挥部报账。指挥部人员因为工作忙下乡去进行野外作业时，有涉及高速公路征拆过程中存在疑问来访咨询的群众，总是热情接待，递上一杯热茶，询问群众有什么合理诉求，不管能不能解决的，都将问题记在本子上，再转交给常务副指挥长，由常务副指挥长把关后交给其他相关科室同志解决。由于单位只有一名女同志，有上级领导来指导工作，接待自然就落在我的身上，但是，我从来无怨无悔，始终将每一次接待做到最好，让来德江指导工作的同志感到十分温暖，得到了他们的一致好评。通过扎实有效开展工作，十年来，不仅得到领导和同志们的一致认可，也得到了涉及高速公路过境来访群众的高度认可。

统筹兼顾，切实完成组织交办的各项任务。在修建杭瑞高速思遵公路过境、沿德高速、德务高速三年大会战100多千米，加上德江县城至白果坨港口二级路和326国道改造共计100余千米建设中，涉及的征拆资料500余卷，经常有10多个工作组100多人到野外开展作业，还要兼顾这些人的生活、出差报销等服务工作，有时候加班加点。但是，我一点也不觉得苦和累，总是觉得，和野外作业的同志相比，这点苦和累算不了什么。涉及三条高速、一条二级公路建设、一条国道线改造近200千米公路建设，兑现各类征拆资金及时与有关部门沟通协调，将补偿资金安全兑现到位。脱贫攻坚工作开展以来，还要帮扶2户困难群众，为确保帮扶和指挥部工作都做好，统筹兼顾，利用空闲时间到困难群众家里走访帮扶，始终将国家的扶贫政策宣传到位，按照扶贫要求，将帮扶户的帮扶工作做到位，通过深入细致的走访帮扶，所帮扶的群众顺利出列，帮扶工作得到群众的认可和组织的认可。同时，十年来，也有家人生病住院和自己身体不好住院的时候，但是，总是统筹兼顾，什么时候该做哪些工作，安排得井井有条，从不打乱仗，有时在医院住院需要完成的工作，都是将相关资料拿到医院做完后再交给别人去办理。在我心中，总是把高速公路建设工作放在第一位。“既然组织都安排我到这个岗位，我只有尽百分之百的努力，只有把工作做好了，才对得起组织的信任和群众的期盼。”总之，高速公路修建以来，在别人眼里，我是一个勤劳勇敢的人，是一个认真负责、甘于奉献的人，是一个不断服务好群众的人。在父母心中，我是一个好女孩，在丈夫心中，我是一个好妻子，在指挥部领导干部心中，我是个好同志，总是亏了自己照亮别人。我始终坚持以钉子精神干好各项工作，从不埋怨别人，扎实有效做好本职工作，出色完成工作任务。在下一步工作中，还要继续做好德江至余庆的高速公路服务。我对工作从不退让，“把美好的工作年华都奉献给修建高速公路，只要为了人民群众出行方便，苦和累都是值得的。”

张乾胜

——八年高速的跌宕人生路

晓　风

“不管任何时候，每次到县指挥部来查询我们的征地拆迁补偿兑现资金和资料，都能看见指挥部的张科长。他不是在认真测算审核征拆资金，就是在埋头登记核查相关资料。”大多来自德江县指挥部查阅资料的征拆群众都如是说。这个群众口中的张科长就是原德江县高速公路建设协调指挥部补偿兑现科负责人张乾胜。

张乾胜，1974年2月9日出生，苗族，大学本科文化，贵州务川县丰乐镇人。1996年8月至2002年2月，在德江县平原乡人民政府工作，其间抽调到县委“三个代表”学习教育活动办公室；2002年2月至2010年9月，在德江县政协办公室工作，其间先后挂职德江县龙泉乡乡长助理、党委副书记，抽调县委科学发展观办公室工作，抽调到县高速公路建设协调指挥部工作；2010年9月至2011年9月任泉口乡党委委员、副乡长；2011年9月至2019年2月，德江县安监局工作，其间2011年11月至2019年4月，抽调县高速公路建设协调指挥部工作，先后在指挥部补偿兑现科、办公室工作；2019年2月至今，在德江县应急管理局工作。2010年4月，德江县高速公路建设协调指挥部组建，德江县政协副主席后任主席、县高速公路指挥部常务副指挥长张羽龙亲自点将，将张乾胜抽调到指挥部补偿兑现科工作。在这个工作岗位上，高速公路所涉及征拆的每一份资料、每一笔补偿资金都要经过他认真核查。五年时间内，他审核各类征拆资料700余卷15万页，复印资料60余万张，涉及征拆对象户2万余户次、征地1.2万亩、房屋拆迁户650户、林木35万株、坟墓1688座，兑现补偿资金5.1亿元。2015年12月，他被贵州省人力资源和社会保障厅、贵州省交通运输厅评为贵州省高速公路建设三年会战先进个人。为了提高自身政治素质和业务能力，他通过多种渠道认真学习高速公路建设征拆的有关知识。他通过认真学习党和国家关于高速公路建设项目中征拆工作的有关政策法规，进一步提高自身政策理论水平，提高对做好高速公路建设协调的重要性认识，增强做好高速公路建设征地拆迁补偿兑现的责任感和使命感。他通过认真学习德江每一条高速公路建设的征地拆迁安置补偿方案，熟练掌握每一条高速公路建设项目的征拆标准和操作规程，使每一环节工作胸有成竹。他通过认真学习资料管理和资金管理的有关业务知识，进一步提高业务能力，让自己尽快成为该项工作的行家里手，努力提高工作质量和工作效率，使各项工作更加规范有序。“这段时间忙，工作量太大，你要多挤时间休息，千万别把身体搞坏了。”这是县指挥部常务副指挥长张羽龙经常告诫张乾胜同志的一句话。德江高速公路指挥部涉及管理的征拆资料多而杂。自杭瑞高速思遵公路过境起，到全省高速公路三年大会战的沿德、德务高速就有三条100千米，加上德江县城到共和港口二级路和326国道提级改造共90余千米建设，涉及的征拆资料近1000卷。为了确保这些征地拆迁资料收集管理的完整性、科学性和实用性。对外业勘测人员带回来的每一份资料，他都要从数据填写、测算结果、签字手续、图片信息等方面进行逐一审核把关，并及时进行登记、复印、归档。有的还要与相关人员进行现场核对，确保资料准确无误。在每条高速公路集中勘测期间，每天有10多个工作组100多人在山上山下开展外业勘测，他一个人在办公室拆封、审核、编号、登记、复印，并且必须做到当天产生的资料当天审核复印完毕，第二天天亮就分别交到各外业组返回给被征拆对象手中，并完成第一榜的勘测数据公示。为此，连续三四个月不分昼夜地工作，经常加班加点到凌晨4点钟。在他看来，高速公路建设征拆补偿资金的兑现工作，既是经济工作，更是政治任务。征拆资金补偿兑现工作如果做不好，不仅有损人民群众的经济利益、影响项目建设的施工进度、影响全省三年大会战的战略进程，甚至影响地方稳定大局。为此，他结合实际设计了征拆资金补偿兑现的工作流程图，使补偿兑现工作程序一目了然；推行了“补偿方案、补偿资金、补偿程序”三公开。制定了补偿兑现科工作制度和补偿资金管理制度，采取指挥部测算资金、银行部门代发、乡镇敦促进度措施，实行资金封闭运行。同时，针对土地征收、房屋拆迁、林木拆除、坟墓搬迁等不同情况分别制定了资金兑现补偿程序。如在坟墓搬迁资金补偿兑现时，要求需要乡镇人民政府出具坟墓搬迁验收证明后，才予以办理领取手续。德江高速公路建设以来，涉及的三条高速、一条二级公路建设，一条国道线改造近200千米公路建设，他共计造册、审核补偿兑现各类征拆资金5.1亿多元。同时，及时加强与金融部门的沟通协调配合，及时将补偿资金安全兑现到位。在工作中，他不计得失、任劳任怨。因长期伏案工作，尽管导致腰椎病变严重，但他也从未叫过一声苦。2015年8月，他晚上在医院照料生病的母亲。为了及时将征拆资金拨付到位，他不得不带着资料到医院病床前一边照顾母亲一边审核资金。本身已经卧床不起的母亲心痛地说：“孩子啊，你工作那么忙，把人家的补偿资金算错不好，你还是到办公室去核算吧，要上厕所的话，我慢慢儿起来，应该能行！”张乾胜只说了一句，“妈，不要担心这些，只要你好好接受医生治疗就行了。”没想到，这是他一生中与他母亲最后交流的一句话。2015年11月，他因经常加班加点工作导致颈、腰背慢性劳损住院治疗。尽管医生再三嘱咐要求休息，但是看见沿德高速公路建设又产生了那么多征地资料，他仍旧坚持白天在医院接受治疗，晚上测算汇总资金。在住院治疗的十多天里，他仍旧坚持测算审核资金近2000万元。在工作中，他排除万难、忘我工作。在全省高速公路三年大会战、县县通高速的战略目标启动时，他的女儿已患白血病2年。然而，他并没有为此打退堂鼓。他一边流着泪为女儿治病而奔波，一边加班加点流着汗为高速公路建设的征拆资金兑现忙碌着。在家里，只要是女儿的一声咳嗽，对他来说就好像面临着一场大地震。但是，在领导安排任何工作时，他从不拿家庭的困难搪塞、推诿，而是主动承担，尽心尽责做到两不误。在2015年12月30日沿德高速通车仪式上，当礼花绽放的一瞬间，他那喜悦的泪水夺眶而出。县县通高速的目标全面实现了，全省高速公路三年大会战全面胜利，他女儿白血病也顺利度过了生死攸关的五年期。在工作中，他牢记宗旨、热心服务群众。在县高速公路建设协调指挥部，补偿兑现科是县指挥部窗口，到县指挥部办事的群众大多是到该科核对补偿资金和查实相关资料的。因此，他对服务群众工作非常重视。虽然群众来访的时间毫无规律，但是他始终坚持有来必应、有问必答、热心服务。不管群众来访时的情绪或方式如何，他始终做到笑脸相迎、真心对待、诚信服务。大多群众总是愤懑而来，满意而归。2013年9月的一个晚上，他正在办公室加班审核资料，玉水街道黄河溪村民组因沿德高速建设征地涉及土地纠纷的二十几个村民骂骂咧咧地闯了进来。当他问明来意了解情况，并耐心做了解释之后，群众才知道有纠纷的征拆资金被人领取是误传。他接着又将有关资料一一给来访人员查看，群众看后，为自己的莽撞行为深感愧意，并释然而归。为了将补偿资金及时兑现到征拆户手中，2012—2015年，他连续4个春节都工作到除夕晚上才回家。

重温建设路　铸就战友情

德江县八届政协常委　谭珍明

光阴荏苒，日月如梭。转眼间，在高速公路建设中度过了八个春秋。曾在指挥部一起共同战斗的同仁、战友们八年后再次相聚，重温德江高速建设之路，重感德江高速伟大工程的艰辛与喜悦，重塑指挥部“能吃苦，能战斗，能奉献”的团队精神。走进高速公路指挥部陈列馆，一幅幅攻坚克难的施工画面，一场场破解高速公路建设难题的协调会议，一册册征地拆迁“六方”签字确认的电子档案，一条条破解征地拆迁天下第一难事的工作法则……历历在目，记忆犹新。特别是那幅现场征地图，又勾起我对杭瑞高速建设征地时的回忆，将我带回到八年前天池特大桥征地现场画面。天池特大桥地处煎茶镇大河村，公路要从马家梁子上穿越，该地地势四面悬崖，十分险要，荆棘密布，没有任何小路可走，一不小心随时都可跌下悬崖，但战友们不畏艰难险阻，对工作认真负责，以人民利益至上为己任，追求数据精准，相互搀扶相互勉励爬上悬崖，测量中还不时传出“你回来，我去”“小心哟，下面是悬崖，十分危险，注意安全……”战友的话好亲切好重情，至今仍在我耳边回荡，久久不能平息。八年耕耘，全县已实现了三条高速公路大汇合，通车里程达百千米，形成了区域性中心城市大交通网络格局，结束了德江县不通高速的历史。三条高速的交汇贯通也是德江县公路建设史上伟大的里程碑，为德江县经济社会发展插上了腾飞的翅膀！伟大工程来之不易，凝聚着德江人民的智慧与力量，凝聚着各级领导对德江的关心和社会各界对德江县的支持，更彰显出指挥部团队舍小家，顾大家，不畏艰辛，忘我工作的工匠精神。身为德江人，我深感自豪，能参与高速公路建设，更感荣幸。回忆过往，有辛酸，有泪水，更有道不尽的喜悦和情怀，耐人寻味、令人遐想，倍感珍惜。千年追寻，圆梦就在今朝。德江的发展如火如荼，已步入后发赶超快车道时代，时不我待，我们将不忘初心，牢记使命，继续永葆指挥部“能打仗、善打仗、打胜仗”的本色，坚定必胜信心，强化底线思维，不辱使命，再创新高。

第二节 简 介

张羽龙

张羽龙，男，土家族，贵州省德江县人，生于1953年9月，中共党员，大专文化。1977年6月参加工作，为瓦厂公社半脱产干部。1980年转正后，历任城关区团干，共青团德江县委副书记，中共德江县潮砥区委副书记、区公所区长，德江县物价局局长，中共德江县姜司镇副书记、镇长，中共青龙镇党委副书记、镇长，中共青龙镇党委书记、镇长，德江县人民政府副县长，中共德江县委常委、常务副县长，德江县政协副主席、主席。1992年，参加中国农业大学全国武陵山乡镇长培训班结业。1997年，参加中共铜仁地委党校全区乡镇书记、乡镇长培训班结业。2000年10月，参加北京大学高级经济研修班结业。2002年，参加贵州省山东农干院农业经济培训班结业。2003年，被中共德江县委委派为黄河集团贵州酒堅酒业公司特派员。2004年，参加贵州省政协干部培训结业。2005年，参加全国北戴河政协62期干部培训结业。2010年4月，任德江县高速公路建设协调指挥部常务副指挥长。2015年退休后，被中共德江县委聘用到德江县政府办公室，继续负责德江县高速公路建设协调指挥部工作任执行副指挥长至今。

王永舟

王永舟，男，生于1959年5月，中共党员，大专文化，1978年参加工作。1978年9月至1995年春，先后在新场学校、大兴中学任教（其间，1984年秋至1985年8月，在大兴中学任教）。1995年5月至2003年4月，在煎茶镇政府工作。2003年4月至2007年11月，在青龙镇工作。2007年12月，在县委党校工作至2019年退休（其间，2010年4月至2017年8月，被德江县委、县政府抽调到德江县高速公路建设协调指挥部工作）。

张乾胜

张乾胜，苗族，生于1974年2月9日，大学本科文化，贵州务川县丰乐镇人。1996年8月至2002年2月，在德江县平原乡人民政府工作，其间，抽调到县委“三个代表”学习教育活动办公室。2002年2月至2010年9月，在德江县政协办公室工作，其间，先后挂职德江县龙泉乡乡长助理、党委副书记，抽调县委科学发展观办公室工作，抽调到县高速公路建设协调指挥部工作。2010年9月至2011年9月，任泉口乡党委委员、副乡长。2011年9月至2019年2月，在德江县安监局工作，其间，2011年11月至2019年4月，抽调县高速公路建设协调指挥部工作，先后在指挥部补偿兑现科、办公室工作。2019年2月至今，在德江县应急管理局工作。

王松江

王松江，男，苗族，生于1964年11月，大学本科文化，中共党员，1981年8月参加工作。1981年8月至1987年12月，德江县姜司镇城关三校教师。1987年12月至1988年12月，德江县姜司镇教育办公室工作员。1988年12月至1992年10月，德江县姜司镇党委任秘书。1992年10月至1998年11月，德江县青龙镇组织干事、党委副书记。1998年11月至2000年2月，德江县长丰乡党委副书记、乡长。2000年2月至2010年12月，德江县委直属机关党委副书记（正科级）。2010年12月至2016年8月，德江县司法局党组成员、副局长（正科级，2015年12晋升副处级职级）。2016年8月至2019年6月，德江县司法局正科级干部。2019年6月至今，德江县司法局四级调研员（其间，2020年，被德江县委、县政府抽调到德江县高速公路建设协调指挥部工作，任办公室主任）。

李　勇

李勇，男，生于1969年9月，大专文化，中共党员。1986年10月至1990年12月，在成都军区汽车修理所服役。1991年1月至1992年10月，在煎茶区公所工作。1992年10月至2008年3月，在复兴乡政府工作。2008年3月至2011年9月，在长堡乡工作，任武装部部长。2011年9月至2018年1月，在复兴镇工作（其间，2011年11月至2018年1月，在德江高速公路协调指挥部工作）。2018年1月起，在德江县生态移民局工作。

张江梅

张江梅，女，土家族，生于1981年4月，大学本科文化。1998年9月至2001年6月，在贵州省铜仁地区农业学校读书。2001年6月至2003年12月，待业。2003年12月至2008年8月，在贵州省德江县枫香溪镇乡企站工作（其间，2004年8月至2006年12月，在中共中央校函授学院学习）。2008年8月至2014年5月，在贵州省德江县枫香溪镇乡企站工作（其间，2010年4月，被抽调到德江县高速建设协调指挥部出纳及办公室相关工作）。2014年5月至2019年12月，在贵州省德江县玉水街道办事处城市服务，负责帮扶工作，抽调到德江县高速公路建设协调指挥部出纳及办公室相关工作。2019年12月至今，在贵州省德江县安化街道办事处，负责帮扶工作，抽调到德江县高速公路建设协调指挥部出纳及办公室相关工作。

郑国江

郑国江，男，土家族，生于1976年9月12日。1995年7月毕业于贵州省内贸学校审计专业。1995年7月至1998年4月，在德江县林业局国营煎茶林场任出纳工作。1998年5月至2004年4月，在德江县林业局任会计、财务股长。2004年6月至2016年5月，在德江县国库集中支付局工作。2016年6月至2020年6月，在德江县财政局行财科工作。2020年7月至今，在德江县国库集中支付中心工作。

鲁光鹏

鲁光鹏，男，土家族。生于1978年9月，大专文化。2000年7月，在玉水街道办事处城市服务部工作。1997年11月至1999年12月，在西藏某军分区服兵役。1999年11月至2000年6月，待业。2000年7月至2012年10月，在荆角乡计生服务站工作。2012年11月，由荆角乡抽调到县高速公路建设协调指挥部至今（其中，2019年从荆角乡计生服务站调玉水街道办事处城市服务部工作）。

覃智强

覃智强，男，大学本科文化。1976年8月至1987年1月，在枫溪、南客中学任教。1987年2月，调中共德江县纪律检查委员会工作任纪委常委、纪律检查室主任。1994年12月，调德江县国土资源局任正科级纪检组组长。2010年4月，抽调到德江高速公路建设协调指挥部工作，任征拆科科长。

赵健涛

赵健涛，男，土家族，贵州德江人，生于1981年5月，本科学历，工程师，2003年12月参加工作。2003年12月至2010年7月，在稳坪镇村建站工作。2009年至2010年，任村建站站长。2010年7月至2015年6月，在稳坪镇村建站工作，同期被县委、县政府抽调到德江县高速公路指挥部规划建设安置科工作，任规划建设安置科科长。2015年6月，调县住建局镇村建站工作，同期被县委、县政府抽调到德江县高速公路指挥部规划建设安置科工作，任规划建设安置科科长。2017年6月至2018年2月，在德江县住建局村建站工作，主要负责农村危房改造等工作，获工程师任职资格。2018年3月至2021年4月，在住建局房地产负责房地产市场监管工作，同期被县委、县政府抽调到德江县脱贫攻坚总指挥部指挥中心基础设施组工作，主要负责脱贫攻坚农村危房改造、村庄人居环境改善等工作。2021年5月至今，派驻至共和焕河村驻村，任驻村第一书记。2010年7月，获评稳坪镇“优秀共产党员”。2018年7月，获评德江县住建局、煎茶镇小溪“优秀共产党员”。2013年7月，获评德江县“2011—2012年平安建设先进个人”、铜仁市“铜城仁者”。2015年，获年度人物“敬业奉献”提名候选人。2019年10月，获评“全县脱贫攻坚先进个人”。

李世腾

李世腾，男，土家族，生于1971年4月，1990年3月参加工作，中共党员，现在煎茶镇人民政府综治办工作。1990年3月至1992年12月，广西壮族自治区梧州市消防支队直属中队服义务兵役。1992年12月至1993年6月，待业。1993年6月至1996年6月，为煎茶镇国土所工作人员。1996年3月至1999年12月，任煎茶镇劳动就业站站长。1999年12月至2003年3月，煎茶镇城管中队队长。2003年3月至2010年4月，任煎茶镇人民政府党委委员、政法专职副书记。2010年4月至2016年12月，在德江县高速公路建设协调指挥部工作。2016年12月至今，在煎茶镇人民政府综治办工作。

朱克贵

朱克贵，男，中师文化，生于1959年8月3日，1981年8月参加工作。1981年8月至1987年8月，在合兴乡龙溪完小任教。1987年9月至1994年5月，在复兴乡完小任教。1994年6月至2009年8月，在复兴乡政府工作。2010年4月至2016年8月，在德江县高速公路建设协调指挥部工作。

曹志勇

曹志勇，男，生于1958年2月，大专学历，中共党员。1975年9月，在县财贸知青农场劳动。其间，1975年11月至1978年2月，在德江亦工亦农文艺宣传队工作。1979年1月，到德江县合朋乡工作，同年6月，调潮砥区公所工作。1983年3月入党。1984年6月，调德江县乌兰牧骑式文化工作队工作，同年9月至1986年7月，在铜仁地委党校大专学历班学习。1986年7月，调任稳平乡副乡长，同年11月，任稳平区团委书记。1987年11月，任稳平法庭副庭长。1991年3月，调任姜司镇副镇长。1983年3月，调任德江县城乡建设环境保护局党组成员、副局长。1998年3月，改任正科级纪检组组长。2007年6月，调任德江县经贸局党组成员，纪检组组长（正科）。2014年12月，免去党组成员、纪检组组长职务，保留正科级。2016年5月，明确享受副处级待遇。2015年6月至2017年2月，在德江县高速公路建设协调指挥部工作。

谭珍明

谭珍明，男，苗族，生于1975年6月，大学本科文化，工程师，无党派人士。1992年9月至1996年7月，在安徽省黄山林业学校自然保护区资源管理专业就读。1996年8月至2014年6月，在德江县煎茶镇林业站工作（其间，2010年4月至2017年8月，抽调德江县高速公路指挥部工作；2005年3月至2008年1月，西南林学院林学专业函授学习；2011年11月至2016年11月，任德江县第八届政协委员会常务委员）。2014年6月至今，在德江县林业局行政审批科工作（其间，2018年3月至2019年2月，在德江县脱贫攻坚指挥中心工作；2019年3月至2021年5月，在德江县平原镇东风村脱贫攻坚驻村工作；2021年3月至今，四川农业大学林学专业网络教育学习）。

李朝洪

李朝洪，男，生于1968年5月19日，大专文化，中共党员，1988年8月参加工作。1988年8月至1992年12月，在煎茶区卫生院工作。1993年1月至1993年3月，在复兴乡卫生院工作。1993年4月至2001年2月，在复兴乡政府工作。2001年3月至2017年6月，在合兴乡政府工作（其间，2010年4月至2017年6月，在德江县高速公路建设协调指挥部工作）。2017年至今，在煎茶镇人民政府工作。

袁负权

袁负权，男，生于1978年，土家族，大专学历，长堡镇三角社区人。1998年7月，毕业于贵州省交通学校财会与审计专业。2008年6月，毕业于贵州大学法律系法律专业。1998年9月至2008年12月，在共和乡村建所、安监站工作。2008年12月至2012年6月，在县交通局共和乡海事所、局安全办、站场建设办和县高速建设协调指挥部工作。2012年6月至2016年4月，在县委宣传部通讯中心工作。2016年4月起，在县供销社农民专业合作指导中心工作至今。袁负权生活朴素大方，家庭和睦；在工作中认真负责，严于律己、勤奋好学、协调上下与左右，团结同志，取得了一定的成绩，除做好本职工作外，利用业余时间写作，曾在《中国交通报》《中国安全生产报》《中华合作时报》《贵州日报》《贵州公路》《贵州安全生产》等20余家报纸、杂志上发表《又逢今日下雨时》《大山之歌》《那山，那水，那月亮》等小说、散文、诗歌和新闻作品数百余件。他曾多次获得国家、省、市、县级表彰。其中，2010年，获国家安全生产总局举办的“长治久安杯”新闻摄影大赛二等奖等。

李　奎

李奎，男，土家族，生于1980年11月7日，籍贯德江枫香溪。1997年9月至2000年6月，贵州省铜仁农校畜牧兽医专业学生。2000年6月至2000年9月，待分配。2000年9月至2003年1月，贵州省德江县荆角土家族乡畜牧站工作员。2003年1月至2004年12月，贵州省德江县荆角土家族乡畜牧站工作员、荆角管理区副主任（1999年10月至2003年12月，贵州大学兽医专业大专班学习）。2004年12月至2006年1月，贵州省德江县荆角土家族乡畜牧站工作员、荆角管理区主任。2006年1月至2007年12月，贵州省德江县荆角土家族乡畜牧站工作员、烟办常务副主任。2007年12月至2008年10月，贵州省德江县荆角土家族乡畜牧站工作员。2008年10月至2010年12月，贵州省德江县荆角土家族乡劳动保障所工作员（其间，2007年12月至2008年11月，杉树村支部书记；2008年11月至2009年3月，角口村支部书记；2009年3月至2009年11月，贵州省德江县荆角土家族乡党委委员、角口村支部书记；2009年11月至2010年12月，贵州省德江县荆角乡党委委员、新坑村支书）。2010年12月至2011年3月，贵州省德江县荆角土家族乡党委委员，提名人民政府副乡长。2011年3月至2012年6月，贵州省德江县荆角土家族乡党委委员、人民政府副乡长。2012年6月至2013年10月，贵州省德江县荆角土家族乡党委委员、人民政府副乡长、兼任计划生育协会会长。2013年10月至2015年12月，贵州省德江县荆角土家族乡政法委书记。2015年12月至2016年1月，贵州省德江县荆角土家族乡党委委员、主任科员。2016年1月至2016年8月，贵州省德江县荆角土家族乡党委委员、主任科员、政协工作联络组主任。2016年8月至2018年7月，贵州省德江县荆角土家族乡党委委员、人大主席。2018年7月至2021年5月，泉口镇党委副书记、政法委书记（正科级）。2021年6月，调堰塘乡（二级主任科员）抽调至县高速公路指挥部工作。

曹　勇

曹勇，男，中共党员，土家族，生于1980年6月，本科学历，现任稳坪镇党委委员、人大主席。2001年9月至2015年8月，德江县国土资源局工作员。2010年4月至2012年1月，德江县高速公路指挥部征地科工作。2015年8月至2016年8月，德江县合兴镇党委委员、副镇长。2016年8月至2018年8月，德江县玉水街道党工委委员、办事处副主任。2018年8月至2019年3月，德江县桶井乡党委副书记、政法委书记。2019年8月至2021年6月，德江县合兴镇党委副书记、政法委书记。2021年6月至今，德江县稳坪镇党委委员、人大主席。

苏治松

苏治松，男，中共党员，土家族，生于1954年4月，中专学历，公务员乡科正职退休。1974年5月至1992年5月，煎茶区大河乡畜牧站，任站长。1992年5月至1992年12月，平原区畜牧站工作员。1992年12月至1993年6月，德江县楠杆土家族乡畜牧兽医水产站站长。1993年6月至1995年11月，德江县楠杆土家族乡人民政府办公室主任。1995年11月至2006年12月，德江煎茶镇工作（其间，曾任文教卫生股股长、司法所所长、政府办公室主任、政协工委副主任、政协工委主任）。2006年12月至2014年5月，德江县房产局乡科正职工作员（其间，2010年8月至2015年6月，德江县高速公路建设协调指挥部拆迁科工作科长）。2014年5月，公务员乡科正职退休。

邓臣芳

邓臣芳，男，土家族，生于1975年12月6日。1996年学校毕业后，到德江县住房和城乡建设局工作。2021年因机构改革，转制改企到德江县城市投资集团工作。2010年5月，由县政府抽调到德江县高速公路建设指挥部，参与杭瑞高速公路思南至遵义（德江段）房屋拆迁补偿科工作，具体负责因高速路被拆迁房屋的勘丈、制图、补偿资金的测算。2013年8月，由县政府抽调到德江县高速路建设指挥部，全程参与沿德高速路（德江段）房屋拆迁补偿的工作。具体工作是被拆迁房屋的勘测及补偿资金的测算。2015年7月，由县政府抽调到德江县高速公路建设指挥部，参与德江至务川高速公路（德江段）工作。具体负责被拆迁房屋的勘测及补偿资金的测算。并且参与了县城至共和二级路被拆迁房屋的勘测及补偿资金的测算工作。

赵广智

赵广智，男，生于1957年6月，土家族，大专学历，中共党员，退休于德江县自然资源局。1975年7月，在贵州省德江县原城关区姜司镇厦阡村当知青。1979年1月至1982年12月，在贵州省德江县原长丰区委工作。1982年12月至1986年8月，在贵州省德江县委组织部工作（其间，1984年9月至1986年7月，脱产在贵州省原农学院学习）。1986年8月至1990年12月，在贵州省德江县原长丰区委工作。1990年12月至2017年7月，在贵州省德江县土地管理局、国土资源局、自然资源局工作至退休（其间，2013年12月至2015年，参加贵州省德江县境内的杭瑞、沿德两条高速公路，德江县城至共和镇白果坨村二级公路会战，具体负责征地工作）。

熊东全

熊东全，男，土家族，中共党员，生于1955年10月，县财政局退休干部。1973年至1985年4月，在德江县一中工作，从事德江一中勤杂和财政工作。1985年5月至1993年3月，调入县政府办公室工作。1993年4月至1998年4月，任县政府办副主任。1998年5月至2015年10月，调入县财政局，任副局长（其中2010年4月至2010年10月，抽调到德江县高速公路指挥部工作，并担任补偿兑现科科长）。2015年11月，退休于县财政局。

张金明

张金明，男，生于1973年3月15日，在职大学本科文化，德江县共和镇三联村人。1992年9月至1995年7月，在黔东南民管校行政管理专业学习。1995年9月至2001年11月，在德江县青龙镇人民政府工作。2001年12月至2007年5月，任德江县枫香溪镇党委委员、组织委员。2007年6月至今，在德江县智力支边联系小组办公室工作（其间，2007年8月至2008年7月，挂任德江县长堡乡党委副书记；2010年4月至2019年2月，抽调到县高速公路指挥部工作；2019年3月至2021年4月，泉口镇新塘村驻村；2021年5月，荆角乡青球村驻村）。

姜中国

姜中国，男，土家族，大学本科文化，中共党员，生于1967年9月，1987年8月参加工作。先后在共和中学、乐泉中学、青龙中学等校任教，为党的教育事业踏实工作10年。随后，历任青龙镇党委办秘书，县政府办秘书、秘书科长，县经贸局副局长，县安委办主任，县安监局党组书记、局长，县安委办主任等职，现为县政协干部。2011年5月至2017年6月，抽调到县高速公路指挥部，先后在补偿兑现科、安保科工作，积极参与并完成杭瑞、沿德、德务3条高速公路的征地拆迁、资金兑现、炮损补偿等各项工作任务，为德江高速公路建设付出了辛勤的努力。

冯　飞

冯飞，男，生于1965年10月17日，大专文化，中共党员，现任德江县公安局特巡警大队副大队长。1986年8月至1989年12月，潮砥区派出所工作人员。1989年12月至1997年5月，德江县公安局刑侦队副指导员、内保股股长。1997年5月至2000年1月，青龙派出所所长。2000年1月至2004年4月，公安局经侦大队副大队长、政工训练股股长。2004年4月至2009年10月，煎茶派出所所长。2010年4月至2012年2月，德江县杭瑞高速公路建设协调指挥部工作员。2012年2月起，德江县公安局特巡警大队副大队长。

第二章　优秀建设团队

谱写德务高速荡气回肠的奋斗之歌
——致德江隧道全体建设者

王仁忠　杨　林

“逢山打洞，遇水搭桥。”关于贵州公路，有一首歌《多彩贵州路》，唱来让人热泪盈眶。其中一句歌词唱道：“多彩贵州路，条条汗水铺……若问此路来自哪里，百姓心窝里，梦想最深处。”德务高速公路是《贵州省高速公路网规划》“6横7纵8联”中的“第1横”，高速公路建成后，将进一步缩小德江至务川、重庆及武陵山片区城市的空间距离，为黔东北地区融入成渝经济区和通往长三角经济区打通快捷的运输大通道。而德江特长隧道则是德务高速“最硬的骨头”，建设者们充分发扬“特别能吃苦”“特别能战斗”“特别能奉献”精神，挥洒汗水，创新实干，在1000多个日夜里，谱写荡气回肠的奋斗之歌，为德务高速顺利贯通书写一份可靠保证书。

德务高速，任务过半，突发涌水。2016年8月4日，德务高速德江特长隧道工地现场彩旗飞扬，经过前期5个月施工准备，隧道正举行进洞开工仪式。德江特长隧道是德务高速主要控制性工程，对德务高速公路贯通起着举足轻重的作用。隧道进口端位于德江县龙泉乡大石板村，出口端位于德江县沙溪乡大寨村，左洞全长5505米，最大埋深534米；右洞全长5425米，最大埋深约537米，为贵州在建最长公路隧道，YK8+382超前钻孔。在贵州境内，很多地方都属于岩溶地形，地下水十分丰富，给高速公路隧道建设造成诸多困难。尤其是德江特长隧道地处贵州高原东北部武陵山山脉向大娄山山脉过渡斜坡地带，横穿波状山脊，覆盖层整体较厚，植被茂盛，地下水丰富，地勘钻孔揭露多处串珠状溶洞，围岩较差，溶洞诱发突水、突泥事故的风险较大，施工不确定因素多，质量安全风险高、技术难度大。

全体建设者怀着舍我其谁的信念，怀着大道兴黔的情怀，誓将“天堑变通途”，努力创造施工条件，克服重重困难，抢工期、抓进度，安全文明施工，高起点、高标准、严要求，努力将德江特长隧道打造成精品工程、亮点工程，向人民递交一份满意答卷。德江隧道从开工伊始，就认真贯彻执行“标准化”项目管理理念，全力打造“品质工程”；以“平安工地”“平安高速”为推手，全力打造“最美高速”；着力养成“让标准成为习惯，让习惯符合标准”，推进“施工工艺标准化，施工过程精细化”。隧道施工从工序、技术、工艺和管理角度入手，推广成熟、先进的施工工艺和工法，应用一批新技术、新工艺、新材料，提高施工管理和技术水平；质量管理方面，认真实行首件工程认可制实施细则，全面把控隧道施工过程，确保工程质量得到大幅提升。隧道洞门前场地进行硬化、绿化、美化，隧道洞内洞外保持干净、整洁，出口端衬砌工程打造亮点工程；重视、严肃超前地质预报，采用 TSP 探测，配备超前地质钻孔设备、双臂隧道凿岩台车和复合式二衬台车，人员进出配备观光式电瓶车；隧道纵向排水管、横向排水管、环向排水管严格按设计布置；隧道门禁系统正确显示洞内工人人数、姓名、进洞时间，电脑显示屏清楚显示掌子面施工状况、人员数量、定位人员位置……

寒来暑往，斗转星移，建设者们“5+2”“白 + 黑”不间断施工。经过 14 个月建设，到 2017 年 10 月 2 日，左洞完成开挖 2758 米，率先完成过半任务；同年 10 月 10 日，右洞又过半，左右洞合计完成 5471 米，完成总长度 10930 米的 50.1%，全线施工顺利过半。面对如此良好的发展势头，全体建设者暗自高兴，“如果照此态势，德江特长隧道就能提前完工了”。

2017 年 12 月 22 日，左洞 ZK10+450 掌子面超前探孔发现前方 27 米处，存在高压水且水压高、水量较大。2018 年 3 月 3 日，右洞 YK10+401 掌子面进行超前探孔时，发现前方 10 米处存在高压水，涌水水压高、水量大，短短 30 分钟即由掌子面淹没至仰拱附近，一度淹没 300 米隧道。至 5 月，经地勘单位测算，德江隧道地下水峰值可能达到 60.68 万立方 / 天，地下水储量特别丰富……涌水事件像一道“拦路虎”，打断了德江隧道既定的工作计划与安排。这些涌水源头在哪，是在隧道下方还是隧道上方？是顺流还是穿插？是上层滞水、潜水还是承压水？水势如何？水量多大？危险性如何？怎样解决？这一系列问题成为摆在德江隧道全体建设者面前必须跨过的坎。

群策群力，攻坚克难。“到中流击水、浪遏飞舟”。省公路开发公司党委书记、董事长说，“我们必须不怕苦、不怕累、事不避难、奋勇向前，全力解决涌水问题。”

一、左洞出口突发涌水后，为保障施工安全，德江隧道迅速在掌子面施工封堵墙，集中人力设备抢抓仰拱二衬进度；右洞出口出现突发涌水后，调集 4 台抽水泵 24 小时不间断抽水，管理人员及施工人员 24 小时值班，随时观察抽水情况及涌水量变化，由于涌水量过大，水面不停上涨。德江隧道当机立断，增加抽水设备。并将掌子面施工设备撤到安全地带，备齐应急救援物资设备，召集隧道全体施工人员进行隧道涌水施工安全技术交底。同时，在左洞封堵墙处安装闸阀，监测水压情况，每天如实记录，联系检测单位对掌子面近 30 米范围内进行检测初支结构是否安全，及时将现场情况和各参建单位沟通，积极寻找应对处治方案。好在 2018 年 3 月 5 日清晨 7 时，右洞涌水终于趋于稳定，此时涌水已上涨至 YK10+720 附近；右洞涌水后，左洞涌水逐渐减小，3 月 12 日，涌水抽干。在此过程中，厅、局领导，省公路开发公司及参建单位多次深入项目、深入现场、深入实际，为解决这一困难一直与相关单位做好协调衔接、信息反馈，四处“求医”，寻找“良方”。期间多次组织召开隧道水文地质研究会、治水方案研讨会等，研究涌水对策。德江隧道对每一次“问诊把脉”的意见建议立说立行、组织实施、落到实处，用实践检验每一条“路径”可行性，逐渐摸索掌握规律。

二、功夫不负有心人。2018 年 3 月 13 日，各参建单位再次进洞实地考察，初步确定使用“膜袋注浆堵漏水法”“速凝膏浆高压注浆堵漏水法”处置方案。3 月 15 日，省公路开发公司随机组织召开德江隧道出口端涌水处置方案研讨会，明确以 ZK10+428+ZK10+404 段作为试验段，采用该方法组织抢险施工。至4月30日，经过一个多月试验，完成左洞固结注浆。5月2日，对右洞钻孔进行封堵，通过两昼夜不断尝试和总结经验，5月4日凌晨成功将涌水钻孔封堵。

三、2018年8月31日，省公路开发公司召开德江至务川高速公路德江隧道涌水处治工作总结会。会议一致认为在德江隧道高压富水段涌水处治工程中，超前帷幕注浆加强围岩措施及隧道涌水堵排结合的处治方案效果较好，可适用于类似段落的处置。在今后施工过程中加深后续施工超前注浆钻孔的深度，调整注浆压力等措施，确保注浆堵水及围岩加固的效果；如果出现帷幕注浆封堵达不到预期效果时应增加后注浆堵水措施如径向注浆等。在高压富水段施工中，各参建单位要高度重视超前钻孔地质预报，根据钻孔出水情况，动态调整注浆堵水措施。设计单位结合隧道涌水量，进一步优化隧道排水系统。至2018年8月底，因涌水停工半年的德江隧道左右洞相继恢复开挖施工，标志德江隧道涌水处治工作取得突破性进展。

四、坚持"安全第一、防范为先"；坚持"不等不靠、大胆探索"。德江隧道全体建设者以"小心翼翼"的姿态和一往无前的信心、决心，充分运用"四新"技术，发扬"两路"精神，以"敢教日月换新天"的豪情，继续推动德江隧道朝一路阳光迈进，早日实现贯通。大地无言，记录了隧道人披荆斩棘的豪迈；岁月有情，映照出隧道人坚毅勇敢的身影。截至2019年7月18日，德江隧道左洞合计进尺5208米，剩余297米；右洞合计进尺5135米，剩余290米，双洞完成94.63%。德江隧道，"行百里者半九十。"目前条件下，德江隧道依旧存在进口端施工段落围岩软弱、破碎的问题，施工安全风险高；已成洞身长，作业环境恶劣、导致日施工进尺短，影响施工进度，涌水问题依然存在。6月20日，德江隧道出口右洞YK9+932及YK9+935两个涌水点又断断续续涌水；6月22日早上突降暴雨，YK9+932/YK9+935涌水大增……至6月30日中午，经监测水量达到峰值约14900立方米/小时，随后涌水量逐渐降低，目前涌水量在3000立方米/小时上下波动。在进口端存在高温，仰拱、二衬等混凝土集中施工位置处温度一度突破40℃，经参建单位多方努力，采取增加雾炮机、洒水车、抽风机的措施，已将温度控制在35℃以下。在高温、闷热的恶劣环境中，建设者们充分发扬"工匠"精神，稳步推进德江隧道进口端施工，极大保证隧道通车愿景早日实现。针对施工中遇到的涌水问题，考虑到日后运营期间安全，德江隧道多次组织专家评审，提出了德江隧道泄水洞施工方案，并围绕相关工期、造价、质量环保及日后运营安全等一系列方面作深入探讨，在此基础上进一步细化施工图，设计核实隧道峰值涌水量等具体事项。从源头上控制因地质影响下水压对德江隧道带来的安全隐患，同时也保证德江隧道后期运营过程中的安全，截至8月，泄水洞已累计进尺32米，争取在主洞贯通前施工完成泄水洞工程。德江隧道出口端在日后水患得以解决的前提下，拟继续采取高压帷幕注浆施工措施，将经隧道涌出的地下暗河河水封堵在隧道外，迫使水流仍改回原河道泻出。通过打孔泄压、注浆堵水等多种措施，保障施工质量的同时也为日后运营过程中不可预见风险上了一把"安全锁"。

敢啃硬骨头 乐为民解忧

——德务高速公路建设土建二标项目部工作纪实

冯胜彦

德江至务川高速公路，是贵州高速公路网“6横7纵8联”规划中的“第1横”，全长40.68千米。是铜仁2区8县融入成渝经济圈的主通道，它的贯通将给400多万铜仁人的经济社会发展注入新动力，带来新景象。

高压涌水、攻坚克难。德务高速公路土建二标项目部主要承建的是全长5505米的控制性工程——德江特长隧道，隧道内有1000米从地表500米下石槽底部富水段穿过，在施工中出现全国罕见地高压涌水，严重阻碍了施工的正常开展。然而，德务二标项目经理部在困难面前没有退缩，而是迎难而上、克难而进，积极寻找解决办法，演绎了一曲战天斗地的攻坚克难之歌。

2017年12月22日，隧道左洞在距出口端1810米的施工断面出现较大涌水，项目部根据预案采用160千瓦大型立式抽水机配套4台普通抽水机进行链接式方法作业，继续推进工程进度不断向前。2018年1月20日，隧道右洞推进到距出口端1779米处，在向前打50米深的超前钻孔时又相继出现涌水。这两处涌水让二标的负责人们意识到，隧道施工已进入高压富水段区域，贸然施工必然会遭遇设计方案中2.2MPa的高压涌水，稍有不慎就会引发重大人员伤亡事故。面临在春节即将到来的特殊时节，二标项目部负责人们提前5天停工放假，留下10名施工人员和包括项目书记曾庆涛在内的10名管理人员坚守阵地。靳俊奇作为工程建设的总工程师，早在左洞出现第一次涌水时，就积极联系相关方面专家团队前来解决施工涌水技术难问题。分管后勤的项目副经理曾庆涛早已备好大型抽水设备，为排水做好了积极的准备工作。在万家团圆的2018年春节，对于曾庆涛他们来说已是望尘莫及，成为不能实现的奢侈。

2018年1月8日，省内治理地质涌水的三个专业团队先后来到施工现场，拿到施工设计的方案，面对可能出现的2.2MPa高压涌水难题，他们悄然退去。土建二标不得不把寻求目光放眼到全国范围。2018年2月底，耗资近300万元的9台立式抽水机、3台离心抽水机及按1比1配备的软式升压机、高压线相继安装到位，为解决高压涌水难题提前做好后勤保障工作。2018年3月3日，右洞在节后复工打进超前钻孔中果然出现全洞罕见高压涌水，不足3小时，右洞整个施工断面被淹没，积水从车行洞流入左洞。高压涌水显现后，项目部一方面立即向业主单位和上级部门汇报，一方面加紧对外联络专家团队前来研究解决。3月15日，省公路局领导在贵阳召开会议，与中国电建院进行会商，并对隧道工程原方案中的涌水处置作变更，同意聘请中国电建院专家前来设计处理。3月20日，中国电建院工程入驻二标项目施工部，并从左洞开始施工进行帷幕注浆的打孔工作。同时，加快右洞的抽水排水工作。右洞积水在同时启用4台160千瓦立式抽水机时，积水面才出现下降趋势，每月仅抽水电费就在20万元以上。3月24日，首次帷幕注浆从左洞开始，注浆量超过了5000立方米。30日注浆结束进入凝固期，凝固后开始以钢棚支撑方式试探性推进，在推进中先后两次进行补注。在左洞帷幕注浆取得经验和成效后，右洞于6月2日进行帷幕注浆。7月中旬，右洞开始钻孔施工，隧道双幅实现同步推进。但是，推进工序较以前复杂，只要遇到涌水都必须进行一次注浆先行做好涌水处理，而每次注浆和凝固都耗时在20天左右，注浆一次只能向前推进40米，进度缓慢。涌水问题在积极攻克，其他工作同步快速推进。为尽早打通德江特长隧道，项目部采取三班人员轮流作业的方式，全力加快工程班进度。除了解决出口端隧道施工高压涌水难题外，在进口端隧道施工同样遭遇到一些极为少见的难题。进口端隧道的左右两幅掘进不到1000米就遇到涌水问题，所幸的是隧道呈向上坡趋势，涌水量能从预先设计的导流洞自然流出，为防止水随季节的变化而变化，二标项目部把60厘米 ×60厘米的导流洞设计方案改为120厘米 ×60厘米，进行扩容处理。随着隧道建设推进到2000米以后，施工断面区域经常处于高温、粉尘弥漫状态。为给工人们营造一个良好施工环境，二标项目部在两幅进洞1500米处各增加一台大型风机，加强施工断面的通风，在施工附近还设置风扇并定时进行洒水处理，尽量降低施工作业区的温度。由于出口端隧道建设受高压涌水影响，进口端隧道将单向掘进将超过3200米，这将意味着中间还得增加风机保持洞内施工断面通风处理，而仅每台风机每月电费就在5万元以上。施工困难重重，二标项目部始终克难而进。在2019年新一年度里，他们砥砺前行，把德江特长隧道贯通作为向国庆70周年献大礼。

民生优先、亲力亲为。如果说，德务高速公路的建设是为德江乃至整个铜仁市更快融入成渝经济圈，是为一方经济大发展绘就蓝图。那么，二标项目部一班人，特别是分管地方协调的项目部书记曾庆涛，在隧道建设施工中善于换位思考、主动对接、心系民生、服务百姓，则是竭力为当地群众干了不少好事实事。在隧道进口处的龙泉乡大石板村池坝和先坝两个村民组，300多村民说起到县城总是摇头仿佛有说不完的艰难，每次总是要经村委会到龙泉乡政府再转乘车到县城，快得要个半小时，稍有耽搁便是两个多小时。如今，从钱家乡钱家岩村的九岭岗组有一条便道连接上述两个村民组，由此前往德江县城只需40分钟车程。池坝组组长冯胜奎介绍，完全得益于高速公路建设打通了出行之道。站在山巅俯瞰，两个组60%的家庭实现了“车到家门口。”3千米的施工道路建设，项目部共计投入747万元，其中500多万元用于道路占用林、地、木的征收和补偿。一向低效低产的山地林木为当地群众带来一笔丰厚的收入。项目建设中，二标项目部还投入12万元从3千米外的水源点架来了自来水，解决了池坝、先坝两个村民组的饮水困难，结束了历来喝水靠肩挑的漫长历史。池坝组组长冯胜奎面对当地群众生产生活环境的极大改善，他说：“感谢德务高速项目的开发建设，更感要谢二标项目部的领导们。”在隧道出口端的沙溪乡大寨村土布组，由于地形落差大，原有山路仄行沿陡壁而上，又窄又险，行人至此均望而生畏。二标项目部进场施工后，投入400多万元进行沿途陡坡山林征用，还投资167万修建宽为4.5米的硬化路，沿线还修筑了防护石墩，极大保障了土部组200多名群众的安全出行。道路建成后还以每月2000元的酬金聘请村民郑伯喜进行经常维护，这为郑伯喜一家增加了稳定的收入来源，成为一家脱贫发展的支撑。事不平有人管，路不平有人铲。大寨村支书吕昌容回忆，2017年8月，通往桦叶、长安等多个组地新建通村路在暴雨中出现垮塌、多处泥石阻断通行情况，二标项目部主动派出挖机进行清理，让道路迅速恢复畅通。自德江特长隧道建设开工建设以来，二标项目部同样以月薪2000元的酬金在当地村民中聘请了肖永芝、肖永武和冯胜品3人负责德江至沙溪乡通乡公路的养护工作，先后5次投入大型机械设备、组织工人对破损处进行及时维修，80余次办理断路群众的合理诉求，先后累计投入资金220万元。特别是在2018年冬季雪凝期间，又恰逢元旦、春节临近，二标项目部主动接受德江县政府安排，组织工程施工人员和机械设备及时打通了沙溪至德江县城的冰冻路面，确保沿线3万多群众的安全出行和生产生活的基本保障。如今，隧道建设工程还未结束，二标项目经理部又思考着工程建设占地的复绿工作：到什么地方运土，播什么草种，植什么样的树，让曾被占用地块尽快恢复绿色面貌，让当地群众居住环境更加优美……“主动攻克难题，提前融入对接，勇担社会职责，追求优质工程。”德江县高速公路指挥部执行副指挥长张羽龙这样评价二标项目部，他说：“在我负责县指挥部9年的时间里，连续修建了杭瑞思遵、酉榕沿德、德习德务等3条高速公路，建设的地方征地工作，觉得这种精神是最为难得的：像曾庆涛主动勤于换位思考、善于直面问题、主动当前服务，事事亲力亲为的精神，难能可贵也是屈指可数。”敢啃硬骨头，乐为民解忧。在德务高速二标项目部每位干部职工的内心，依然是一种内在的工作追求和价值体现。

高速公路建设史上的德江模式

——德江县高速公路建设协调指挥部工作经验谈

德江县高速公路建设协调指挥部执行副指挥长　张羽龙

德江县高速公路建设协调指挥部成立于2010年4月，在近12年的工作中始终以服务群众、服务业主、服务社会的三个服务目标为宗旨，坚持公正、公平、公开的工作原则，无私奉献、创新工作，确保杭瑞高速、沿德高速、德务高速，如期贯通，得到各级领导的肯定和当地群众的好评。

集中安置模式让群众满意。拆迁是高速公路开工建设的前置基础，安置是推动拆迁的必要条件。德江县高速公路建设协调指挥部在公路建设房屋拆迁中充分尊重群众的意愿，拟定了集中安置、分散安置、货币安置三种模式让拆迁群众自主选择，充分体现了群众的主体地位。指挥部就拆迁补偿方案进行换位思考、反复酝酿、仔细推敲，并上报县委、县政府进行多次修改，最终确定后向广大群众进行公布，让群众能监督、有比较，更能自行测算相关拆迁补偿数值，为做到政策公开、执行公平、结果公正奠定了坚实基础。拆迁之前，指挥部会同高速过境乡镇领导向群众承诺，将运用国家支持农村的惠民政策进行配套整合推行集中安置，最大限度改善群众生活环境，完善生产等基础设施，加速拆迁群众由贫而富的进程。行动才是最有说服力的语言。2010年，在杭瑞高速过境段房屋拆迁中，合兴镇涉及拆迁群众280多户，最初愿意集中安置的不到80户。但在指挥部的努力下，安置工作得到快速推进，拆迁承诺得以兑现，集中安置地水电路、绿化、亮化、美化及其配套活动场迅速落实，更多群众纷纷改选了集中安置这一模式，最后133户拆迁户通过集中安置住到合兴镇上。街道宽敞、绿树成荫，外观统一、民情凸显，涓涓细流边活动场上孩童追逐。2012年，省交通厅党组书记的陈志刚来德视察工作时，对合兴集中安置的杭瑞民族风情一条街称赞为全省高速公路项目房屋拆迁建设安置的新亮点。

2013年随着沿德高速公路的全面开工建设，合兴集中安置点又集中安置沿德高速公路建设拆迁户90户，有效加快了当地小城镇建设步伐，提升小城镇建设的聚集效应。2015年合兴小城镇建设由市级上升到省级，其核心原因就是高速公路建设拆迁的集中安置模式带来的集镇人口迅速增长。这样的集中安置点，还有堰塘乡的高家湾、钱家乡的观音滩、玉水街道的老水泥厂等5个，总计安置拆迁427户，无不成为新农村建设的亮点示范工程。

拆迁包干模式让业主满意。如何节省工程造价成本，顺利推进高速公路项目建设是摆在各级党委政府、交通建设主管部门及项目建设业主面前的重要课题。在沿河至德江高速公路建设中，德江建设协调指挥部按照安排，率先在全省践行了拆迁包干模式，即由项目业主方根据红线内的征地拆迁实物指标测算所需资金，包干给地方政府指挥部，实行节约不退、超支自负。在包干模式下，指挥部在征地拆迁测量中率先使用GPS卫星定位测量仪，杜绝了人为主观因素。为让拆迁群众相信科学仪器的准确无误，指挥部测量人员与群众一起用一块规则的土地进行反复对比测试，最终赢得群众的依赖和支持。尽管如此，德江指挥部始终以民生优先、群众利益无小事为工作的出发点和落脚点，处处站在群众的立场来想问题、办事情，让利群众、惠及群众。比如，在补偿测算中把群众阶阳坎等屋檐滴水内的常用地块纳入补偿面积，在为期10个月过渡安置补偿中把群众的猪、牛等大牲口一并纳入，以实际让利于民、取信于民，赢得群众对高速建设拆迁工作的支持。近12年来，在杭瑞、沿德、德务三条高速公路建设中共计征收红线建设用地1万余亩，拆迁房屋1000余栋，施工用地13000多亩，共兑现补偿群众7亿多元，没有任何一户群众出现反弹，更没有为此而发生阻工现象，真正实现了群众满意、施工方满意。沿德高速公路48千米的德江段建设通过包干拆迁，平均每千米拆迁费仅527万元，比其他相连县份每千米足足少了200多万元，十足让业主方中交一公局感到由衷的满意。

“三边工作”模式让社会满意。2015年12月30日，全线长103千米的沿德高速公路建成实现了圆满通车，距开工建设时间仅25个月，这在高速公路建设业界是少有的速度，也正是这速度赢得了全社会的一致赞颂。这与德江高速公路协调指挥部提出的“三边工作”模式（即一边征地、一边拆迁、一边建设）有密不可分的联系，也是德江指挥部服务地方经济社会发展的思路创新和工作创新。高速公路是拉动地方经济发展的大动脉，对于长期处于武陵大山深处的德江更是等不起、慢不得，德江县指挥部的19名同志都深深地知道这一点，始终把加快高速建设作为服务当地社会具体体现，坚持三边工作模式不放松、不停步。除了干部的实干还有领导的协调。在征地拆迁安置中，德江县提出“党委领导、政府主管、干部专抓”的工作原则，各乡镇明确专人到指挥部办公，由指挥部统一调度指挥，做到了经常沟通、及时协调。高速公路建设中，施工方需要从哪里开工指挥部就从哪里开始征地、拆迁，哪里有问题工作人员就第一时间赶到哪里协调解决。在三条高速建设中，征地拆迁工作是以工程建设为指挥棒，抓服务、抓征地、抓拆迁。沿德高速公路建设德江境内的合兴镇茶园村地段由于地质结构特殊，多次出现塌方，指挥部领导多次共同请来省市相关专家现场处理解决问题，确保工程的顺利推进。施工程结束后，指挥部要求施工方做到三个100%：即涉农设施修复达100%，各类补偿资金及民工工资兑现达100%，工程施工弃土场、高边坡、土石方堆积等治理达100%，这又让地方群众感到满意。

集中安置模式、包干拆迁模式、三边工作模式是德江人民在高速公路建设中智慧与汗水的凝结，是德江指挥部努力与实干的见证。德江县高速公路建设协调指挥部将一鼓作气，以更加饱满的热情投入全面开工的德务高速建设中，以八年苦战的精神斗志，书写德江百千米高速的宏伟篇章。杭瑞高速公路途经德江县3个镇，15个行政村，85个村民组，境内正线27.025千米，连接线11千米，大中小桥梁15座，其中特大桥1座，匝道2个，隧道1个，路政救援站1个，停车区1个，服务区1个。分别由贵州桥梁公司等五个施工合同段承建。红线内征地拆迁工作从2010年5月17日开始，同年8月30日正式交地施工。共征收土地2912亩，只补不征210亩，拆迁房屋350户共6万余平方米，搬迁坟墓841座，清点林木19万株，征用施工临时用地700余亩，兑现各种补偿资金1.6亿余元。从2010年9月正式开工建设以来，德江县的征地拆迁工作在各级各部门的关心和支持下，始终坚持以人为本，破解了“天下这一难事”，呈现了领导一线指挥、群众积极支持、征地拆迁顺利、施工环境较好的良好态势，实现了“零阻工、零上访、零案件”目标，被思遵高速项目办称之为“德江模式”。其主要做法和体会是：

一、制定符合民意的征拆方案。为制定切实可行的征拆方案，德江县先后组织国土、交通、林业等部门领导多次赴仁怀取经，到周边县份考察学习，对照省政府关于杭瑞高速公路建设征地拆迁的有关政策，组织召开县、乡人大代表，政协委员及群众代表座谈会，听取多方意见和建议，结合仁怀经验和杭瑞高速公路过境德江县乡镇实际，经自上而下、自下而上地反复讨论，正式制定了《杭瑞高速公路思南至遵义德江段征地拆迁补偿安置方案》。使《方案》做到了既符合政策，又顺应民意，合理合法，客观公正；既有科学性，又有针对性，更具有可操作性，为征地拆迁工作提供了有力的政策依据。还结合德江实际讨论制定下发《杭瑞高速公路德江段征拆工作野外作业工作方案》《杭瑞高速公路德江段征拆野外勘丈资料内业汇总实施方案》《杭瑞高速公路德江境施工建设临时用地有关问题的通知》《“三电”改迁补偿方案》及《征拆补偿兑现方案》等文件，从而使德江境内涉地、涉房等各项问题得到较为顺利地解决。

二、营造宣传氛围争取群众支持。历史经验表明，宣传力度越大，工作阻力越小。利用召开群众会、干部会宣传征地、拆迁安置的基本补偿标准，讲明高速公路建设中的基本政策。在“多想拆迁的好处，体谅政府的难处，改善自己的住处”的标语口号下，开展工作两年多来未出现一人阻工，没有一户上访。川岩村委会主任郎万福，两年多来为杭瑞高速公路建设调解处理有处理记录的涉地、涉房纠纷30余起。为争得群众的理解和支持，合兴乡还在杭瑞高速建设德江段拆迁密度最大、户数最多的乌坪村拆迁178户，通过一场文艺专场演出，采取自编自演的方式，把杭瑞高速公路建设征地拆迁安置政策宣传到位。2010年8月30日，在合兴镇乌坪村上坝组举行动工仪式，施工单位在平整动工仪式会场时，当地群众主动清除了即将成熟的10多亩玉米和水稻，而没有一个群众要求额外补偿。

三、坚持“三公”让群众吃下“定心丸”。在高速公路建设征地拆迁工作中，德江县始终坚持“公开、公平、公正”原则，着力抓好杭瑞高速公路征地、拆迁、林木清点和涉农设施调查统计工作。一是坚持公开原则。使政策、标准、操作规程公开，把《杭瑞高速公路思南至遵义德江段征地拆迁补偿安置方案》印制成册，发放给项目所涉及的乡镇、村组和农户。勘丈结果公开，对现场勘丈结果，实现六方人员现场签字、现场密封，由指挥部补偿兑现科统一拆封、复印公式，原始表册一律实行封存保管。补偿金额公开，就是在兑现补偿前以村、组为单位，将补偿金额进行集中公示，反复核对，接受群众监督。二是坚持公平原则。在土地、房屋宅基地丈量过程中经与村、组干部，群众代表现场反复测试对比后率先在思遵线推行GPS仪器丈量，尽量减少人为误差。同时，设立了专业的征地、房屋拆迁、林木清点、坟墓搬迁等调查工作组；坚持了乡镇、村、组、农户、指挥部和业主方代表等六方人员现场勘丈、当场签字，并实行一个领导负总责、一把尺子勘测、一个标准衡量，让群众真正消除误解，加快了征地拆迁工作进度，确保了项目如期开工。三是坚持公正原则。由纪检、监察、财政、审计等部门组成督查组，定期与不定期地开展情况督查，坚决杜绝优亲厚友、徇私舞弊等行为，使之达到操作规范、数据翔实、图册清楚、手续齐全、表表相符。同时，对补偿费用实行专户储存、专款专用、封闭运行和一律不准用征拆补偿费抵扣各类债务，确保了群众的利益。在大兴集中安置点133户宅基地划地分配中，如何寻求一个公平、公正有效的方法让拆迁户满意？我们采取了按拆迁面积多少排序先后认领，主动对号入座，从而特别成功破解了集中安置划宅基地难的这一难题。

四、抓好拆迁，首先必须抓好安置。安置是拆迁工作的“牛鼻子”，只有牢牢抓住了“牛鼻子”，才能顺利推动拆迁工作的开展。鉴于德江县地处山区、居住又分散的特点，在广泛调研，反复征求群众意见的基础上，把零星划地安置、集中安置、货币安置这三种形式，统一实行货币安置和集中安置两种形式，让百姓真正得到实惠。在省交通运输厅、省公路局、市高速公路指挥、思遵高速项目办的指导和帮助下，合兴镇大兴集镇重点关注集中安置工作，按照统一征地、统一规划、统一图纸、统一划地、统一面积、分户建设的“五统一分”方法，一次性安置了133户拆迁户。还捆绑了土家民居、征地多途径补偿、农村危房改造、河堤治理等专项资金，配套用于安置点的基础设施建设。仅用两年时间，建设完成了沥青道路、防洪堤、供排水系统、路灯、行道树和休闲、体育两个广场、两个杭瑞风情大门、公厕、小区管理场所等配套功能，创下了德江历史上一次性建设规模最大、进度最快、功能最齐、效果最好的集中安置示范工程，产生了较好的社会影响。达到了通过国家大项目的实施，从而带动地方小城镇发展、改善拆迁户人居环境的目的。主动要求拆迁，要求集中安置已成了该镇乃至全县百姓的强烈愿望，德江至沿河高速公路尚未开工，沿途荆角乡就已启动集中安置点的场平建设。

五、依法行政，用心服务于民。德江县始终注重坚持依法行政，依法征地拆迁，积极寻求走依法行政之路，积极寻找法律法规与地方实际相结合的切入点，较好地解决了“临时用地征不来、土地难复垦”的矛盾。与此同时，还做到了及时、快速、妥善处理了农村因房屋、土地、山林等历史纠纷。在本次杭瑞高速公路建设工作中，县指挥部有效地解决了涉地涉房纠纷200余起，极大地促进了社会和谐与稳定。德江县的征地拆迁工作能够取得空前的顺利、空前的成绩，主要得益于省交通厅、省公路局、项目业主和市委、市政府、市指挥部的关心、关爱和支持，得益于兄弟县市的支持和帮助。2010年11月10日，由思遵高速项目办总工赵廷新、遵义送电区域公司总工但召国和相关专家组成的工作组，对德江县杭瑞高速电力专线架设工作进行了检查、验收，标志着德江县杭瑞高速施工电力专线即可搭线送电。杭瑞高速公路德江境电力专线架设工作全程31千米，由贵州送变工程公司遵义区域公司实施，2010年8

月20日进场至2010年11月8日架设完毕，共用68天。其工程达到了业主、政府、群众、施工四方满意。负责承包工程的小彭师傅深有感触地说：“杭瑞高速公路德江境的电力专线架设工作之所以进度快，质量好，受到业主方的表扬，且被评为杭瑞高速思遵县优质工程，主要得益于德江县高速公路建设协调指挥部的廉洁、高效，沿线各乡镇党委、政府的高度重视，群众的理解与支持。”

第三章 行业优秀代表

一个不称职的父亲

——钱家乡干部王江

沿德高速德江段途经桶井、钱家、堰塘等乡镇。自2013年开工建设以来，轰隆的机械声回荡在德江巍峨的山岭间，成群结队的施工队伍穿梭在大山中，寂静的山脉热闹了起来。在众多人群中，却有一个忙碌的身影，整天走西家窜东家，他就是王江，他原本是钱家乡综合事务办公室主任，后负责高速公路拆迁安置科的赔偿安置工作，于是，王江和征地拆迁工作结下了缘分。他深知这工作的重要性，以情动人，用真诚真心做好征地拆迁工作。为了让沿德高速公路钱家段建设能正常进行，王江刚接任工作后，努力学政策、学法规、学赔偿标准，慢慢地各类征地拆迁标准被熟记于心。步伐加快了，群众和王江也就熟悉了，他成了群众的贴心人。"一开始大家不太了解王江时，一见他来，就和他躲猫猫，不配合他的工作，时间长了，觉得他很真诚、做工作也踏实，事事处处为群众考虑、实实在在为群众办事，大家听懂了政策，也明白了不能因为自己而阻碍社会发展的道理，所以大家也很支持他的工作。"拆迁户杨光廷说。群众的家就是王江的家，群众的事就是王江的事，一户安置不好，都会影响高速路的施工进度。冯某因家庭离异，想无理要求多得赔偿，遇到这样的"钉子户"时，王江整整用了两个月时间，来回20多次上门做工作，遇到闭门羹、冷嘲热讽时，他通过讲道理、算赔偿各种办法试尽后，冯某最后还是妥协了。"人心都是肉长的，以情动人是我的法宝，天天上门做工作，时间一长，'钉子户'烦我了就妥协了，这样的问题我经常碰到，只要多花时间与群众沟通，就没有所谓的'钉子户'了。"王江微笑道。通过不断努力，45户拆迁户，顺利完成拆迁安置，其中30户矛盾纠纷得到有效化解，实现零上访。

有了沿德高速征地拆迁的经验，王江在做德务高速的征地拆迁工作时，在短短一个月时间内就完成了600亩土地的征收，41户征地拆迁户完成了39户的赔偿安置。在近两年年度考核时，王江均被评为优秀。"王江的敬业精神，大家是有目共睹的，有这样的干部，乡党委、政府放心。"钱家乡政府负责人对王江作出如此评价。大丈夫有大情怀，牺牲小家，成全大家。王江是妻子心里"不负责任"的丈夫。"刚开始，我不理解他的工作，对他有过抱怨，认为他对家庭一点不负责任，这个工作又不是他一个人的，干吗要做拼命三郎，后来慢慢就理解了，因为王江说过，这条路不仅是高速公路，也是回家的路，还有多少家庭也在等着团聚。"王江的妻子冯丽说道。从此以后，冯丽都是默默支持王江的工作，家里大小事情一个人扛着，什么生日、结婚纪念日也没过过。2015年12月30日，沿德高速正式通车，王江的心里自然有说不出的喜悦。“只是一想到连续两个学期我都没能给孩子开家长会，觉得挺内疚的。孩子认为，在我的心里只有别人的家，没有自己的家，是个不称职的父亲……”说到这里，王江的脸上难免有一丝悲伤的神情。但他始终相信，孩子大了自然会理解一个父亲的心。

新技术提质高速路

——记德务高速公路建设路面负责人郭胜和他的团队

驱车行驶在德江至务川高速公路上，时速100千米的小车左右变换车道感觉不到一点颠簸与摇晃，行车的平稳度、舒适度不同寻常。这是德务高速公路路面建设工程采取新技术新工艺施工为高速提质带来的效果，也是路面负责人郭胜率领大家不畏艰辛、克服技术难题，运用新工艺，共同奋斗的结果。运用新技术、提质高速路，这是德务高速公路路面项目施工团队在建设施工中的不渝追求，在路面负责人郭胜的带领下，全线路面施工中按业主和集团公司的要求，及时运用最新施工工艺让高速公路获得最佳社会效益和使用期限，做到业主满意、社会满意。“在德务高速公路路面施工中，我们运用推广了四项新技术，这在全省的高速公路建设中都是当前较新的技术，提高了公路建设水平和使用期限。”路面负责人郭胜介绍。

四新技术，即主线大厚度水稳层全断面一次次成型；基层层间同步水泥浆喷洒；沥青同步碎石封层技术和高性能沥青（super pave）混凝土路面的施工运用。水稳层是水泥稳定碎石基层的简称，是公路的主要承重承压受力层，是德务高速路面工区施工建设的第一道工序。此前，由于国内机械设备的宽幅不够和超宽产生离析（大小沙粒分离拌和不均匀）问题，高速的水稳层摊铺一直是采用双机梯形并铺。梯形摊铺不可避免地在搭接处就会产生纵缝，纵缝一方面对防渗水效果不好，另一方面在控制不佳时会导致先后两次摊铺地不在同一个坡面上，这样就会让行车的变道过程中出现由这个坡面变向另一个坡面的问题，这种坡面的变换就会产生行车摇晃，给人不舒适感。而德务高速公路的水稳层摊铺采取先进的宽度达20米的超宽先进设备DT2000，全线半幅水稳层摊铺都是一次成型，确保路面横坡的一致性即半幅路面始终在一个坡面上，这样车辆在行驶中变道就不会有摇晃的现象。郭胜介绍，这样一台先进的设备耗资就在400万元以上，而先前设备“离岗待退”更是一种资源的浪费，这“一进一退”中对于工区团队而言无疑是一种亏损。德务路面工区施工团队在负责人郭胜的带领下始终坚持把一流服务和一流业绩挺在前面，做到及时运用新技术、迅速提质高速路。在高速公路水稳层建设中，水稳层厚度都在35厘米以上，摊铺都是分为上下两层进行先后两次摊铺，据悉这样才能达到路面设计压实度。如何增强上下两层之间结合力，保证基层形成整体，保证路面结构层的力学性能，路面工区再次采用最新的施工工艺，运用先进设备做到层间施工同步水泥浆喷洒。工区副总工杨波介绍，此前一直都是人工喷洒上下层之间的水泥浆，相对现在先进工艺来说有不及时、厚度不均匀和漏洒现象出现。但现在，在上层水稳层摊铺时由同一台摊铺机增加设备做到了前面喷洒水泥浆后面摊铺水稳层，进一步增加基层层间的结合力，有效提高德务高速路面工程质量。在水稳层和沥青层之间有一道工序叫封层，作用既要防止雨水往基层渗漏，又要让沥青层与水稳层紧密结合。此前省内高速公路多采取稀浆封层，即将沥青、乳化剂、沙子等拌和成稀浆状通过稀浆车进行沿线摊铺，但是这一施工工艺一直存在着受天气制约较大，存在破乳时间不可控的潜在风险。

为提升工程质量，郭胜率领工区施工团队在德务主线的封层中变更为使用效果更好、质量更可控的SBS改性沥青碎石封层，即沥青同步碎石封层。施工通过同步碎石封层车一次性完成，这样在基层表面形成沥青膜，对下部半刚性基层起到保水养生作用；对比稀浆封层更大增强了沥青层与半刚性层之间的层间结合，具备一定应力吸收层效果，可适当防止基层裂缝反射到沥青面层、延长路面使用寿命。德务高速公路原路面工程沥青摊铺分别为粗粒式普通沥青混凝土+中粒式改性沥青混凝土+细粒式改性沥青混凝土，但实际施工时全线建设均变更为高性能沥青混凝土路面。郭胜介绍，这是一项江苏交通科技集团刚刚从美国引进的新技术，把原有的混合料级配由4档料改为了6档料，施工中还采取新型的检测设备（旋转压实仪）加强施工过程监管，这样有效保证沥青路面施工质量，主要体现在渗水指标、路面平整度、压实度和弯沉值等主要控制指标均达到品质工程要求。为了运用好这项新技术做优德务高速路面工程，郭胜在施工3个月前就与江苏交通科技集团对接，对自己的材料拌和站进行升级改造，请对方技术人员到现场进行实操指导。德务高速路面建设工区在及时运用新技术施工中，还在以郭胜为经理的团队施工中精心组织、合理调配，在全线施工中赢得了业主、地方和管理部门的一致好评。为确保德务高速公路于2018年9月28日，务川至德江楠杆段如期通车，业主方和上级主管部门要求工区在8月31日前全面结束。对此，郭胜精心组织施工力量采取“白+黑”模式进行两班轮流倒24小时施工。技术总工杨波介绍，一方面节约时间、有利于抓抢工期，同时路面施工连续、完整可以减少横向接缝的产生，保证平整度。郭胜常说：“新技术要运用好才有新成效和新业绩，才能真正做到技术引领。”

务川至德江楠杆段近30千米的沥青面层施工总共用了3个月时间，在这3个月里郭胜最为繁忙，他经常和大家一起昼夜坚守在施工一线，和大家一起机械旁风餐露宿，同时还要负责面上的调度。工区项目部之所以建在德江与务川交界处的中坝村，原本是考虑拌和站居中设置，向两端运输节约施工成本。然而却是事与愿违，德江特长隧道施工遭遇特高压涌水问题延误了工期，一标段近7千米的路面施工成为路面建设工区最大难题。由于隧道不通，一标段路面面层沥青配料运输必须翻越沙溪山脊，特别是从德江特长隧道出口处的大寨村土布组的施工便道上运料，道路又窄又陡逼仄而上最为危险。不到3千米的便道材料运输就有8个人分为两班轮流沿途守候进行调度，确保材料运输车辆不至于堵在路上。据介绍，运输距离本身较远，若是出现堵车延长了运输时间材料就会成为废料。7千米的路面沥青摊铺就整整用了两个月时间，郭胜说“50吨的运输车辆由于坡陡路窄，我们只减半装载还得按全价计算。”在那两个月时间里，郭胜一直守候在最关键的路段，昼夜坚持。工程建设盈亏不是第一位的，确保工程质量才是路面工区始终的坚守。德务高速德江特长隧道还在稳步推进中，郭胜率领施工团队还线上等待着，这种等待其实就是一种担当的态度和优质的服务。

明知山有虎，偏向虎山行
——靳俊奇事迹简介

靳俊奇自2008年7月进入贵州路桥集团有限公司工作，走向了筑路架桥挖隧道的施工一线，至今已走过了十三个春秋。十三年里，他历任试验员、试验室负责人、分公司安质科科长、工程管理科科长、项目总工程师等职务，先后参与了多条高速公路项目的建设，用辛勤和汗水铸就了一连串的辉煌。

如今，他已由初出茅庐的大学生蜕变为一名正高级工程师。“虽然辛苦但很值，很有意义”，对自己的职业他这样说。不忘初心，牢记使命，干一行爱一行，干一行精一行，是对他工作的真实写照。自2016年初，他担起了德务二标项目总工程师的重任。“挑上担子后，通过地勘资料得知，德务二标的控制性工程德江特长隧道有断层带、串珠状岩溶发育区、岩溶富水带等多种复杂地质条件，其中富水段上方闸水岩地下暗河走向错综复杂，在施工过程中极有可能发生不可控制的高压涌水，对施工的安全、质量、进度和成本都是非常大的考验。”靳俊奇说。明知山有虎，偏向虎山行，恰逢交通强国的号角吹响，我们更不能退缩。“作为一名党员，越是在条件艰苦的地方我们就越应该冲锋在前，啃下业务硬骨头。”靳俊奇给自己鼓劲的同时也给身边的同事这样说。

在担任德务二标项目总工期间，面对德江隧道大规模高压涌水，他充分发扬共产党员不畏艰辛的革命精神逆行而上。他多方“寻医求策”，在夯实安全的前提下不断地在实践中验证、改进注浆堵水方法。积极探索总结出“以堵为主、堵截结合、抽排为辅”的高压涌水处治思路和“膜袋注浆堵水法”“速凝膏浆高压注浆堵水法”“高压风水置换注浆”“长距离超前钻孔兼做注浆孔高压注浆”等工艺进行高压注浆堵水处治工作。并且依此工程实践为基础，总结经验、提炼技术，从涌水预测、注浆堵水、小断面隧洞施工等方面申报并撰写了一系列课题及工法；编制的《山岭隧道高压注浆堵水施工工法》获部级工法，取得了良好的工程效果和社会效益。为解决云贵地区喀斯特地貌环境下隧道高压涌水这一施工难题提供技术支撑和“贵州方案”。他还作为项目主持人之一参与贵州省交通厅立项科研项目《岩溶区高水压富水向斜特长公路隧道堵水关键技术研究》，主要负责现场试验的组织，部分论文的撰写，工法、专利的收集与起草工作。

在钻研技术、抓抢进度的同时，他也随时关注安全管理，在德江隧道右洞贯通伊始，洞内淤泥尚未清除完毕，他带领技术人员去淤积段探查淤积情况时，一脚陷进齐腰深的淤泥里，幸亏旁边的技术员及时拉住。“没关系，硬底的，陷不下去！”面对惊险瞬间，他如是坦然。然而出洞之后，他立即召集技术人员和工人，明确要求今后进洞探查淤积情况时严禁一个人进去，必须二人以上，并穿好救生衣、带好强光手电筒，务必确保个人安全。正是这种谨小慎微、防患未然的态度，德江隧道施工守得云开见月明，在如此凶险复杂的施工环境下未发生一例重伤以上的责任事故，最终使德江隧道这一“高难险”工程精准、安全、顺利完工。

他通过对自己高标准、严要求，把党的事业和企业的目标作为自己最大的职责和最高的使命，做好了带头人、领头雁，充分体现了共产党员的先锋模范和表率作用。他在工作中认真负责，累计发表论文19篇、获批专利6项；工作之余认真学习、刻苦钻研，取得了一级建造师、一级造价师、试验检测工程师、注册安全工程师、咨询工程师、监理工程师等执（职）业资格证书。他也知道只有自己团队的共同提高才是我们最终的胜利，所以他也严格要求他带的技术人员努力提高业务水平，结合工程特点积极推动工作和开展各项活动，增强项目部的执行力和战斗力，向着团队共同提高的目标奋勇前进。

他认真细致，艰苦奋斗，恪尽职守，以身作则，坚决服从组织安排，时时事事带好头，用稍显孱弱的双肩担起了路桥建设的“大梁”。

为高速公路建设让路

——记个体经营户张皇

杭瑞、沿德高速公路是贯穿黔东北地区发展大平台的交通动脉，也是沿线群众期盼多年的发展之路和民生工程。近三年，随着杭瑞、沿德高速的相继建成通车，全省实现县县通高速的历史跨越。同时，也让德江、沿河上百万群众喜笑颜开，彻底告别行路难、出行难。俗话说吃水不忘挖井人，在两条高速通车的背后，有说不完支持高速建设先进事迹和动听的故事，而家住德江县合兴镇大兴社区的张皇就是其中之一。

股民眼中的“笨蛋”。早年间，张皇长年在外务工，跟着人包工地赚钱，生活过得有滋有味。2005 年，一次偶然的机会，他瞄准家乡的砂场生意，联合当地 8 户农户以“公司 + 合作社 + 农户”的模式，在当地建起中寨、干河沟、桂花三个砂场。刚开始，因管理差，经营不好，砂场收益低，几年下来，累计投入 1000 多万元。随着边做边探索，到 2007 年，砂场有了好转，年收入从 60 万元涨到 300 万元，也让张皇和 8 户大股东尝到了甜头。2010 年，杭瑞高速德江段开始红线征地拆迁工作，根据规划路线，张皇的三个砂场均被列入征收对象。张皇得知此消息后，其中一个股民找上门去告诉他：“张大哥，砂场拆迁，政府肯定要补偿，我们一定要把这几年的投入捞回来。”第二天，张皇早早地就来到镇政府所在地，找到合兴镇党委书记李兵，谈起了征地拆迁相关事宜。“当时，好多群众认为张皇来闹事，我也感到意外。”李兵说。当李兵得知张皇要求主动搬迁后，他积极联系相关部门，根据拆迁政策，经过核算，他的 3 个砂场搬迁补费只有 274 万元。据李兵讲，当时，大家都认为张皇知道方案后会否决搬迁砂场，毕竟砂场以前亏多赢少。然而，他当面就答应同意搬迁，当时大家还以为是他在说面子话。临走时张皇拍胸膛向李兵保证：“李书记，你放心，我一定支持工作。”回家后，张皇立即召开股东会议，告知他的做法和想法及政府拆迁方案，当场大多数股东坚决反对，眼看砂场搬迁即将化为泡影。但困难面前，张皇不气馁，他决定一家一家上门去走访、一户一户做工作。刚开始，处处碰壁，一次不行，两次、三次，在走访过程中，有股东曾这样说他“张皇，你就是个笨蛋，有利可图都不赚。”

苦心人、天不负。在张皇的不断努力下，最后 8 家股东终于同意砂场搬迁；当天，他主动把三个砂场停营。砂场停营当晚，张皇再次找到李兵，小心翼翼地从他的衣袋包里拿出一张盖满了红手印的合同书，摆在李兵面前：“李书记，砂场停营了，股东们同意搬迁，这是合同书。现在，你们去动工拆迁吧！”随着杭瑞高速建设动工，当地村民问他：“张大哥，协议没有签，你就不怕吃亏？”张皇说：“我们要相信党和政府。”

村民心中的“傻子”。无巧不成章，一波未平一波又起。2013年，沿河至德江高速建设项目正式启动，而张皇搬迁后刚修建的炸药仓库又被列入红线拆迁范围内，同时也是合兴镇拆迁户的第一户。修建炸药库总征地6亩左右，从修建库房到实施公路，里里外外先后投资80多万元。然而，当县指挥部沿德交建项目业主找到张皇提起拆迁“商量”，他二话不说，简简单单一个字：拆！结果仅以40万元就顺利拆迁。县高速指挥部常务副指挥长张羽龙介绍：“当时，张皇如果不同意搬迁或阻工，那么对当地拆迁工作带来的负面影响是不可估量的。”答应拆迁的第二天，张皇一大早就请人把仓库里的炸药清理运走，还叫上自家砂场的挖机把自己投资80多万元修建的炸药仓库瞬间夷为平地。在拆迁中，当地居民李大爷问他：“小张啊！你为什么宁愿自己一亏再亏，也要对修建高速公路让路？”张皇回答说：“为了地方发展，舍去我个人利益，大家得利，这种事何乐而不为？今后再遇到这种事，我还会再做，会一直做下去。”“亏是亏自己，有谁会感激你。唉，你啊！就如同傻子一般。”李大爷心疼地说。一花引来众花开，随着张皇的“要我拆”变为“我要拆”举动，在不到3个月时间里，合兴镇当地113户农户拆迁工作顺利完成。“建设高速公路，拆迁工作是第一大难事，正因为有像张皇这样的拆迁户积极支持和参与，高速公路建设才得以加速推进。”德江县副县长梅彬说。

鱼水情，干群情，党的建设和民生事业只有得到群众积极支持，社会经济发展才会提速加快。如今，每当张皇站在自家门前，看见一辆辆车从杭瑞、沿德高速合兴段路上驶过，他心里总有一股暖流在涌动。

十四户人家的拆迁情怀

——堰塘乡先锋村井头坝村民组征地拆迁故事

堰塘乡先锋村井头坝组是沿德高速公路必经之道，需征用土地70余亩，拆迁房屋14户，迁移坟墓19座。“沿德高速一启动，该村就提前进行了宣传发动，早拆房，早安置，争取工作主动权，走到了全县工作的前面。他们坚持分散安置、就地安置的原则，实行户户协商、村组做主、乡里统一规划的工作程序，为安置户落实新房宅基地。”堰塘乡党委副书记、先锋村征地拆迁组负责人蔡华说。这14户人家是在全县召开动员大会前，乡里就来到村里做动员工作，得到14户人家的一致同意，更没有想到的是，在拆迁协议都还未签的情况下，农户们第二天就开始了拆迁，仅仅十天就全部搬迁结束。

2016年1月21日，张玉富和张月乾俩叔侄合住的老木房已被拆除，而在离拆除的房屋一里地的地方，张玉富与另外两家征拆户已住进修建安置好两楼一底的砖房。笔者问张玉富：“你的老木房被拆除了，住进了新房子高兴吗？”张玉富说：“太高兴了！过去我们俩叔侄一直想拆除老房子，因为张月乾在城里租房做生意，不经常回来住，我又总找不到合适的宅基地。如今住在这新修的房子里，后面是青山，前面是高速公路，简直就是风水宝地，一眼望去风光无限。”一直笑哈哈的张玉富说：“修高速给我修出了幸福，我在高速公路上包活干都挣了近10万元。” 退伍军人、老党员张金政说：“前两天我坐车到铜仁就亲自享受了沿德高速的爽，才两个多小时就到了。如果我们不支持提前拆迁，可能沿德高速现在还不能顺利通车哟!”村民们都说张金政家是最不划算的，自己以前就是两楼一底的砖房，费了很多心血才修好，还没有享受够就被拆除了。胡廷才是先锋村井头坝组组长，同时也是征地拆迁的带头人。他说，他给群众鼓了很大的气，拆房前，征拆户问他会不会少他们的补偿款，他拍着胸脯担保，如果少一分钱补偿就去拆他家的房。在给别人鼓劲的同时，自己也给家人做思想工作。他上有年过七旬的老母亲，下有两小孩，一家五口人，往哪里搬呢？成了胡廷才的心事。因为在农村都有一种风俗，特别是有老人家的家庭，没有到别家租房的习惯。胡廷才和家人通过再三商量，最后家人同意住进了两间烤烟房。与胡廷才同坐一条板凳的赵成贵说：“当时，胡组长自己带头拆，连老人家都搬进了烤房，我们还有什么说的呢?”十天里，你家帮我家、找亲戚帮忙，先锋村井头坝组 14 户人家拆迁完毕，是一个惊人的奇迹，是德江人民的激情写就，是沿德高速顺利通车的征兆。如今，14 户人家的拆迁补偿及住房过渡安置补助已按标准按时间要求全部到位，并全部安置在高家湾现代农业园区。胡廷才说，以前我们组是贫困落后的村寨，现在住进了现代农业园区，房子漂亮了，孩子读书近了，生活条件优越了，家家户户感觉过上了城市生活!

“这 14 户拆迁户只是沿德高速拆迁户中的一个缩影，还有许许多多拆迁户中动人的故事值得我们去发现，去讴歌。沿德高速的顺利通车离不开他们的支持和付出，他们舍小家顾大家的无私精神和品质可敬可颂。”铜仁市人大常委会原副主任、市沿德高速公路建设常务副指挥长张观涛看到时说。

附　录

一、指挥部文件纪要摘录

1. 德高指发〔2010〕1号，常务副指挥长张羽龙签发的德江县高速公路建设协调指挥部关于明确内设机构岗位职责及有关制度的通知

根据工作需要，经指挥部领导小组研究，现将指挥部内部机构设置、岗位职责及有关制度通知如下：

一、内部机构设置，指挥部下设6个科室，分别为征地科、拆迁安置科、群工矛盾调解科、补偿兑现科、安全施工及安全保卫保科和办公室。

二、各科室岗位职责。1. 征地科：负责征用土地、林地、坟地等方面的勘丈登记造册、资料审核报批，协调做好土地、林地、坟地征用和坟地拆迁工作，并调查处理相关问题。2. 安保科：负责配合相关部门做好安全施工，安全保卫、民爆物品管理，依法处置突发事件、影响施工及危害社会稳定等问题。3. 群工矛盾调解科：负责解决群众与施工方的各类纠纷，开展涉农公共设施调查和调查处理炮损，提出涉农问题解决办法，协调相关部门办理安置手续，落实安置政策，指导乡镇做好涉农和安置工作。负责宣传政策、法规，动员、教育、引导群众，协调部门解决问题，帮助调查处理群众反映的问题，帮助群众与业主方的合同兑现，确保工程建设顺利开展。4. 补偿兑现科：负责补偿资料信息收集，档案管理和征地、拆迁、林木等各类补偿资金兑现，严格财经制度，确保资金运行安全，提高资金使用效率。5. 拆迁安置科：负责房屋、建筑物、构筑物及附属设施方面的登记造册、资料审核报批、协调组织房屋、建筑物、构筑物及附属设施的征用拆迁和人员安置工作，并调查处理相关问题。6. 办公室：负责指挥部日常事务，切实做好公文处理、会务承办、上传下达、部门协调、后勤服务、来信来访、宣传信息、督查督办等方面的工作。

三、有关工作制度。(一) 部训：廉洁高效，热情服务。(二) 县高速公路建设协调指挥部服务承诺制度：1. 简化办事程序。办事程序要求依法、简便、易行，办事必备条件具体、明确，最大限度方便申请人。2. 缩短办事时限。对符合规定、手续齐全的要及时办理；不能立即办理的要说明原因，待办事条件具备后再予办理。3. 提供优质服务。增强宗旨和公仆意识，做到文明礼貌、态度热情、服务周到。4. 杜绝“四难三乱”，即“门难进、脸难看、话难听、事难办”和“乱罚款、乱收费、乱摊派”。(三) 县高速公路建设协调指挥部限时办结制度：1. 凡我部承办事项，有关科室和人员要按照有关程序和要求及时办理，决不让工作在部里拖延。2. 对办理的事项，经办人应及时对申请人申报的材料和有关手续进行审核，如需补充材料的，要一次性告知，不允许申请人多次诉求。3. 对诉求事项，要指定专人限时办理，如特殊情况需延时办理，经办人要按照职权规定报领导审批，并告诉当事人延时办理的理由。4. 违反本制度，要视其情节，按照有关规定追究相关人员的责任。(四) 县高速公路建设协调指挥部效能考评制度：1. 考核原则：机关效能考核坚持“指挥部组织实施、各科室配合协调、干部职工积极参与”的原则。2. 考核办法：年度效能考评按“优秀、合格、基本合格、不合格”4个等级，分别对各科室和工作人员进行考评。(1) 对各科室的绩效考评，主要包括年度和年内阶段性工作目标完成情况、履行职责、廉政建设、工作效率、岗位出勤等内容。(2) 对工作人员的绩效考评，主要内容包括德、能、勤、绩、廉五个方面。“德”着重考核政治理论学习、组织纪律观念、团结协作理念、依法行政等方面的情况；“能”着重考核组织能力、业务能力、政策水平等；“勤”着重考核事业心、责任感、办事效率、出勤率等；“绩”着重考核工作任务完成情况；“廉”主要考核清正廉洁方面的情况。3. 效能评定：考评结果作为评先选优和年终考核依据。(五) 县高速公路建设协调指挥部责任追究制度：1. 不认真贯彻党的路线方针政策和国家的法律法规，不按时完成职责范围内和领导交办任务，造成恶劣影响或损失的，按照有关规定追究责任。2. 对分管范围内工作人员发生效率低下，作风恶劣，违纪违规问题长期失职、管理措施不力或放任不管的，按照有关规定追究责任。3. 对工作不负责任，造成严重事故，使国家财产及个人财产和生命安全遭受损失的，按照有关规定追究责任。4. 对作风拖拉、办事不力、推诿扯皮，使工作受到影响的，按照有关规定追究责任。5. 对本科室职责内的问题不认真解决，致使矛盾激化造成不良后果的，按照有关规定追究责任。6. 对不服从管理，违反有关法律法规、党纪条规、组织纪律和管理制度的，按照有关规定追究责任。7. 因工作失职造成重大损失，构成犯罪的，交由司法机关处理。8. 因工作处理不当，造成群众上访，影响工程建设正常开展的，按照有关规定追究责任。(六) 县高速公路建设协调指挥部工作纪律：1. 坚决贯彻执行国家、省、地、县关于高速公路建设征地拆迁等有关政策和规定，严格执行标准，不乱开政策口子。2. 坚持原则，严禁徇私舞弊，弄虚作假，严禁优亲厚友，征人情地、拆人情房；严禁在征拆中吃拿卡要和敲诈勒索。3. 不准利用工作之便私揽、介绍拆迁工程，从中索要“介绍费”“操心费”“跑路费”以及各种名目的好处费或回扣。4. 凡涉及自己亲朋好友实物的拆迁，指挥部成员及利害关系人应予以回避，不准干预正常的征拆工作。5. 严禁利用职务或工作上的便利，合谋或假借被征拆户名义，伪造冒领征拆补偿费。6. 在勘丈工作中，必须严格按照标准规范操作，不准酒后勘丈、不准拉曲线丈量，不准估算面积、数量，不准闭门造车。7. 在勘丈工作中，坚持专业人员勘丈，现场计算，现场签名，做到“六方”(测量人，村、组负责人，施工单位或业主方，土地权属方或承包方，指挥部) 签名认可，实行当场密封。8. 接受社会群众监督，搞好征拆“三榜”公布 (征拆户名单公布、丈量结果公布、补偿结果公布)，文明办公，礼貌待人，防止矛盾激化。9. 凡有违反上述规定者，给予严肃处理。

2. 德高指发〔2010〕2号，德江县高速公路建设协调指挥部关于内设科室人员分工的通知

煎茶、复兴、合兴高速公路建设协调指挥部和各科室：根据《中共德江县委办公室、德江县人民政府办公室关于成立县高速公路德江段工程建设协调指挥部的通知》(德办发〔2010〕33号) 文件精神，经研究，将指挥部抽调人员分解到科室，其名单如下：

(1) 征地科负责人：覃智强，成员：曹勇、谭珍明；

(2) 拆迁安置科负责人：邓薪文，成员：张金明；

(3) 群工矛盾调解科负责人：朱克贵，成员：李仕腾、李朝洪；

(4) 补偿兑现科负责人：熊东全，成员：张乾胜；

(5) 安保科负责人：冯飞；

(6) 办公室负责人：蔡永鹏、王永舟，成员：袁负权、张江梅。

3. 德高指发〔2010〕4号，关于印发各科室工作制度的通知

《德江县高速建设协调指挥部考勤制度》等11项制度(具体内容附后)，已于2010年4月27日指挥部第二次全体会议审定通过，现予印发，请遵照执行。

一、考勤统一由办公室管理，实行签到制。

二、指挥部原则上不放假，每日上班时间为：上午8：00—12：00，下午3：00—6：00。

三、上班未在规定时间签到者为迟到；未经请假提前下班者为早退；未请假或未经领导批准，不上班者为旷工。

四、请假实行请销假制度。因事因病请假一天的，由科室负责人批准；请假两天及以上的，由主持日常事务的副指挥长批准；科室负责人请假由主持日常事务的副指挥长批准。

五、指挥部人员外出实行去向公示制度。即：因工作需要，有关人员进城、去工地和出差，办公室要在《德江县高速公路建设协调指挥部人员去向栏》中公示，并接受群众监督。无故旷工的，每旷工一天，扣除两天补助；每月累计旷工三天(含三天)以上的，扣1个月补助；半年累计旷工十天的，劝其回原单位；迟到、早退一次的，给予通报批评；迟到、早退两次的，扣1天补助，两次以后按累计情况扣除补助经费；批准的事假(病假)不扣补助经费；因公外出的，按正常上班计。

六、指挥部会议制度。(一)会议原则：精简、高效。(二)会议类型及职责：1. 指挥部部务会议。一般由常务副指挥长主持，各科室负责人出席，主要研究涉及指挥部的一些重大事项和工作部署，解决指挥部整体工作以及高速公路建设中出现的一些重大问题。2. 指挥长办公会议。根据会议议题的内容，由相关科室负责人或相关人员出席，主要研究解决涉及指挥部和高速公路施工中的一些专题性工作。3. 指挥部工作协调会议。由指挥部各科室负责人、施工单位负责人及有关乡镇指挥部负责人出席，主要协调解决征地拆迁及施工过程中的有关问题。4. 指挥部全体会议。指挥部全体人员或邀请有关乡镇指挥部人员出席。主要对阶段性工作进行小结，安排部署下步工作。(三)会议时间、地点及议题：一般情况下，指挥部部务会议两个月召开一次，指挥部工作协调会议每季度召开一次，指挥长办公会议每周召开一次，全体会议每月召开一次。会议地点原则上在县指挥部会议室，会议议题由会议召集人根据工作内容确定。(四)会议有关要求：1. 会前要充分准备，要及时备好会议有关议题材料，提出解决问题的方案。无准备的会议一律不准召开，无准备的议题一律不得上会。2. 实行会议考勤制度。参会人员不得无故缺席、迟到或早退。会议开始后5—30分钟进入会场的，为迟到；30分钟(不含30分钟)以后进入会场的，为缺席；会议未结束，又未经会议主持人批准的为早退。缺席、迟到、早退的，给予通报批评。(五)各类会议的承办和会后督办工作由县指挥部办公室负责。

七、指挥部财务制度。(一)财务管理：财务工作由办公室指定专人负责，实行一支笔审批；同时接受上级业务部门指导和纪检监察部门监督。(二)主要任务：管理指挥部工作中的各种办公经费，确保指挥部工作正常运行；加强财务管理和监督，维护国家财务制度和财经纪律的严肃性，确保票据真实、合法、有效。(三)资金使用：资金使用实行先审批后使用制度。资金数额一次性使用在1000元以内，由办公室负责人签批；超过1000元的，必须向主持日常事务工作的副指挥长报告；重大金额由常务副指挥长向指挥长报告；未经审批不得开支，不准先使用后审批。(四)办公室要做好经费的使用计划，本着厉行节约、实事求是、当用则用的原则。(五)由于个人过失或错误受到的罚款或损失，指挥部一律不予报销。(六)办公室要严格按照《会计法》的规定切实履行财务监督。(七)办公室负责人要对财务人员业务的合理、合法性进行审核，对不符合有关法律、法规制度的业务应及时纠正；办公室负责人要对原始凭证进行审核，对不真实、不合法的原始凭证，有权不予受理；对记载不明确，不完整、不规范的原始凭证予以退回，并要求及时更正、补充。

八、车辆及驾驶员管理规定。(一)车辆使用和维修实行报批和登记制度；(二)车辆只用于指挥部公务活动，严禁利用车辆办私事；(三)非工作时间(包括节假日)车辆必须统一停放在指挥部或指挥部指定的停靠地点。未经同意，车辆不得在外过夜；(四)车辆实行专车专人按月定额加油；(五)车辆实行例保制度，驾驶员对车辆要做到勤检查、勤维护、勤保养，确保车容整洁、车况良好、安全行车；(六)因违章行车扣证、罚款的，指挥部概不负责；(七)严禁驾驶员酒后开车，由此造成车辆损坏或交通事故的，一切后果由驾驶员负责；工作时间之外车辆未按指定地点存放，造成被盗、损坏，驾驶员将承担部分直至全部责任，承担比例视情况由指挥部讨论决定，并追究责任人相关责任；(八)因个人原因，丢失车辆证件、牌照和驾驶证，由责任人承担全部补办费用；(九)驾驶员私自将油料外流(或变卖)，一经发现，除向本人收回同等数量油料价值金额外，并将作出相应的行政处分，情节严重的，根据法律规定作出处理；(十)发生交通事故，按照理赔程序进行，并视交通事故责任由指挥部会同相关部门负责人共同认定决定个人赔偿金额。

九、征地科工作制度：为了积极有序开展杭瑞高速公路德江段工程项目建设，规范德江县杭瑞高速公路林木清点与征地工作，特制定如下工作制度：1.认真贯彻执行各级政府有关杭瑞高速公路建设征地补偿文件精神，严格执行标准，不得违背政策行事。2.在林木清点、征地工作中要坚持原则、严格政策，严禁徇私舞弊、弄虚作假、优亲厚友，搞人情清点林木统计与征地勘丈工作；严禁向群众吃、拿、卡、要，向被征农户敲诈勒索。3.严格执行《德江县人民政府关于杭瑞高速公路思南至遵义(德江段)征地拆迁补偿安置方案》，统一标准，统一尺度，实行一把尺子量到底。4.在林木清点与征地过程中，必须到实地进行现场实测，不准目测、目估，严禁闭门造车。5.林木清点及土地勘丈工作必须由专业人员担任，专业人员必须通过林木清点、征地勘丈工作业务培训，培训合格后方能上岗。6.实行现场清点、勘丈，现场签名，现场密封，不得离开现场后补办补签。7.红线界桩外的林木不予以检尺清点与征地勘丈。8.为了增强政策的透明度，接受群众与社会的监督，林木清点与土地勘丈结果实行张榜公示制度，对其清点及勘丈的相关结果公示于众。

十、补偿兑现科工作制度：为切实做好高速公路建设征用拆迁补偿兑现资金管理，规范补偿兑现工作，提高工作效率，特制定以下工作制度。(一) 必须严格遵守上级有关高速公路建设征用拆迁补偿资金方面的各项政策规定，做到程序合法，手续齐全，照章办事。(二) 补偿兑现方式一律实行“一折通”，不能以任何形式的现金直接支付。(三) 建立补偿兑现资金专账，坚持专账核算、分类核算、专账储存、专款专用、封闭运行。(四) 严格实行补偿兑现报批手续，未经指挥部领导批准一律不得兑现补偿，严格财经纪律，强化资金管理，确保资金安全运行，确保各类补偿资金兑现准确无误。坚持廉洁高效的办事原则，尽力简化办事程序，提高办事效率，提供优质服务，杜绝“四难”行为，严禁任何形式的吃、拿、卡、要。(五) 注重补偿兑现资料信息收集整理，强化档案管理，确保资料信息的准确性、完整性和安全性。(六) 加强与各科室的工作配合，注重与金融部门的协调联系，多与兑现对象沟通，确保各类补偿兑现工作的顺利开展。

十一、群工矛盾调解科工作制度：(一) 服从组织安排，听从组织调令；(二) 维护群众利益，实事求是，以人为本；(三) 解决群工纠纷，要认真开展法律法规和政策宣传，教育公民遵纪守法，尊重社会公德，提高人民群众的大局意识、法制观念和道德水平；(四) 认真组织协调配合乡镇指挥部所管辖路段的矛盾纠纷，并限期完成，及时报告协调结果；(五) 随时掌握群工矛盾纠纷信息，有的放矢开展调查工作，调解纠纷工作始终坚持“调防结合、以防为主”的方针和“平等自愿、合理合法、不限制当事人诉讼权利”的基本原则，同时做到公平、公开、公正，不徇私舞弊；(六) 认真开展炮损工作调查，如实统计好桥涵、灌渠、管路等事关群众利益的问题；(七) 调解各类群工纠纷要尊重依据、尊重历史、尊重事实，现场调处，现场不能调处的，做好现场记录，并向调处对象说明原因，及时上报，求得及时处理；(八) 协调配合好各科室的工作，工作中不互相推诿，不乱开政策口子，不优亲厚友，不吃、拿、卡、要；(九) 把群工矛盾消化在萌芽状态，严防群众上访，使工程实施得以顺利进行，按期完成。

十二、拆迁安置科工作制度：为加强高速公路建设，切实维护被拆迁户的合法利益，根据上级有关规定，特制定本工作制度。(一) 加强学习，熟练掌握拆迁安置工作各项业务。(二) 严格执行上级规定的补偿标准和各项规定。(三) 对被拆迁户的建筑物、构筑物装饰、装修材料的认定要准确，不得有误。(四) 制作图纸要清晰、准确；面积测算要精确，误差控制在3%以内。(五) 切实维护被拆迁户的合法利益，在拆迁过程中始终做到公开、公平、公正，不徇私情，不收受被拆迁户的任何好处。(六) 严格遵守上下班制度，工作中遇到的问题要及时处理，解决不了的要及时上报，做到不拖延、不推诿，不做违反政策原则规定的事。(七) 密切同各科室的联系，工作中相互协调，相互配合。

十三、安保科工作制度：(一) 抓好案件、事故的预防工作。(二) 坚持预防为主、单位负责，重点突出，保障安全的方针。(三) 落实防火、防盗、防抢、防爆炸等治安防范措施。(四) 维护施工单位和本部门的治安秩序，制止发生在本部门和施工单位的违法行为，对难以制止的违法行为以及发生的治安案件，涉嫌刑事犯罪案件应当立即报警，并采取措施保护现场，协调并配合公安机关及时控制侦查、处置工作。(五) 进入本单位的外部人员，根据需要，进行出入登记。(六) 指导、督促、落实施工单位抓好各项安全生产，并定期或不定期地对安全生产和存放易燃易爆场所进行检查。(七) 签订安全生产责任制，建立健全各项安全管理制度，杜绝一切事故发生。

十四、指挥部卫生制度：为了确保办公区、公共活动区和厨房清洁卫生，保护干部职工身体健康，根据实际，制定本制度。(一) 办公区卫生由各科室负责，每日下班前进行一次清扫，做到垃圾篓清理及时，地板干净清洁，门窗无结尘，办公用具及资料摆放有序。(二) 指挥长办公室、会议室卫生由办公室负责，随时做到地板干净，桌椅、门窗无结尘，用具摆放整齐有序。(三) 公共活动区卫生：楼梯间卫生由炊事员负责，六楼公共部门由所在六楼住宿的同志按顺序轮流值日保洁。(四) 厨房卫生由炊事员负责，每日清扫三次以上，做到厨房整洁、餐具定时消毒、厨柜卫生，门窗无结尘。(五) 卫生检查由办公室组织实施，对清扫不及时，资料、用具摆放凌乱，经督促又不及时整改的，指挥长授权办公室将对当值的科室进行告知，出现类似情况三次以上的，扣除该科室所有人员一天的补助。

十五、指挥部食堂管理制度：(一) 食堂实行一日三餐，专人管理，经费定额，职工监督的原则 (就餐时间：早餐 8：00，午餐 12：00，晚餐 6：30)。(二) 炊事员仪表要端庄，态度要热情，服务要周到，厨房要卫生，餐饮用具摆放要有序，消毒要定时。(三) 采购人员在采购过程中要坚持实事求是，厉行节约，保证质量，并按《德江县高速公路建设协调指挥部生活物资采购表》要求，当日完成登记签收手续。(四) 炊事员要遵守劳动纪律，有事请假，按时上下班。(五) 每月召开一次生活会，公布食堂支出和伙食情况，提出意见和改进措施。

4. 德高指发〔2010〕10 号，关于切实做好杭瑞高速德江段征地、拆迁验收补偿兑现工作的通知

合兴乡、煎茶镇、复兴乡杭瑞高速公路建设协调指挥部：杭瑞高速德江段土地征用、房屋拆迁、林木清点、坟墓搬迁等外业勘丈、内业汇总及公示工作基本结束，现已进入签订协议和补偿兑现阶段。为切实做好征地、拆迁、验收补偿兑现工作，顺利推进德江县境内高速公路建设，确保高速公路建设如期开工，根据县人民政府办公室《关于杭瑞高速思遵 (德江段) 征地拆迁补偿安置实施方案》(德协〔2010〕95 号) 文件精神，经研究，现就有关事宜通知如下。

一、协议的签订：1. 征地协议由县指挥部与各村委会签订。农户必须对县指挥部提供的面积、补偿金额汇总数据确认签字后方能签订，并由县指挥部征地科具体负责办理。2. 房屋拆迁、林木补偿协议均由指挥部与被征拆户直接签订，并分别由拆迁科、征地科具体办理。3. 坟墓搬迁以县人民政府《关于限期迁移杭瑞高速公路思南至遵义德江段红线内坟墓的通告》精神所规定事项办理，不再另行签订搬迁协议。4. 上述各项协议的签订，乡镇人民政府均为协议签订单位，加盖乡 (镇) 人民政府公章。

二、协议的履行：1. 征地协议签订后，农户对被征土地上的附属物限期自行处理。2. 房屋拆迁协议签订后，在协议规定时间内自行搬出，经乡镇指挥部验收确认并将房屋交县指挥部管理后，方可兑现补偿。如拆迁户要自行拆除的，必须要与指挥部另行签订拆迁协议后在规定时间内自行拆除，经乡镇指挥部现场验收确认后方可兑现补偿。3. 林木砍伐，在林农取得林木砍伐证的基础上，林木由林农自行处置。清场后报经乡镇指挥部验收确认后方能兑现林木补偿。4. 坟墓搬迁。有主坟由坟墓搬迁人在规定时间内自行搬迁，并经乡镇指挥部现场验收确认后，报县指挥部兑现补偿。无主坟的搬迁由县指挥部另行通知。

三、验收及补偿资金兑现被征拆户在履行完协议后，向所在乡镇指挥部提出申请，乡镇指挥部必须派人现场验收，并分别填写验收报告单报县指挥部补偿兑现科。补偿兑现科在收到各乡镇送来的各项验收报告后，作出补偿兑现通知。征拆户根据通知要求，及时到所在乡镇信用社“采用一拆通”形式办理资金上户手续，确认资金到账。

5. 德高指纪〔2011〕8 号，由张羽龙签发的煎茶镇大河村天池小学异地搬迁安置专题会议纪要

5 月 30 日，张羽龙在思遵项目驻煎办事处会议室，主持召开了因建设杭瑞高速公路天池特大桥，致使煎茶镇大河村天池小学异地搬迁安置的专题会议。会议认为：根据铜仁地区行署办公室〔2010〕3 号文件有关规定及县人民政府专题会议纪要〔2010〕80 号、〔2011〕27 号议定的有关事项，天池小学的搬迁、选址工作在县乡指挥部的共同努力下已经落实，得到了项目业主的认可，同时对天池小学搬迁补偿及过渡安置补偿资金相关事宜达成共识，形成一致意见。

一、天池小学原校舍及附属设施的补偿按杭瑞高速公路红线内拆迁补偿标准予以补偿。

二、天池小学拆迁后的过渡安置费按德江县教育主管部门设计提供的新校建筑 387 平方米，含厕所 50 平方米计算，采用临时活动板房解决，经测算，活动板房每平方米按 400 元含场地平整、硬化的标准予以补偿，需补偿资金 158800 元；学校搬迁费、活动板房租地费及租地后的复垦费以 85000 元干包；两项共计所需补偿资金 243800 元由业主解决。

三、为了让学生在过渡期间有个良好的娱乐场所，使之健康成长，根据当地党委、政府意见，需建一个 800 平方米的临时球场，并由项目业主包干补助 35000 元解决。

四、原学校搬迁后，其建设用地未被占用，故不予补偿，新校址占地 3 亩按高速公路建设红线征地补偿标准执行，需补偿资金 82908 元由项目业主承担。

五、资金筹措到位后，县指挥部要统筹安排好资金，按设计要求施工，认真组织相关单位立即落实动工事宜，施工五标段项目部要积极支持配合，项目业主要尽快组织资金下拨，施工单位要抓紧动工建设，确保今年秋季学期投入使用。

6. 德高指纪〔2011〕10 号，由张羽龙签发的煎茶镇大河村天池小学搬迁落实专题会议纪要

6 月 9 日上午，张羽龙在指挥长办公室主持召开会议，就煎茶镇大河村天池小学搬迁新建项目落实的相关事宜进行了专题研究。根据县人民政府专题会议纪要〔2010〕80 号、〔2011〕27 号和德高指纪〔2011〕6 号与业主办议定的建校资金筹措的有关事项，为抓紧启动该项目建设。会议议定：

一、新学校占地面积按现场已勘丈的 1500 平方米予以建设，并本着人民教育人民办的原则，结合大河村支两委与村民代表大会协商的意见，议定新校建设用地给予适当的补偿，其标准按每平方米 15 元含青苗补助予以补偿，原校建设用地仍属学校管理。

二、根据天池小学新校区设计预算要求，鉴于资金筹措缺口较大，除教学楼 337 平方米，厕所 50 平方米按设计规模建设外，球场改按 600 平方米建设，增加建设校门及两侧围墙工程。其余场平工程由指挥部协商施工单位第五合同段作为献爱心活动无偿资助，后堡坎由指挥部另行协调解决。

三、为了方便组织施工，同意将工程发包给学校所在标段第五合同段施工建设。

四、议定工期为三个月，国庆节交付使用。

五、在新校建设期间，煎茶镇、大河村支两委及煎茶镇教育办公室负责人要积极向群众、师生做好解释、协调、维稳工作，并协助天池小学调整好学校临时教学所需教室，确保不因新校建设而影响群众、师生的正常生活和教学秩序。

7. 德高指纪〔2011〕30 号专题会议纪要

2011 年 11 月 24 日，县政协主席、县高速公路建设协调指挥部常务副指挥长张羽龙召集高速公路建设所涉乡镇、指挥部相关科室、各施工合同段负责人在指挥长办公室主持召开会议，就杭瑞高速思遵段德江境公路建设炮损赔付及相关问题进行专题研究。会议认为：炮损赔付工作是县指挥部和各所涉乡镇高速公路建设中的一项重要工作，是关系到德江县近 800 户群众几千人切身利益的大事，是直接影响高速公路建设施工环境的大事，更是保民生促稳定的大事。目前，“两节”将至，大多施工合同段放炮区域的放炮都基本结束，开展炮损工作迫在眉睫，为了继续更好地营造一个良好的施工环境，确保人民群众的安居，会议决定立即开展炮损赔付工作。会议议定：

一、赔付范围。先对 200 米以内并且进行过炮损调查的瓦木结构、砖木结构房屋进行赔付，对 200 米以外的瓦木结构、砖木结构房屋和 200 米以内的砖混结构房屋的赔付待民房赔付工作结束后再现场逐一确认赔付。

二、赔付标准。根据县人民政府办公室印发的〔2011〕95 号文件关于炮损赔付标准，结合现行市价，为了便于操作，对农村瓦木结构、砖木结构的民房小青瓦及翻盖作统一规定：小青瓦按每千块 200 元（含人工工资、运费），翻盖工时费按每通间 180 元（含生活费）的标准予以赔付。其他事项据实按现价逐一登记酌情给予赔付。

三、赔付方法。此项工作由县指挥部牵头，所涉乡镇、施工合同段负责人参加。工作开展后，逐户调查勘测登记，并当场签订赔付协议，县指挥部再统一造册，然后通知农户到相关乡镇信用社领取赔付资金。其赔付资金由所涉施工合同段承担。对争议较大的由县指挥部申请县房屋鉴定评估机构仲裁，仲裁无效的，申请人民法院解决。

四、报请县人民政府成立由房产、建设、安监、物价等部门组成的杭瑞高速公路思遵段德江境房屋破损鉴定评估赔付机构，办理杭瑞高速公路德江境范围内的施工炮损赔付争议相关事宜。

五、为了及时兑现炮损赔付工作，要求施工单位先期打入 3 万元到指挥部指定专户。

六、为了确保此项工作顺利实施，更为以后的高速公路建设房屋炮损工作摸索一条成功的经验，决定以复兴乡下山组（七标段）作为试点，然后全面推开。会议还研究了其他事项和安排了近期急需完善的各项补偿兑现工作。

8. 德高指纪〔2012〕6 号，由张羽龙签发的思遵线德江段合兴镇共 10 处工程电力专线二次迁改验收专题会议纪要

2012 年 4 月 10 日下午，张羽龙与思遵高速项目办书记、副主任覃海清经实地验收后在县城宗义山庄会议室主持召开杭瑞高速公路思遵线德江段合兴镇下坝、堡上、煎茶镇大山、佘家庄、毛田坝，复兴镇郭家寨等共10处（见施工单位2012年4月11日电力二次迁改结算报告附表）工程电力专线二次迁改验收会议并达成共识：

一、对该工程的总体评价为合格工程，会议责成施工方按会议提出的有关问题进一步完善后交付使用。

二、根据德高指纪〔2011〕29号、德高指纪〔2011〕35号专题纪要精神和2012年3月19日思遵六标工作联系单，合兴镇下坝等10处工程总造价65.982万元，其工程已按设计要求实施完毕。同意按合同协议支付工程款项。

三、会议还对煎茶连接线KL0+150处迁改线路下沉弧度过大，存在着一定的隐患提出整改意见，由施工单位具体落实。

9. 德高指纪〔2012〕11号，由张羽龙签发的煎茶镇大河天池小学因高速公路建设异地搬迁工程初步验收的专题会议纪要

2012年6月30日、7月1日，张羽龙率县指挥部办公室、规建科、高速公路建设沿线乡镇分管同志经现场踏勘后在复兴镇沙滩饭庄主持召开杭瑞高速公路思遵线德江段涉农道路、水利以及煎茶镇大河天池小学因高速公路建设异地搬迁建设工程初步验收会议。会议经现场对15处涉农设施的复建工程查看后对复建中存在的问题进行了认真梳理并当场予以指出，与施工方达成了共识：

一、所初验的复建工程均能按提供的图纸进行施工。其工程进度、工程内容、工程质量总体是好的。同意由施工方按会议梳理指出的有关问题和规定的时间进一步完善后，书面申请县指挥部正式进行工程验收后交付使用。

二、关于复兴镇梅子村救命关至罗通坝组通组公路复建工程完工后，杭瑞高速思遵线第八合同段5至8标段路面油路施工处拌和场因建设需要，要求在该条复建公路上提级改造、加宽、降坡，从而达到重型机械运输的目的。经县指挥部、复兴镇、通组公路复建施工方和第八合同段及油面工程处现场踏勘协商。同意：1. 县指挥部与该工程施工单位县建筑公司签订的救命关至罗通坝通组公路复建工程已按合同要求复建完毕，现移交给思遵第八合同段油面工程处提级改造。2. 思遵第八合同段油面工程处按现场议定的要求降坡、加宽后，出资从326国道接头处开始至罗通坝原公路止，全部进行水泥硬化，加宽涉及所占耕地由罗通坝无偿提供。3. 油面工程结束后，由该施工单位进行一次道路检修后交付使用。

三、施工、设计等单位要进一步完善相关资料，包括工程评定、工程小结、图片、隐蔽部分记录、设计变更等。

四、会议还对工程尚待完善部分予以明确：一是施工方要对复建道路部分路面进行平整，边沟要梳理通畅。二是对复建的水池、水窖要进行适度的泥土覆盖。三是大山至红星组生产机耕道中间转弯处需降坡，由煎茶镇召集该组讨论无偿提供所占土地，施工方要按现场议定事项予以降坡压实等处理。

10. 德高指纪〔2013〕9号专题会议纪要

2013年4月6日，张羽龙在荆角乡政府会议室主持召开会议，就沿德高速公路荆角段前期征占用林地有关问题进行专题研究：鉴于沿德高速公路荆角段设计方案的优化调整，导致前期已经开工的毛家寨隧道洞口进洞红线征地，施工便道建设和弃土场等临时用地勘丈后又需退回农户。会议本着依据政策、合情合理、妥善处理的原则，就有关问题达成一致意见：

一、原红线内征地。对因施工已经改变土地现状的，且不能恢复的部分土地，待沿德高速公路建设红线内征地补偿标准下达后，按红线用地补偿标准一次性予以兑现补偿。补偿后的土地，作为村集体土地统一造册由村委会管理。

二、施工便道用地。已经建设好的施工道路，按沿德高速公路红线永久性用地补偿标准予以补偿，补偿以后的道路作为村组集体生产作业道路使用和管理。

三、施工弃土场用地。对已占用且不能恢复部分，按沿德高速公路红线永久性用地补偿标准予以补偿，补偿后的土地收归村集体管理。对因施工损坏的稻田，剩余部分不能恢复的稻田，可参照杭瑞高速公路水改旱的标准，每亩6000元，据实补偿（铜地高建大会议〔2011〕2号）。

四、对已勘丈的林地和已清点并已砍伐的灌木林木含幼林，按沿德高速公路红线用地补偿标准予以据实补偿。其林地退回农户管理。

五、已经勘丈但未占用的耕地及林地、荒山，从即日起如数退回农户管理，对耽误耕种的小季，按照沿德高速公路建设红线用地年产值标准一季减半予以补偿。

六、荆角乡政府及相关村组干部要按照会议精神，认真做好群众的思想工作，讲清有关补偿政策。对已占用的耕地，由县指挥部牵头，会同乡、村、组相关负责人，农户，认真做好统计及退回工作，并及时将有关情况上报县高速公路指挥部。

七、此次征占用的各类补偿资金，由沿德高速公路建设第八合同段申请项目建设业主据实解决。

11. 德高指纪〔2013〕12号，由张羽龙签发的专用电力架设及箱变安装的会议纪要

2013年4月15日上午，张羽龙会同沿德高速公路建设投资建设公司副总经理周云贵在投资建设公司一楼会议室与德江县金宏实力公司就沿德高速公路建设专用电力架设及箱变安装相关事宜进行专题协商。会议首先听取了金宏公司关于沿德高速德江段公路建设专用电力架设方案的汇报。会议认为：电力专线架设及箱变安装是高速公路建设的基本前提和保证，双方都要本着节约快速、平等互利、实现双赢的原则抓时间、抢进度、保质量，加快电力专线及箱变安装的建设，确保沿德高速公路如期开工。经反复协商，会议议定：

一、原则同意德江供电局金宏实力有限公司提交的沿德高速公路德江段电力专线架设及箱变安装实施方案。

二、根据杭瑞高速公路思遵段施工专线建设标准，议定沿德高速公路建设德江段53.945千米的电力专用线路的设计、架设、安装、材料和设备的采购、运输以每千米13.1万元的价格以包工包料的方式委托德江县金宏电力实力有限责任公司予以建设并据实验收。施工中涉及工程量的增加应事前征得沿德公路项目公司的同意。

三、议定施工专线架设需要的两个箱式变电站的材料及设备的采购、安装、调试等以340

万元的价格以包工包料的形式委托德江县金宏电力实力有限责任公司予以实施。

四、施工专线架设中涉及占地、砍青等补偿参照杭瑞高速公路相关标准执行，其中文件规定范围内的由沿德高速公路建设项目公司负责，规定范围外的由施工单位自行承担。

五、涉及上述议定事项的具体完工时间、付款方式、安全责任、质量标准等具体条款另行协商并正式签订合同。

六、施工专线架设合同的见证以及涉及群工纠纷、占地砍青补偿的勘测等工作由县指挥部负责。沿德高速公路建设项目公司按该工程实际资金额的3% 支付县指挥部的工作经费。

12. 德高指纪〔2013〕36 号，由张羽龙签发的专题会议纪要

2013 年 10 月 22 日上午，张羽龙召集县指挥部相关科室、青龙镇负责人在指挥部会议室主持召开会议，就沿德高速公路德江段第十合同段建设黄河溪大桥，因工程需要临时占用潮水河至黄河溪寨子，一事一议通组公路相关事宜进行专题协商，并形成一致意见：

一、原则同意施工单位施工期间占用该通组公路，并根据施工要求对原公路加宽至 6 米，加宽部分占地按沿德高速德江段红线占用补偿标准予以补偿，其补偿费用由第十合同段承担。

二、关于利用黄河溪村寨前河床问题：鉴于该河床相当部分系农户耕地被洪水冲刷至今未恢复，现已成河床、滩涂。本着实事求是、酌情补偿的原则，经协商由第十合同段按未利用地标准进行补偿，其宽度、面积按现有河床折半计算，共计一次性包干补偿 10 万元。具体补偿款额由厦阡社区和黄河溪组现场逐户协商补偿落实。施工结束后，该占地归还村民组原村民。

三、施工单位施工结束后，施工单位要对原通过一事一议修建的水泥硬化道路按 5 米宽，15 厘米厚，规格 C20 的标准硬化后，经县指挥部组织镇、社区验收后交付地方使用。施工单位施工期间，要对潮水河公路至黄河溪组整条道路实行保畅、保安全、包维修。

四、青龙镇、厦阡社区要按照县委、县政府对建设高速公路的要求，认真做好群众的思想工作，维护社会稳定，确保高速公路建设顺利进行。

13. 德高指纪〔2013〕40 号，由张羽龙签发的专题会议纪要

2013 年 10 月 30 日下午，张羽龙在指挥长办公室主持召开会议，德江供电局、金宏公司、贵州源通电力有限公司参加。会议就沿德高速公路德江段红线内两处，即龙泉乡良家坝和钱家乡沙坝，35 千伏电力线路及沿德高速节点工程马蹄河特大桥、麻岭特大桥 10 千伏电力线路改迁相关事宜进行专题研究并形成一致意见。

一、原则同意贵州源通电力有限公司提供的德江高速公路 35 千伏线路改迁方案。

二、按设计单位预算，两处迁改需工程资金 103.29 万元，经双方协商，本着节约成本、合理改迁的原则，议定该项目工程迁改资金总包干价为 96 万元。

三、鉴于马蹄河特大桥、麻岭特大桥属于节点工程，急需开工建设，同意由贵州源通有限公司先期对其改迁，其迁改费用按县人民政府关于沿德高速公路“三电”改迁标准并据实验收结算。

四、完成时间及奖励：1. 马蹄河特大桥、麻岭特大桥两处 10 千伏电力线路及其该片低压线路改迁工程在 11 月 15 日前改迁结束，奖励资金 1 万元。2. 两处 35 千伏电力线路改迁工程在

12月10日前完成的奖励资金2万元，超期不予奖励。

五、付款方式：为了快速推进高速公路建设，提高迁改效率，议定先期预付50%的材料款，其余50%待工程验收合格后一次性付清所有款项。

14. 德高指纪〔2014〕2号，由张羽龙签发的专题会议纪要

2014年1月5日下午，张羽龙召集县指挥部、住建局相关科室人员、钱家乡负责人，在指挥长办公室主持召开会议。就沿德高速公路钱家乡安置点规划设计相关事宜，与贵州同盛建筑设计有限公司进行平等协商并达成共识。

一、关于安置小区名称的确定：该安置点定名为沿德高速公路钱家乡观音滩安置新区。

二、建筑风格及建筑方式：1. 该安置点应本着节约、大方的原则，围绕黔北民居、结合土家建筑风貌并适当融入现代建筑元素予以规划设计建设。2. 新区单体房屋统一设计规格为三层半楼体。

三、关于规划设计规模及费用等有关要求：1. 根据县城城区总体规划要求，该安置新区规划建设规模面积为90亩。除沿德高速公路建设拆迁安置后，还应统筹考虑德江至务川高速公路拆迁安置，剩余部分走商业开发形式。商业开发形式具体事项报请县人民政府批准。2. 整个规划设计费用为8万元，包括钱家乡安置点修规图纸、5套单体户型图、3套风格效果图、市政设施及三电设施以及玉水办事处老水泥厂安置点的雨、污管网施工图，并列入沿德高速公路德江段征拆总包干经费支付。3. 规划设计要符合国家有关建筑要求和德江县城区总体规划，全权由县住建局规划室负责审查。

四、为了便于新区规划和建设，消除施工建设的隐患，同意将新区规划边缘严重影响施工的郑兴华房屋及其附属设施，和边缘剩余土地，按沿德高速公路建设红线用地拆迁补偿标准予以征收。

15. 德高指纪〔2014〕14号张羽龙签发的涉农设施专题会议纪要

2014年3月7日，县政协原主席、县高速公路建设协调指挥部常务副指挥长张羽龙，沿德高速公路副总经理周贵云在县星火宾馆会议室主持召开沿德高速公路建设（德江段）损毁涉农设施修复工作会议。沿德项目公司地方办、德江管理处、县交通局、各所涉乡镇以及各施工标段项目经理部经理参加了会议。会议根据铜仁地区（现铜仁市）高速公路建设协调领导小组办公室，铜地高建办发〔2011〕7号及铜地高建铜（仁）大（龙）专题会议〔2011〕2号关于高速公路建设涉农设施修复补偿标准的有关问题明确和中交一公局贵州沿德高速公路总承包项目部《关于地方涉农设施处理要求的通知》（沿德总承包发〔2014〕3号）文件精神，结合当前农业春灌在即的实际，为避免群工纠纷，减少不必要的损失，快速推进高速公路建设。会议就德江境内损毁涉农设施修复相关问题进行认真讨论，并达成共识，现纪要如下：

一、涉农设施建设应坚持的原则：涉农设施修复应本着“民生优先，新建后损，标准不降”的原则和坚持切实维护群众利益和国家利益兼顾的原则。

二、涉农设施的认定及范围界限本次涉农设施修复的范围是：沿德高速公路建设德江境红线内外相关村、组农户的通水、道路、农田灌溉的沟渠、管网、水井等生产生活基础设施的损坏修复。其界限为在坚持行政区域不变的前提下，按各标段划分桩号分别由所在施工标段负责恢复建设。

三、涉农设施修复规划设计由县指挥部牵头，规划建设科、所在乡镇人民政府（村、组）及产权人、沿德项目公司地方办、工程部、管理处、项目经理部七方共同参加，现场踏勘确定规划设计方案，由所在标段项目经理部负责编制施工设计图，共同审查同意方案后实施。其中涉及较大的农用灌渠、乡村公路的还需由县相关部门审查确认后再实施。

四、涉农设施建设所需资金根据2013年7月15日市指挥部与沿德项目公司签订的《征地拆迁协议书》和市指挥部沿德高速公路建设专题会议纪要、铜仁市高建办德议〔2013〕2号有关规定，其涉农设施建设所需占地及地上附着物补偿标准按正线内征地拆迁补偿标准从县指挥部征地拆迁包干资金列支。其余所有建设工程等费用由所在施工项目经理部申报项目公司总承包办解决。

五、涉农设施工程建设组织与实施涉农设施修复由施工标段项目经理部负责组织实施，并对工程进度、质量、安全、资金负完全责任。完工后向县指挥部提出书面验收报告，由县指挥部牵头召集乡镇、地方办、德江管理处、相关产权单位参加验收，验收合格后并在工程验收备案表上签字确认，并形成工程验收会议纪要后即为实施完工并交付使用。

六、其他补偿：1. 对于确因农灌水利设施难以修复或因修建设施成本较大的稻田可实行一次性水改旱的劳务补偿，其补偿标准为按水稻单产年收入给予每年200元 / 亩，补偿年限为30年。因修建农灌设施不及时造成当年不能种植水稻改为旱地作物的给予当年每亩300元的差价补偿。其上述补偿资金由施工标段项目经理部承担。2. 对于确因涉农设施修复不及时或因重点石山区施工放炮造成农户当年无法耕种的，采取“一事一议”的办法酌情予以补偿，其中旱地按500元 / 亩 / 季，水田按700元 / 亩 / 季。影响一季补一季，影响一年按两季计算补偿。补偿费用由施工标段项目经理部承担。

16. 德高指纪〔2014〕32号，由张羽龙签发的专题会议纪要

2014年4月25日，张羽龙在高速公路指挥长办公室主持召开会议，县指挥部相关科室、物价局、荆角乡及砂场业主参加了会议。会议就沿德高速公路建设荆角砂场依法征收相关事宜进行专题研究，会议认为：沿德高速公路德江段建设能否在2015年实现通车目标，今年至关重要，全县各级有关部门都要提高认识，高度重视，鉴于该砂场已严重影响施工，因此，必须尽快予以拆迁。经依法依规、平等协商，与砂场业主达成共识：

一、原则同意县物价局认证中心对荆角乡荆角砂场资产评估结论书报告，对该砂场实行一次性征收补偿，其补偿金额为人民币壹佰壹拾万元。资金补偿后，县物价局认证中心评估的清单上所列机械设备和附属设施、地上建筑物、构筑物等所有权及实物归甲方所有。

二、原荆角砂场与他人、股东、合伙人、企业与机构组织，民间及银行债权债务、民工工资等一切纠纷与甲方无关，由乙方全部承担。

三、在砂场业主与县指挥部签订协议生效后3日内乙方红线内的炸药仓库、管理用房由乙方自行拆除，实行以料抵工，其余的砂场机械设备和附属设施、地上构筑物均由乙方按照资产评估清单内容清单移交甲方。如缺失一件按该项评估价格从补偿款中扣除。

四、资产清点移交结束后，县指挥部在7个工作日内以转账的方式一次性付清砂场征收款项。

五、荆角乡要加大资产清点和相关协调力度，积极做好砂场业主工作，确保砂场拆迁和高速公路施工的顺利进行。

17. 德高指纪〔2014〕58号张羽龙签发的现场办公纪要

2014年9月10日，县政协原主席、县高速公路建设协调指挥部常务副指挥长张羽龙率县指挥部相关科室、县司法局、住建局、房产局危房鉴定办、公安局治安大队、荆角乡、德江三安爆破公司、沿德高速德江管理处、沿德高速公路第七项目经理部相关负责人赴高速公路7标施工现场，就高速公路建设施工过程中施工放炮损坏荆角乡荆角社区冉隆怀等6户房屋进行现场察看并在荆角乡政府会议室主持召开会议。会议认真听取了荆角乡、施工单位对施工放炮损坏房屋的受损情况和房产局危房鉴定办、住建局等单位专业人员对房屋受损情况的汇报。会议认为：施工单位在施爆作业防范不到位的情况下实施爆破作业，加之施工地点环境恶劣，造成仅一炮导致6栋房屋不同程度受损的重大事故，施工单位负有不可推卸的责任。会议指出：施工单位除了要按照会议议定的事项对受损房屋进行合理赔付，还要引以为戒，提高安全施工的认识和提高保护人民群众生命财产的安全意识，完善施工安全防范措施，做到既要顺利推进工程建设，又要做到安全施工，确保人民群众生命财产的安全。会议议定：

一、本次事故处理应遵循的原则就是“三个确保”，即：确保高速公路的快速推进，确保人民群众生命财产安全，确保受损户群众利益不受损失。

二、坚持政策，依法对受损房屋进行勘赔：1. 由房产局危房鉴定办对本次施爆所有受损房屋作出鉴定。本着实事求是、实事求是的原则，凡鉴定已成危房不能继续居住的应按沿德高速公路建设红线内房屋拆迁补偿标准补偿和政策拆迁安置，不影响主体结构的要及时做维修处理，对鉴定不服的上诉上一级房屋鉴定机构进行再次鉴定或由当地人民法院仲裁，其他流动资产照价赔偿。2. 根据有关规定，房屋鉴定费本着就低不就高的原则，由施工单位承担。3. 鉴定结论出来后，由住建局根据鉴定结论提出危房维修方案，再根据维修设计方案与房屋受损农户协商赔付及维修事宜。4. 施工单位要本着以人为本的原则，建议对受损进行安抚慰问。

三、妥善处理房屋受损户当前的事宜：1. 对房屋受损严重的农户立即实行过渡，其过渡安置费由施工单位承担。2. 及时开展对受损房屋内零星活动资产按清点认定的数额进行协商赔付，对部分赔付标准达不成意见的，申请物价认证中心予以认证。

四、引以为戒，切实抓好下一步施工安全：1. 施工单位要拓宽安全防范思路，认真拟定安全防范措施，多层次、全方位、广泛性地征求各方意见，在形成一个较为完善的施工方案后方能开工建设，必要时应向业主汇报，争取多途径解决。2. 鉴于该段施工条件恶劣，难度系数大，加之山下农户居住密集，326国道车辆、闲人通行较多，施工单位对山下所有存在安全隐患的农户应实行先期过渡方案。施工放炮结束后，施工要及时清理放炮时遗留下的危石，确保不发生次生灾害。3. 七标项目部要加强对施工工区的安全警示教育，制定安全施爆制度，实行提示作业，专人管理。4. 荆角乡人民政府要一如既往地对施工单位加强安全监管，切实做好施爆区域内群众的安全工作和群工矛盾纠纷的化解工作，确保高速公路施工顺利进行。

18. 德高指纪〔2014〕59 号，由张羽龙签发的关于退休老干部视察沿德高速公路德江段的专题会议纪要

2014 年 9 月 11 日上午，张羽龙在县委离退局办公室主持召开会议，县高速公路指挥部办公室、县离退局参加了会议。就德江县退休老干部视察沿德高速公路德江段相关事宜进行研究议定：

一、同意德江县退休老干部对沿德高速公路德江段建设进行为期 1 天的视察，具体时间另行确定。

二、鉴于老干部年龄较大，为了安全起见，体现以人为本，同意对参加视察的老干部每人准备一份必备的诸如毛巾、水杯等之类的物品，具体由县指挥部按会议议定的事项予以购置，费用从县高速公路指挥部工作经费中支付。

三、县指挥部负责提供视察时的节点、情况介绍资料、道路畅通及生活安排，由县离退局负责参加视察的老干部的早餐、车辆、药品和媒体的落实。

19. 德高指纪〔2015〕46 号关于沿德高速公路德江段封闭施工专的专题会议纪要

2015 年 12 月 1 日，沿河至德江高速公路德江段封闭施工专题会议在县指挥部会议室召开。会议由县政协原主席、县高速公路建设协调指挥部常务副指挥长张羽龙主持。沿德项目公司地方办、德江管理处，沿德高速 7 至 11 合同段项目经理，油面标、德江县公安局、德江县司法局及沿线乡镇（街道）分管领导，公安派出所所长等参加了会议。会议认为：沿德高速德江段项目建设将于 12 月 28 日通车运行，目前已进入倒计时，通车目标临近，时间紧、任务重，加之边网安装，各种矛盾日益显现。一方面，大量社会车辆驶入既严重影响施工，又存在严重隐患；另一方面，施工中的涉农纠纷、征地纠纷、群工纠纷、环保纠纷及经济（债务）纠纷等不稳定因素增多，加之一些别有用心人的操纵，随时将会出现阻工阻路的情况。对此，各级各部门务必引起高度重视，采取有效措施确保通车目标实现。

一、进一步排查涉农纠纷，限时结束涉农设施修复工作。1. 由各乡镇牵头，所在项目经理部和产权单位或个人参加，于 12 月 4 日前，对已确定但尚未修复完工的项目进行清理，再次明确完工时限，并记录在案备查；对应建未定的遗漏项目，提出修复方案后上报县指挥部。2. 从 12 月 7 日开始，由县指挥部牵头，沿德公司地方办、德江管理处参加，对沿线各乡镇提出的应建未定项目进行现场审查。确定修复方案，明确完工时限。3. 无论是已定还是未定项目，都务必要在 2015 年 12 月底前修复结束，并移交使用。

二、进一步排查炮损纠纷，限时结束施工炮损赔付工作。1. 炮损勘测赔付未结束的乡镇（街道）务必在 12 月 30 日前结束。2. 对乡镇、街道勘测赔付结果不服的炮损户，要按照规定程序先向县炮损勘赔协调小组申请，由县炮损勘赔协调小组现场协调指导。仍不服的，再申请有关机构鉴定或申请司法裁定。3. 对炮损已勘测而至今未兑现赔付资金的施工单位，务必要在 12 月 20 日前兑现结束。

三、进一步排查民工工资纠纷，切实抓好民工工资兑现工作。1. 由项目经理部牵头，对本标段的各施工工区的民工工资兑现情况进行清理登记。2. 对清理出来的拖欠民工工资，项目管理部门责成施工企业限时兑现结束。3. 对支付民工工资资金调度有困难的，由项目经理部上报沿德项目公司协调解决。4. 对有钱不付、恶意拖欠民工工资或以民工工资为由，唆使煽动民工阻路阻工的，要上报公安机关依法予以打击。

四、进一步排查其他社会矛盾纠纷，限时化解不稳定因素。涉路乡镇、街道公安派出所要深入施工工地、深入群众家中、深入纠纷内部，了解涉及群工纠纷、施工纠纷及征少占多、未征先用临时占地等相关事宜，发现问题，及时告知责任单位，尽快予以解决。

五、进一步排查因施工带来的环保纠纷，限时完成水土保持治理工作。1. 请沿德公司地方办牵头，对各施工标段取土场、弃土场、料场、拌和站、河道弃渣弃料等进行逐一排查，尽快编制环境治理、水土保持方案，于12月20日前收集上报县指挥部。由县指挥部汇总报县人民政府。2. 由县人民政府召集国土、水务、林业等部门和有关乡镇（街道）对治理方案逐一现场审查。3. 由责任单位实施工程治理并申请工程验收。4. 由县人民政府有关部门实施验收并交付。

六、会议对封闭施工的有关事宜进行了研究。参照杭瑞高速德江段的原做法，由县指挥部申请县人民政府发布《封闭施工通告》，并由县公安局、县司法局等相关部门执行，鉴于封闭施工期间的特殊性，确保宣传到位、公安及时完成出勤出警任务，奖励有关先进个人，调动参战干警积极性，决定对荆角、玉水、钱家、龙泉、堰塘、合兴6个基层派出所，县治安大队、巡警大队各补助经费2万元，县司法局3万元，共计19万元，列沿德高速公路工作经费支出，专项用于封闭施工期间的工作费用。在经费的具体安排中，1万元作为各单位奖励资金，用于奖励有关先进个人；其余资金，要按规定用途，凭支出发票在县指挥部财务报销。

20. 德高指纪〔2016〕32号，关于移动、电信迁改工程勘测验收的专题会议纪要

2016年10月18日，张羽龙率县指挥部相关科室会同德务高速公路项目业主办征拆科科长任宗洲，中国移动德江分公司、中国电信德江分公司、贵州齐心公司相关负责人，沿路对德务高速公路项目建设正线内移动、电信迁改工程进行了现场随机抽样勘测验收，并在务川丹砂大酒店召开了会议，就该迁改工程验收相关事宜进行了专题研究。会议听取了施工单位施工情况的汇报，审查了贵州齐心通信工程有限公司的竣工决算资料；听取了移动及电信两家产权单位和县指挥部规划建设安置科现场核查验收情况汇报。会议认为：根据贵州齐心通信工程有限公司的验收报告，采取现场抽样核查、据实测量、加权平均的方式进行，其现场抽查验收面达50%以上，方法较为科学，验收结果真实有效。从抽查验收的情况来看，移动迁改和电信迁改现场抽查实测迁改工程量与竣工验收资料中工程量偏差移动迁改为 –1.32%，其中10千伏电力专线工程量偏差 –1.45%，和电信迁改为 –1.45%，大大小于行业规定允许偏差3%的标准。同时，从施工完毕运行以来没有发现任何质量问题。这说明，施工单位贵州齐心通信工程有限公司在施工过程中是认真负责，脚踏实地按施工协议约定和行业规范要求进行施工完毕。其竣工资料数据翔实，质量达标，真实可信。会议议定：

一、原则同意德务高速公路项目建设正线内移动、电信迁改工程作为合格工程予以验收，同意施工单位迁改竣工资料核定的工程量，并正式交付产权单位使用。

二、由施工单位按照会议议定的有关事项，在十个工作日内完善工程竣工资料后进行财务结算。

三、有关问题的明确。1. 资金结算数额认定，由县指挥部规划建设科按照竣工资料工程量结合相关文件标准进行审核，审核无误后进行财务结算并支付剩余工程款。2. 移动基站 10 千伏电力专线迁改施工单位按照协议约定结算金额为 200850 元，经现场审核，同意结算金额为 170000 元。3. 对弱电迁改线路与强电迁改或专线架设线路相距太近，存在极大的安全隐患问题，由产权单位制定整改方案报县指挥部备案后及时整改。如果整改涉及其他单位的，由县指挥部根据整改方案函告相关单位，及时整改到位。4. 此次验收后发现应改未改、二次迁改（高速公路施工方案设计变更除外）的，由弱电施工单位组织负责迁改到位，迁改费用自行承担。5. 涉及迁改过程中产生的占地及其地上附着物的补偿遗漏的，由施工单位负责。

21. 德高指纪〔2016〕38 号现场办公纪要

2016 年 11 月 21 日，张羽龙率县指挥部相关科室和楠杆乡人民政府乡长周小棚，会同德务土建三合同段路面工区、四合同段、五合同段有关负责人，分别到楠杆乡中坝安置点、洋乐坝安置点实地察看了工程进展情况，并现场召开会议就安置点建设的有关事宜进行了明确：抓好拆迁户的安置工作是推动高速公路征拆工作和项目建设的“牛鼻子”，抓好集中安置点的建设又是推进拆迁安置工作的关键。因此，集中安置点的各项工作都必须尽快抓好抓实：

一、关于中坝安置点的问题。1. 楠杆乡人民政府必须于 2016 年 11 月 22 日前将拆迁户安置宅基地分配到户，使安置户尽快启动住房建设。2. 中坝安置点用水，由德务土建第三合同段路面工区将主水管架设至安置点施工现场，无偿提供安置户施工用水。3. 安置点拆迁户建房施工临时用电，由德江月海机电设备有限公司从德务土建第五合同段中坝拌和站变压器架设至施工现场。安置户主体房施工期间产生的电费由第五合同段承担，期限至 2017 年 5 月 31 日止。转入安置户家庭照明用电以后，所产生的电费由安置户自行承担。4. 安置点进场道路既是拆迁安置户的生产生活院坝，也是五合同段目前的施工道路。待德务高速项目工程施工结束后，由德务土建五合同段要及时对安置点范围的道路硬化为水泥路面，工程费用按原议定事项办理。

二、关于洋乐坝安置点的问题。1. 洋乐坝安置点上电力专线的改迁及其相关费用均由德江金宏电力实业有限公司负责。2. 由于安置点前面边坡较高，存在极大的安全隐患，同意待安置点进场公路路面完善后，增设防护栏。其费用列“三通一平”工程费用支出。3. 安置点拆迁户施工临时用电电费由德务土建第四合同段承担，期限至 2017 年 4 月 30 日止。转入安置户家庭照明用电以后，所产生的电费由安置户自行承担。

三、关于安置点管理经费问题。为了加强楠杆乡两个集中安置点的施工安全管理，确保施工和用电安全，鉴于德务高速公路在楠杆乡境内路线较长、征拆工作量大的实际，会议同意从县指挥部德务高速公路工作经费中解决楠杆乡人民政府 8 万元安置工作经费，用于两个安置点现场管理费用和楠杆境内高速公路建设项目协调工作费用支出。

22. 德高指纪〔2017〕4 号现场，关于沿德高速土建就农用灌渠恢复的会议纪要

2017 年 2 月 17 日，张羽龙率县指挥部相关科室、金家槽水库管理所、合兴镇及所涉村组有关人员，会同沿德高速土建十一标项目部协调人员，赴合兴镇，就沿德高速项目建设施工损坏农用灌渠恢复问题进行现场踏勘，并召开会议进行了专题研究。会议认为：沿德高速公路项目建设过境合兴镇十余千米，横穿东元、合朋、青龙岗、合兴、中寨等村（社区）坝上产粮区，损坏了部分农用灌渠，使部分农田至今得不到有效灌溉，群众要求给予水改旱补助。中寨片区的农田灌溉仅利用山坡上的天然水源与人畜饮水相互调剂使用，也要求进行水改旱补偿。这导致该镇要求水改旱补偿面积有200余亩。这与国家关于耕地保护和高速公路项目建设政策又不相符。现春耕在即，需要尽快予以处理。会议议定：

一、本次农用灌渠恢复应该遵循的政策原则。1. 坚持政策、实事求是，因地制宜、分类指导。2. 凡是曾经采取工程措施而受损坏的农田灌溉渠必须进行工程恢复，确实不能恢复的，按照个别、少量原则进行水改旱补偿，其补偿标准按照2014年3月7日专题会议纪要（德高指纪〔2014〕14号）执行。3. 凡是利用天然饮用水自行调剂灌溉的土沟受到损坏的，原则不得给予水改旱补偿。由土建十一标采取相应工程措施从原水源头把水引至原自然土沟，恢复成原自然引流状况即可。

二、实施的具体项目。根据现场踏勘情况，需要实施的灌渠恢复建设项目有下列9个：侯家堡支渠、当槽湾支渠、火烧坡灌溉渠、桂花树支渠、枫香湾支渠、沿德十一标项目部旁支渠、龙槽阡灌溉渠、李家坡灌溉渠、马家沟灌溉渠。

三、有关问题的明确。1. 鉴于春灌即将来临，为确保今年大季生产不受影响，同意立即开工实施相关灌渠恢复项目。由指挥部规划建设科列出工程清单，与施工方签订施工合同，明确相关责任后实施。工程结束后，据实验收，据实支付工程款。资金由沿德土建十一标承担。2. 涉农设施修复占地，本着从严控制的原则，由施工单位按照设计规划先施工，待工程竣工后，工程验收与工程占地一并勘测补偿。其中涉及占用个人土地的，按照永久性标准补偿，涉及占用集体或公益地的，不予勘测补偿。费用从沿德高速征地拆迁资金中列支。

23. 德高指纪〔2017〕5号，关于洋塘塘提水灌溉恢复施工的现场办公纪要

2017年2月28日，张羽龙率县指挥部相关科室、钱家乡人民政府人员，会同德务高速项目业主办征拆科任宗洲、德务土建一标有关人员，赴钱家乡洋塘塘村民组，就洋塘塘提水灌溉恢复施工问题现场召开会议进行了专题研究：洋塘塘提水灌溉设施系2015年沿德高速公路项目建设洋塘塘主线桥桩施工时就损坏了拦水坝。2016年德务高速公路项目建设又相继开工，德江枢纽互通A、B匝道引桥桥桩又正好落在拦河坝水堰进口处，致使整个提灌设施停止运行三年多。建设损坏的洋塘塘拦水堰涉及126.242亩农田灌溉。建设期间，每年因无法灌溉，导致补偿损失37872.60元。眼下，春耕春灌即将来临，加之德务高速德江互通A、B匝道桥已经修建完毕，必须尽快恢复。根据贵州山河建设工程有限公司施工设计方案，经现场讨论议定：

一、原则同意贵州山河建设工程有限公司提供的德江县马蹄河洋塘拦水堰恢复项目勘察设计方案。设计单位工程项目资金总额预算为126.77万元。为提早完成工期，节约工程费用，确保汛期施工安全，充分利用现有施工资源，同意该项目预算资金下浮6.53%，即126.77×93.47%，按118.5万元包干给德务土建一标承建。其中工程费用为113万元，勘察设计费用为5.5万元。工程占地另行据实结算。涉及所需资金由项目业主承担，列德务高速涉农设施恢复费用支出。

二、立即启动德江县马蹄河洋塘拦水堰项目工程。同意该工程由德务一标指定施工单位并委托与县指挥部签订合同后实施。工程时限为四月底前全面完成。工程监理方由德务项目建设A驻地代为监理。

三、工程建设涉及占用土地的，按照德务高速永久性征地标准执行，费用由项目业主承担。

四、涉及2016年提水设施损坏造成的补偿，参照2015年沿德高速项目建设时的赔付标准执行，即126.242亩补偿款为37872.60元；同时，钱家互通区内建设损坏二级渠道灌溉农田2016年度按175.480亩，补偿经费52644.00元，已扣除被征用部分面积，由项目业主承担。

五、钱家乡人民政府要做好群众工作，确保工程顺利实施。

24. 德高指纪〔2017〕29号专题会议纪要

2017年12月27日，张羽龙与德务业主办总工雷宗勇、拆迁科科长任宗洲在县指挥部主持召开了德务高速公路德江段建设专题会议，就德江隧道采用新型电子数码雷管爆破施工作业及德务高速电力专线产权移交事宜进行了研究。本着尊重科学、安全施工、有利管理、平等协商的原则，达成了共识。

一、关于德江隧道采用新型电子数码雷管爆破问题：(一) 鉴于德江隧道现阶段地质的特殊性，同意采用电子数码雷管进行爆破试验，试验成功后，才能正式采用这一爆破技术进行施工作业。(二) 成立德江隧道电子数码雷管爆破施工作业试验领导小组。组长由德务业主办总工程师雷宗勇担任，成员由德江县公安局、安监局、贵州三安爆破工程有限公司德务土建第二合同段、电子数码雷管生产厂家等有关人员共同组成。(三) 由电子数码雷管生产厂家和三安爆破公司共同制定具体实施方案，并报经领导小组审查同意后实施，实施方案要分别报项目业主办、德江县公安局、安监局备案。(四) 相关爆破手续及操作技术员信息及资质要按规定报德江县公安局审查备案。(五) 德务土建第二合同段要为工作实施提供人财物保障。

二、关于德务高速公路电力专线产权移交问题：(一) 同意德务高速施工专线移交德江县供电局管理，由德江县供电局报上级主管部门审批后正式接管工作。(二) 2018年1月1日起，正式启动德务高速施工电力专项资产清理工作。(三) 在未获得上级电力主管部门批复前，其维护费用由施工单位承担，批复后其维护费由县供电局承担。(四) 对土建标段施工结束后不需要用电的线段，需要拆除的，由施工单位提出申请，县供电局现场审查同意后，由施工单位负责拆除。(五) 德务高速公路运行管理需要新建的，由德务机电标提出设计方案，报德江县供电局审查同意后实施，工程实施完毕后报德江县供电局现场验收合格后移交相关产权。

25. 德高指纪〔2018〕1号现场办公纪要

2018年1月11日，张羽龙率县指挥部各科室和县森林公安分局有关人员前往沿德高速公路项目建设德江段施工弃土场，就森林公安提出黄河溪和荆角境内牛角水弃土场、麻岭坝袁茶岭大桥旁取料场及拌和站等处，国家林业总局卫星拍片至今未复绿治理问题，进行了现场踏勘并商榷。

一、关于黄河溪弃土场治理问题。德江县森林公安分局查出，黄河溪隧道进口左侧下面尚有6余亩被弃土覆盖的地方至今未做工程复绿治理。经与林业卫星图比对，这6亩多地属于原复绿施工设计范围。于是，要求德江县海清园林绿化有限公司按施工设计绿化治理规格标准尽快实施。工程实施完成并报县指挥部现场验收合格后结算支付剩余工程款项。

二、关于牛角水弃土场等地绿化治理问题。荆角乡牛角水弃土场本应列入沿德高速德江段施工料场、弃土场等临时用地土地复绿施工设计方案同时进行设计施工的，但由于当时沿德土建第七合同段完全没有采取挡土防护措施，存在极大的隐患，至今仍未开展复绿治理工作。麻岭坝袁茶岭大桥旁取料场未进入施工设计，本次也被国家林业总局拍片追踪，也需要及时开展复绿治理工作。议定：(一) 同意立即启动牛角水弃土场、麻岭坝袁茶坝大桥取料场复绿治理工程。鉴于前期沿德高速德江段施工料场、弃土场等临时用地土地复绿工程通过公开议标形式，选定德江县富民园林绿化有限公司承包实施，且复绿效果良好。为此，同意这两处绿化治理工程仍由德江县富民园林绿化有限公司与县指挥部签订协议后实施。(二) 工程范围及工程单价：按照现场制定范围和原已实施项目的议标平均单价每亩按 13760.00 元执行，根据实际实施面积据实验收结算工程价款。(三) 规格标准要求，根据德江县森林公安分局的建议，由于麻岭大桥旁取料场和牛角水弃土场绿化治理时间紧，加之现场克服困难，同意该地栽植苗木为 80 厘米以上的塔柏，对于施工难度和安全隐患较大的陡坡，可栽植其他乔木或散播黑麦草。栽植密度为 2 米 ×2 米，移栽时间原则要求在 3 月 10 日前完成。(四) 鉴于冬季正值植树最佳季节，苗木全部实行带土球移栽，加之沿德高速资料整理归档紧迫，工程实施结束经实施单位报县指挥部现场验收合格后结清全部工程款项。但在结清工程款时要扣除工程总价款的 10% 作为工程质量保证金。工程质量保证期为一年，质保期成活率达 95% 以上，退回全部质量保证金。

26. 德府纪要〔2019〕5 号专题办公会议纪要

2019 年 7 月 5 日，县人民政府副县长张文率偕同县政协原主席、县高速公路建设协调指挥部执行副指挥长张羽龙，率县交通局、水务局、龙泉乡、闹水岩一二级发电站等单位负责人，会同德务高速公路业主办总工程师雷宗勇、拆迁办负责人任宗洲及施工单位负责人，赴德务高速德江隧道出口处、闹水岩一、二级发电站，对德江隧道施工出现急流涌水及其引发的一系列反映情况进行了实地踏勘，并在龙泉乡人民政府会议室召开会议进行了专题研究：会议听取了德务高速业主办关于德务高速施工设计、德江隧道地质水文勘探及产生急流涌水后初步处置措施的情况通报；听取了县高速公路建设协调指挥部对隧道施工出现急流涌水后的初步处理情况通报；听取了龙泉乡党委、政府代表，对闹水岩一、二级发电站关于隧道施工出现急流涌水后引发一系列反应的情况汇报。会议认为：德务高速公路建设是德江县的重大民生工程，事关德江社会经济发展的大事，德江县委、县政府高度重视和密切关注工程的进展情况。在各级各部门的大力支持下，尽管德江隧道遇到施工涌水和全国罕见地质异形，但在业主办和参建单位艰辛努力，依然得到了有序推进。日前，德江隧道出现急流涌水并引发一系列问题虽是大家都不愿意看到的事实，但也是当前必须面对和解决的问题。

一、统一口径，做好宣传。闹水岩断水停机发电，极有可能与德江隧道施工有关，待有关权威部门正式出具水文鉴定报告和落实施工处置方案，闹水岩一、二级发电站和龙泉乡要加强正面宣传引导，做好涉企职工和涉农群众稳控工作，确保社会稳定。

二、德务业主办尽快请有关专家拿出急流涌水处置方案，及时组织施工，减少因此而带来的相关损失。

三、龙泉乡要充分调查和利用就近水源，尽最大可能弥补闹水岩渠道灌面因断流而造成的灌溉缺水，降低群众受损程度。如遇天干抗旱情况，县水务局在抗旱设备、抗旱资金上尽量向该片区倾斜。由县水务局牵头，龙泉乡人民政府配合，提出从观音滩水库提水补充灌溉可行性方案，经县指挥部、德务业主办审查同意后实施。

四、鉴于闹水岩电站停机后施工处置方案完备前，由德务高速建设业主办按月每站垫付 7 万元，用于发放职工工资。不足部分由各站自行补足，待正式处置方案协商完毕后，一并结算，列德务高速拆迁补偿资金支付，由业主办向省公路开发有限公司汇报后实施。

五、鉴于龙泉乡涉及面广，灌面数据统计和群众维稳工作量大，同意由县高速公路建设协调指挥部解决该乡涉农维稳工作经费 5 万元，费用从德务高速项目建设工作经费中列支。

二、报刊媒体选载

1. 杭瑞高速德江段征地协议签订及“三电”迁改

8月9日，德江县杭瑞高速德江段征地协议签订及“三电”迁改工作会在煎茶召开。副县长、县高速公路建设协调指挥部第一副指挥长周骥，县政协副主席、县高速公路建设协调指挥部常务副指挥长张羽龙到会指导。县交通局、杭瑞高速业主办、电力公司、移动公司、电信公司等相关单位、部门领导及各过境村村委会主任参加了会议。会议由张羽龙主持。从5月17日起，杭瑞高速德江段征地协议签订全面展开。现已征地面积2612亩，耕地面积占1744亩，建筑面积占161亩，共补助农民6060万元。为了加快杭瑞高速公路思南至遵义德江段的建设，根据《德江县人民政府办公室关于印发杭瑞高速公路思南至遵义德江段征地拆迁补偿安置方案的通知》等文件要求。县高速公路建设协调指挥部需征收过境村村民集体土地，用于兴建杭瑞高速德江段建设项目，经双方协商一致，签订了征地协议。征地补偿费按《德江县人民政府办公室关于印发杭瑞高速公路思南至遵义德江段征地拆迁补偿安置方案的通知》，即耕地（含青苗补偿费）27636元/亩，建设用地22372元/亩，其他农用地（含林地、牧草地）13160元/亩，园地15792元/亩，未利用地5264元/亩。补偿费由指挥部以“一折通”存折的形式，将应补偿的资金一次性全额支付给过境村被征地农户，村委会应按指挥部要求组织被征地农户限期在公历2010年8月31日前，清除地面青苗及地上附着物，将土地如期交付给指挥部，由指挥部统一交给思遵高速项目办使用。会上，周骥指出，随着征地协议的签订，杭瑞高速德江段将全面动工，而矛盾和难度也将逐步出现。他强调一切要从人民利益出发，为群众办好事，做实事。在兑现方面，资金上亿，会引起不法分子的觊觎，各乡镇负责人必须引起高度重视。村支两委和乡党镇政府要做好宣传工作，让被征地农户经得起诱惑，远离赌博。在取钱期间，信用社应有计划、有纪律地开展工作，设兑现专窗、提供休息场所、维护秩序，提高服务质量及保密工作，加大力度监管，确保群众利益得到保障。因取钱发生争议的农户，信用社一律不准办理取款，由乡镇负责人私下调解处理。遇到大额资金的取款，必须问清钱的去处，如用于买房则劝其以转账形式购买，尽量避免大额现金交易，以免出现意外。关于三电迁改工作，周骥提出电力、电缆、电信要认真对接，设置施工专用电线，把下一步工作做好，争取得到上级组织的肯定。张羽龙指出，拆迁安置必须妥善处理，煎茶、复兴进行货币安置，合兴乡进行集中安置。施工方得吃、住、行等前期工作要尽快抓好，各乡镇抓紧处理好拆迁期间未完成的工作，力争八月底之前把前期准备工作完成，让施工方顺利进行施工。

杭瑞高速业主办总监甘睿对迁改工作及兑现资金方面提出建议。电力公司、移动公司、电信公司等相关部门负责人也一一表态，将全力配合，为杭瑞高速德江段工作的开展贡献自己的力量。

2010年8月16日《今日德江》第三版

2. 杭瑞高速思南至遵义段德江境开工

8月30日上午，由县高速公路建设协调指挥部主办、思南至遵义段项目管理办协办、贵州省桥梁建设集团有限公司承办的杭瑞高速公路思南至遵义段德江境开工仪式在合兴乡鸟坪村拟建互通处举行。地区政协工委副主任、地区高速公路指挥部常务副指挥长帅朝刚，德江县委书记杨德华，县委副书记、县长、县高速公路建设协调指挥部指挥长张珍强，县人大主任、政协主席简宜山，省公路局纪检监察室副主任、遵思段项目办支部书记张兴国，杭瑞高速大思项目办支部书记张应生，县委常委、政法委书记饶继勇，县委常委、人武部政委李志军，地区交通运输局副调研员、地区高建办副主任罗刚，贵州省桥梁建设集团有限公司纪委书记许正高，县人大常委会副主任郑国文，副县长、县高速公路协调指挥部第一副指挥长周骥，县政协副主席、县高速公路协调指挥部常务副指挥长张羽龙，贵州公路工程总公司项目部副经理邹松茂，贵州桥梁建设集团有限公司和黔通公司总经济师周恩勇，以及德江沿途乡镇、鸟坪村等相关领导、施工方和当地群众2000多人参加开工仪式。周骥主持仪式。帅朝刚下达动工令。张珍强在致辞中指出，德江县自5月15日征地拆迁动员会以来，在各级各部门的努力和当地群众的支持下，顺利完成征地2614亩，搬迁坟墓665座，零星林木15万余株，林木蓄积2400立方米，拆迁房屋268户，兑付补偿资金6000余万元，为顺利动工奠定了基础。张珍强要求，创造良好的施工环境，搞好建设服务是各级各部门和途经乡镇的大事；要围绕“创一流精品工程，创一流工程现场，创一流大环境”目标，搞好协调配合，妥善处理好项目建设与群众、部门的利益，项目建设与社会稳定的关系，坚持以业主、施工方、群众“三满意”为工作宗旨，加大宣传教育力度，强化职能职责，严厉打击随意阻挠施工、插手承建工程和强买强卖行为，为项目建设提供保障。张兴国在讲话中指出，杭瑞高速思南至遵义段，线路起于思南县鹦鹉溪镇，经德江县的合兴乡、煎茶镇、复兴乡10个行政村，过凤冈县、湄潭县，止于遵义县龙坑镇，与遵义至毕节高速公路起点相连，全长163.65千米，其中，铜仁地区思南和德江两县过境49千米。杭瑞高速德江境全长27千米。该段设计有龙溪、沙滩、天池1号和2号4座大桥（天池2号大桥长度超过1.1千米，属于特大桥），龙溪隧道、煎茶和合兴2个匝道，复兴服务区，分别由贵州省路桥集团、公路工程公司等4家单位承建。张兴国对德江征地拆迁工作超前、科学、高效、细致等给予了较高评价。他要求，各施工单位重合同、守信誉，牢固树立责任意识、质量意识和安全意识，精心组织、科学管理、搞好协调，又好又快推进承包工程的建设。

动工仪式上，许正高作了施工表态发言，并对贵州桥梁建设集团成立50多年来的业绩进行了简要介绍。合兴乡及各社区、村文艺队表演了歌舞、小品等丰富多彩的文艺节目。

2010年9月2日《今日德江》第73期第1版

3. 杭瑞高速公路建设第四次协调会召开

5月19日，为加速杭瑞高速公路思遵段德江境建设步伐，推进工程顺利实施，杭瑞高速公路思遵段德江境建设第四次协调会在县政协五楼会议室召开，杭瑞高速公路德江境常务副指挥长、政协主席张羽龙出席会议并讲话。会议通报了杭瑞高速公路德江境建设中需要协调的问题，同时听取了杭瑞高速公路德江境各标段负责人汇报的工程建设进展情况和工程计划及存在的问题。随后，德江县直各部门、高速公路过境乡镇负责人，也分别汇报了工程建设中存在的问题、遗留问题及原因分析。会议要求：相关责任方要分析研究存在的问题，制定解决方案、协调各方利益，明确各自责任，对新出现的问题要及时处理，对新增建设用地补偿费和三线拆迁补偿金问题，要尽快敦促各方拿出解决方案、设定时限、尽快解决。张羽龙组织与会各方，就工程建设中征地、拆迁、补偿、用电困难，以及公路正线及为沿线群众疏通灌溉沟渠、铺设便民道路等方面存在的问题，一一做了具体分析研究，明确提出了解决方案和具体时限。张羽龙指出：杭瑞高速公路建设工程是国家督办的重点工程和民心工程，也是德江县境内的首条过境高速公路，关系到全县的全局发展，人民期望很高，我们要把思想统一到讲政治、讲大局的高度，起点必须高，目标必须明确，要当作政治任务来全力以赴把它做好，不允许拖延。张羽龙强调：当前，杭瑞高速公路德江境施工进入了关键阶段，工程进行到这种程度很不容易，各标段负责人务必力争在两年内保证杭瑞高速公路德江境顺利交付使用。为此各施工阶段一定要统一思想、明确目标、明确责任。当前工期紧、任务重、压力大，各标段负责人一定要加强工程建设力度，确保工程能顺利推进。他还强调，要密切注意放炮的时间段，特别是在靠近学校和村寨放炮时一定要拉警报，保证学生安全，施工安全，不得打扰老百姓的正常生活秩序。为确保工程进度，各方一定要尽快消除分歧和争议，出现问题不能相互指责、推诿、扯皮，要相互理解、相互支持、积极配合，推进工程建设，要统一机制、全面协调、完善措施，各方要全力以赴、强化协调，通力合作解决工程建设中存在的问题，确保杭瑞高速公路德江境工程顺利进行。

2011 年 5 月 25 日《德江报》第 44 期

4. 政协的工委组织政协委员视察杭瑞高速德江段建设情况

5 月 24 日，省政协的工委组织地区政协委员成立视察团，到德江县主要视察了国家杭瑞高速公路德江段建设情况。地区政协委员视察团一行由省政协铜仁地工委主任邓应明任团长，常务副主任帅朝刚，副主任王能军、时晓军、陈廷可、谢卫分别担任副团长，来自地直有关单位的政协的工委委员 30 余人为团员。地区交通运输局、地区高速公路建设协调领导小组办公室有关负责人应邀参加视察。县委副书记、县长张珍强，县人大常委会主任简宜山，县政协主席张羽龙，副县长周骥、张勇，政协副主席张治昭、王治桢等县四家班子领导陪同视察。视察团先后视察了杭瑞高速合兴乡大兴集中安置点、鸟坪互通工地，委员们还头戴安全帽，走进了正在施工中的龙溪隧道洞内进行了视察。视察过程中，委员们向施工单位负责人提出了一些或技术问题或进度或质量问题、建议。视察团最后视察了环城南路和城南大道建设情况。在茶林堡一带，视察团一行听取了德江建设的绕城南路、城南大道、第一中学整体搬迁工程、云海五星级大酒店、玉溪河景观带、多维国际综合开发项目、体育馆、歌剧院等规划建设情况，仔细察看了有关效果图。随后来到世纪明珠房地产售楼部进行了视察。委员们纷纷赞叹说“起点高、标准高、速度超快，令人震撼”，“将再度成为引领铜仁地区城市建设的旗帜和标杆，可歌可颂”，

“未来发展前景十分可观，具有黄钟大吕的气势，值得全区各县（市、特区）学习借鉴”，等等。当天，地区政协委员视察团在金平大酒店七楼会议室听取了德江主要关于杭瑞高速德江段建设情况的汇报。邓应明在汇报会的总结讲话中指出，杭瑞高速公路过境铜仁段的建设，是全区的一件大事，地工委组织地区政协委员对其进行视察，是依法履职的重要体现。通过点上视察，观看汇报片，听取县委、县政府汇报和委员们发言，感慨多，体会也多。德江在杭瑞高速建设认识上有深度，把它作为产业路、富民路、发展路、政治路来建设，思想认识上十分到位；造势上有力度，把首条高速开工建设作为建设黔东北铁路交通枢纽和区域性中心城市来造势，工业化、城市化、农业产业化齐头并进，感观上城市建设速度很快，高起点、高标准、高速度，气势宏伟；策略上有高度，在高速移民搬迁、城市建设拆迁和补偿上，认真组织学习，外出考察取经，出台了切合实际、各方接受的政策；组织上有强度，各级党委、政府和各有关县直部门，如交通运输、国土、房产、城市建设、施工方形成了合力，心往一处想，劲往一处使，效果显著。邓应明在讲话中充分肯定了德江在杭瑞高速建设工作中的成绩。他要求，杭瑞高速建设时间紧，任务重。各级有关部门要进一步加强领导，精心组织，做到工程不止，领导不松；进一步维护好群众利益，做好群众工作；进一步加快工程进度，施工单位要加大投入，确保精力到位，各方要密切配合施工单位抓工期、赶进度，争取提前竣工；各施工单位要一如既往抓好安全生产，维护好涉及群众的灌溉用水、民生饮用水、生产生活公路，实现“生态施工、环保施工、文明施工”的要求；地方党委、政府和各施工业主要认真梳理委员们提出的建议，合理的要予以采纳。张珍强主持汇报会。他在最后的表态性讲话中说，杭瑞高速德江段开工建设是德江县实施“三高四铁一港口”宏伟蓝图中的第一条高速，把它建设好，就能促进和鼓舞德江建设黔东北铁路交通枢纽和区域性中心城市的信心和决心，凝聚各方力量，县里将马上专题研究委员们提出的意见建议。省里把德江定位为黔东北区域性中心城市，这不但是德江的机遇，也是铜仁地区的机遇，铜仁地区从此多了一个前沿阵地，多了一个发展平台，多了一个增长极点，德江将以此为动力，抓住机遇，埋头苦干，为早日建成黔东北铁路交通枢纽和区域性中心城市而努力奋斗。县委常委、常务副县长陈健代表县委、县政府作汇报。他在汇报中介绍了德江的基本县情，“十二五”规划及今年工作，杭瑞高速公路德江段工作开展情况。今年1月8日，国家发改委正式下达开工令，5个标段均已按期进场施工。目前，7个重点控制性工程及其他路基工程全线开工，进展顺利，进度较快。按照省、地要求，拟用2年时间建成通车。简宜山、张羽龙、周骥、张勇、张治昭、王治桢等县四家班子领导参加会议。县政协秘书长吴应仕，县高速建设指挥部协调办、县交通运输局、施工单位有关负责人参加汇报会。汇报会上，地区政协委员们各抒己见，热情洋溢地畅谈了视察国家杭瑞高速德江段和城南新区建设情况的感受和体会，并提出了部分中肯的意见和建议。

2011年5月27日《德江报》第45期

5. 张珍强在合兴乡调研时要求：思想不能松，力度不能减，全力以赴做好高速公路建设配合工作

2011年8月24日，县长张珍强偕同副县长周骥、县政协副主席张羽龙，率县政府办、县国土局、县建设局负责人到合兴乡就杭瑞高速公路合兴段作调研。沿着公路沿线，张珍强一行察看了杭瑞高速公路合兴占用地段房屋拆迁进展、匝道口等控制性工程开工施工、集中安置点鸟坪、大兴街道规划等情况。张珍强在乡会议室听取了合兴乡乡长李兵汇报，县国土局、县建设局负责人补充汇报后，周骥、张羽龙也发了言。张珍强指出：杭瑞高速公路德江段的开工建设走在了周边县份前头，得到省交通部门的肯定，是与指挥部、项目办、复兴乡、煎茶镇、合兴乡及3个乡镇的干部群众的支持分不开的。合兴乡工作做得扎实，组织机构健全，工作措施有力；宣传发动做得好，做到了思想统一；政策把关好，操作规范；干部作风务实，成效明显；进度快，质量上乘，实现“零阻工、零案件、零上访”。张珍强要求：思想不能松，力度不能减，要抓好补偿兑现，及时解决群众的困难，要协助解决好已拆户有房住，能够安全过冬；要抓住鸟坪、大兴街道2个集中安置点的规划、场地平整、划地、群众修建房屋等环节，搞好集中安置点的规划建设，其中重点抓好大兴街道集中安置点的规划建设，要把原集镇开发片区与高速公路拆迁安置结合起来，经费由指挥部与项目办共同解决。县建设部门要把集中安置点的规划搞好，规划要结合城镇道路、城镇开发来搞，管网工程、河道整治工程要先行规划设计好，不能因陋就简；县国土局要按程序申报审批鸟坪、大兴街道2个集中安置点地用地手续，有关账务要结算清楚。县指挥部、项目办要做好有关对接工作，确保安置户“搬得出、住得稳”，在基础设施建设上要坚持高规格、高档次、高品位，力争打造成旅游亮点。要认真拟定工作方案、实施意见，要注意在房屋拆迁、住房建设中的安全问题；高度重视信访工作，对此不能掉以轻心。针对养殖大户马兵的养殖场所需配套的水、电、路等工程附属设施，张珍强也提出了解决意见。杭瑞高速公路合兴段全长17千米，其中主线10千米、连接线7千米，占地900亩，涉及坟墓搬迁304座、房屋搬迁172户，需要集中安置142户、货币安置30户。目前，坟墓搬迁已达304座，房屋拆迁172户，各项工作正有序推进。当天，张珍强一行提着牛奶、水果、矿泉水等高兴地走访慰问了梁天堂，梁天堂原有砖混结构房屋两层，在杭瑞高速公路合兴段修建过程中，获得17万元的补偿款，他将被集中安置到大兴街道。同时还访慰问了正在进行拆迁的陈林、马信华等拆迁户。

2011年8月26日《德江报》

6. 杭瑞高速德江段拆迁安置推进快，大兴安置点119户农户喜迁新居

近日，在德江县合兴乡大兴集中安置点，杭瑞高速公路建设拆迁安置户陈凯一家迁进了新居，全家人十分高兴。杭瑞高速公路思遵段德江境内有27.025千米，经德江县的合兴、煎茶、复兴3个乡镇、9个行政村、37个村民组，涉及341户拆迁，拆除房屋面积62620平方米，已兑现房屋补助资金4214万元。大兴集中安置点征地52.575亩，计划安置140户，其中正线内拆迁户已签订集中安置协议131户，现已有119户迁进新居，另有12户正在建设之中。陈凯就是大兴集中安置点的农户之一。2010年5月，德江县启动了杭瑞高速公路建设征拆工作，该县围绕“搬得出、住得进、稳得住”的目标，做到科学规划、标准统一、规范操作、公开透明，着力改善农村居住环境，提高群众生活水平，满足群众意愿。在充分听取拆迁户意见之后，选择在合兴乡大兴集镇集中安置，积极引导被拆迁农户，搬迁到集镇居住，改善居住条件，扩宽就业渠道。同时，坚持按照“高标准规划，高起点建设，拆迁户自愿”的原则，对安置户实行统一集中安置，以原拆迁户房屋建筑面积多少让群众由多到少排序，认领宅基地。在项目建设中，为确保建设效果，房屋基础及主体工程由拆迁户按统一图纸、农户自行修建，外墙及屋面工程统一按“土家民居”式样建设，政府按照新农村“土家民居”建设补助标准，立面平方米100元给予补助。目前，已投入资金3200余万元，建成了一条长820米、宽20米的街道，整个街道照明线工程、道路及排污管网工程已完工，正在安装路灯，将对街道进行铺油硬化。

2012年3月12日《德江报》

7. 张珍强等到沿德高速德江段调研施工情况

12月8日，县委书记张珍强、县长李云德、县政协主席陈健等到沿德高速公路第11合同段调研施工情况，并了解合兴境拆迁安置情况。县政协原主席、县高速公路协调指挥部常务副指挥长张羽龙，副县长梅彬等陪同检查指导。

沿河至德江高速公路是贵州省高速公路网规划“6横7纵8联”（简称678网）中的第2纵沿河至榕江高速公路中的一段，本项目不仅是贵州省县县通高速的实施路段，而且是连接两条国家高速公路包茂高速公路（渝湘高速）和杭瑞高速思遵公路的连接通道。该公路设计速度80千米/小时，路基宽度21.5米的四车道高速公路，路线全长103.94千米，总投资为101.99亿元。路线起点位于重庆酉阳的驴子口，终点位于合兴镇境内的汤口湾，与在建的思遵高速相接。设置沙子场、沿河、官舟、荆角、德江枢纽（预留）、关口、合兴7处互通立交；设置主线收费站1处、匝道收费站6处、管理中心1处和必要的交通工程设施。整个工程将于2014年底基本完成路基、桥涵、隧道等工程，将于2015年底建成通车。张珍强指出，沿德高速公路的建设对完善贵州省高速公路网布局，促进沿河县、德江县的社会经济发展，特别是对沿河县、德江县的出行方式、项目沿线矿产资源、旅游资源开发具有极其重要的意义。本项目不仅是贵州省县县通高速的实施路段，同时，也是黔东北地区北上通往重庆市的交通要道，同时也是贵州省通往湖北、河南、北京、山东、江苏等华中、华北、东北等省份较为便捷的通道，是贵州省的东北大门。张珍强要求，各施工单位要在确保安全和质量的情况下，进步加快施工进度，确保按期建成通车；合兴镇党委、政府及县高速公路指挥部要认真做好协调工作，抓紧完成项目涉及的拆迁、征地工作，尽早交付施工单位，营造良好的施工环境。李云德要求，把高速公路建设与小城镇建设结合起来，做好规划，让被拆迁农户享受高速公路建设带来的实惠。调研期间，沿德高速公路建设投资有限公司总经理王铁红，向张珍强行介绍了沿德公路基本情况，沿德高速公路建设第11合同段项目部常务副经理徐启志，就11合同段施工情况作了介绍。张珍强一行还听取了沿德高速德江境拆迁户安置选址情况，参观了杭瑞高速大兴集中安置点。

2012年12月13日《德江报》第99期

8. 德务双方共商高速公路有关事宜

2013年2月6日，县委副书记、县长李云德，县人大常委会主任简宜山，偕同政协原主席、高速公路常务副指挥长张羽龙，副县长梅彬、何茂及政府办、税务局、国税局、交通运输局等部门负责人，和以务川县委副书记、县长周权茂，县人大常委会主任李明奇为团长的务川县调研组，共同协商德江至务川段高速启动工作、红毛洞水电站征地及移民安置工作。

上午十时，座谈会在县政府常务会议室召开，共同协商即将开展的有关工作问题。在座谈会上，李云德致欢迎辞后，双方直奔主题，共同协商两县间高速公路启动工作及红毛洞水电站建设的有关事宜。德江至务川段高速全长40余千米，在德江境内长19千米，是德江至习水高速公路的组成部分，是《贵州省高速公路网规划》中县县通高速公路重点项目之一。德江和务川两县为了此条高速的早日开工，从2010年起，两县之间已多次进行洽谈协商。红毛洞水电站是德江、务川凤冈三县交界之间的一个水电站，该水电站建设征地总面积331.01亩，征地涉及务川县丰乐镇茶坪组皂池坝组和德江县楠杆乡中坝下坝组永久征地28.12亩。李云德指出，德江至务川段高速公路是双方都十分关心的问题，德江为了此条线路的早日开工也做了大量的前期调研工作。此条高速修通后会有大量的车辆从沿线各县入重庆，是一条交通大动脉，也会给沿线各县带来很大的经济效益。只要德江务川双方意见高度集中，今年的前期工作应该可以完成。建议两县共同去省厅有关部门，宜早不宜迟，争取年内开工建设，建成后对两县经济来说是一个特别好的机遇，对经济社会的发展将起到明显的带动作用。在水电建设方面，德江县大力支持务川建设水利工程，关于德江县楠杆乡的移民问题，结合国家相关文件精神，按照国家有关的移民政策进行办理。在税费分配方面，按相应的比率进行具体分配。务川调研组一行充分认同德江县政府近年来为此条高速所付出的努力和取得的成绩。并表示希望尽快启动德江的高速公路建设，此条线路是务川经德江到重庆的重要交通要道，通过两县的共同努力，争取在明年启动此条公路开工建设。同时对红毛润水电站建设，首先要做好移民搬迁工作，感谢德江县政府的积极配合，对德江县政府于该县水利工程建设所给予的配合表达了感激之情。座谈会结束后，务川调研组一行还参观了德江县城南城北建设施工情况。

2013年2月10日《德江报》第13期

9. 省交通厅孙力到德江调研沿德高速公路建设情况

7月13日下午，省交通运输厅副厅长孙力在铜仁市副市长夏虹、德江县县长李云德、副县长梅彬等陪同下，到德江县调研德江至沿河高速公路开工建设情况。在设立在亿源生态的沿德高速项目办，由夏虹主持召开了沿德高速建设情况汇报会。孙力在讲话中指出，通过现场察看、听取汇报，感到很欣慰，沿德高速德江段进展比较顺利，各种安排符合大家的心愿。孙力对各方提出的问题或请求解决的事项作了解答或解释。汇报会上，项目办负责人王铁红汇报了工程概况、资金落实、前期工作推进、全面开工情况、倒排工期主要节点、存在问题、下步打算等。李云德汇报了德江包括高等级公路在内的交通建设总体情况、存在问题，并提出了请求解决的事项。李云德希望项目办加快德江县城至杭瑞高速段的施工，为早日发挥效益、方便德江人民群众出行做出最大贡献。

2013年7月18日《德江报》第56期

10. 杭瑞高速德江段入库税收 3774 万元

笔者从县地方税务局获悉，杭瑞高速思遵段德江县境内标段，从 2011 年开工建设至 2013 年项目基本竣工通车，历时 3 年多时间里，县地方税务局在做好重点交通项目税收管理的同时，强化纳税服务措施，为他们开辟了绿色纳税通道，提供优质高效便捷的纳税服务获得好评。截至 2013 年 11 月 15 日，杭瑞高速思遵段德江县境内标段累计入库税收 3774 万元，其中仅营业税就入库 3494 万元。

2013 年 12 月 16 日《德江报》第 99 期

11. 最美高速——杭瑞高速铜仁段之德江美景

5 月 28 日清晨 6 点，空气清新，薄雾笼罩，笔者以自驾游的方式，对宽敞笔直、美丽的杭瑞高速铜仁境内的德江段进行了体验，汽车行如流水、如行画中；视野开阔、通行无阻，两旁的万年青、香樟树等乔木构成的绿化景观层次分明，相对于城市街道，高速路则在于带给旅行者轻松和安全，丝毫不会感到旅途劳累。6 点 30 分，煎茶镇境内的天池大桥缠着一条乳白色的雾带，若隐若现，像一座通往仙境的天桥。雾渐渐融化，渐渐稀淡，蝉翼一般透明的薄雾从路上升起，路面如害羞的仙子渐渐撩开面纱；如沉睡的巨龙，渐渐苏醒、伸展、盘旋；又仿佛在牛乳中洗过的飘带，缠绕在山间，宛若仙境。高速两旁，层峦叠翠的群山，弥漫着淡淡的薄雾，山间，乳白色的雾气像素纱在树丛中缠绕着、飘动着，又宛若仙女身上的飘带，在袅袅飘动，此景，犹如梦境一般；山脚下，幽幽地飘来一阵清风，雾纱被撩起一角，露出湛蓝的天。渐渐地、渐渐地，阳光透过群山、穿过树林，慢慢地落到路面上；成片的土家民居镶嵌在高速两旁，袅袅炊烟缓缓升起、弥漫，宛如世外桃源。

2014 年 6 月 12 日《德江报》

12. 商友江调研沿德高速钱家至县城连接线工程

3 月 1 日，县委副书记、县长商友江到井堡池调研沿德高速公路钱家乡至县城连接线工程，政协原主席、高速公路指挥部常务副指挥长张羽龙，县委常委、常务副县长周骥，副县长梅彬、李兵以及县直相关部门负责人陪同。沿德高速公路计划于 2015 年底全线建成通车，途经荆角、县城、钱家、龙泉、堰塘、合兴等乡镇。据了解，钱家至县城连接线工程，由钱家匝道口经青龙街道厦阡村井堡池连接城北武陵大道，其中包括两座大桥以及部分公路。当日下午，商友江到井堡池实地了解连接线工程公路走向，查看交通规划图，听取陪同人员关于连接线工程的基本情况介绍。在政府常务会议室召开的座谈会上，参会人员就连接线工程所涉及的项目工程、征地拆迁、集中安置、建设资金等最突出的问题进行讨论、提出建议，后达成一致意见。最后，会议对连接线工程作出部署，进行责任分解，要求具体路段由具体部门负责。会议要求，相关部门要及时对接连接线工程涉及的相关事宜，抓紧启动两座大桥建设工程，确保今年年底沿德高速公路全线通车，实现德江、沿河经济社会的快速发展。

2015 年 3 月 9 日《德江报》第 18 期

13. 国庆黄金周，沿德高速德江段激战正酣

10月1日，是举国同庆的大喜日子。笔者一早来到沿德高速公路德江段第十一标段的相关工程施工点，看到工地上依旧一片热火朝天，丝毫没有因为节假日的来临而松懈，运送沙石和渣土的车辆往来如织，大型机械正在紧张作业，工人们有条不紊地操作着。据了解，沿德高速公路起于沿河县沙子镇的纸纺坪西侧，终点在德江汤口湾，是贵州省“678”规划网第二纵“沿河到榕江”的重要组成部分，也是包茂高速（渝湘段）和杭瑞高速（思遵段）的连接通道，全长104.43千米，总投资106.7亿元，计划今年底通车。“为了沿德高速合兴段收费站匝道口能在今年底如期通行，合兴现有鸟坪收费站实行封闭施工，工人们放弃了休假，加班加点，各司其职，抢抓进度。”正在工地上检查工程电路设备的十一标段生产部副经理刘恩忠告诉笔者，“自3月以来，工人们一天都没休息过，国庆长假对于他们来说，是一年365天中普通的7天。”据悉，在沿德高速各个标段的建设工地上，工人们都放弃了“十一”黄金周放假的权利，坚守在工作的第一线，为加快工程施工进度，他们按照“争分夺秒抢进度，一丝不苟抓质量，万无一失保安全”的总体要求，发扬“苦干实干，连续作战”的精神，快速推进沿德高速顺利建设。

2015年10月8日《德江报》第80期

14. 沿德高速正式开通

2015年12月30日上午，沿河至德江高速公路正式通车，标志着铜仁市实现了县县通高速的目标。据了解，沿德高速公路是贵州“六横七纵八联”骨架公路网的组成部分，起于贵州沿河县与重庆市交界处，接重庆酉阳至沿河高速公路，终点在德江县合兴乡，接杭瑞高速思南至遵义段。项目于2013年开工，历时两年多，路线全长约104千米，桥隧比42.7%，设置7处互通立交，投资约106亿元。沿德高速公路开通后，包茂高速（渝湘段）和杭瑞高速（思遵段）得以顺利连通，极大地拉近了沿河与铜仁、遵义、贵阳、重庆等城市之间的时空距离，使沿河与其他地区的联系更加紧密。其过境沿河后与重庆酉阳的高速公路相接，成为黔东北地区进入重庆的交通要道，也是贵州通往湖南、湖北最快捷的大通道。

2016年1月4日《德江报》第2期

15. 德务高速德江段项目建设联席会召开

2016年3月28日，德务高速公路德江段项目建设联席会议在温州大酒店八楼会议室召开，会议就德务高速公路德江段项目施工建设相关问题进行了专题研究。县政协原主席、县高速公路建设协调指挥部常务副指挥长张羽龙主持会议并作工作安排，县人大常委会副主任、城北新区建设领导小组副组长郑国文和德务高速项目业主办主任罗亨俊出席会议并讲话。会议指出，德务高速公路项目建设是贵州省高速公路规划“678”网中第一条横线的第一段，是德江县第三条高速公路项目建设中唯一从德江起点而命名的高速公路，是德江县北连武陵山区、东接成渝经济圈的战略规划重要通道，它的建成通车对加快县域经济社会发展，促进德江建设黔东北铁路交通枢纽和区域性中心城市，实现全面小康具有十分重要而深远的意义。

目前，前期各项工作已基本完成，红线内征地拆迁外业勘测基本结束，施工单位已全部进

场施工。会议要求，各参战单位要迅速行动起来，讲政治、顾大局，高度统一思想，咬定通车目标，优化施工工作方案，加强资金调度，注重协调配合，维护施工环境。要运用边征地、边拆迁、边施工“三边”模式快速推进施工建设；要严格政策，规范手续，及时做好施工临时用地；要超前安排，切实抓好施工放炮前期调查工作；要及时修复涉农设施，确保群众生产生活不受影响；要快速启动“三电”改迁工作，做到安全快捷、急用急改、先用先改；要进一步制订施工组织计划，抓好重要节点工程，确保德江收费站今年国庆开通运行，2017 年 12 月楠杆收费站开通，2018 年 12 月德务高速全线建成通车。会上，县公安局、国土资源局、安监局、贵州银行德江支行分别就炸材、砂料场选址、施工安全、资金补偿兑现程序等问题发言，龙泉乡、沙溪乡、钱家乡、玉水街道、楠杆乡就相关工作发言。德务高速业主办、总监办、总承包办及各标段项目经理，县高速公路指挥部、城北新区建设办全体人员，所涉乡（镇、街道）主要负责人和专职人员，县直有关部门负责同志参加会议。

2016 年 4 月 4 日《德江报》

16. 中交贵州沿德公司到板坪幼儿园开展捐赠活动

一份捐赠可以温暖人心，一份祝福可以改变人生。12 月 24 日上午，蓝马甲青年志愿服务总队、中交资管支队贵州沿德大队、合兴收费站中队到合兴镇板坪山村幼儿园开展爱心公益捐赠活动。捐赠现场，工作人员为幼儿园的孩子们送去了加热器、儿童成长牛奶、儿童涂色本、水彩笔等物品，并为孩子们带去了一堂生动有趣的活动课和消防安全知识讲座。活动中，孩子们个个都听得津津有味，脸上洋溢着喜悦的笑容。种下一粒种子，收获一片生机；献出一片爱心，托起一份希望。此次捐赠活动，传递着中交公司与孩子们的爱心，也让孩子们在这个特殊的日子深刻体会到了爱的力量，更让他们从小学就会加强与周围世界的关系，建立关爱意识和社会责任感。

2019 年 1 月 10 日《德江报》第 4 期

17. 克服世界性难题稳步推进隧道建设——贵州德务高速公路德江隧道施工见闻

“我们正在向前方的溶岩裂隙注浆，注浆的强度要达到 5 个 MPa 才达到要求，等待凝固后才可以继续向前掘进。”4 月 8 日，走进德务高速德江隧道左幅 3150 米处的施工现场，项目总工程师靳俊奇如是向记者介绍说。德务高速是贵州高速公路网“6 横 7 纵 8 联”规划中的“第 1 横”，起于德江县城城北的钱家互通，止于务川县城西南的喻家湾，路线全长 40.68 千米。德务高速还是铜仁两区 8 县融入成渝经济圈的重要通道，它的贯通将给 400 多万人的铜仁经济社会发展注入新动力，带来新景象。而德江隧道是德务高速的控制性工程，由于遭遇全国罕见的高压涌水难题，原本定于 2018 年国庆通车的德务高速工期一延再延，直到记者采访时还在对左幅隧道进行最后一次注浆。全长 5505 米的德江隧道有 1 千米的洞长要从地表 500 米下石槽底部富水段穿过，隧道所经的上方是约 29.5 平方千米的石槽向斜面，溶岩储水量大、水压高、围岩破碎、裂隙溶岩发育，其地质结构特别复杂。2017 年 12 月 22 日，隧道左洞在距出口端 1810 米的施工掌子面出现较大涌水，2018 年 1 月 20 日，隧道右洞推进到距出口端 1779 米处，在向前打

50米深的超前钻孔时又相继出现涌水。经检测，涌水压强达到了2.2MPa的高压，相当于220吨的重物通过1平方米的面积压在地面，稍有不慎就会引发重大透水伤亡事故。“针对如此高压涌水，我们在全国范围内寻求治理方案，但都没有专业的团队有过先前的处置案例。”靳俊奇介绍：“我们只有自己开始探索山岭隧道高压涌水注浆堵水施工工法进行施工。”高压涌水注浆堵水施工工法就是将高标号的特殊水泥浆注入被高压之水占据的岩缝中，让其凝固后再向前推进隧道施工。据介绍，从打孔、注浆、凝固到掘进这样一个过程需要时间60天左右，而这样每次只能向前推进约30米。记者在注浆的现场看到，在注浆打孔的掌子面上有近20个已经注好浆的钻孔，一个掌子面最多时会打上30多个注浆孔向前方注浆。靳俊奇透露说：“有一次单孔注浆就用整整7天时间。”而这样的施工在呈反向斜坡的隧道出口端施工更为复杂，掘进施工中项目部采用4台160千瓦大型立式抽水机配套和普通抽水机进行连接式方法作业，向外连续排水方可施工，每月仅排水电费就在20万元以上。难题固然全国罕见，但德江隧道项目部迎难而上、克难而进的精神更为可贵。正是“世上无难事，只怕有心人。”去年6月中旬，因连降暴雨，隧道出口端突涌大水，将隧道出口端淹没至洞口。左洞施工段处距左洞洞口高差55米，右洞施工段处距右洞洞口高差53米，双向洞内储水约30万方，根据超前钻孔预报显示前方围岩破碎，呈现裂隙、溶腔发育，是一个巨大的安全隐患，施工必须慎之又慎。最后剩余几十米，看似简单，却是德江隧道建设面临的一个世界性的难题，怎么办？最终，经施工方、业主方、监理方三方研究，决定由进口方进行单向施工掘进。然而，在高速公路隧道单向施工中超过3000米深度在全国是极为罕见的。记者站在注浆施工处，感觉一种呼吸的异样，踩踏在涌出的泥流中，靳俊奇掬起一把泥沙说：“你看这沙子又细又圆，说明前方就是涌动的暗河，我们的施工每一步都必须谨慎。”在现场，记者还了解到，通过高压注浆后能把暗河里的水堵回去，不会给原来居住生活在地表的群众及工程设施带来较大的改变和影响。当世界性的技术难题被逐步破解后，新冠肺炎又成了新拦路虎。原本计划1月31日复工的日程安排，因新冠肺炎疫情影响复工推迟到了2月19日，经过严格的医学留观排查，项目部最终向储水量大、水压高、围岩破碎、裂隙溶岩发出最后总攻。目前，德江隧道左幅还有58米，右幅还有70余米，施工建设面临着“越是向前越艰难、越是艰难越向前”的真正较量。“隧道打通后，要安全排放出口方向隧道的30万方积水还要1个月时间。”靳俊奇这样介绍：“如果不加控制，让水一泻而出，会像山洪一样给外面的村寨、田野带来极大破坏。”面对黔东北群众对德务高速通车的久违期盼，项目副经理曾庆涛说：“在今年国庆节完全能通车，我们力争想把通车的时间更加提前一些。”

2020年4月6日《德江报》第12期头版头条

18. 德务高速德江隧道建设稳步推进

2020年4月10日，副市长邱祯国到德务高速德江隧道调研。5月1日，“五一”假期第一天，副市长邱祯国来德调研德务高速德江隧道建设情况，代表市委、市政府对假日期间坚守一线的工人表示慰问和感谢。市政府副秘书长宋喜成，县委副书记、县长秦智坤陪同。

德江隧道是德务高速的主要控制性工程，左幅隧道全长5505米，右幅隧道全长5425米。2016年8月开工建设。由于隧道穿过的山体岩层水文地质结构复杂，隧道上方的山体中存在稳定的地下承压水，出现高压涌水，经过专家组和各参建单位针对性研究，最终采取高压注浆堵水的施工工艺解决了隧道内高压涌水的问题，使隧道得以继续施工推进。

邱祯国详细询问隧道施工进度、贯通时间、存在困难等情况，德务高速是全市重点工程，关系社会民生，市委、市政府高度关注德江隧道建设进度。他希望施工方克服困难，攻克难关，制定科学的施工方案，在确保安全前提下，尽早完成德江隧道建设，确保德务高速早日通车。同时他还对假期坚守一线的工人表示慰问。市政府办、县政府办有关负责人陪同调研。

新华网贵州频道、《铜仁日报》、《德江报》

19. 铜仁德江（合兴）至余庆高速公路正式开工

8 月 25 日，铜仁德江（合兴）至余庆高速公路正式开工。贵州省交通运输厅副厅长龙平江、省公路局阮有力副局长、贵州省公路开发有限责任公司党委书记、董事长袁泉、铜仁市人民政府党组成员、副市长邱祯国，铜仁市交通运输局党组书记局长杨雪峰等出席启动仪式。

据了解，德余高速是《贵州省高速公路网规划（加密规划）》优化调整新增高速之一，是《贵州省新时代高速公路建设五年决战实施方案》重点实施项目，起于德江县合兴镇与思南县东华乡交界处接杭瑞高速与沿德高速合兴枢纽形成复合式互通立交，止于余庆县白泥镇与遵余高速相接，整个项目跨两市（铜仁市、遵义市）五县（德江、思南、凤冈、石阡、余庆）。其中，将建造的乌江特大桥主跨 504 米，为上承式钢管混凝土拱桥，在同类型桥梁中排名世界第一，也是整个德余高速建设中的重点工程，控制性工程。

德余高速有限公司总经理王腊介绍说："项目路线全长 104.18 千米，其中德江县 1.54 千米，思南县 48.818 千米、石阡县 37.791 千米、凤冈县 4.8 千米、余庆县 11.231 千米，双向四车道，设计速度 80 千米 / 小时。项目总投资估算 141.58 亿元，建设工期 3 年，运营期暂定为 30 年。"

据了解，德余高速采取"股权合作 +BOT+ 可行性缺口补助"模式实施，实施机构为省交通运输厅，政府出资人代表为省公路开发公司，有效降低了两市资本金压力。经公开招标，社会资本投资人为中交一公局牵头的联合体，目前项目工程可行性研究报告、用地预审等关键前置手续已获得批复，已具备合法开工条件。

"德江（合兴）至余庆高速公路项目的建成，对推进我省交通强国西部示范省建设，完善全省高速公路网络结构，促进沿线产业结构升级、资源开发利用、旅游产业发展，以及推动区域经济协调快速发展具有十分重要的意义。"市交通局局长杨雪峰说。截至目前，德余高速已获省发展改革委批复工程可行性研究报告，各施工标段已完成项目驻地建设，正在开展便道、拌和站、加工场、取弃土场等建设，前置手续环评、水保、林地、用地等手续有序推进。

2020 年 8 月 26 日人民网贵州频道报道

20. 德余高速建设正式启动

8 月 25 日，德江（合兴）至余庆高速公路启动仪式在思南县文家店镇沿沙村乌江特大桥南岸拱座施工场地德余土建六标施工现场举行，标志着德余高速建设正式启动。乌江特大桥的主桥为主跨 504 米的上承式钢管混凝土拱桥，在同类型桥梁中排名世界第一，也是整个德余高速建设中的重点工程、控制性工程。

德余高速是《贵州省高速公路网规划（加密规划）》优化调整新增高速之一，是《贵州省新时代高速公路建设五年决战实施方案》重点实施项目，起于德江县合兴镇与思南县东华交界处接杭瑞高速与沿德高速合兴枢纽形成复合式互通立交，止于余庆县白泥镇与遵余高速相接，整个项目跨两市（铜仁市、遵义市）五县（德江、思南、凤冈、石阡、余庆）。

“项目路线全长104.18千米，其中德江县1.54千米、思南县48.818千米、石阡县37.791千米、凤冈县4.8千米、余庆县11.231千米，双向四车道，设计速度每小时80千米。项目总投资估算141.58亿元，建设工期3年，运营期暂定为30年。”德余高速有限公司总经理王腊介绍。据了解，德余高速采取“股权合作+BOT+可行性缺口补助”模式实施，实施机构为省交通运输厅，政府出资人代表为省公路开发公司，有效降低了两市资本金压力。经公开招标，社会资本投资人为中交一公局牵头的联合体，目前项目工程可行性研究报告、用地预审等关键前置手续已获得批复，已具备合法开工条件。

“德江（合兴）至余庆高速公路项目的建成，对推进我省交通强国西部示范省建设，完善全省高速公路网络结构，促进沿线产业结构升级、资源开发利用、旅游产业发展，以及推动区域经济协调快速发展具有十分重要的意义。”市交通运输局局长杨雪峰说。截至目前，德余高速各施工标段已完成项目驻地建设，正在进行施工便道、拌和站、加工场、取弃土场等建设，前置手续环评、水保、林地、用地等手续有序推进。

2020年8月27日《铜仁日报》

编后记

十年艰辛、十年巨变。在县委、县政府的坚强领导下，通过全县上下十年的艰苦努力，杭瑞高速、沿德高速、德务高速、德余高速所形成的德江高速公路网即将告捷。短短十年，德江实现了历史性的跨越，挤进了全省高速公路发展规划网，融入了西部发展的快车道。德江—黔东北交通枢纽、区域性中心城市指日可待。

这是一项惠及子孙、载入史册的里程碑工程。凝聚着县委、县政府历届领导们的智慧和心血，传承着全县干部群众的关心与厚爱，倾注着县、乡两级高速公路建设协调指挥部全体干部的辛勤和汗水，彰显了沿途乡镇、街道领导班子的高度支持与紧密配合。特别是在高速公路建设协调过程中，指挥部一班人披星戴月、废寝忘食做了大量基础性、服务性和保障性工作，排除一切困难，充分发挥了指挥部建设协调的巨大作用，功不可没。为了铭记这段历史，激励一代代德江人热爱家乡、服务家乡、回报家乡，指挥部决定编写《德江高速公路志》，并明确了志书的指导思想和编写要领。接受任务后，谢怀富对志书的编纂内容、篇章结构、层次布局、排列分类等几经修改易稿后目录基本成型，交编写小组讨论修改后开始组稿撰稿。

在编写过程中，力求尊重事实，主要以指挥部现存修订资料为主，辅以调查、了解、访问、收集相结合，查阅了指挥部专项纪要380个；发文、呈文、函文582个，通知84个；工作简报248期；征地拆迁档案资料469卷；随选纪要文件62份；仔细阅览了高速公路建设协调指挥部陈列室。从人民网、中国高速网、贵州交通广播网、梵净云天新闻客户端，以及从2010年至2019年年底的《今日德江》和《德江报》共919期中，选用了与德江县高速公路建设协调工作紧密相关的报道。经过一稿、二稿修改，2021年8月3日第三稿送审后，指挥长对目录再次做了调整，使志书条目更加趋于合理和完善。

《德江高速公路志》即将付梓，这得益于县委、县政府领导的高度重视，得益于县交通局及县志办的大力支持，得益于为本志提供文字资料和图片资料的热心人士的共同努力。在此，向关心支持编纂工作的有关领导、专家和提供文字资料以及图片资料的热心人士，一并表示衷心的感谢！

由于成书时间紧促，加之编者水平有限，书中疏漏甚至谬误难免，敬请读者不吝指正。

编　者

2021年8月